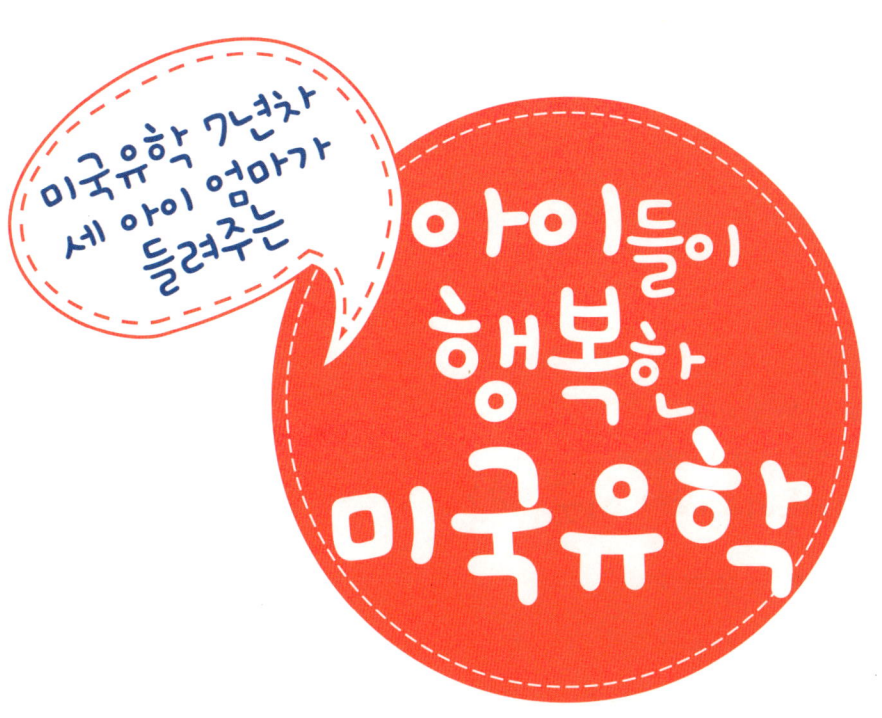

미국유학 7년차
세 아이 엄마가
들려주는

아이들이
행복한
미국유학

도서출판 담디

미국유학 7년차
세 아이 엄마가 들려주는
아이들이 행복한 미국유학

초판 발행	2012년 7월 20일

지은이	홍기자
펴낸이	서경원
편집	표미영
디자인	이창욱

펴낸곳	도서출판 담디
등록일	2002년 9월 16일
등록번호	제9-00102호

주소	서울시 강북구 수유6동 410-310 2층
전화	02-900-0652
팩스	02-900-0657
이메일	dd@damdi.co.kr
홈페이지	www.damdi.co.kr

지은이와 출판사의 허락 없이 책 내용 및 사진, 드로잉 등의 무단 복제와 전재를 금합니다.

정가 18,000원
저자와의 협의 하에 인지는 생략합니다.

© 2012 홍기자, 도서출판 담디
Printed in Korea
ISBN 978-89-91111-89-9

2011년 여름 무렵, 남편이 내게 우리 가족의 미국 생활 경험을 기록으로 남기는 것이 어떻겠느냐는 제안을 했다. 지난 시간을 정리하는 의미도 있고, 나처럼 미국에 오려는 사람들에게 도움이 될 수도 있다면서 나를 설득했다. 하지만 기러기 엄마에 대한 시선도 곱지 않은데 뭐 그리 잘한 것이 있다고 기록까지 남기나 싶어 주춤하며 시간을 보냈다. 꼭 써야겠다는 생각이 없었으니 시작도 않았었다. 남편은 전화할 때마다 글이 얼마나 진척이 되었는지 물었지만 긴 여름 내내 자료를 모으고 노트에 정리만 하고 있었다.

그런데 가을 무렵 한 학생의 엄마가 한국에서 방문했다. 아들을 보내놓고 걱정이 되어 다니러 왔다는 그 사람과 하루를 같이 보내며 많은 질문을 접했다. 그때 알게 되었다. 나의 별것 아닌 경험이 누군가에게는 꼭 필요한 생수 한 모금일 수도 있다는 것을. 그러면서 우리 가족이 처음 미국에 올 때의 그 막막했던 기억이 떠올랐다.

'그래, 한번 써 보자.'

마음을 먹으니 글이 두 달 만에 써졌다.

나는 매해 수첩을 사서 그 해의 사건, 생활비 내역, 잡다한 일들까지 기록하는 습관이 있다. 이 수첩이 글을 쓰는데 좋은 자료가 되어 주었다. 미국에 오기 전 준비 과정부터 현재까지의 기록들이 그 수첩 속에 고스란히 들어 있었다. 그 기록들을 바탕으로 다른 기억들도 떠올리고 때로는 정보들을 찾아보기도 하면서 글을 쓸 수 있었다.

꼭 언급하고 싶은 것은 이 글은 순전히 나의 경험을 바탕으로 한 것이기 때문에, 다른 누군가의 상황과는 다를 수도 있고, 그 사이 상황이 많이 바뀌었을 수도 있다. 또 미국은 주마다 법이나 제도가 다르기도 하므로 그 점도 고려했으면 한다.

미국에서는 'case by case'라는 말을 쓴다. 해석 그대로 경우에 따라 다르다는 말이다. 나에게는 되었던 일이 다른 사람에게는 안 되는 것도 있고, 이번 해에는 되었던 일이 다음 해에는 안 되기도 하고, 또 어떤 곳에서는 가능했던 것이 다른 곳에서는 불가능하기 때문에 생겨난 말이다.

그럼에도 이 글을 쓰는 것은 나의 경험이 누군가 미국 생활을 이해하고 가늠해보는데 도움이 되었으면 해서다. 나는 아무 것도 모르고 미국으로 와서 수 없는 시행착오를 거치며 배워야 했다. 만약 우리가 오기 전에 이런 정보들을 미리 알고 있었다면 덜 힘들지 않았을까? 내가 그랬던 것처럼 지금 길을 떠나려는 사람들에게 무기처럼 손에 쥐어주고 싶어서 이 글을 쓴다.

이 책 한권 들고 미국을 향해 가도 막막하지 않도록 구성했다. 떠나기 전의 준비과정부터 집을 얻는 것, 차를 사는 것, 학교를 보내는 것, 그리고 생활에 필요한 부분들까지 가능한 자세히 적으려고 애를 썼다. 인터넷 자료들을 찾아볼 수 있도록 사이트 주소도 표기했다. 이제 이 책을 보고 나머지 장은 독자들이 경험하며 채워가면 될 것이다.

나는 40대 불혹의 나이에 세 아이를 데리고 유학을 떠났다. '기러기 엄마'라는 곱지 않은 시선들을 고스란히 받으며 떠난 길이 5년 반이 넘었다. 깊은 잠 한 번 제대로 자 보지 못하고 조그만 소리에도 벌떡 일어날 정도로 팽팽하게 긴장하며 산 세월이었다.

2006년 노스캐롤라이나 샬롯에 도착해 3년을 지냈다. 아이들은 모두 공립학교를 무료로 다녔으며 큰아들은 거기서 고등학교를 졸업했다. 나는 UNCC에서 어학코스를 마치고, 어스킨 신학대학에 진학했다. 목회상담을 공부하다가 리버티대학교로 큰아들의 진학이 결정되어 우리 가족도 함께 버지니아 린치버그로 이사했다.

2009년 작은아들은 10학년으로, 막내딸은 5학년으로 전학했고, 나는 큰아들과 함께 리버티 신학대학원에 편입했다. 2011년 5월 드디어 나는 목회상담학 석사 과정을 마치고 졸업했다. 그리고 2012년, 이번 여름 기독교 교육학 석사를 졸업하고 가을에는 교육학 박사과정을 시작할 것이다.

나의 작은아들은 이번 가을에 프랫대학교에서 영화공부를 시작할 예정이다.

미국 유학이 가져다준 유익이 있다면 나의 세 아이가 각자의 길을 발견했다는 것이다. 큰아들은 국제적인 인권보호를 위해 일할 꿈을 꾸고, 둘째는 영화로 자신의 뜻을 펼쳐갈 시작을 앞두고 있고, 딸은 뮤지컬을 할까 작가를 할까 고민하며 날마다 글을 쓰고 있다. 이런 발견은 여기서 아이들이 공부에 치이지 않고 다양한 활동을 하면서 얻어진 결과다. 자신의 숨겨진 재능을 볼 기회가 마련되어 있었던 것이다.

잃은 것도 있다. 가족이 함께 있으면서 배우고 익혀야 할 문화, 전통, 정신을 배울 기회를 놓친 것이다. 물론 내가 그 공백을 채우려고 애를 썼지만 아버지로부터 배워야 할 부분들을 잃은 것은 분명하다. 그것이 매우 안타까운 부분이다.

나는 앞만 보고 마라톤 선수처럼 열심히 달리기만 했다. 그래서 옆에 있는 귀한 것들을 놓치기도 하고 아프게도 했다. 이제 졸업을 하고 달리는 것을 멈추니 주변이 보인다. '내가 너무 이기적이었구나' 생각하니 가슴이 아프다.

나는 사랑의 빚을 졌다. 발가락이 구부러지도록 우리 남매를 키워주신 친정엄마의 삶에 빚졌고, 외로움과 그리움을 참아가며 정신적으로 또 경제적으로 긴 세월 후원해 준 남편에게 빚졌고, 암을 앓고 계신 시부모님을 찾아뵙지 못해 빚을 졌고, 또 굽이굽이 삶의 여정에 도움이 되어 주었던 많은 사람에게 빚을 졌다. 공부하는 엄마 때문에 스스로 집안일도 나누어 가며 도와준 나의 아이들에게도 마음의 빚을 졌다. 어찌 이 빚을 다 갚을 것인가!

또한 미련한 나를 공부의 세계 속으로 밀어 넣어 당신의 비밀을 깨닫게 하신 나의 생명 하나님이 없었다면 나는 이 길을 걸어오지 못했을 것이다. 내가 아장아장 교회로 걸어가던 날부터 지금까지 그분께서는 나와 계셨다. 우리 가족이 함께 미국 생활을 잘해 올 수 있었던 힘도 신실하신 하나님이 늘 곁에 계셨기 때문이었다.

이 글을 통해 마음의 빚을 진 사람들에게 사랑을 담은 감사를 전하고 싶다.

2012년 6월에 린치버그에서.

차례
contents

모험을 떠나다 4

프롤로그 prologue
모험의 시작 16

출발 start
준비가 필요하다 28

주택 house
고군분투 집 계약 44
집구하기와 계약 절차 49
집의 종류 57
집에 살면서 72

자동차 car
자동차 구매 100
자동차 관리 119

학교 school
미국에서 학교 가기 140
학교 시스템 149
공립학교 155
사립학교 191
대학 대학원 입학 200
대학생활 218
어학코스와 교환학생 243

은행 bank
은행에 가다 254

생활 living
생활비 272
장보기 283

비자 visa
비자 종류 308
비자 관련 사례 315
그 밖에 319

문화 culture
문화 차이 326
삶의 활력 339
한인교회 353

언어 language
영어정복 360
한국학교 365

부록 appendix

한국을 떠나던 날 아이들의 기억과 지금 25
준비과정 동안의 경비 41
집을 구할 때 고려할 사항 56
이사 점검을 위한 구멍 메우기 및 얼룩 제거 96
자동차 싸게 사는 요령 118
미국에서 교통사고 발생 시 취해야 할 10가지 사항들 136
작은아들이 말하는 미국 학교 시간표 짜기 168
학비 및 필요 경비 198
학교 입학 시 필요한 서류 199
대학원 입학 시 필요한 서류 217
장학금 제도 - Honor Program 221
계좌 개설하기 269
2006년 기준 우리 가족의 초기 정착 비용 274
우리가족의 생활비 내역 282
비자 신청 서류 312
여권 갱신 시 필요한 서류 321
사회 보장 번호 발급 시 필요한 서류 323
자주 묻는 질문 Q&A 374
참고 사이트 382

프롤로그 prologue

출발 start

주택 house

자동차 car

학교 school

은행 bank

생활 living

비자 visa

문화 culture

언어 language

프롤로그 prologue

2006년 8월 8일 나와 세 아이들은 대한항공 비행기 안에 있었다.

우리 자리를 찾아가 보니 좌석이 둘씩 나누어져 있었다.

"저, 혹시 자리를 바꾸어 줄 수 있나요? 아이가 따로 떨어져 있어서……."

왼쪽에 앉아 있던 한국 사람은 나의 부탁에 흔쾌히 자리를 바꾸어 주었다.

오른쪽을 보니 외국인이 앉아 있었다.

그런대로 영어를 한다고 생각한 나는 별 주저 없이 자리를 바꾸어 줄 수 있는지 물었다.

그 순간 나는 당연히 그가 yes or no로 간단하게 대답하겠지 생각하고 있었는데

끝없는 긴 설명을 듣자 그만 당황했다.

그의 설명은 계속 되었다. 마치 시간이 멈춘 것 같았다.

게다가 도무지 그의 긴 영어가 하나도 들리지 않았다.

'도대체 뭐라는 거야? 된다는 거야, 안 된다는 거야.'

어떻게든 들어 보려 애쓰는 사이 그의 설명은 끝났다.

그리고 그는 나의 반응을 기다리고 있었지만 나는 한마디도 할 수 없었다.

그때였다. 작은아들의 비명 같은 한마디…….

"엄마, 영어 못해?"

🧳 비행기 안에서

2006년 8월 8일 나와 세 아이는 대한항공 비행기 안에 있었다. 우리 자리를 찾아가 보니 좌석이 둘씩 나누어져 있어서 고민이 되었다. '옆 사람에게 자리를 바꾸어 줄 수 있는지 양해를 구해볼까?' 남편도 없이 나와 세 아이만 떠나는데다 우리가 도착할 미국엔 아는 사람이 하나도 없었다. 불안함과 두려움이 오히려 우리를 결속시키고 있었다. 그나마 함께 있어야 안심이 될 것 같았다.

"저, 혹시 자리를 바꾸어 줄 수 있나요? 아이가 따로 떨어져 있어서……."

왼쪽에 앉은 한국 사람은 나의 부탁에 흔쾌히 자리를 바꾸어 주었다. 오른쪽을 보니 외국인이 앉아 있었다. 그런대로 영어를 한다고 생각한 나는 별 주저 없이 자리를 바꾸어 줄 수 있는지 물었다.

비행기에서

그 순간이었다. 그는 길게 설명하기 시작했다. 나는 당연히 그가 〈yes or no〉로 간단하게 대답하겠지 생각하고 있었는데 긴 설명을 듣자 그만 당황하게 되었다. 그의 입에서 내가 기대한 답이 나오기를 바라며 나는 그저 그를 쳐다보고 있었다. 그러나 그의 설명은 계속되었다. 얼마의 시간이 지났을까? 마치 시간이 멈춘 것 같았다.

도무지 그의 긴 영어가 하나도 들리지 않았다. 적어도 몇 단어라도 알아들을 수 있으면 좋겠는데.

'도대체 뭐라는 거야? 된다는 거야, 안 된다는 거야.'

어떻게든 들어 보려 애쓰는 사이 그의 설명은 끝났다. 그리고 그는 나의 반응을 기다리고 있었다.

"……."

비행기가 떠나려고 준비가 거의 끝난 상황이라 기내는 너무 고요했다. 그곳에 우리만 존재하는 것처럼 느껴졌다. 내가 어떻게든 반응을 보여야 하는데 정말 무슨 말인지 모르겠다.

'다시 물어볼까? 그래, 미안한 일이긴 하지만 어쩔 수 없다. 제발 알아듣 게 간단히 말해줘요.'

애원하는 눈빛으로 나는 다시 물었다. 아! 그러나 그는 다시 반복해 아까의 그 긴 설명을 시작했다. 이제 나의 머릿속은 하얘졌다. 더 이상 어떤 소리도 귀에 들리지 않았다. 상황을 수습할 능력이 내겐 없었다. 세 아이는 뚫어지게 나를 바라보고 있었다.

나의 상황이 안타까웠는지 어떤 여자분이 통역해 주었다. 그가 통로 자리를 일부러 샀기 때문에 같은 통로면 바꾸어 줄 수 있지만 그렇지 않으면 바꾸어 줄 수 없다는 거였다.

'그런 말이었구나!'

나는 너무 창피했다. 고맙다는 인사도, 그 외국인에게 미안하다는 말도 못하고 그냥 앉았다. 정말이지 그냥 꼭 숨고 싶었다.

그때였다. 작은아들의 비명 같은 소리가 들린 것은…….

"엄마, 영어 못해?"

🧳 애틀랜타 공항에 도착하다

입국 심사대에서

14시간의 비행 끝에 우리는 드디어 애틀랜타 공항에 도착했다. 애틀랜타 공항은 미국에서 손꼽히는 큰 공항이라 우리 같이 초보에겐 너무 복잡한 곳이다. 다행히 같은 비행기를 탔던 한국 사람들이 많았다.

"저 사람들 따라가자."

그들이 한국인 안내원을 따라 이동하기에 우리도 그 뒤를 따라갔다.

드디어 문제의 입국 심사대가 보였다.

유학원에서 내 나이가 많고 아이가 셋이나 있어 입국 심사를 까다롭게 할 것이니 잘 준비해야 한다고 주의하라 했다. 그래서 도착하는 곳의 주소, 마중 나올 사람 정보, 필요한 서류들을 잘 준비했다. 그런데 비행기 안에서 당황했던 것 때문에 너무 긴장했다. 가방의 서류를 다시 살펴보았다.

미국 시민권자나 영주권자들은 별도의 심사대를 통과해 쉽게 심사를 끝내고 나가고 있었다. 그러나 외국인 입국 심사대의 줄은 길게 늘어서 있었다. 심사도 까다롭게 진행되고 있었다.

줄을 서서 어떤 사람이 쉽게 심사를 하나 보았다. 만만해 보이는 사람 쪽으로 줄을 서야지 하고 둘러보았다. 한 여자 직원이 까다로워 보였다.

'제발 저 사람만 안 걸리면 좋겠다.'

그런데 일이 힘들어지려니까 내 차례에 그 사람 방향으로 향해가는 것이다.

어떻게 해야 하나 고민하고 있는데 주의 깊게 상황을 살피던 작은아들이 말했다.

"엄마, 저 사람 까다로워 보여. 다른 줄로 가자."

비행기 안의 경험이 엄마를 못 믿고 스스로 책임져야겠다고 생각하게 했나 보다. 나도 뭐 같은 생각을 하고 있던 차라 다른 줄을 살펴보았다.

그런데 순간 내 차례가 되어버렸다. 어쩔 수 없이 그 줄을 따라 깐깐해 보이는 여자 직원 앞에 섰다. 웃지도 않고 짜증 섞인 얼굴로 서류를 뒤적거리며 보더니 그 여자 직원이 매우 까다롭게 이것저것 질문했다. 처음 몇 질문들에 답할 때까지는 별문제가 없었다. 그런데 언제 항공권을 샀느냐고 물었다. 얼른 생각이 나지 않아 우물쭈물하자 다시 돌아갈 항공권을 보여 달라고 했다. 갑자기 그게 어떤 것인지 도무지 생각이 나지 않았다. 아무리 생각해보아도 올 때와 똑같은 모양의 항공권을 가지고 있지 않

멀리서 본 뉴욕

았다. 여행사에서 보내준 서류는 출력해 왔는데 영 티켓처럼 생기지 않아서 그것이 항공권이라고 머리에 입력되지 않았으니 생각날 리가 있나. 내가 당황해서 가방을 뒤지며 머뭇거리자 그 직원은 내가 수상하다고 말했다. 내가

정확하게 말하지도 않지, 티켓도 빨리 못 찾지, 사람들은 뒤로 늘어서서 기다리지 짜증이 나는 모양이었다. 그러더니 방송으로 한국인 통역을 불렀다.

'통역 있는 줄 알았으면 진작 부를걸.'

예쁘장한 한국인 통역이 왔다. 심사대 여직원과 나에 관한 이야기를 나누었다. 한국인 통역은 나에게 여행사에서 보내준 것을 천천히 찾아보라고 했다. 한국인이 옆에 있다는 것만으로도 위로가 되었다. 그리고 당황함에서 조금씩 벗어나기 시작했고 티켓이 눈에 들어왔다.

'다행이다.'

나는 티켓을 꺼내서 보여 주었다. 그러나 그 직원은 이미 나를 의심의 눈으로 보고 있었다. 의심을 풀지 않고 묘한 눈으로 계속 쳐다보았다. 무언가 꼬투리를 잡을 기세다. 나는 걱정이 되기 시작했다. 통역하는 분에게 부탁했다. 한국에선 티켓을 여행사를 통해 구매하기 때문에 기억 못 할 수도 있다고 그 이유를 잘 말해 달라고 했다. 한국인 통역은 나를 돕기 위해 열심히 설명했다. 그러나 공항 심사대 여직원은 자꾸 수상하다고 말했다. 도무지 보낼 기색이 아니다.

'아! 잘못하면 여기서 다시 한국으로 보내지겠구나.'

갑자기 그 직원이 남편의 직업이 뭐냐고 물었다. 나는 대수롭지 않게 남편이 출판사를 경영한다고 말했다. 그때 그 직원의 눈빛이 바뀌었다. 의심의 눈이 느슨해지더니 서류를 돌려주며 사무실로 가라고 했다.

'사무실에 간다는 것이 무슨 의미일까? 돌려보내려나, 아니야, 아까 분명히 눈빛이 바뀌었어.'

이유를 모르는 우리는 공포를 느끼며 사무실로 걸어갔다. 한국인 통역에게 물었다.

"사무실로 가면 어떻게 돼요?"

"괜찮을 거예요."

별다른 설명은 없었다. 너무 걱정하지 말라고만 했다. 다른 사람들은 모두 문제 없이 통과해서 가는 것만 같았다. 우리만 마치 도살장 끌려가듯 사무실을 향해 갔다.

사무실에는 한 한국인 가족이 앉아 있었다. 우리만이 아니라는 것 때문에 안심이 되었다. 초등학생 아이들을 둔 그 엄마는 얼굴이 어두웠다. 자기는 몇 시간 째 거기에 그러고 있다며 아무래도 한국으로 돌아가게 될 것 같다고 말했다. 엄마와 아이 둘이 관광비자로 왔는데 그만 한국에서 F1 비자를 신청했던 기록이 드러나 의심받고 있다고 했다.

　　그러자 걱정이 더해지고 마음이 더 무겁게 내려앉았다. 초조하게 사무실에 앉아 그냥 기다리고 있었다. 비참한 생각도 들고, 걱정도 되고, 화도 났다. 왜 남의 나라에 와서 이 대접을 받나, 입국 못하고 다시 한국으로 돌아가야 하면 어쩌나 걱정도 되었다. 얼마나 기다렸을까, 남자 직원이 웃는 얼굴로 불렀다. 남편 직업을 다시 묻고는 아무렇지도 않게 도장을 찍어주었다.

　　'왜들 저렇게 남편 직업을 묻는 거야? 알 수가 없어.'

　　하여간 고맙다며 사무실을 나섰다. 저렇게 간단하게 도장을 찍어 줄 수 있는 것을 그렇게도 마음고생을 시키다니.

　　'아! 한고비를 넘겼다.'

　　이제는 지체한 시간이 문제였다. 비행기 갈아타는 게 문제가 안 되려나 걱정되기 시작했다. 우리는 통역에게 정말 고마웠다는 인사를 하고 짐 찾는 곳으로 바삐 향했다. 제발 다시는 고생 안 하면 좋겠다고 생각해 보았지만 그것은 내 좌충우돌 미국 생활의 시작을 의미하는 신호에 불과했다.

짐 찾기

　　짐을 찾으러 한참을 이리저리 헤매고서야 도착했다. 그랬더니 우리의 짐이 다시 문제가 되었다.

　　'비행기 안에서 짐의 종류와 돈의 액수를 적으라고 해서 있는 대로 적은 것밖에 없는데 도대체 뭐가 문제라는 거야. 정확히 어떤 게 문제인지 알아야 대비를 하지.'

　　아무리 머리를 굴려 보아도 도무지 알 수가 없다. 고춧가루 같은 한국 음식을 몇 가지 가져온 것이 잘못되었나 생각도 해 보았다.

　　그때였다. 한국인 여자 한 분이 보였다. 한국인들에게 문제를 묻고는 잘 해결되도록 도와주고 있는 것 같았다. 나도 가서 내가 가지고 있는 표를 보여주었다. 문제가 뭐냐고 물었더니 돈의 액수가 문제가 된 것이라고 했다. 한 사람이 가져올 수 있는 돈의 액수가 초과한 것이었다. 돈을 네 명으로 나누어 썼어야 했다. 하지만 별문제는 없을 거라고 했다. 가지고 있는 잔돈까지 솔직하게 얘기하면 된다고 했다.

문제는 시간이었다. 비행기를 갈아타야 하는데 얼마가 걸릴지 모르는 상황이었다. 그제야 둘러보니 옆에는 많은 한국인이 있었다. 이미 비행기를 놓친 사람도 있고 단체로 왔는데 짐이 문제가 되어 많은 다른 사람들을 기다리게 하는 사람도 있었다. 모두 걱정하며 문제가 잘 해결되기만을 기다리고 있었다. 초조해하며 기다리는 사람들에게 한국인 통역은 일일이 찾아다니고 있었다. 각 사람의 문제가 잘 해결되도록 해결책도 알려주고 통역도 해주며 돕고 있었다. 이렇게 막막한 상황을 계속 만나는데 한국인 통역이 없었으면 어쩌나 싶다. 그들의 도움이 사막의 별처럼 느껴졌다.

영어를 할 줄 안다고 해서 문제를 해결할 수 있는 것도 아니었다. 그 상황을 잘 알지 못하면 아무리 영어가 된다 해도 일을 그르칠 수밖에 없을 것 같았다. 그러니 일을 정확히 이해하고 잘 처리되도록 돕는 한국인 통역이 얼마나 고마운지 모르겠다. 순서를 기다리면서 통역하는 분과 이야기를 나누었다.

"참 좋은 일을 하시네요."

"네. 뭘요."

"힘들진 않으세요?"

"가끔 종 부리듯 하거나 당연히 요구하는 사람들 때문에 힘들 때도 있죠."

나에겐 얼마나 큰 도움인지, 또 얼마나 내가 고마워하는지 알면 좋겠다고 진심으로 말했다. 무척 기뻐하며 또 다른 사람을 도우러 일어섰다.

다행히 짐도 돈도 별문제가 안 되어 무사히 통과하고 다시 짐을 부쳤다. 미국에선 첫 번 도착지에서 입국심사를 받고 짐을 다시 찾아 붙여야만 한다. 이제 드디어 모든 절차가 끝났다. 우리는 비행기를 갈아타기 위해 공항 내의 지하철을 타고 이동했다.

짐 부치는 것까지 도와주던 한국인 통역이 갈아타는 곳까지 길을 잘 알려주고 갔다. 그래서 우리는 길을 헤매지 않고 쉽게 찾아갈 수 있었다. 두 한국 통역 분의 도움이 어려운 상황을 만난 우리 가족에게 큰 위안과 힘이 되었다.

공항에서의 경험은 마치 넓은 사막에서 길을 몰라 헤매는 여행자의 여정이었다.

샬롯에 도착하다

비행기에서 내리기 전에 아이들이 도착하면 누가 기다리느냐고 물었다. 나는 대수롭지 않게 유학원에서 소개해준 목사님이 올 거라고 했다. 그런데 아이들 얼굴을 보니 무척 걱정되는 모양이었다. 얼굴도 모르는 사람만 믿고 이 낯선 땅을 찾아가는 엄마가 도무지 미덥지 않은 눈치였다.

"아무도 안 나오면 어떻게 해?"

"글쎄, 택시를 타고 아무 호텔로 가서 일단 짐을 풀지 뭐."

대책이 없어 보이긴 하다. 근데 내가 원래 무대책이다. 이 배짱 하나로 아무도 모르는 이 낯선 땅으로 용감 무식하게 달려온 거다.

샬롯 공항에 내리니 아이들이 염려한 것과 다르게 목사님이 우리를 마중 나와 주었다. 목사님 첫인상이 표정이 없고 솔직히 너무 무서웠다. 아이들은 겁을 먹은 얼굴이었다. 그러나 막상 목사님과 말을 해 보니 따뜻한 느낌이었다. 쉽게 짐을 찾아 샬롯 공항 밖으로 나

미국에 처음 도착한 샬롯 공항의 전경

오니 외국에서 느낄 수 있는 낯선 냄새가 더운 기운과 함께 훅 느껴져 왔다. 생각한 것보다 공항이 작고 한산했다. 첨단의 인천 공항 모습과는 비교할 수 없을 정도의 작은 공항이었다.

우리는 차를 타고 공항을 떠나 목사님 댁으로 향했다. 가는 길가에 숲이 우거져 있었는데 여름의 초록빛이 가는 곳곳마다 묻어 나왔다. 참으로 아름다운 마을이었다. 아마도 '아주 시골에 온 것이 아닐까?'하는 생각이 들었다. 우리는 목사님 댁에서 예쁜 사모님이 준비해 준 맛있는 한국식 저녁을 먹고 호텔로 돌아왔다.

미국에 처음 도착해 머문 라마다 호텔

시차 때문에 새벽에 눈을 떴다. 밖이 너무 깜깜하고 차 달리는 소리만 요란해서 차마 나가진 못하고 호텔에서 시간을 보냈다. 아이가 셋이나 있으니 얼마나 다행인지, 서로 의지도 되고 지루해지지도 않는다. 여기저기 뒤져 보고 침대도 쾅쾅 뛰어 본다. 마침내 해가 떠오르자 기대를 하고 밖으로 나왔다. 어제 저녁은 어두워 호텔과 주변을 자세히 살펴볼 수 없었기 때문이다.

호텔 밖으로 나와 어이가 없어서 서로 쳐다보았다. 그래도 라마다 호텔인데 한국의 여관보다 못했다. 주변에는 큰 덤프트럭 창고가 있고 또 한쪽은 큰 도로에 차들이 쌩쌩 달리고 있었다. 호텔 한쪽에 있는 조그만 수영장이 오히려 우스워 보였다. 미국에 대한 기대들이 무너져 내리는 순간이었다.

그날 내가 본 미국은 드림랜드가 아니었다. 한국의 시골에 온 듯한 느낌, 아니 공장지대, 그것이 샬롯을 본, 아니 미국을 본 첫 느낌이었다. 그렇게 오랜 시간 기다리고 꿈꾸던 미국이 지금 내 눈 앞에 저렇게 옹색하게 드러나 있었다.

☀한국을 떠나던 날 아이들의 기억

아무 생각 없었다. 그냥 잠깐 여행을 가는 것 같았다. 한동안 오지 못할 거란 생각은 해보지도 못했다. 그런데 아빠가 울었다. 아빠는 태어날 때부터 완벽한 사람일 거라 생각했는데, '아! 아빠도 사람이었구나' 그런 생각만 했다. 그래서 갑자기 슬퍼졌다.   —작은아들

그냥 몸이 힘들었다는 생각만 난다. 잘 모르겠다. 나는 8살이었다. 엄마가 가니 왔을 뿐이다.   —딸

실감이 안 났다. 걱정보다는 신기했다. 처음 외국 나가는 것이고 또 내가 결정한 일이니 설레었다. 기대되었다.   —큰아들

지금은..

가기 싫다. 왜냐고? 난 여기 교육방식도 좋고 하고 싶은 일도 있다. 미국에서 펼치고 싶은 꿈이 있다. 난 여기에서 내가 하고 싶은 일을 찾았다. 또 학교에는 좋아하는 친구들이 많이 있다. 정말 가기 싫다.   —딸

엄마 아빠께 감사하기도 하고 죄송하기도 하다. 그러나 나는 여기에서 공부할 수 있어서 너무 좋다. 수업 방식도 좋고 내가 할 수 있는 것을 마음껏 해 볼 기회가 있어서 좋다.   —큰아들

오고 싶어서 온 것은 아니지만 여기에서 나는 내가 갈 길을 발견했다. 지금은 너무 감사하다. 중간에 왜 왔나 하는 후회가 든 적도 있지만 지금은 감사할 따름이다. 영화를 통해 마음껏 나의 꿈을 펼치고 싶다.   —작은아들

가족이 함께

한국에서 예방접종 다 했다고 손짓 발짓해가며 아무리 말해도
늙은 미국 간호사는 끄덕도 않는다. 그냥 맞으란다.
어깨의 결핵 주사자국을 보여 줘도 그게 먼지 모른다.
자기네는 그런거 안 맞으니 알 턱이 있나.
안 아프니 걱정하지 말라고 하고선 장갑을 낀다.
무식하기도 해라. 한꺼번에 어깨 양쪽에 주사를 놓는다.
예방접종이 아니라 생체실험 당하는 느낌이다. 그런데 이게 끝이 아니다.
이번엔 팔목에 결핵균을 주입한다. 반응검사라나.

내가 무사할 수 있을까?

2006년 6월, 최종적으로 미국 유학이 결정되었다. 미국은 새 학기가 8월에 시작된다. 그래서 제때 학교에 가려면 늦어도 2개월 안에 출발해야만 했다. 준비하기엔 너무 짧은 시간이었다. 서둘러 모든 것을 준비해야 했다. 유학원에 물어가며 서류 준비를 하고, 살림도 정리해야 하고, 정신이 하나도 없었다. 막상 출발하려니 왜 그렇게 처리할 일들이 많은지 눈코 뜰 새가 없었다. 지금처럼 인터넷 검색이 쉽지 않았기 때문에 툭하면 모르는 것을 유학원에 전화해 귀찮도록 물어보았다. 그렇게 나름대로 준비해서 잘된 것도 있지만 미흡한 것이 너무 많아 아쉬웠다.

미국으로 출발하기 전에 철저한 준비가 필요하다. 준비 여하에 따라 그곳에서의 생활이 좀 더 편리할 수도 있고 아니면 힘든 과정들을 겪을 수도 있다. 다음은 우리 가족이 미국에 가면서 준비했던 과정들을 정리해 본 것이다.

✈ 비자준비

7월 20일. 10개가 넘는 서류를 준비해 비자 인터뷰를 했고 무사히 통과했다. 사람들은 대부분 경비를 내고 유학원에 일임하기 때문에 큰 무리 없이 준비할 수 있다. 하지만 나는 경비를 절약하기 위해 서류를 직접 준비했다.

결과적으로 경비를 절약한 대신 시간이 많이 들었다. 더구나 한국에서 미국에 올 때 먼저 관광비자로 들어오고 후에 미국에서 학생비자로 바꾸었기 때문에 준비과정이 훨씬 더 복잡했다.

비자에 대해 법적인 것이나 여러가지에 대해 여기저기 자세히 알아보는 과정이 필요했다. 미국생활에서 비자는 복잡하고 중요한 부분이라 자세한 내용을 별도의 장에서 다루고자 한다.

✈ 항공권 구하기

8월 초에 미국에 와야만 라이드^{자동차로 필요한 곳까지 태워다 주는 것}와 정착을 도와줄 수 있다고 현지 목사님이 조언했다. 항공권을 구하려 애를 썼지만 한 달도 채 남겨두지 않은 상황에서 쉽지 않은 문제였다. 나와 세 아이를 합해 4장의 항공권을 한꺼번에 끊어야 하는 것도 문제지만, 8월은 방학이라 값도 너무나 비쌌다. 만약 미리 결정하고 준비했다면 훨씬 싼 가격에 쉽게 구할 수 있었을 것이다.

여러 여행사를 알아보다가 일정에 맞고, 네 냉이 가능한 날짜로 겨우 구할 수 있었다. 델타항공이었는데, 인천에서 애틀랜타 Atlanta까지는 대한항공으로 가고 애틀랜타에서 샬롯 Charlotte까지는 델타항공을 이용해야 했다. 그냥 대한항공 비행기표를 끊

샬롯 입구 표지판

는 것보다는 값이 쌌다. 대한항공의 항공권을 끊어도 미국에서는 다른 미국 비행기로 갈아타야 한다는 걸 고려한다면 별 차이가 없는 조건인 셈이다. 물론 대한항공을 이용하지 않고 한국에서부터 외국 항공사의 비행기를 탔으면 값이 훨씬 싸긴 했다. 하지만 이미 거의 매진이었고, 있다고 해도 여러 번 갈아타야 했다. 한국 비행기를 타는 것이 그나마 덜 힘들 것이라는 남편의 배려로 더 싼 외국 항공사를 찾으려는 노력을 그만 포기하기로 했다.

요즘 젊은 학생들은 인터넷에서 값이 싼 항공권을 잘 찾기도 한다. 영어가 어느 정도 된다면 www.cheapairlineticket.com, www.expedia.com, www.priceline.com 같은 사이트를 이용하는 것도 도움이 될 것이다.

✈ 짐 정리

우리가 모두 떠나고 나면 남편 혼자 살기에 집이 너무 큰 듯해서 조금 작은 아파트로 이사하는 것이 낫지 않을까 하고 신중하게 생각했었다. 그러나 가족도 없이 홀로 지내야 하는데 추억이 있는 집을 떠나 좁은 공간에서 지내면 혹시 우울해지지 않을까 염려가 되어 이사는 안 하기로 했다.

남편이 한국에 남아있기 때문에 짐을 잘 분류해서 정리하는 일이 아주 중요했다. 가져갈 것과 남길 것, 그리고 버릴 것을 나누었다.

버릴 것

아이들이 돌아올 때쯤에 더는 쓸 수 없는 것들을 버리거나 필요한 사람들에게 나누어 주었다. 장난감류, 작은 침대, 한국어를 가르치던 교재들을 정리했다. 그러나 이 한국어 교재들이 미국에서 정말 필요한 물건이 될 줄 그때는 미처 몰랐었다.

부엌용품 중에서도 오래되거나 쓰지 않고 처박아둔 것들을 정리했다. 나중에 쓸 것 같아 남겨 두었던 창고의 물건들을 꺼내어 분류했다. 생각보다 버릴 것들이 아주 많았다.

가져갈 것

전기제품 중에서 미국에서 꼭 필요할 것 같은 것만 챙겼다. 변압기, 툭하면 아픈 나의 약한 몸을 위한 홍삼제조기, 남편이 커피를 마시지 않아 챙긴 커피메이커와 컴퓨터를 넣었다. 프린터기는 HP프린터가 아닌 한 잉크 문제 때문에 가져가지 않는 게 나을 것 같다. 전기장판이나 옥매트는 가져가면 차가운 미국집의 바닥에서 쓰기 유용한 물건이다. 그러나 한국 것과 플러그가 달라 꼭 필요한 것이 아니면 전자제품은 가져가지 않는 것이 낫다.

당시에 미국 면제품 질이 한국보다 떨어진다고들 알고 있었기 때문에 침대커버 세트와 면 의류도 사서 넣었다.

그리고 유학원에서 조언한 대로 아이들이 어릴 때 읽던 책까지 가능한 많은 책을 챙겨 넣었다. 이 책을 가져간 것은 정말 탁월한 선택이었다. 미국에서 지내는 동안 한국어를 잊어버리지 않도록 계속 한글책을 읽도록 했다. 미국 역사를 줄줄 꿰는 아이에게 한국 역사를 읽도록 종용했다. 방학마다 한글책을 읽는 것이 우리 아이들의 숙제였다. 위인전, 한국 역사, 세계명작전집, 어린이용 창작동화책을 계속 읽도록 권했다.

그런데 아이들이 자라서 읽을 책들은 미처 생각지 못했다. 중, 고등학교를 미국에서 다닐 것이라면 꼭 한국문학전집을 가져가는 것이 좋을 것 같다. 영어로 문학책을 열심히 읽고 있는 아이에게 한국의 뛰어난 작가들의 글을 읽히고 싶은 욕심이 자꾸만 생긴다.

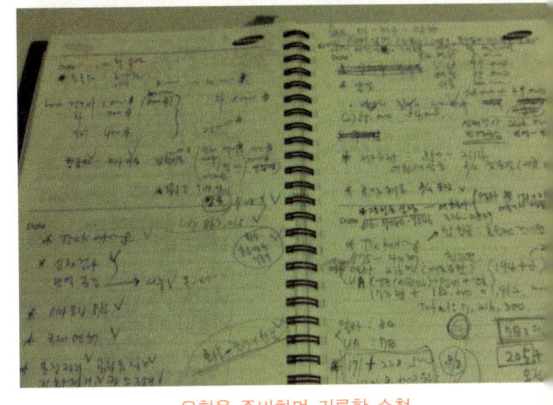

유학을 준비하며 기록한 수첩

또한 쓰던 책상과 의자, 문구류들을 가져가는 물건으로 분류했다. 기타와 첼로, 바이올린 같은 악기는 잘 포장해서 가져갔다. 비행기로 첼로를 가져가면 1인용 자릿값을 내기 때문에 튼튼하게 포장해서 그냥 짐 속에 부쳤다. 짐을 받고 보니 약간의 파손이 있었지만 다행히 쉽게 수리할 수 있는 정도였다.

나는 남편을 위해 김치냉장고를 남겨두었는데, 만약 가족이 모두 간다면 꼭 가져가는 것이 좋은것 같다. 미국에서 정말 열심히 김치를 담가 먹기 때문이다. 그리고 김치를 담그려면 큰 그릇들이 필요한데, 미국에서는 큰 그릇을 구하기 어렵고 혹시 구한다 해도 값을 꽤 주어야 한다. 유학 기간을 3년 이상 잡는다면 이런 그릇들도 챙겨가면 도움이 될 것이다. 한국에 있을 때 김치를 거의 담근 적이 없는 나는 당연히 이런 그릇도 항아리도 가져갈 짐으로 분류하지 않았다.

오랜 기간을 예상하지 않아 디지털 피아노도 가져가지 않았는데 나중에 딸아이가 피아노 교습을 해야 했을 때 후회했다. 결국 사게 되었는데 값도 한국보다 비싸고 운반하는 것도 몹시 어려웠다.

또, 쓰던 빨래 건조대가 있다면 잘 접어서 가져가는 것도 좋다. 요즘에 와서 미국에서도 팔기 시작했는데 질이 떨어지는 경향이 있다.

남길 것

나머지 짐들은 있던 그대로 정리만 했다. 그러나 너무 시간이 촉박해 남편이 불편 없이 살도록 충분히 배려하지 못했다. 떠나는 준비에 마음이 쏠려있었던 이유다. 다만 음식 한 번 하지 않던 사람을 위해 장아찌를 준비했고, 김치를 충분히 김치냉장고에 넣고, 재료 목록을 냉장고에 붙여 놓았을 뿐이었다.

어차피 짐을 부칠 거라면 꼭 필요한 것을 분류하는 일이 참 중요하다.

짐을 부치는 것을 분류할 때 체류 예상 기간과 현지 사정, 아이들 현재 그리고 돌아오기까지의 연령을 고려하는 것이 도움 될 것이다.

✈ 짐 부치기

해운회사와 값을 조절해서 8월 4일에 드디어 짐을 부칠 수 있었다. 짐 정리가 끝난 후에 한 해운회사를 통해 짐을 부쳤는데 직접 와서 정리한 짐을 싸고 운반까지 해줬다. 문제는 짐을 싸면서 견적을 받았을 때보다 더 많은 짐이 나왔다는 것이었다. 견적을 받았을 때는 8CBM^{cubic meter, 입방미터의 약자로 가로×세로×높이의 부피 단위다. 즉, 가로1M×세로1M×높이1M = 1CBM이라고 표시한다.} 정도로 예상했는데 막상 짐을 싸니 13CBM이 나왔다. 가격은 기본 3CBM에 115만 원이었고 1CBM이 추가될 때마다 20만 원이 올라갔다.

참고로 짐은 무게가 아닌 부피로 계산하니까 가져갈 짐을 분류할 때 참고하면 경비를 줄일 수 있다. 미리 상자를 달라고 해서 계산해 보고 짐을 조절하는 것이 나을것이다.

짐을 부치는 방법들

짐을 부치는 것도 여러 방법이 있다. 여러 곳의 전문업체를 비교해 보고, 짐이 많지 않다면 우체국에서 보내는 방법도 있다. 나는 짐이 너무 많았기 때문에 전문업체를 이용했지만 가전제품 같은 큰 짐이 없고, 대략 10상자를 넘지 않는다면 우체국을 이용하는 것이 더 저렴할 수 있다. 대신 스스로 짐을 싸서 우체국까지 직접 가지고 가는 수고로움이 있다. 우체국을 이용할 때에는 먼저 상자를

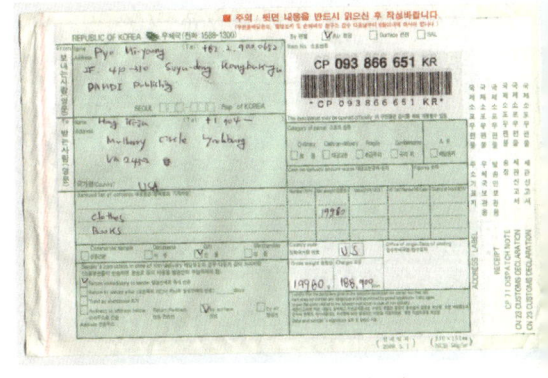

우체국용 기표지

구해야 한다. 라면 상자 같은 것은 쉽게 파손될 우려가 있으므로 우체국용 상자를 사는 것이 좋은데 www.boxco.co.kr에 가면 구할 수 있다. 그다음 우체국에 가서 상자에 붙일 주소기표지(만약 문제가 생겼을 때를 대비해 보험이 되는 것이 나을 것이다)를 받아 온다. 상자가 꽤 많으면 주소를 기입하는

데 시간이 오래 걸리니 집에서 미리 적어 가면 도움이 된다.

한 상자에 들어가는 제한용량이 20kg이므로 짐을 쌀 때도 무게를 맞추어야 경비를 절약할 수 있다. 우체국에 도착해서 상자가 많다고 하면 별도로 도움을 받을 수 있을 것이다. 근래에 우체국을 이용한 사람은 한 상자에(보험을 포함해서) 5만 원 정도 들었다고 한다.

언제 부칠까

해운회사를 통해 짐을 보내면 보통 두 달 정도 걸린다. 떠나기 며칠 전에 짐을 보내거나 두 달 전에 보내는 방법이 있다. 두 달 전에 짐을 보내면 한국에서 지내기는 불편하지만 미국에서 바로 짐을 받기 때문에 덜 고생한다는 장점이 있다. 어디서 고생하는 것이 편한지 잘 생각해 보고 선택하면 된다.

우리는 촉박한 준비기간 때문에 떠나기 며칠 전 짐을 보내, 미국에 도착해서 짐이 올 때까지 고생을 좀 했다. 기본적인 식기나 공산품, 그리고 식료품들은 어차피 현지에서 사서 쓰는 물건이라 가자마자 그곳에서 사서 사용했다. 가장 큰 문제는 옷과 이불이었는데 여름에 떠났고 관광비자였기 때문에 많은 짐을 가져갈 수 없었다.

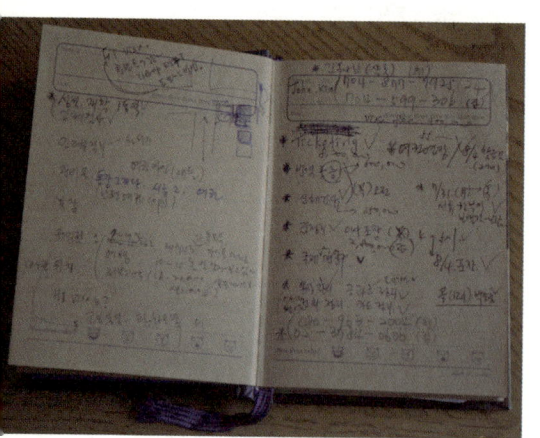
미국에 오기 위해 준비했던 기록들

추운 지역은 아니었지만 갑자기 쌀쌀해진 날씨와 에어컨에 잘 적응하지 못했다. 여름 동안은 정착을 도와주신 분에게 빌린 여름이불로 잘 지낼 수 있었다. 그러나 추위를 유난히 잘 타는 나는 날이 점점 추워지자 견디기가 어려웠다. 이불을 사자니 부친 짐 속에 있었던 데다 마음에도 안 들었고, 미국 물가에 익숙지 않아 이불이 비싸게 느껴졌다.

무엇보다 견딜 수 없었던 건 곳곳마다 지나치게 트는 에어컨 바람이었다. 뼛속까지 느껴지는 추위를 얇은 카디건으로는 견딜 수 없었다. 결국엔 두꺼운 카디건과 침낭 두 개를 사서 이불로 덮었다. 나중에 그때 일을 회상하다가 '히터를 틀면 되는데 왜 생고생을 했을까?' 생각하니 어이가 없었다.

하여간 미국생활의 필수품으로 우리는 카디건과 선글라스를 꼽는다. 카디건은 아직도 에어컨 바람에 적응하지 못한 우리 가족의 애용품이고 선글라스는 운전을 방해할 정도로 뜨거운 미국의 태양 때문에 꼭 필요하다.

✈ 짐 받을 때 주의 하세요

짐을 쌀 때, 목록을 기록하는데 복사본을 잘 보관해야 한다. 짐을 보낼 때 상자의 번호에 맞추어 목록에 있는 번호에다 물건의 이름을 기록하는데, 나중에 짐을 확인할 때 그리고 짐을 풀 때, 목록과 상자의 번호를 일일이 확인하면 분실을 막을 수 있다.

짐을 내릴 때 순서 없이 바쁘게 내리기 때문에 상자 번호와 목록을 확인하기가 어렵다. 가능하면 혼자서 짐을 받지 말고 여럿이서 해야 목록 확인도 하고 나르는 과정도 체크할 수 있다.

내가 선택한 이사 서비스는 미국 현지 집까지 배달해 주며 기본적으로 큰 가구는 다시 조립해 주게 되어 있다. 우리는 큰 가구가 책상밖에 없었으므로 일하는 사람들이 두 개의 책상을 조립해 주고 갔다.

또한 짐이 미국 LA에 도착하면 언제쯤 도착할 수 있는지 대략의 날짜를 알려준다. 배로 오는 것이라 두 달을 예상하지만, 내 경우는 LA에 도착한 후 차로 다시 동부까지 와야 하므로 10월 초에 왔어야 하는 짐이 11월이 되어 겨우 도착했다. 커다란 짐차로 도착한 짐은 3층인 우리집까지 배달되었다.

내부분의 미국 집은 단층으로 되어 있고, 대도시 집들을 제외하고는 중소도시의 집들은 4층짜리 아파트라도 엘리베이터가 없는 곳이 대부분이다. 우리 집도 엘리베이터가 없는 3층이라 짐을 옮기는 일이 쉬운 일은 아니었다.

짐 나르는 사람들이 짐을 내릴 때마다 내가 번호를 확인하니까 일이 지체된다며 싫어했다. 히스패닉(중남미계) 남자들의 일하는 것이 마음에 안 들어 나중엔 나도 짐 나르는 것을 거들게 되면서 번호 확인이 더 어려워졌다. 아이들이 학교에 간 후라 친구와 둘이 하니 번호 확인이 더 안 됐던 것이다. 아무리 투덜거려도 끝까지 상자와 목록을 대조했어야 했다는 생각이 든다. 번호 하나가 빈 것 같아서 말했더니 아니라고 우기며 짜증을 냈다. 그러나 이미 짐을 뒤죽박죽 쌓아 놓았기 때문에 다시 확인할 방법이 없었다. 다른 것은 잘 모르겠고 분명히 내가 기억하는 냄비와 베개 하나가 없어졌는데 어떻게 해결할 방법이 없었다.

✈ 필요한 것들

국제면허와 무사고 기록

미국은 면허가 기본이라고 하고 또 정착 기간에 필요할지 몰라 면허시험장에서 5천 원에 발급해주는 한국면허를 국제면허로 바꾸어 갔다. 미국 운전면허증이 없었을 때 여권과 마찬가지로 국제 운전면허증은 나를 증명하는 서류가 되어 주었다. 자동차보험을 들기 위해 무사고 기록도 발급받아 갔다. 자동차보험을 중간에 바꾸었기 때문에 두 군데에서 영문 보험 기록을 발급받았다. 이 서류가 미국에서 보험 드는데 유용했고 무엇보다 싼 값으로 보험을 들 수 있게 해 주었다. 이 서류가 없었으면 나이나 경력을 인정받지 못해 청소년이 보험을 처음 들 때처럼 굉장히 비싼 보험료를 내야 했다. 자동차와 관련된 이야기는 별도의 장에서 자세히 다룰 것이다.

신체검사, 예방접종 기록

신체검사와 예방접종 기록은 미국 학교에 입학하기 위해 아주 중요하다. 아이들은 안국역 하나로 빌딩에 있는 유학생 전문 신체검사 기관에서 신체검사를 했고 의사의 권유로 X-ray와 필요한 예방접종을 했다. 신체검사 하러 갔을 때 아기 수첩을 가져간 것이 아주 유용했다. 의사가 이 수첩을 근거로 서류를 만들어 주었다. 이 기관에서는 각 나라의 서식에 맞추어 모든 서류를 영문으로 만들어 주었다. 만약 신체검사 기록이 없으면 미국 학교에 입학하기 위해 처음부터 모든 예방접종을 다시 해야 한다. 미국은 서류로 모든 것을 증명해야 하므로 말이나 다른 것은 통하지 않는다. 나는 아이들의 신체검사와 예방접종을 다 준비하면서 정작 내 서류 준비는 까맣게 잊고 있었다. 나중에 학교에 입학하게 되어 예방접종 서류를 내라고 했을 때 생각이 났지만 이미 늦었다. BCG같은 경우 한국에서는 어깨의 흔적으로 증명되지만, 미국에서는 이것이 통용되지 않았다. 아무리 설명하고 주사 자국을 보여줘도 서류로 제출하지 않는 것은 받아들일 수 없다고 했다.

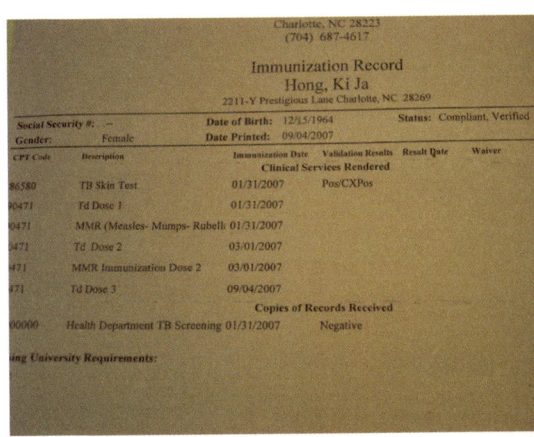

예방접종 기록

우리나라를 비롯해 몇 국가들은 결핵 감염국가로 분류되어 있기 때문에 예방접종은 필수사항이다.

할 수 없이 나는 2개월 간격으로 3차에 걸쳐 양쪽 어깨에 기본 주사를 다 다시 맞았다. 이런 무식한 방법이 다 있나 싶지만 서류를 준비하지 않은 내 잘못이라 하소연할 수도 없었다. 어른인 내가 맞아도 몸살이 나고 아픈데 아이들이었으면 얼마나 힘들었겠느냐며 나만 맞는 것이 다행이라고 위안 삼았다. 한국 병원에 조언도 구했지만 미국에 있으면서는 방법이 없다고 했다. 그렇다고 예방접종 서류 때문에 비행기를 타고 다시 갔다 올 수도 없는 노릇이다. 어학연수 후 대학원에 입학했을 때도, 또 다른 대학원으로 편입했을 때도 예방접종 기록은 계속 필요했다.

그 후로 모든 서류는 서류함에다 복사본까지 준비해서 철저히 보관하고 있다. 예방접종 서류는 정말이지 꼭 챙겨야 한다.

서류 번역, 공증

학교에 입학하는데 필요한 서류를 영문으로 발급받지 않았으면 모두 번역 공증을 받아야 한다. 내가 유학을 준비할 당시 한국의 학교들은 대부분 영문

서류를 발급해 주지 않아 번역 공증을 해야만 했다. 4명의 학교기록(생활기록부, 성적증명서, 재학증명서)과 호적등본을 번역 공증했다. 그리고 예방접종 서류와 보험서류를 함께 모아 정리했다. 결핵의 기록이 없다면 X-ray는 필요하지 않았다. 돌려받은 서류와 남은 서류는 서류함에 보관해 두었는데 필요할 때마다 꺼내어 사용했다. 혹시 몰라 2부씩 준비했는데 현지에 가보니 원본 1부만 있으면 나머지는 복사해서 써도 됐다. 미리 알았다면 2부씩 번역 공증할 필요 없어 돈을 절약할 수 있었을 것이다.

하지만 주의할 것은 가고자 하는 주state나 카운티county 미국의 정식 명칭은 United States of America로 50개의 주(state)로 이루어져 있다. 주 아래 단위가 카운티(county)로 여러 도시(city)로 이루어져 있다.에 따라 다를 수도 있고, 종종 해가 바뀌면 달라지기 때문에 꼭 확인이 필요한 부분이다.

여권갱신

여권의 유효 기간은 가능한 한 오래 남아 있는 것이 좋다. 내 것을 확인했더니 채 1년이 남지 않아 새로 갱신해 10년을 받았다. 그러나 고등학생이었던 아들은 병역 문제 때문에 3년밖에 안 나왔다. 결국 몇 년 뒤 아이들은 여권을 새로 갱신해야 했다. 여권을 새로 발급받으려면 먼 영사관까지 가야 해서 시간과 경비의 손실이 매우 크다. 영사관이 애틀랜타에 있었는데 자동차로 4시간 거리였다. 게다가 영사관은 주말에 일을 하지 않아 평일에 수업을 빼먹고 가야만 하는 문제가 있었다. 다행히 샬롯에 있을 때는 우편 접수가 가능했기 때문에 두 아들의 여권은 우편을 이용해 갱신할 수 있었다. 하지만 버지니아로 이사 온 후 전자우편이 시행됨에 따라 본인이 영사관에 가야만 갱신할 수 있도록 법이 개정되었다. 딸아이의 여권을 갱신해야 했을 때 4시간을 달려 워싱턴까지 가서 신청하고 왔다.

공과금과 카드, 통장정리

각종 공과금, 카드와 통장을 정리했다. 빠진 것이 없는지 꼼꼼하게 체크하고, 나중에 나올 것까지 확인해서 낼 것은 내고 필요 없는 통장은 없앴다.

나는 미국에서도 사용할 수 있는 비자카드 하나만 남겼는데 해외에서도 사용되고 인터넷뱅킹이 가능한 통장도 하나 있으면 유용할 것 같다.

휴대전화도 요금을 내고 정리하면서 저장된 전화번호를 출력해 가지고 왔다. 이것이 나중까지 지인들과 연락하는데 도움이 되었다. 요즘은 070전화를 개설해 가지고 오는 사람들이 많아져 한국과의 연락이 쉬워졌다.

안경과 치과 치료

미국의 병원비가 무척 비싸다는 이야기를 듣고 아이들을 모두 안과와 치과에 데리고 가서 검진을 받았다. 안경을 쓰는 아이는 검사해서 안경을 바꾸거나 아니면 여분의 안경을 했다. 치과 치료가 필요한 아이는 치료를 받게 하고, 어금니에 코팅을 씌워 예방 조치도 했다. 나도 여분의 안경을 맞추고 또 치과 치료도 받았다. 미국 오기 전에 라식수술을 하고 온 한 친구는 비싼 안과비를 계산하면 아주 탁월한 선택이었다고 했다. 나는 미처 그 생각은 못했었다.

가족사진

지인들이 선물로 준 촬영권으로 가족사진을 찍었다. 이것을 한국 집에도 두고 미국에도 가져오고 어른들께도 드렸다. 그 가족사진은 미국에 온 날부터 지금까지 우리 집 거실에 걸려있다. 멀리 떨어져 있는 우리에게 가족이라는 공동체 의식을 갖게 도와주는 상징이 되고 있다. 우리 부부가 나이 들어가고 있음을 볼 수도 있고 또 아이들이 얼마나 컸는지 비교해 볼 수도 있는 귀한 자료가 되고 있다. 사진 찍기 싫다고 징징대던 꼬마 딸 아이가 지금은 나보다 이만큼 커버린 십대소녀가 되었으니 사진을 볼 때마다 세월의 흐름을 느끼게 된다.

한국에서 가져온 책들과 가족사진

돈 준비하기

당시 우리는 관광비자로 들어왔다가 나중에 F1^{학생비자, full time student visa}으로 바꾸었기 때문에 내가 미화 $10,000을, 아이들 각각 $3,000을 미국에 가지고 올 수 있었다. 그래서 남편이 내게 T/C^{여행자 수표}로 $15,000을 준비해 주었고 약간의 현금을 들고 왔다. 만약의 경우가 생기면 비자카드를 사용하기로 했다.

연락처와 라이드 준비

마지막으로 미국에 도착했을 때다. 공항에 마중 나올 사람과 그 연락처를 잘 확인하고 적어서 수첩에 넣어 두었다. 만약 숙소가 정해졌다면 호텔 정보가 있으면 된다. F1 비자로 바로 가는 경우엔 학교 인터네셔널 담당자에게 도움을 요청하거나 그 지역 한인과 연계해 도움을 받을 수도 있다. 자신이 다닐 학교 주소나 전화번호는 꼭 필요하다.

공항에서 목적지까지 렌터카를 빌려 가는 방법도 있다. 그러나 절차가 만만치 않으므로 학교의 도움을 받는 것이 좋겠다.

* 준비과정 동안의 경비

1. 항공권 : 8,200,000원 (4명)
2. 번역, 공증 : 600,000원
3. 신체검사, 예방접종 : 246,000원
4. 여권연장 : 55,000원
5. 비자 : 97,000원
6. 포장이사 : 2,800,000원
7. 국제면허 : 5,000원
8. 기타 서류 : 20,000원
9. 치과, 안경 : 750,000원
10. 필요한 살림 구매 : 약 400,000원
11. 가져간 돈 : $15,000 (약 13,500,000원)

=약 21,673,000원

*이것은 2006년 당시 우리 가족 4인 기준의 경비임

TIP!

아파트 직원은 우리에게 집을 빌려 줄 수 없다고 한다.
'아니 돈을 주겠다는데 집을 안 빌려 주겠다니. 소수민족이라고 무시하는 거야.'
마음속에선 화가 나지만 웃는 얼굴로, 아니 애원하는 얼굴로 쳐다본다.
당장 내일 들어갈 집이 있다고 친절하게 다 보여 주고 설명해 주더니만
갑자기 왜 그러는 걸까?
직원 얼굴 한 번, 정착 도와주는 목사님 얼굴 한 번 쳐다본다.
이야기인즉슨 우리가 믿을 만한 신용이 없어 집을 빌려 줄 수 없다는 것이다.

아니 이제 미국에 도착한 우리의 신용을

어떻게 증명하란 말인가?

고군분투 집 계약

🏠 집 보러 다니기

미국에 도착한 후 이틀 동안 호텔에 머물고 있었다. 미국에 정착하기 위해 가장 먼저 해결 해야할 일이 집을 구하는 것이었다. 아직 시차도 적응 안 된 우리 가족은 졸린 눈을 비비며 여기저기 집을 구하러 다녔다. 아파트를 돌아보면서 우리는 깜짝 놀라 잠이 다 깨버렸다. 호텔에서 본 것과 다르게 아파트 주변 경관이나 시설들이 매우 잘 되어 있었기 때문이었다. 주변 동네를 돌아보고 집을 구하러 여기저기 다니는 사이 전혀 다른 세상이 펼쳐지는 것을 볼 수 있었다.

한국의 고급 아파트에나 있을 법한 시설들이 일반 아파트마다 갖추어져 있었다. 또한 클럽하우스^{club house, 아파트 임대 및 관리를 하고 입주민 편의 시설이 있는 곳}는 아주 고급스러웠고, 극장, 당구장, 세탁실, 휴게실, 운동시설, 수영장 등의 시설이 있으며 야외에는 농구장 혹은 테니스장이 갖추어져 있었다.

"엄마, 이리로 이사 오자. 진짜 짱이야."

"와! 수영장 봐. 당구장도 있어."

이런 아파트에 살면 좋겠다고 나와 아이들은 촌스럽게 입을 벌리며 감탄하고 다녔다. 그러나 마음에 드는 몇 군데 아파트는 9월이 되어야 들어 갈 수 있는 곳이 대부분이었다. 8월에 학교에 가려면 집 주소가 있어야만 하는데 정말 난감한 일이었다.

온 종일 여러 곳을 다니며 알아보니 다음날 바로 들어갈 수 있는 빈집을 찾을 수 있었다. 정말 다행이라며 서둘러 계약하려고 했다. 하지만 아파트 직원이 우린 신용이 없어서 집을 얻을 수 없다고 했다. 방법이 없는 우리에게 감사하게도 같이 가 주신 목사님께서 기꺼이 보증을 서주셔서 아파트를 얻을 수 있었다.

🏠 집을 계약하다

서류 심사비 $150과 디포짓$^{deposit, 보증금}$으로 $850을 냈다. 디포짓은 신용이 있다면 안 내도 되지만 유학생은 대부분 신용이 없으므로 그냥 내야 하는 경비로 여기면 된다. 별문제 없다면 나중에 돌려받을 수 있는 보증금 같은 개념이다.

월 $850을 내야 하는 집인데 여름 특별 세일 기간이라 할인 받아 월 $799으로 계약 했다. 매월 내는 렌트비 외에 물세와 전기세, TV, 인터넷 요금은 따로 내야 한다. 우리가 내는 월세는 단지 집을 빌리고 관리해주는 금액이리고 한다. 그리고 이 금액은 해마다 약 2% 상승한다. 그렇게 3년을 살다 보니 이사할 즈음엔 렌트비가 $900을 넘었다.

아파트 사무실에서 준비한 많은 서류를 작성하고 사인을 했으며 서류의 복사본과 영수증을 받고 최종적으로 계약이 성사되었다. 드디어 우리가 살 집이 생긴 것이다. 좋은 집도 싸게 구했고 날짜도 잘 맞아서 우리는 행복한 마음으로 미국 생활을 시작할 수 있었다.

학생들이 주로 모여 사는 집 근처의 아파트. 1-3개의 방이 있으며 주변에 수영장, 그릴 등이 마련되어 있다.

🏠 우리가 살 집이 생기다

　우리가 살게 된 집은 엘리베이터가 없는 3층 아파트의 꼭대기 층에 방이 두 개고 화장실도 두 개 있다. 남자아이들 방 밖엔 숲과 농구장, 놀이터가 있어서 쉽게 농구하러 갈 수도 있고 놀이터에서 놀 수도 있다. 숲의 산책로도 잘 되어 있어 조깅을 하거나 자전거를 탈 수도 있다. 사계절의 변화를 집에서도 느낄 수 있는 아주 마음에 드는 집이다. 큰아들은 자기 방 침대에 누워 마음껏 하늘도 보고 숲도 볼 수 있어서 행복하다고 했다.
　"엄마, 빨리 와봐."
　"왜?"
　"달이 너무 커. 손에 잡힐 것 같아."
　"우와! 저렇게 큰 달 처음 본다. 미국은 달도 크구나."
　아침에 아들은 커다란 달이 자기를 쳐다보고 있는 것 같아서 잠을 잘 못 잤다고 했다.

거실에는 벽난로가 있고 3층이라 천정이 높아 답답하지 않으며 방의 천정마다 팬Fan, 환풍기과 전등이 달려있다. 미국엔 전등이 없고 램프를 사용한다고 들었는데 우리 집은 전등이 방마다 있어 어둡지 않고 좋았다. 또 방마다 벽장Closet, 옷장으로 쓰는 공간이 설치되어 있어 옷을 걸 수 있고 접어서 넣을 공간도 있다. 걸어서 안에 들어갈 정도의 공간이다.

밖엔 베란다와 창고가 있어서 잡동사니나 자주 쓰지 않는 물건들을 수납할 수 있게 되어 있다. 집안에는 냉장고, 전자레인지, 식기 세척기, 전기 오븐 같은 필요한 가전제품

집 근처에 등산로가 있어서 아이들이 산책하고 있다.

이 다 설치되어 있다. 세탁기와 건조기는 월 $50에 빌릴 수도 있고 살 수도 있었다. 매달 빌리는 돈을 계산하니 1년이면 세탁기 값보다 더 비싸져 오래 머물 거면 사는 게 낫다고 생각해 구입했다. 짐을 별로 가져가지도 못했고, 한국에서 부친 짐이 아직 도착하지 않은 상황에서도 큰 불편 없이 살만큼 아주 좋은 환경이 갖추어져 있었다.

타운하우스로의 이사

3년을 살다가 우리 가족은 다른 주의 타운하우스로 이사하게 되었다. 아파트와 마찬가지로 3층 건물이지만, 1층에서 3층까지 혼자 다 사용하는 구조의 집이다. 1층이자 지하는 완성되지 않아서 세탁실과 창고로 쓰고 있다. 2층엔 거실과 부엌, 화장실, 창고와 보일러실이 있다. 3층은 2개의 방이 있는데 다른 집 작은 방 두 개를 합친 듯한 크기다.

밖엔 잔디밭이 있어서 한쪽을 일구어 밭으로 만들어 채소를 기르고 있다. 2층엔 밖으로 나가는 데크가 유리문으로 연결되어 있다. 뒤는 아름다운 숲인데 데크에 앉아 커피를 마시며 숲을 보거나 책을 읽기에 좋은 공간이다. 다른 사람들은 이곳에 그릴을 가져다 놓고 고기를 구워 먹으며 모임을 갖기도 한다.

산에서 바라본 린치버그 전경

　렌트 가격은 $725고 쓰레기세만 포함되어 있어 지난번보다 더 싸다. 매년 월세가 오르지도 않는다.

　그러나 이곳은 그전에 살던 곳과 다르게 편의 시설이 갖추어져 있지 않다. 클럽하우스나 농구장 같은 운동 시설도 없다. 당연히 있으리라 살펴보지 않았는데 이사 온 후 알게 되어 매우 당황했다.
　"엄마, 농구장은?"
　"어, 그게 없네. 어떡하지?"
　"그럼 어떻게 운동해?"
매일 시간만 나면 농구장에 나가 농구를 하던 남자 아이들은 어떻게 하느냐며 투덜거렸다.

　그 전에 있던 곳은 새로 생긴 중소 도시였지만 이곳은 시골인데다가 오래된 주택 단지라 시설들이 갖추어져 있지 않았다. 그러나 요즘 새로 짓는 아파트에는 시설들이 갖추어져 있는 것 같다.

다음은 나의 경험을 바탕으로 집을 구하는데 필요한 정보들을 모아 보았다. 어떤 자료들은 우리 지역 커뮤니티 사이트 community site를 참고하였음을 밝힌다.

🏠 집 알아보기

집을 알아볼 수 있는 몇 가지 방법들이 있다. 한국에서는 부동산 사무실에만 가면 집에 관한 정보를 다 얻을 수 있지만 미국에서는 여러 가지 방법으로 집을 구할 수 있다. 먼저 미국에는 리얼터 realtor, 부동산 중개업자가 있는데, 이 사람들은 공인 부동산 업자로서 전미 부동산업 협회 the national association of real estate 소속의 부동산 중개업자다.

리얼터 사무실, 곳곳에 이런 사무실이 있어 집을 알아볼 수 있다.

이들이 운영하는 사무실의 규모가 각각 다른데, 개인이 혼자서 하는 경우도 있고 사무실을 크게 운영하는 경우도 있다. 대부분 인터넷 사이트(우리 집은 www.brownstoneproperties.com)를 운영하므로 그곳에서 필요한 정보를 얻을 수 있다.

직접 아파트 사무실을 찾아가는 방법도 있는데, 사무실에는 늘 직원이 상주하여 집을 보여주고 적절한 집을 찾도록 도와 준다. 처음 미국에 와서 집을 보러 간 아파트 사무실의 벽에는 집의 구조를 그려놓은 도면이 있었다. 방 한 개짜리, 두 개짜리, 세 개짜리, 도면 속 아파트의 위치와 각 방의 크기나 문의 위치까지 자세히 볼 수 있도록 해 놓았다. 안내 책자에서도 자세히 볼 수 있지만 직원이 집을 보여주기 때문에 직접 자세히 살펴볼 수 있다. 처음 집을 보러 갔을 때 깜짝 놀란 것이 마치 새로 지은 듯 집이 너무나 깨끗했다.

학생들은 학교 게시판을 통해 집에 관한 정보를 얻을 수 있다. 집 주인이 직접 임대할 학생을 구하기 위해 집에 관한 정보를 게시한다. 학교에 따라서 일 년에 한 번씩 각종 집에 관한 정보를 알 수 있도록 전시회를 갖기도 한다. 주변의 부동산 사무실이나 아파트에서 학교 전시회에 참가해 회사의 집들을 소개하고 집을 찾도록 정보를 준다.

한인이 많은 학교인 경우에는 커뮤니티 사이트를 운영하고 있는 경우가 많으므로 그곳에서 한인들끼리 집을 서로 소개하는 경우도 있다.

내가 다니는 학교는 커뮤니티 사이트가 잘 운영 되고 있어서 그곳에 필요한 집을 내놓거나 구하기도 한다. 주택을 가지고 있는 한국인 때로는 미국인도 학생들에게 임대하기 위해 이곳에 글을 올리기도 한다.

대학교 게시판. 집을 렌트하려는 집주인과 집을 구하려는 학생들의 광고가 붙어 있다.

집을 구하는 한인들의 요구 조건들이 비슷하기 때문에 주변에 살고 있는 한인들의 경험이나 조언을 듣는 것도 집을 구하는데 큰 도움이 된다. 대부분은 학군이나 안전성 여부, 깨끗하면서도 값 싼 동네와 집을 찾는다.

유용한 인터넷 사이트로는 www.rent.com, www.forrent.com, www.apartmentfinder.com, 각 주에 걸쳐 집 뿐만 아니라 물건을 찾을 수 있는 사이트 www.craigslist.com가 있다. 이 사이트에 들어가서 집코드^{zip code, 우편번호}를 치면 유틸리티^{utility, 공과금}가 포함되어 있는지, 방은 몇 개 인지, 학교와의 거리 등 그 지역의 정보를 볼 수 있다. 그러나 www.craigslist.com 같은 경우는 종종 허위 매물도 올라오기 때문에 주의 해야 한다.

나도 한번은 다른 주로 이사하려고 이 사이트에 들어가 집을 알아봤다. 지역과 액수, 집의 규모에 따라 많은 정보들이 올라와 있었다. 사진이 올라온 것은 더 도움이 되었다. 조건이 맞는 집을 골라 부동산 중개업자에게 전화로 약속 시간을 잡고 직접 집을 보러 갔다. 그러던 와중에 집이 너무 좋은데 지나치게 싼 값에 나온 집이 있었다. 전화번호가 없고 주인이 아프리카에 가 있다고 해서 메일로 연락을 취했다. 그러다 마음에 드는 다른 집이 나와서 그 집은 잊고 있었는데 나중에 알고보니 그 건은 사기였었다. 이유 없이 싸고 좋은 조건은 의심을 해 보는 것이 좋다. 부동산 중개업자를 통하면 이런 위험을 줄일 수 있다. 그리고 한국이나 미국이나 발품을 많이 파는 것이 좋은 집을 구하는 최상의 방법인 듯싶다.

🏠 집 계약하기

마음에 드는 집을 구한 다음, 또 여러 가지 조건들을 충족 시켜야 한다. 내가 마음에 든다고 모든 집을 얻을 수 있는 것이 아니다. 미국은 크레딧^{credit, 신용}으로 모든 것이 가능하기 때문에 우리처럼 크레딧이 없는 사람들은 무엇을 하든 어려움이 있게 마련이다. 그나마 학생임을 증명하는 서류들이 미국에 정착하는데 필요한 보증이 된다. 다음은 집을 계약하는 절차다.

크레딧 확인

소셜 넘버Social number, 일종의 주민 번호 같은 것가 있고 크레딧credit, 신용 등급이 좋으면 집을 얻는데 아무 문제가 없지만 처음 미국에서 집을 얻거나 이 중 어떤 서류라도 없으면 보증co-sign이 필요하다. 미국에 살고 있는 신용이 좋은 사람의 보증이 있으면 된다. 학생인 경우엔 충분한 은행 잔고나 한국으로부터의 지원을 증명하면 된다. 두 번째 집을 얻을 때부터는 그 전의 집에서 렌트비를 잘 내왔던 기록을 조회하는 것으로 크레딧을 대신 하기도 한다. 그러나 다른 주로 이사할 경우엔 그 전에 살던 주의 기록을 조회하는 대신 처음 했던 것처럼 크레딧이나 보증이 요구되기도 한다. 나의 경우 처음엔 보증을 세웠고 다른 주로 이사할 때는 한국의 남편으로부터 지원을 증명했다. 처음엔 미국 시민권자로부터 보증을 받았고, 두 번째는 은행 잔고로 증명을 한 셈이다.

서류 심사비

서류 심사비는 나의 신용이나 기록들이 정확한지 심사하는 비용을 내는 것이다. 처음 집을 얻기로 결정하고 신청서를 제출하면 심사비를 요구한다. 신용 조사나 그 전 집에서의 상황, 그리고 다른 서류들을 조사하는 것이다. 이 비용은 집이나 주에 따라 다른데, 나는 처음에 $150을, 두 번째는 $25를 냈다. 까다롭게 심사하고 심사비를 요구하는 경우도 있지만, 가끔 지인의 소개를 통하는 경우엔 이 것을 면제해 주는 경우도 있다. 보통 서류 심사하는데 하루나 혹은 며칠씩 걸린다. 신청서와 함께 여권이 필요하다.

디포짓deposit, 보증금과 렌트비 내기

크레딧 확인이나 서류 심사를 통과하면 집을 얻기 위해 보증금과 한 달 치 렌트비를 선불로 낸다. 집세를 제 때 내지 못하는 만약의 경우를 대비해 집 주인이나 회사가 미리 받아 두는 것이다. 별문제가 없으면 이사할 때 돌려주지만 집을 잘 사용하지 않았다는 이유로 돌려받는 액수가 적어질 수도 있다. 내 경우엔 3년간 집을 사용했기 때문에 집에 얼룩도 많고 자국도 많이 남았음에도 불구하고 전액 돌려받았다. 그런데 어떤 사람은 청소를 열심히 해서 집이 깨끗했음에도 이것저것 트집을 잡아 오히려 돈을 더 내라고 했단다. 물론 두 경우가 같은 집은 아니다. 회사나 매니저에 따라 그 집에 산 연수나, 혹은 주에 따라 돌려 받는 것이 많이 달라지는 것 같다. 디포짓은 계약기간과 집에 대한 조사도 끝나고 난 후 한 달이나 한 달 반 정도 뒤에 우편을 통해 체크check, 수표로 배달된다.

　미국에는 한국과 같은 전세의 개념이 없다. 매달 돈을 내는 한국의 월세와 같은 개념만 있다. 한국에서 아파트를 사고 팔듯이 살 수도 없다. 한국처럼 전세를 얻기 위해 목돈을 들이지 않고도 쉽게 아파트를 얻을 수 있는 장점이 있지만 기간이 길어지면 렌트비가 집을 살 수 있는 금액이 된다. 대부분의 경우 유학생은 체류기간이 짧아 렌트하는 것이 더 나을 수도 있다. 그러나 이것도 개인의 상황에 따라 적절히 조절하면 된다.

서류 작성하기

　앞의 절차가 끝나면 이제 많다 싶을 만큼의 서류를 읽어야 한다. 온 지 얼마 안 돼 영어도 어려운 판에 깨알 같은 글씨로 써진 많은 서류를 읽는 것이 귀찮아 자세히 보지 않으면 나중에 어려움을 당할 수도 있다. 영어를 잘하는 분의 도움을 받아 자세히 읽는 것이 좋다. 미안하기도 하고 창피하기도 해서 아는 척 그냥 넘어 가는 것은 좋지 않다. 서류는 대략 집의 주소, 계약기간, 렌트비, 거주자와 그 가족의 간략한 신상 명세, 동물의 유무, 관리 규약, 공과금과 관련된 정보 등을 포함하고 있다. 입주가 월 초에 시작되지 않는 경우엔 날짜를 일일이 다 계산해서 받는다. 그리고 이것을 서류에 다 기록하게 되어 있다. 이 기간을 확인하는 것이 나중에 이사 갈 때 도움이 된다. 계약 기간보다 하루라도 더 살게 되면 그 만큼 돈을 더 받는데, 그 금액은 월 별로 내는 것보다 더 비싸게 책정되어 있다.

　보통 계약은 일 년 단위지만 6개월 단위로 하는 곳도 있다. 그러나 6개월로 계약하면 일 년을 하는 것보다 월 렌트비가 더 비싼 편이다.

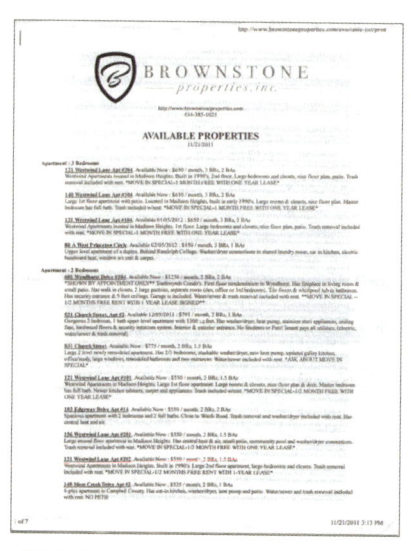

집 렌트 신청서, 신청서를 작성해서 신청비와 함께 제출하면 심사가 시작된다. 심사를 통과해야 집을 볼 수 있고 계약할 수 있다.

리얼터 자료, 수시로 업데이트되는데 홈페이지보다 더 자세하고 많은 정보가 나와 있다. 리얼터가 관리하는 집의 주소, 규모를 기록해 놓았다. 리얼터 사무실에서 얻을 수 있다.

만약 일 년을 계약하고 사정이 생겨 일찍 나가게 되면 계약 기간만큼의 렌트비를 다 내게 되어있다. 그래서 서브리스 sub-lease, 재임대라는 것이 있는데 남은 내 계약 기간만큼 다른 사람에게 다시 임대하는 것이다. 계약 기간이 끝나면 살던 사람이 계약을 새로 갱신해도 되고 계약을 종료하고 다른 곳으로 이사가도 된다. 그렇지만 남은 기간 동안 살 사람이 없으면 렌트한 사람은 나머지 계약 기간만큼의 렌트비를 물어야 한다.

내가 아는 어떤 학생은 계획이 바뀌는 바람에 일 년 계약을 채우지 못하고 한국으로 가게 되었다. 계약기간 동안 대신 살아줄 사람을 구하기 위해 애를 썼으나 못 구했다. 할 수 없이 남은 삼 개월 치의 렌트비를 고스란히 물어 낼 수밖에 없었다. 그러므로 처음 계약할 때 기간을 잘 생각해 결정하는 것이 손해를 입지 않는 방법이 될 것이다.

렌트비도 매 해 증가하는지 아닌지 살펴보는 것이 좋고, 물세, 쓰레기세, 텔레비전, 또는 인터넷 금액 같은 공과금이 렌트비에 포함되는지의 여부도 살펴야 한다. 내가 처음 살았던 아파트는 계약 당시에 아무것도 포함되지 않다가 재계약시 물세, 쓰레기세, 텔레비전까지 포함해서 받았다. 물과 쓰레기는 어차피 낼 것이니 상관 없지만, 텔레비전은 따로 신청하지 않고 기본 채널만 보고 있었는데 할 수 없이 돈을 내고 보게 되었다. 이것처럼 주로 아파트인 경우는 TV나 인터넷 회사와 연계해 공동으로 사용하게 되어 있는 경우가 많다. 타운하우스 같은 경우도 이미 선이 연결되어 있는 것을 사용하도록 권하는 경우가 많다. 만약 내가 독단적으로 다른 것을 연결하려면 회사나 집 주인의 허락을 받아야 한다.

집을 함부로 개조하거나 있던 것을 없애는 것도 금하는 곳이 대부분이다. 서류에 자세히 가능 여부를 명시해 놓으므로 집에 가서라도 꼼꼼히 읽는 것이 좋다. 서류에는 거주자와 가족들의 정보를 기록하게 되어 있다. 여기에 기록되지 않은 사람이 일정 기간 이상 함께 거주하는 것은 불법이다.

또한 미국에서는 5세 이상의 아들과 딸이 한방을 사용하지 못하게 하고 있다. 부부와 아들 하나 딸 하나라면 방 3개짜리 집을 얻어야 한다. 우리는 나와 아들 둘, 딸이 하나 있으므로 방 두 개를 얻었다. 그러나 남편이 함께 살았다면 방을 세 개 구해야 한다.

이 렌트 계약서는 거주지 증명으로 아이들이 학교에 갈 때 제출해야 하고 면허증을 얻기 위해서도 필요하다. 방을 적게 얻기 위해 이름을 누락하면 학교에 갈 때, 면허를 딸 때, 거주지를 증명해야 할 때 문제가 생길 수 있다.

관리 규약에 대해서도 자세히 읽어보고 알아 두어야 한다. 물론 모를 때마다 사무실에 가서 물어도 되지만 서류를 자세히 보면 잘 알 수 있도록 설명해 놓고 있다. 고장 났을 때 어떻게 연락하는지에 대한 정보들과 집의 관리에 대한 세부 사항들이 적혀 있다.

사인하기

모든 서류를 검토하고 문제가 없으면 사인을 하게 되어 있는데, 한 곳에만 하지 않고 매 중요 이슈마다 사인을 하도록 되어 있다. 회사 담당자와 계약자 모두 사인을 하고 한 부를 복사해서 서로 나누어 가진다. 한국처럼 도장을 찍지 않고 사인만으로도 모든 서류의 절차가 통용된다. 바인더에 서류를 넣어 주는 경우도 있지만 그렇지 않으면 모든 서류는 서류함을 따로 준비해서 보관하는 것이 좋다. 내 경험으로 서류는 꼭 한 부씩 복사해서 여분으로 보관하는 것이 만일을 대비해 좋은 것 같다.

열쇠 받기

모든 절차가 끝나면 집 현관 열쇠와 우편함 열쇠를 받게 된다. 보통 두 개의 열쇠를 주는데, 나중에 이사 갈 때 정확하게 돌려 주어야 한다. 만약 분실하면 벌금을 내거나 새로 만들어 주어야 한다. 나는 열쇠를 받은 후 두 개 더 복사해서 식구들이 하나씩 나누어 가졌다.

집을 구할 때 고려할 사항

집을 구할 때 고려할 사항으로는 다음과 같은 것들이 있다.

자녀의 연령에 맞는 시설들이 갖추어져 있는지,

utility(공과금)는 어떤 것이 포함되어 있는지,

집이 얼마나 오래 되었는지,

계약기간, 집 위치 및 구조, 학군은 어떤지,

학교와의 거리는 얼마나 되는지,

단지의 규모는 큰지 등을 살펴야 한다.

집의 종류

미국의 집은 대략 아파트, 타운하우스, 싱글하우스, 듀플렉스로 나눌 수 있다. 결혼하지 않은 학생들을 위해서는 학교 기숙사가 제공되므로 처음에는 그곳을 이용하는 것이 영어 공부에나 문화를 익히는데 도움이 된다. 어떤 작은 학교는 결혼한 가족이 함께 지낼 수 있는 기숙사 아파트를 싸게 제공하는 곳도 있지만 대부분 기숙사는 결혼하지 않은 학생들에게 제공된다. 그래서 결혼한 학생들은 학교 밖에 집을 얻는다.

🏠 아파트

미국의 아파트는 한국과 같이 고급스러운 주거 공간이 아니다. 대부분 가난한 사람들의 최소 주거 공간이다. 물론 시설이 조금씩 차이가 나긴 하지만 그래도 아파트는 없는 사람들을 위한 주거공간이다. 학생이나 젊은 부부, 가난한 사람들과 유학생들이 살기에 좋은 곳이다.

아파트는 방이 1-3개까지 있으며 화장실도 1-3개까지 있다. 화장실에 욕조가 있는 것은 풀 바스$^{full\ bath}$라 하고 욕조가 없는 것은 하프 바스$^{half\ bath}$라 한다. 내가 처음 살던 아파트는 방이 두 개인데 화장실도 두 개 있었다. 보통 방이 하나인 경우는 화장실도 하나다. 방이 세 개라고 화장실이 세 개인 경우는 별로 없다.

집을 구할 때 방의 개수를 확인하고 화장실의 개수와 종류를 확인해 보아야 한다. 아파트인 경우 대부분은 방 하나에 화장실 하나, 방이 두 개이거나 세 개인 경우는 욕조가 있는 화장실이 두 개인 경우가 많다.

아파트는 전세가 없다

대부분의 아파트는 큰 회사의 소유로 임대하고 관리하는 기업의 사업 개념으로 자리잡고 있다. 보통 아파트를 소유하고 있는 회사들은 한곳에만 가지고 있는 게 아니라 여러 곳에 가지고 있는 경우가 많다. 그래서 아파트 직원들은 회사 직원과 마찬가지로 출퇴근하며 인사이동도 이루어진다. 관리 직원들은 그 아파트에 거주하는 경우도 있고, 또 긴급한 경우를 위하여 비상 연락처를 게시해 놓는다. 직급도 다양하게 형성되어 있다. 중요한 일은 매니저가 결정하고 일상적인 업무는 직원들이 맡는다.

아파트의 클럽하우스와 수영장

아파트의 시설들이 마음을 끈다

서민들을 위한 공간인 아파트의 장점으로는 좋은 시설들이 갖추어져 있는 것이다. 물론 오래된 빈민가의 아파트는 열악한 환경에 놓인 곳도 많다. 그러나 신흥 도시 등 웬만한 아파트는 쾌적한 환경과 시설들을 잘 갖추어 놓고 있다. 내부의 깨끗한 시설뿐 아니라 외부의 공동 시설들이 잘 조성되어 있다. 세탁기나 건조기가 없어도 공동 세탁실coin laundry, 돈을 넣고 세탁기를 사용이 있어서 세탁을 할 수 있고, 운동 시설도 골고루 갖추고 있다. 아파트에서 외부 청소나 잔디 정리, 시설 보수 등 전체적으로 관리해주어 늘 깨끗한 주변환경을 유지하고 있다. 내부 수리도 관리 사무소에서 알아서 해준다.

아파트 클럽하우스 내의 유료 세탁실, 가운데 보이는 것이 동전 넣는 기계고 왼쪽이 세탁기, 오른쪽이 건조기다.

아파트의 장점과 단점

아파트는 한 층에 생활 공간이 있기 때문에 동선의 효율성이 있다. 빠른 시간 내에 집안일을 처리할 수 있으며 같은 공간에서 접촉이 잦아 가족 간의 관계에서도 친밀감을 유지할 수 있다.

그러나 반대로 너무 가까워 서로간의 사생활이 보장되지 못하는 단점도 있다. 연령치기 많이 나는 경우 큰아이가 작은아이에 의해 자신의 개인 생활이나 학업에 부정적인 영향을 받을 수도 있다.

다른 단점으로는 층간 소음이 심해서 조심스럽게 살아야만 하는 문제도 있다. 또, 3층에 살았던 우리는 엘리베이터가 없어서 장을 보고 나르는 것이 보통 문제가 아니었다. 주로 차로 이동해 대형마트에서 한꺼번에 많은 양의 장을 보기 때문에 3층까지 옮기려면 여러 번 왔다갔다 해야 했다.

이사도 마찬가지로 어려웠다. 침대와 소파, 피아노를 사서 운반할 때 매우 힘들었던 기억이 난다.

중소 도시의 경우 대부분의 아파트는 3-4층으로 이루어져 있다. 도시에도 한국 같은 고층 아파트는 찾아보기 어렵다. 대부분의 아파트에 엘리베이터가 없으며 계단을 이용해 출입하게 되어 있다. 한 단지의 규모가 매우 큰 경우, 한 건물은 24가구로 구성되어 있고 이런 건물들이 보통 12개 동 이상으로 되어 있다. 그래도 한국처럼 그렇게 많은 사람들이 살지는 않는다. 집들은 나무로 지어져 있고 입구 하나에 네 개의 집이 마주보고 있다.

번개에 맞아 집이 불탔다

"엄마, 저 것 좀 봐."

전에 살던 아파트를 처음 보러 갔을 때의 일이다. 반대편 집들이 불타 있었다.

"불이 났나?"

같이 가신 분이 직원에게 물어 보았다. 번개로 화재가 나서 그렇게 되었다고 했다. 다행히 낮이어서 사람은 다치지 않았으나 재산 피해가 크게 났다고 한다. 개인이 보험에 들지는 않았으나 회사가 보험에 들어 있어서 보상과 복구 비용이 해결되었다고 했다.

'집이 번개에 맞아 불에 탔다!'

그것을 본 후 우리는 천둥과 번개가 치는 날에는 그 집 생각이 떠나지 않아 잠을 이루지 못했었다.

"엄마, 무서워. 잠을 못 자겠어."

"전기 코드 다 빼고 자면 괜찮을 거야."

아이들을 다독여 재우긴 했지만 나 역시 걱정돼서 잠이 안 왔다.

그 지역은 비가 갑자기 내리기 시작해 무섭도록 퍼부어대는데 천둥과 번개를 동반하기 때문에 운전하다가도 비를 피해서 어딘가 멈추어 서 있어야 할 정도였다. 그런데 아무리 찾아보아도 피뢰침이 설치되어 있지 않았다. 화재가 났으니 설치하려니 생각했지만 우리가 이사 나올 때까지도 끝내 피뢰침은 설치되지 않았다. 나중에는 그 아파트에서 거주자에게 보험을 들도록 규정을 바꾸어 적용하기 시작했는데, 한 해에 $100이나 부담해야 한단다.

렌트비

렌트비는 지역에 따라 많이 다르다. 전에 살던 지역은 방 두 개짜리 기준으로 대략 월에 $850-950 정도였으나, 지금 내가 사는 시골은 조금 더 싸다. 워싱턴 같은 대도시는 $1500-2000까지 한다.

어떤 아파트는 유학생들에게 일 년치 렌트비를 선불로 요구하기도 한다. 돈의 여유가 있으면 한번에 내놓고 연체의 염려 없이 지내면 좋긴 하지만 갑자기 이사를 해야 하는 상황이 되면 조금 복잡해 질 수도 있다. 선불로 내는 경우는 만일의 경우에 대한 조건들을 계약서에 명시하는 것이 좋을 것 같다. 렌트비를 하루라도 연체하면 연체료가 붙는데 그 액수는 아파트에 따라 다르다. 보통 10% 내외로 내는 경우가 많다. 연체료도 문제지만 신용에 문제가 생겨 다음 집으로 이사할 때 걸림돌이 될 수 있으므로 주의 하는 게 좋다.

🏠 타운하우스

타운하우스는 보통 2층 혹은 3층으로 된 집들이 다섯 또는 여덟 채 정도의 집들로 연결되어 있다. 방의 개수는 아파트와 비슷하다. 2-3개의 방과 1-2개의 화장실이 있다 아파트보다 하프바스 half bath 욕조가 없는 화장실가 더 많은 특징이 있다. 방의 크기도 다양한데 타운하우스의 크기에 따라, 집의 규모에 따라 달라진다.

렌트도 가능하고 살 수도 있지만, 집값의 변동이 없어 투자 개념으로는 어렵다. 또 요즘은 집의 매매가 너무 없어 잘못하면 집에 묶이게 되므로 유학생인 경우엔 렌트가 더 나을 수도 있다.

지금 우리가 사는 타운하우스 입구와 주차장. 아주 조용하고 아름다운 곳이다.

렌트비

렌트비는 방 두 개인 우리 집의 경우 $725인데, 가까운 곳의 한 타운하우스는 물세를 포함해서 $450-550인 경우도 있다. 물론 싼 곳은 공간이 좁다거나 오래된 집이라는 단점이 있는 경우가 많다. 전에 살던 곳은 도금 더 큰 도시라 $1000-1200 정도 지불해야 지금 우리 집 정도의 조건을 갖춘 집을 구할 수 있었다. 대도시인 경우는 $2500 정도 돼야 이런 집을 구할 수 있다고 들었다.

타운하우스의 장점과 단점

타운하우스의 장점 중의 하나가 가족간에 독립된 공간을 갖는다는 것이다. 서로의 사생활이 보장되고 손님이 왔을 때도 거실과 방이 분리되어 있어서 독립적이다. 그러나 아이들의 공간과 부모의 공간이 확연히 구분되면서 의사소통의 문제가 발생할 수도 있는 단점도 있다. 나는 주로 부엌과 2층 공부하는 공간에서 시간을 보내고 아이들은 자신들의 방이 있는 3층에서 지낸다. 그래서 내가 아이들을 체크하기도 어렵고 밥 먹으라고 부르거나 무언

집 뒤 잔디밭 한쪽을 밭으로 만들어 심은 상추와 깻잎이 자라고 있다.

가 이야기할 때에도 소리를 지르거나 인터폰을 해야 한다.

또 다른 장점으로는 잔디가 있는 마당을 갖는다는 것이다. 한쪽을 밭으로 만들어 한국식 채소를 기를 수 있어서 너무 좋다. 봄이 되면 상추, 고추, 호박이나 오이를 심고, 저절로 자라는 깻잎도 있다. 올해는 어떤 분께서 미나리를 주셔서 심었는데, 남편이 왔을 때 막국수를 만들면서 넣었더니 향긋하고 너무 맛있었다.

집 뒤 숲은 나의 독립된 공간을 만들어 주어 마음껏 생각하고 느낄 수 있게 해 준다. 단점이라면 너무 혼자 지내게 된다는 것일지도 모른다.

물건을 나르기 쉽다는 것도 하나의 장점이다. 아파트 일층에 사는 사람은 모르겠지만 지난번 집에서처럼 짐을 들고 3층까지 무겁게 몇 번씩 오르내리지 않아도 되는 것이 참으로 좋다. 또 하나의 장점은 층간 소음에 구애받지 않는 것이다.

더욱이 아파트처럼 잔디 깎기, 외부 청소, 수리를 타운하우스 커뮤니티 town house community, 거주자 연합회 같은 것에서 다 관리해 준다. 일주일에 한번씩 잔디를 깎아 주고, 때때로 나무도 관리하고, 페인트칠이나 전체 물청소도 하곤 한다. 물론 집을 소유하고 있다면 얼마의 비용을 지불하겠지만 렌트하는 나는 내외부의 관리 비용도 렌트비에 포함되어 있어서 따로 지불하지 않는다.

이 지역으로 이사 온 2009년, 겨울 큰 눈이 내렸다. 좀처럼 눈이 많이 내리는 지역이 아니라 시에서도, 가정에서도 제설 장비들이 준비되지 않았다고 했다. 물론 나도 눈을 치울 삽을 준비할 생각조차 못했었다. 그런데 어느 날 아침,

"엄마, 문이 안 열려."

"왜? 망가졌어?"

"아니, 눈이 너무 와서."

"정말, 우와! 진짜네."

아무 준비도 못 했는데 우리 집 밖의 유리문이 열리지 않을 정도로 큰 눈이 온 것이다. 꼼짝없이 갇히고 말았다. 그런데 어느 정도 눈이 그치자 제설차가 와서 집 앞 길 위의 눈도 치우고, 문 앞의 눈까지 치워주었다. 눈이 내리고 한동안 지난 뒤에 다른 타운하우스에 갔는데, 제 때 눈을 안 치워 길이 얼어붙어 있어 운전하기 위험할 정도였다. 타운하우스에 따라 관리가 많이 다르다는 것을 알 수 있었다.

눈 내리는 날 타운하우스 뒷마당 전경

지금 내가 사는 타운하우스의 가장 큰 단점은 아파트에 있는 공용 시설이 없다는 것이다. 물론 이것은 지역에 따라, 회사에 따라 차이가 난다. 이전에 살던 곳의 타운하우스에는 수영장을 비롯한 각종 시설들이 갖추어져 있었다. 그리고 근처의 다른 타운하우스는 시설이 열악하긴 하지만 조그만 수영장과 농구장이 있다. 그 타운하우스에 거주하는 사람 외에는 사용

할 수 없게 규제하고 있다. 그나마도 이런 시설을 갖춘 곳은 거의 없다. 아무래도 좋은 시설을 가진 타운하우스는 잘 정비되고 새롭게 조성되는 중소도시에 많이 있는 것 같다.

내가 언급한 이런 장점이나 단점이 모든 타운하우스에 적용되는 것은 아니다. 여건에 따라, 지역에 따라 너무나 다양하게 달라질 수 있다.

싱글하우스

싱글하우스는 한국의 단독주택과 같은 개념이다. 시골이냐 도시냐, 지역이 어떤 곳이냐에 따라 단독주택의 규모나 시설이 달라지는 것처럼 미국의 싱글하우스 또한 다양한 크기와 시설들로 나누어 진다.

이주 당시에 고려했던 한 집은 일곱 개짜리 방을 가진 오래 된 주택이었다. 나름대로 현대식으로 고치긴 했으나 난방이 불편하거나 집 수리를 해야 한다는 단점을 가지고 있었다. 어떤 집은 작은 규모지만 방이 네 개고 화장실도 세 개나 있었다.

규모가 제법 큰 싱글 하우스. 지하1층에서 2층까지 있고 마당이 앞뒤로 아주 넓다.

이처럼 방과 화장실의 크기나 개수도 아주 다양해서 두 개짜리의 소규모 주택부터 방이 일곱 개나 되는 대규모 주택도 있다. 지금 내가 사는 동네에는 곳곳에 주택 단지가 형성되어 있는데, 깨끗하게 정돈된 중간 규모의 집들이 모여있다. 그러나 조금 떨어진 곳에는 아주 오래된 소규모의 많은 주택들이 숲 속에 서로 흩어져 있기도 하다. 미국 사람들은 서로 붙어 있는 것을 싫어하는 개인주의 경향이 강해서 집들이 적당한 거리를 두고 있다.

고급 주택가

고급 주택가는 적당한 거리를 유지하면서 커뮤니티를 형성해 조성되어 있는 경우가 많다. 테니스장이나 수영장 같이 잘 조성된 공동 시설을 가지고 있고 잔디나 주변 환경 유지 및 보수를 함께 한다. 주택의 입구가 따로 마련되어 있기도 하고 이름이 있어 공동체로 묶이기도 한다. 이런 고급 주택 단지는 대부분 외곽 지역에 형성되어 있으며 도시의 직장으로 출퇴근하는 사람들이 많다. 중소 규모의 주택과 다르게 고급 주택들은 개인 수영장이나 놀이터 시설들을 갖추기도 한다.

호수가에 있는 주택들은 고급주택인 경우가 많다. 호수를 둘러싸고 큰 주택들이 있고 주변에는 수영장, 테니스장, 보트나 낚시를 할 수 있는 곳이 있다.

다운타운 근처의 주택가

　다운타운이라 불리는 그 지역의 도시 중심은 빌딩과 각종 시설들, 관공서가 몰려있다. 그리고 그 다운타운을 빙 둘러서 주택들이 형성되어 있는데 대부분 열악한 환경을 가지고 있다. 오래전에 형성 된 곳으로 부유한 백인들이 외곽으로 떠나고 가난한 백인들이나 흑인들이 남아서 거주하는 경우가 많다. 가난한 그들에겐 집값이 싸고 다운타운도 가까워 대중교통을 이용해서 손쉽게 일터로 갈 수 있는 적당한 요건을 갖춘 지역이다. 한인 상권도 대부분 이곳에 밀집해 있는 경우가 많다.

주택에 보험을 들어요

　일반적으로 주택을 가진 사람들은 보험을 든다. 화재나 일반 재해, 도난과 같은 사고에 대비해 준비하는 것이다. 어떤 사람은 토네이도로 인해 밤새 강풍이 불어 집 앞의 큰 나무가 차고를 덮치고 지붕과 자동차, 차고가 모두 망가졌다. 또 어떤 사람은 도둑이 들어 차고에 있는 골프채를 훔쳐 갔다. 이 두 경우 모두 보험 회사로부터 충분한 보상을 받을 수 있었다.
　대부분의 주택들은 안전 시스템을 설치한다. 외부인이 침입했을 때 경보가 울리면 안전 직원이 아주 빨리 출동해 문제를 해결 한다. 이것 때문에 다른 집을 함부로 지나가다가 낭패를 볼 수도 있으므로 주의하는 게 좋다.

주택은 사고 팔아요

　주택은 사고 팔 수 있게 되어 있다. 한국과 다른 점은 집을 사는 사람은 부동산 중개 수수료를 내지 않고 파는 사람만 내도록 되어 있다. 집을 살 때도 한국처럼 집값을 거의 다 내고 사는 것이 아니라 약간의 돈을 내고 대부분은 은행 대출로 몇 십 년에 걸쳐 갚는 시스템 mortgage, 모기지으로 되어 있다.
　다운페이 down pay, 선 지불로 30-40%를 먼저 내고 나머지는 매달 나누어 낼 수 있다. 처음엔 거의 이자만 내다가 점점 원금도 함께 내는 것으로 알고 있다. 어떤 사람은 집을 산지 1-2년 있다가 상황이 나빠져 팔려고 했다. 그 동안 원금은 거의 못 내고 이자만 냈는데 집값까지 떨어져 오히려 손해를 봤다. 물론 돈을 다 내고 사는 방법도 있지만 그렇게 하는 경우는 거의 없다. 그러다 보니 렌트하는 사람은 렌트비를 내고, 집 주인은 이자를 내야 하니 매달 돈을 내며 사는 것은 비슷하다.

주택의 렌트비는 집의 규모나 연수, 지역, 혹은 집 주인에 따라 다르다. 우리 지역의 경우 대략 매달 $950-1300을 내고 있는데 좀 더 큰 도시로 가게 되면 비싸질 것이다. 집을 살 경우는 구입 가격이 우리 지역 기준으로 대략 $150,000-250,000 정도다.

주택의 장점과 단점

주택은 가족끼리 다른 이웃의 방해없이 자유롭게 지낼 수 있다는 것과 넓은 공간에서 편리하게 지낼 수 있다는 장점이 있다. 반면에 집의 관리를 직접 해야 하는 수고로움이 따른다. 거의 일주일에 한번씩 의무적으로 잔디를 깎아야 하고 눈이 오면 치워야 하며 낙엽도 치워야 한다.

버지니아의 오래된 주택가 전경

주택에 사는 사람들은 여름에 비오는 게 무섭다고들 말한다. 비가 한 번씩 올 때마다 잔디가 무성하게 자라나기 때문이다.

낙엽이 떨어지는 것이 내겐 아름다운 경치로 보이지만 이것도 주택에 사는 사람들에겐 큰 일거리라고 한다. 미국 주택가에는 큰 나무들이 많기 때문에 낙엽들이 쉴 새 없이 떨어진다. 노인 분들이나 여자 혼자 사는 경우엔 떨어진 낙엽을 치우기 위해 사람을 사기도 한다. 우리 아이들은 낙엽 치우기로 봉사활동이나 펀드라이징fundrising, 기금 모으기을 했었는데, 갔다 온 아이들이 너무 힘들어 죽을 것 같다고 끙끙거렸다.

아파트나 타운하우스는 일괄적으로 잔디를 깎는다.

나 역시 다니는 한인교회에서 고등부 아이들을 데리고 낙엽 치우기 봉사활동을 했었다. 경험이 없는 아이들은 대수롭지 않게 여겼고 경험이 있는 아이들은 인상을 찡그리며 갔었다. 낙엽 치우기는 결코 만만한 일이 아니었다. 유학 온 아이들은 비교적 부유하게 자란데다가, 또 요즘처럼 집안일을 해 보지 않고 자라 온 아이들인데 추운 날 바깥에서 힘겨운 노동을 하는 것은 큰 도전이었을 것이다. 불평 없이 꾀부리지 않고 열심히 했지만, 나중에 물어 보니 이제는 낙엽이 무섭다고 했다.

겨울에는 눈을 치우는 것도 일이다. 우리야 타운하우스에 사니 집 문 앞만 조금 치우면 되지만 주택은 넓어서 치워도 끝이 없다고들 말한다. 주택에 사는 어떤 사람은 눈이 오면 치우다가 포기하고 그냥 녹을 때까지 집 안에서 지낸다. 우리 집 앞의 조금 쌓인 눈을 치우는데도 아이들이 끙끙거리며 서로 돌아가며 치우는데 그 집은 주택이라 마당이나 입구가 아주 넓어서 치우는 게 보통 일이 아닐 듯싶다.

주택은 내부 시설의 수리도 스스로 해야 한다. 미국 남자들은 집을 수리하고 새롭게 단장하는 것을 즐기는 사람들이라 주택 생활이 힘들지 않을 수도 있다. 하지만 공부하기 바쁜 유학생들에겐 주택 생활이 시간을 잡아먹는 거대한 괴물 같을 수도 있을 것이다.

듀플렉스 duplex

듀플렉스는 일층 혹은 이층 짜리 집 두 개가 붙어 있는 구조다. 다만 집의 규모가 조금 작아 방의 크기나 화장실, 거실이 작은 편이다. 두 집의 입구가 나란히 있는 것도 있고 따로 되어 있는 것도 있다. 이층 짜리 듀플렉스는 타운하우스와 비슷한데, 규모나 붙어 있는 집의 수가 작은 경우가 많다. 내부 시설이나 구조는 대부분의 다른 주택들과 비슷하다.

듀플렉스는 다른 외부 시설을 가지고 있지 않은 경우가 많다. 잔디나 데크가 있는 경우도 있지만 농구장, 수영장, 혹은 운동시설들은 찾아보기 힘들다. 렌트비는 보통 $550-600이다.

입구에 각각 다른 두 집의 출입문이 있는 것을 듀플렉스라 부른다.

🏠 학교 기숙사

학생들을 위한 기숙사는 아파트처럼 큰 건물에 여러 명이 함께 살 수 있도록 설계되어 있다. 한 방에 두 명에서 많게는 여섯 명까지 함께 지내는데, 보통 한 층에 방이 열 개 정도 되고 3-4층으로 되어 있는 경우가 많다. 기숙사 내에는 공동 화장실, 샤워실, 간단히 음식을 해 먹을 수 있는 부엌, 세탁실이나 휴게실 등이 있다. 이런 시설들은 학교에 따라 또는 기숙사비에 따라 달라진다. 하지만 기숙사 내부는 대부분 아주 협소한 공간이다.

아들과 함께 대학교 투어를 하면서 보니 대부분 학교가 좁은 공간의 기숙사를 가지고 있었다. 물론 공간이 넓어지면 기숙사 비용이 올라갈 수밖에 없다.

세 명이 한 방을 쓴다면, 이층침대와 싱글침대가 하나씩 있고 작은 책상 세 개, 작은 옷장과 서랍이 세 개 주어진다.

대학 기숙사 건물, 이런 건물이 여러 동이 있다. 학생들은 서로 모여 모임도 하고 청소도 나누어 한다.

각 방은 좁아 많은 학생들이 소형 냉장고나 간단한 전열기구만 사용한다. 대신 함께 쓰는 공용 공간이 주어지고 잘 구비된 학교 내의 운동시설을 사용할 수 있다.

기숙사비는 학교에 따라 천차만별이다. 우리 학교의 경우는 시설에 따라서 달라지는데, 한 학기에 보통 $3,000-3,500 정도다. 이 금액은 매해 달라지므로 그 때마다 확인이 필요하다. 기숙사 비에는 식비 meal plan가 포함되어 있는 경우도 있고 그렇지 않은 경우도 있다.

집 내부 구조 및 시설

가전제품

대부분의 집들이 기본적으로 냉장고, 오븐, 세척기, 전자레인지 같은 가전제품들을 구비하고 있다. 렌트인 경우 고장으로 더는 사용이 어려울 때 새것으로 교체해주지만 개인 소유의 집이면 본인이 새로 사야 한다.

주로 사용하는 전기 레인지는 보통 네 개의 화구가 있다.

부엌에는 웬만한 가전제품이 붙박이로 붙어 있다.

한국에 있을 때는 거의 오븐을 사용하지 않았었는데, 미국에 와서는 오븐을 많이 사용하게 된다. 바비큐 갈비나 닭 요리, 감자 구이 같은 다양한 요리들을 할 수 있어서 좋다. 내 주변 사람들은 수시로 오븐에 빵을 구워 먹는다.

식기세척기도 내가 미국에 와서야 사용하게 된 아주 좋아하는 가전제품이다. 과제와 시험으로 바쁜 때는 정말 도움이 된다. 설거지부터 살균, 건조까지 되어 나오니 얼마나 유용한 도구인지 모른다.

모든 집에 에어컨과 히터가 설치되어 있는데, 대부분은 전기로 사용하게 되어 있다. 한국처럼 바닥이 따뜻하진 않고, 공기를 따뜻하게 하는 난방 방식이다. 에어컨은 하루 종일 웬만큼 사용해도 요금이 많이 나오지 않지만 히터는 조금만 따뜻하게 사용해도 요금이 많이 나온다. 그래서 겨울엔 내복을 입거나 스웨터를 입고, 또 전기장판이나 천으로 된 핫팩을 사용해 절약하곤 한다.

세탁을 위해 세탁기와 건조기를 사용하는데, 나는 개인적으로 이 건조기를 아주 좋아한다. 내가 쓰는 제품은 세탁기로 빨래를 한 다음 건조해 주는데, 구김 없이 빨래를 말려준다. 급할 때 아주 요긴하다. 다만 건조기를 많이 사용하면 전기 요금이 많이 나오긴 한다. 그래서 여름에는 빨래를 살짝 건조하고 햇볕에 말린다. 데크에 빨래 줄을 걸어 이불도 널고 빨래도 넌다.

하지만 주의할 것은 우리 집처럼 바로 숲이어서 다른 사람이 볼 수 없는 경우에만 밖에 빨래를 널 수 있다. 빨래 건조대를 사용하는 것은 별 무

우리 집 데크에서 바라본 숲. 데크에 빨래도 널 수 있고 사계절의 변화를 볼 수 있으며 각종 새와 동물도 만날 수 있다.

리는 없지만 집에 따라 달라질 수 있다. 주택이라면 집 뒤편으로 빨랫줄을 설치할 수 있을 것이다.

지하의 가족룸

바닥

미국의 집 바닥은 대부분 카펫으로 되어 있는데, 요즘은 마루를 까는 추세다. 우리 집도 카펫으로 되어 있는데, 오래 사용해서 매우 더럽다. 그래서 어지간해서 거실 바닥에 앉지 않는다. 할 수 없이 앉아할 땐 다른 것을 깔고 앉는다.

우리 옆집은 이사오면서 주인이 카펫 대신 마루를 깔아주어 아주 좋아하고 있다. 훨씬 깨끗하고 청결한 느낌이다. 거실이 마루인 경우에도 방에는 대부분 카펫이 깔려 있다. 카펫의 장점은 온기를 보호해 겨울에 덜 춥다. 하지만 카펫이 깔린 집에서 강아지나 고양이를 키우는 미국 사람들은 세균과 털들을 어떻게 처리하는지 모르겠다. 이사할 때 전 주인이 고양이나 개를 키웠었는지 확인하는 것도 좋을 듯 하다.

수납

각 방에는 옷장이 설치되어 있는데, 한국의 가구처럼 방에 놓여 있는 게 아니라 붙박이장처럼 붙어 있는 작은 방과 같다. 크기는 아주 다양한데, 오래된 집들은 옷장이 작은 편이고 새로 짓는 집들은 크게 공간을 할애한다.

지금 사는 집은 문을 열면 옷장이 있는 구조고 전에 살던 집은 문을 열고 안으로 걸어 들어가 옷을 꺼냈다. 딸아이가 더 어렸을 때는 가끔 옷장 속에서 혼자 무엇을 하며 놀곤 했다. 옷장 안은 불을 켤 수 있고, 옷을 거는 공간이 대부분이지만 접어서 올려 놓을 수 있는 선반도 있다. 나는 옷장 속에 삼단 플라스틱 서랍장을 넣어 작은 소품들을 정리해 놓았다.

지금 우리 집은 옷장이 각 방마다 있고 또 계단 모퉁이에 하나 더 있다. 수납할 수 있는 수납 공간과 창고는 집에 따라 다양하지만 보통 두 곳 정도 공간이 있게 마련이다. 베란다에 있는 경우도 있고 부엌 옆, 계단 사이 공간, 혹은 지하와 같은 공간이 있을 수 있다.

각 방이나 거실에는 블라인드나 버티칼이 설치되어 있는데, 외부에서 내부의 공간을 보지 못하도록 차단하는 기능을 한다. 처음 미국에 와서 내가 블라인드를 올려 놓자 정착을 도와주던 분이 그러지 말라고 경고하셨다. 멀리서 망원경으로 안을 들여다 볼 수도 있기 때문이라고 했다. 아마도 그런 경우가 많기 때문이 아닌가 싶다. 그리고 나서 살펴보니 집들은 모두 다 블라인드나 버티칼이 쳐져 있다. 마치 자신을 다른 세상과 차단하듯이 말이다. 그럼에도 불구하고 답답한 것을 못 참는 나는 계속 올리고 살았다.

각 실

화장실에는 욕조와 변기, 세면대가 있다. 간단한 물건들을 수납하는 장이 있고 거울 옆에 수납공간이 있는 경우도 있다. 욕조 없이 세면대와 변기만 있는 화장실도 있다. 세면 공간과 변기, 욕조가 있는 공간이 문으로 독립되게 나누어진 경우도 있다. 욕조는 샤워 커튼을 쳐 놓는데, 욕조 밖의 화장실 바닥에 물을 내보내는 수채 구멍이 없기 때문이다. 욕조 내에는 구멍이 있어서 물이 내려 가지만 그 외 공간에는 물이 내려갈 수가 없다. 그래서 청소를 할 때는 걸레나 페이퍼 타올로 청소 약품을 뿌려서 한다.

세탁실은 세탁기와 건조기를 연결할 수 있게 전기와 수도관이 설치되어 있다. 그리고 세탁 물품을 놓을 수 있도록 약간의 선반이나 공간도 마련되어 있다. 넓은 집인 경우는 세탁물을 걸거나 바로 갤 수 있는 공간을 마련할 수도 있다. 우리 집은 지하가 완성되지 않은 채로 남아 있어 세탁실 옆이 아주 넓게 되어 있다. 빨래를 놓아 둘 수도 있고, 다리미나 세제 같은 도구들도 함께 수납하고 있다.

부엌의 구조는 집마다 아주 다르다. 좁은 부엌인 경우는 식탁을 놓을 수 있는 공간이 협소하고 싱크대나 수납공간이 작을 수 있다. 그러나 큰 주택에는 넓은 싱크대, 작은 식탁을 놓는 공간, 그리고 조리 공간이 있는 부엌이 있고, 식사를 하는 다이닝 룸^{dining room}, 식당에는 긴 식탁을 놓아 손님용으로 사용할 수 있도록 되어 있다. 미국 집들은 보통 조리하는 공간과 식사하는 공간을 구별하여 사용하는 경우가 많다. 그러나 우리 같은 유학생들은 작은 집에 사는 경우가 많으므로 대부분 두 공간이 이어져 있다.

🏠 집 외부 구조와 시설들

최근에 지어지고 시설이 좋은 주택들은 공동의 시설들을 가지고 있다. 아파트인 경우 수영장, 농구장, 혹은 테니스장, 당구장, 헬스클럽, 휴게실, 극장, 세탁실 등을 갖춘 곳이 많다. 처음 내가 살던 아파트도 이 시설들이 모두 갖추어져 있어 정말 잘 사용했다.

남자 아이들은 하루에도 몇 번씩 농구장에 가서 운동을 했고 나와 딸아이는 6월부터 9월까지 시간만 나면 수영장에서 살았다. 딸아이는 한국에 있을 때 수영을 배우지 않고 왔는데 여기서 수영을 시작했다. 수영장이 뭐 그렇게 크고 대단한 시설은 아니지만 남자 아이들도 다 이곳에서 수영을 배웠고 당구도 배웠다.

클럽하우스 내에 있는 헬스장에는 각종 운동기구가 설치되어 있어 자유롭게 운동할 수 있다.

클럽하우스 수영장. 그릴과 썬텐 의자가 설치되어 있다. 아이들은 이곳에서 수영을 배웠다.

세탁기를 사기 전까지는 세탁실에서 동전을 넣고 빨래를 했다. 빨래가 다 될 때까지 수영도 하고 집에서는 텔레비전 채널이 기본만 있는지라 휴게실에서 원하는 프로그램을 시청하기도 했다. 휴게실에서는 커피도 무료로 제공되기 때문에 짐이 도착하기 전까진 매일 그곳에 들러서 커피를 마시곤 했다.

이 클럽하우스는 거주자를 위한 공간이기 때문에 거주자들에게 주어진 열쇠가 있어야 출입이 가능하다. 외부인인 경우엔 거주자와 함께 있을 때 사용할 수 있다. 수영장은 저녁 열 시에 문을 닫으며 내부 시설들은 직원들 퇴근하는 시간인 여섯 시에 닫는다. 물론 세탁실은 아무 때나 사용할 수 있다. 직원들이 퇴근한 뒤에도 관리 직원들이 남아있다.

클럽하우스 휴게실에서 TV를 보고, 신문을 읽기도 하면서 쉴 수 있는 공간이다.

아파트에 설치되어 있는 그릴과 편의시설

　주의할 것은 미성년자(대략 13세 이하)는 보호자 없이 놀이터에서 놀 수도 없고 수영장이나 기타 시설을 이용할 수도 없다. 그래서 항상 아이들을 따라 다녔다. 수영장에는 고기를 구울 수 있도록 그릴이 준비되어 있어서 아이들 친구들이나 교회 사람들과 함께 수영도 하고 고기도 구워먹곤 했다.

　타운하우스, 주택 단지들도 대부분 이런 시설들을 가지고 있었다. 그래서 긴 여름방학 동안 아이들은 이곳저곳 다니며 마음껏 운동을 하며 놀았다. 우리가 살던 아파트는 테니스장이 없었는데 큰아들 친구가 사는 주택 단지에는 테니스장이 있어 아이들이 함께 테니스를 치러 가곤 했다.
　지금 내가 사는 곳에는 그런 시설이 없지만 주변의 다른 아파트나 타운하우스에 이런 시설들을 갖춘 곳이 더러 있다. 우리 옆 타운하우스엔 수영장과 농구장이 있다. 친구가 살고 있으면 사용할 수 있어서 이번 여름 딸아이는 그 곳에서 친구와 재미있게 수영하며 놀 수 있었다.
　내 친구가 사는 아파트에도 수영장이 있어 이번 여름에 초대를 받아 갔었다. 수영장 근처의 파라솔 아래에서 피자와 과일을 먹으며 이야기도 나눴다.

아이들은 튜브를 타며 친구들과 재미있게 놀고 나와 친구는 핫텁hot tub, 따뜻한 물이 나오는 곳에서 수다를 떨었다.

작년에는 딸아이의 피아노 선생님이 살고 있는 아파트 극장에서 작은 연주회도 가졌었다. 조그만 주민들의 편의시설로 영화나 발표회를 할 수 있는 작은 소극장이었는데 아이들의 발표회를 하기엔 별 무리 없는 공간이었다.

영화를 볼 수 있는 클럽하우스 내의 작은 극장. 때로 발표회를 하기도 한다.

내가 살던 아파트 사무실에는 미국 내에 한해서 팩스를 보내주고 많지 않은 양은 복사도 해주었다. 한 번은 한국에 팩스로 서류를 보낼 일이 있어서 오피스 디포office depot, 사무용품 전문점에 가서 팩스를 보냈는데, 한 장에 무려 한국 돈으로 만원이 넘는 $10이나 나왔다. 그러니 이 서비스는 아주 고맙고 유용한 서비스다. 물론 모든 곳에 있는 건 아니니 물어 보아야 한다.

우편함

한국의 아파트에 각 입구마다 개인 우편함이 설치되어 있는 것과 비슷하게 이곳도 우편함이 한 곳에 설치되어 있다. 자신의 번지에 맞는 우체통을 열쇠로 열면 그곳에 나의 우편물이 들어 있다. 보내는 우편물을 넣는 통도 따로 설치되어 있는데 타운하우스는 보내는 우편물을 넣는 통이 없는 곳도 많다. 주택은 집 앞에 우편함을 설치하는데, 그곳에서 우편물을 가져오면 된다. 우체통 손잡이를 올려 놓고 보내는 우편물을 넣어 놓으면 우체부가 가져 간다.

아파트의 우체통은 별도로 한 곳에 있다.

쓰레기

아파트 입구에 커다란 쓰레기장이 마련되어 있다. 집에서 모은 쓰레기를 이곳에 가져다 넣으면 된다. 타운하우스나 주택은 각자의 큰 쓰레기통을 바깥 보이지 않는 곳에 두었다가 일 주일에 한 번 쓰레기 차가 오기 전 날에 정해진 장소에 내다 놓으면 된다. 쓰레기통은 아무 때나 내다 놓아도 안 되고 빨리 치우지 않고 보이는데 오래 놔두어도 안 된다. 아파트에 살 때는 아무 때나 내가 원할 때 쓰레기를 내다 버렸는데 타운하우스에 와서 처음에 날짜를 놓쳐 몇 주씩 쓰레기를 버리지 못한 적도 있었다.

세차

지역에 따라 아파트 단지 안에 세차장을 둔 곳도 있다. 내가 살 던 아파트는 이 시설이 있어서 동전을 내고 세차를 할 수 있었다. 사실 세차를 안 해도 차가 별로 더러워지진 않지만 내부 청소를 할 겸 외부 청소도 하곤 했다. 가끔은 아는 사람끼리 한 아파트에 모여 함께 세차를 하기도 했다. 아이들은 함께 놀고 어른들은 세차를 하는 거의 놀이에 가까운 것이었다. 지금 사는 곳은 세차 공간이 없어 옆집 사람들은 주차장에서 약식으로 세차를 한다.

나는 일 년에 한번 세차장에 가서 동전을 넣고 세차를 한다. 이번엔 왁스까지 했더니 차가 반짝반짝 윤이 나고 새 차처럼 보였다.

주차장

아파트인 경우는 보통 집 앞 주차장에 주차를 한다. 주차 공간은 여유로운 편이며 차고 garage를 이용하려면 따로 일정 금액을 지불해야 한다. 차고가 딸린 아파트도 있지만 렌트비가 훨씬 더 비싸다. 도시를 제외하고는 미국 주차장은 지상에만 있다. 그래서 차가 눈, 비를 다 맞고, 또 서리가 내리기 시작하면 아침마다 서리 제거 작업을 해야만 한다. 미국에 온 첫 해는 서리 내린 유리창을 녹이는 것이 일이었다. 한국에 있을 때는 운전을 해 본 적도 없고 차를 관리해 본 적도 없는데, 이 서리를 어떻게 녹이는지 몰랐다. 게다가 주변 사람들의 조언은 제 각각 달랐다. '뜨거운 물을 부어라', '저녁에 신문을 덮어 놓아라', '긁어라', '예열해라.' 이 모든 것을 다 해본 결과 나는 예열하는 것으로 결정했다. 특별히 너무 늦지 않는 한 미리 차를 예열하니 아이들도 안 춥고 서리도 잘 녹아내려 나은 것 같았다. 다만 연료가 더 들지는 모르겠다. '차고가 있으면 이 고생을 안 할 텐데……. 아니면 지하 주차장이 있다면 좋을 텐데…….'하고 생각하지만 넓은 땅에 사는 미국인들이 굳이 땅 속으로 내려 갈 일은 없을 것이다. 물론 도시에는 지하 주차장도 있고 지상 높이 올라가는 타워 주차장도 있다.

지금 사는 타운하우스도 차고가 없기는 마찬가지다. 집 앞에 차 두 대를 댈 수 있는 주차공간이 주어지고 주변에 손님용 주차장이 마련되어 있다. 그러나 주택은 차고가 있어서 눈, 비를 피할 수 있고 서리로부터 자유로우며, 넓은 차고는 마당을 관리하는 용구를 두거나 창고로도 이용할 수 있다.

개인주택의 차고. 눈, 비로부터 차를 보호할 수 있다. 정원 관리에 필요한 물품을 보관하는 등 창고로도 쓰인다.

🏠 관리에 관하여

미국의 집들은 대부분 나무로만 지은 곳이 많기 때문에 소음이 차단되지 않는다. 우리가 미국에 온 지 얼마 되지 않았을 때 아랫집에서 우리 집 문에 쪽지를 붙여 놓았다 너무 시끄러우니 주의해 달라는 내용이었다. 조심 시키긴 했지만 그 당시 딱히 갈 곳도 없던 아이들이 매일 집에서 뛰어다니니 다음 번엔 직접 올라왔다. 고맙게도 사무실에는 말하지 않고 직접 와주었다.

만약 아랫집 사람들이 사무실에 말하면 우리는 경고 notice를 받고 그것이 세 번 반복되면 집을 비워줘야 한다. 물론 약간의 융통성이 있고 또 사는 사람들에 따라 달라지긴 하지만 원칙을 지키는 것이 문제의 소지를 없애는 것이다.

늦은 시간 피아노를 치거나 샤워를 하는 것도 금하게 되어 있다. 그 외에도 거주자가 지켜야 하는 많은 규정들이 있다. 먼저, 쓰레기 처리 문제다. 미국은 한국처럼 분리수거를 하지 않는다. 음식물 쓰레기도, 전자제품이나 상자도, 의류, 그리고 낙엽까지도 함께 버릴 수 있다.

음식물을 싱크대에 분쇄해서 버린다

부엌 개수대에는 음식물 찌꺼기 분쇄기^{disposer}가 설치되어 있는데, 음식물을 개수대 구멍에 넣고 스위치를 올리면 음식물이 분쇄되어 내려간다. 분쇄하는 동안 물을 틀어 놓아야 모터가 망가지는 것을 방지할 수 있다. 음식물을 바로 처리할 수 있어 음식물 냄새도 없애고 쓰레기도 줄이니 좋긴 하지만 이 분쇄된 음식물 쓰레기는 어디로 내려가 처리되는지 모르겠다.

처음 미국에 와서는 이런 것들이 정말 이해가 안 됐다. 하지만 생활하다 보니 분리수거를 하는 시간과 에너지가 절약되어 편한 것도 있었다. 편안함이 사람을 더 게으르게 하고 문제를 자각하지 못하게 하는 것 같다. 여기서는 일회용품이 아주 일상적으로 사용되고 있는데 이것도 다른 쓰레기와 섞여 버려지고 있었다. 요즘 들어서야 재활용 운동이 확산되어 곳곳에 재활용통들이 생기고 홍보도 이루어 지고 있다.

쓰레기를 차에 싣고 다니다

아파트는 쓰레기를 모아 지정된 장소에 버리면 되는데, 보통 집에서 쓰레기장까지의 거리가 멀다. 그래서 모아진 쓰레기를 치우기 전까지 집 앞에 내놓는 경우가 있다. 내가 아파트에 살 때 이렇게 쓰레기를 문 앞에 내놓았는데, 옆집 사람들이 보고 사무실에 신고해서 경고장을 받았다. 밖의 쓰레기장에 바로 버리든지 아니면 집 안에 놓아 두어야 한다. 3층에 살았던 지라 무거운 쓰레기 봉투를 들고 내려가 먼 아파트 쓰레기장까지 가는 게 일이었다.

보통 쓰레기 봉투는 마켓에서 쓰레기용 봉투를 사다 써야 한다. 아끼려고 일반 마켓 봉투를 쓰면 이동도 불편하고 터질 수도 있다.

나는 주로 밖에 나갈 일이 있을 때 모아진 쓰레기를 차에 들고 나가 버리는데, 가끔 잊고 쓰레기장을 지나서 냄새 나는 쓰레기를 차에 싣고 다닌 적도 있다. 그 후로 트렁크에 넣지 않고 잘 보이도록 옆좌석에 두었는데 그것도 가끔 잊는다.

한번은 아이를 데리러 학교에 가는 길에 쓰레기를 차 옆좌석에 싣고 갔는데, 또 깜박하고 쓰레기장을 지나쳤다. 할 수 없이 아이 학교 근처 공원 쓰레기통에 쑤셔 넣어 버렸다.

어떤 사람은 쓰레기를 차 위에 놓

타운하우스는 집 뒤에 쓰레기통을 두게 되어 있다.

고 버리는 걸 잊어버리는 바람에 쓰레기가 길에 떨어졌다. 그 쓰레기 봉투가 터진 채로 굴러다니는 것도 본 적 있다. 타운하우스나 싱글하우스는 개별 쓰레기통이 있어서 그때그때 버리면 되므로 이런 장면들은 발생하지 않는다.

아파트는 대형 쓰레기도 쓰레기장에 버리면 다 처리할 수 있었다. 반면 타운하우스나 싱글하우스는 각 쓰레기마다 정해진 곳에 가져가 버려야 해서 대형 물건들의 운반이 만만치 않은 일이다. 타운하우스나 싱글하우스는 쓰레기통을 정해진 날짜에 내놓기만 하면 쓰레기차가 와서 수거해 가는데, 이 시간을 맞추어 쓰레기통을 내놓고 또 바로 들여 놓아야 한다.

우리 지역은 매주 화요일에 쓰레기차가 오므로 월요일 오후에 쓰레기통을 내놓고 화요일 오후에 뒷마당으로 옮겨 놓는다. 우리는 당번을 정해서 집안일을 하는데, 쓰레기통을 내놓고 들여놓는 것은 작은아들이, 청소기 돌리는 것은 큰아들이, 화장실 청소는 딸아이가 맡아서 하고 있다.

먼지가 별로 없다

청소는 한국에서처럼 자주 하지 않는다. 내가 게으르고 바쁜 탓도 있지만 미국은 먼지가 별로 없기 때문이기도 하다. 청소기는 일주일에 한번 돌리고 물건들 위의 먼지는 가끔 닦는다. 부엌과 식탁이 있는 장판은 그래도 자주 먼지 제거와 물기 있는 도구를 장착한 마대로 민다. 카펫은 보통 청소기를 사용하지만 어린 아이가 있는 집은 물이나 스팀을 이용해 할 수 있는 작은 청소기를 사서 하기도 한다.

아파트의 경우 일 년에 한 번 물청소를 서비스로 해주었다. 하지만 이것은 요청할 때에만 해주므로 재계약할 때 꼭 물어 보는 게 좋다. 물청소를 하는 날은 모든 작은 물건들을 위로 올려 놓고 집도 비웠다가 나중에 와야 한다. 쉽게 마르지 않아 마르는데 최소한 하루는 걸린다. 처음에는 에어컨을 틀어 놓았는데, 그다지 효과가 없었다. 아는 사람이 알려주어서 히터를 틀었더니 훨씬 빨리 말랐다. 그런데 한번은 여름에 물청소를 하고 히터를 틀었더니 너무 더워서 집에 있을 수 없었다. 그래도 이렇게 청소를 하게 되면 훨씬 집이 깨끗해지고 기분도 좋아진다.

우유나 커피를 카펫에 엎지르면 금방 속으로 흡수가 되어서 처리가 정말 곤란하다. 잘 몰랐을 때는 세제도 뿌려보고 박박 문질러 닦아도 보았는데 얼룩이 더 번져서 보기 싫게 되었다. 주변의 조언에 따라 엎었을 때 바로 페이퍼 타올로 꾹꾹 눌러서 흡수시켰더니 감쪽같이 닦였다. 문제는 아이들이 엎은 것을 말 안 해서 나중에 알게 되었을 때다. 지금 사는 집의 계단은 너무 더럽게 얼룩이 남아 있다. 내가 위 층으로 마실 것을 가져가지 못하게 금지 시켰는데도 나 모르게 가져가다 흘리고는 말도 안하고 자체 처리하다가 만든 얼룩이다. 나중에야 내가 발견하고 닦아보았지만 잘 지워지지 않았다.

지킬 것이 너무 많다

아파트가 타운하우스나 싱글하우스보다 더 규제가 많은 것 같다. 예를 들면, 베란다에 박스나 물건을 쌓으면 안 된다거나 문 앞에 물건들을 내놓으면 안 된다는 것들이다. 물론 타운하우스도 남들이 보이게 물건들을 장기간 내놓는 것을 금하기는 한다.

아파트에 살 때 한국에서처럼 이불을 내다가 햇빛에 말리고 싶었다. 미국 사람들은 절대 하지 않는 일이지만 한국인들이야 햇볕에 보송보송 말려야 기분이 좋은 사람들이니 말이다. 밖에서 보이게 이불 혹은 빨래를 너는 것이 금지되어 있어 한번도 널어보지 못했다. 하지만 지금 사는 타운하우스로 이사 와서는 뒤 쪽 데크가 숲으로 가려있고 남향이라 햇빛이 너무 좋아 실컷 이불과 빨래를 널 수 있게 되었다.

그런데 한 가지 주의 할 점은 미국에는 숲과 나무가 많기 때문에 온갖 벌레들도 많이 있다. 틱tick, 진드기 류이라고 하는 벌레가 가장 무서운데, 아주 작은 이 벌레에 물리면 벌레가 몸 안에서 돌아다니고 잘못하면 뇌로 들어갈 수도 있기 때문에 조심해야 한다. 빨래에 묻어 올 수도 있으므로 잘 털어야 하고 건조기에 살짝 한번 더 돌리는 것이 안전 할 수도 있다.

원래 그대로 유지하기

집 안의 구조물들을 마음대로 훼손하거나 변경하는 것도 금해져 있다. 못을 박아 구멍이 나면 나갈 때 메워주어야 하므로 가능한 못을 많이 박지 않는 것이 좋다. 문이 약간 부서지거나 버티칼이 약간 부러져도 다 보상해야만 하니 사는 동안에 잘 사용할 필요가 있다. 어린 아이들이 있는 집은 이것이 보통 스트레스가 아니다. 아니면 차라리 나갈 때 보증금 안 받는다고 생각하고 편하게 사는 방법도 있다.

나는 처음에 조심해서 살다가 점점 스트레스가 돼서 나중에는 보증금을 포기한다고 생각하고 그냥 편하게 살았다. 물론 아이들이 커서 크게 부서지거나 망가지는 것은 없었지만 손님 아이들이 와서 낙서를 하거나 흘리고 쾅쾅거리고 다닐 때도 스트레스를 덜 받았다.

수리 요청하기

사는 동안 집 안의 가전제품이 고장 나거나 수리할 것이 있으면 사무실에 요청하거나 전화 혹은 이메일로 신청할 수 있다. 물이 샌다거나 하는 긴급한 일인 경우 바로 오기도 하지만 그렇지 않은 건들은 3-4일 혹은 필요한 부속이 오기를 기다리느라 일주일 이상 걸릴 수도 있다. 나는 긴급한 것이 아니면 몇 개를 모았다가 한꺼번에 신청하기도 한다.

지금 우리 집의 전자 레인지 손잡이가 망가지고 환풍기^{fan}가 망가져서 수리를 해야 하는데 지난번 다녀간 직원이 새로 교체해야 한다고 하고선 아직도 아무런 조치가 없다. 문에 있는 벨도 고장인데 몇 번 이야기 했지만 아직 올 생각을 안 한다.

아파트보다 타운하우스가 더 관리나 수리가 허술한 것 같다. 아파트에 살 때는 화장실이 막혀도 오고 싱크대가 막혀도 얼른 와서 고쳐주었는데 이곳 타운하우스는 급한 일 아닌 것은 수리하는데 너무 오래 걸린다. 여기에 와서는 화장실도 알아서 뚫고 간단한 집수리는 스스로 한다. 그리고 남편이 방문할 때마다 집안 구석구석 수리할 것들을 다 손보아서 잘 고쳐주고 간다.

화재 경보가 울리다

모든 집에는 경보장치$^{fire\ alarm}$가 있는데, 화재와 같은 긴급한 일이 있을 때 울리게 되어 있다. 부엌과 각 방에 설치되어 있는데 삐 소리가 나면 전지를 갈아 주어야 한다. 지금 집으로 이사 온 지 얼마 안 되었을 때의 일이다. 온 가족이 함께 저녁으로 삼겹살을 구워먹었었다. 휴대용 가스 레인지에 구웠는데 연기가 너무 났는지 별안간 경보가 울리기 시작했다. 모든 문을 열고 경보장치 가까이에서 부채로 연기를 없애려고 무진 애를 썼다. 남편은 휴대용 가스 레인지와 팬을 데크로 옮겼다. 겨우 연기가 빠지며 다행히 경보가 멈추었다. 만약 조금 더 울렸으면 소방차가 왔을 것이다.

한번은 여름방학이었는데, 나와 딸아이는 학교 도서관에 가 있었다. 그런데 집에 있던 작은아들이 전화를 했다.
"엄마, 프라이팬에 불이 났어. 어떻게?"
순간적으로 모든 생각이 굴러 다니는 것 같았다.
"싱크대에 부어. 손 조심해. 금방 갈게."
작은아들이 감자튀김을 한다고 기름이 든 프라이팬을 오븐 위에 올려 놓고는 그만 책을 읽다가 깜박 잊어 버렸다고 한다. 연기가 나고 경보가 울리니 아들이 나에게 전화를 하고 시키는 대로 불이 붙은 기름을 싱크대에 붓고는 경보기를 얼른 꺼버렸다.

'뚜껑을 닫으면 되는데……'

나중에야 생각이 났고 이미 싱크대는 눌러 붙어 있었다. 연기는 빠졌지만 기름재가 온 집 가득하고 그을음이 다 앉아 청소하는 게 보통 일이 아니었다. 지금도 부엌 천정은 그을린 상태로 있다. 청소를 하다가 그만 포기하고 말았다. 소방차가 오진 않았지만 경보를 끄는 것도 만일에 대비해 위험한 행동이고 큰 일도 아닌데 경보가 울려 소방차가 오는 것도 벌금을 감수해야 하는 일이다. 만약 사고가 났는데 경보기가 꺼져 있으면 도움도 못 받고 보험 혜택도 못 받고 모든 책임을 져야 한다.

얼마 전에는 우리 옆 건물의 한 집에 소방차가 출동했다. 문을 다 열어놓고 연기가 가득한 것을 보니 무언가를 태운 모양이었다. 아빠로 보이는 사람이 부인과 아이를 대피 시키고 자신이 무언가 처리하려고 했는지 호흡곤란 증세를 보였다. 경보가 울리니 소방차, 경찰차, 병원차까지 다 출동했다. 아무런 피해 없이 끝난 것은 다행이지만 아마도 출동한 차들에 대한 경비는 다 물어야 했을 것이다. 그래도 소방차가 집으로 들어가 연기를 다 제거하고 아빠 되는 사람에게 산소호흡도 해주고 모든 것이 안전한지 확인하고서야 돌아갔다.

경보기를 자주 확인하고 건전지도 제때 갈아주어 잘 작동하도록 할 책임이 계약서에 명시되어 있다. 그러므로 경보 시스템을 잘 관리하는 것은 거주자의 책임이다.

🏠 이사할 때

이사를 계획하고 날짜까지 정해졌다면 지금 살고 있는 집 주인이나 사무실에 미리 알려야만 한다. 그리고 내가 계약한 날짜와 별 차이가 없는지, 혹시 패널티penalty, 위약금를 물어야 하는지, 언제까지 머물 수 있는지 점검해야 한다. 미국에서는 이사할 때 이사하기 두 달 전에 이사할 것을 미리 주인에게 알리게 되어 있다. 만약 미리 알리지 않으면 자동으로 재계약이 이루어진다.

　나는 두 달 전에 미리 이사할 것을 알렸는데, 이사 갈 집이 가장 빨리 들어 가야 7월 15일 이었고 살고 있는 집은 6월 말이 계약 만료일이었다. 일시적인 기간으로는 최소한 두 달은 재계약을 해야 하는 것이 통상적인 경우인데, 사무실에 가서 내 사정을 말했더니 흔쾌히 15일간 계약을 연장해 주었다. 3년간 렌트비를 연체하지 않고 별문제 없이 잘 지낸 것이 큰 도움이 되었던 것 같다. 그 덕분에 많은 돈을 아낄 수 있게 되었다.

어떻게 이사하지?

　한국에서라면 이삿짐도 이삿짐 센터에 의뢰하면 알아서 잘 포장해서 이사할 집까지 가져다 주지만 미국에는 포장 이사란 개념이 없다. 이삿짐 센터가 있어서 계약하면 일하는 사람이 와서 짐을 날라 준다. 그러나 포장은 직접 해야 한다. 대부분 주변 사람들은 이사할 때 아는 사람끼리 서로 도와서 이삿짐도 싸고 나른다. 물론 한국인이 하는 포장이사 회사가 있지만, 값이 정말 너무 비싸다. 노스캐롤라이나에서 버지니아까지 약 3시간 거리로 이사하는데 $2,500을 요구했다. 세 군데를 알아보았는데, 비슷하거나 더 비싸기도 했다. 그래서 짐을 싸고 짐차를 빌려 직접 끌고 가기로 결정했다.

이삿짐 차를 빌리는 사무실

　U PACK(www.Upack.com)이라는 회사는 이삿짐을 직접 포장하고 회사에서 가져다 준 컨테이너 트레일러에 짐을 실어 놓으면 내가 원하는 지역으로 가져다 주는 것이다. 가까운 곳은 차를 빌려 끌고 갈 수 있지만 LA 같이 먼 거리는 운전하는 것이 힘드니 장거리 이사 때 유용하다. 어떤 학생 하나가 U PACK을 이용해 린치버그에서 달라스까지 이사했다. 그 경비가 11t 컨테이너 하나에 달라스까지(12,000mile) $1,400이라고 했다.

차 빌리기

이사 날짜가 정해지자 나는 이삿짐 차를 예약했다. 주변의 조언에 따라 PENSKE(www.pensketruckrental.com) 회사 홈페이지에 들어가 날짜와 보험, 가격을 알아보고 차의 크기를 정해서 예약 했다. Budge(www.budget-tryck.com)이나 U-HAUL(www.uhaul.com)이라는 회사도 있지만 장거리에는 PENSKE가 가장 안전하다고 해서 이 회사를 선택했다. 이사할 때 날짜가 맞지 않아 바로 들어갈 수 없을 때는 이삿짐 보관 서비스도 해준다.

보험을 포함해 이틀 동안 $410에 트럭을 빌렸고 돌려줄 때는 받았을 때와 똑같이 연료를 넣어 주는데 $77,63이 들었다. 차를 빌리는 요금은 거리와 시간에 따라 산정되므로 이사하는 지역에 따라 금액은 달라질 수 있다. 그리고 보험은 만일을 대비해 꼭 드는 게 좋다. 특히 먼 거리로 이동하는 경우에는 더욱 필요하다.

우리는 이 차를 끌고 버지니아로 이사했다.

차를 빌릴 때 잊지 말고 짐을 손쉽게 나를 수 있는 수레를 달라고 해야 한다. 대부분 계약서에 포함되어 있는 경우가 많다. 계약서는 차의 상태를 비롯해 빌려준 소품까지 다 기록되어 있다. 나는 차를 가져간 후에 손수레가 빠진 것을 알고서 다시 가지러 가야만 했다. 계약서에 있는데 내가 안 챙겨오면 나중에 차를 돌려줄 때 없는 것을 물어내야한다. 꼼꼼히 잘 챙겨서 읽고 확인할 필요가 있다.

빌린 트럭은 편리하게도 내가 이사하는 지역에 있는 가까운 회사에 가져다 주면 되고, 열쇠를 돌려주고 별문제가 없는지 점검 받으면 모든 절차가 끝난다. 차를 가지러 갈 때는 서류에 사인을 해야 하므로 빌리는 사람과 운전자가 다를 경우엔 운전할 사람도 함께 가야만 한다.

짐을 정리하고 포장하기

이사를 하기 위해 그 다음에 한 일은 짐을 정리하는 일이었다. 버릴 것은 버리고 줄 것은 주고 나서 상자를 얻어다가 잘 포장 했다. 다행히 아는 사람이 상자를 충분히 주어 물건들이 정리되는 대로 담고 또 한인 마켓에서 작은 상자들을 주어 책을 담는데 사용했다. 가능한 자질구레한 짐들이 없도록 상자 속에 다 담았다. 그래야 나르는 사람이 힘들지 않고 일도 빠른 시간 내에 할 수 있기 때문이다. 정리되고 포장된 박스들을 한 쪽 벽으로 쌓아놓고 나머지 공간에서 생활했다.

짐은 박스에 잘 싸고, 가방에도 넣으며 가구는 잘 정리해 가져간다.

이제 짐을 정리하면서 함께 해야 할 일들은 끊을 것은 끊고 연결할 것은 연결하여 공과금을 정리하고 납부하는 일이었다. 인터넷, 집 전화와 핸드폰은 주소만 바꾸면 되었고, 전기는 날짜를 알려주어 이사하는 날에 맞추어 끊어지도록 조치했다. 인터넷은 전날까지 사용하고 정리했는데, 꼭 모뎀을 돌려주어야 최종적으로 정리가 되므로 직접 가서 돌려 주고 왔다. 물과 텔레비전은 렌트비에 포함되어 있으므로 따로 정리하지 않아도 되었다.

자동차 보험은 이사하는 곳 주소를 알려주어 연결되도록 했으며, 특히 우체국에 주소 이전 신청을 해서 이사하는 곳으로 우편물이 배달되도록 조치했다. 이 서비스는 기존 지역으로 오는 우편물을 이사하는 곳으로 10일간 배달해 주는 것으로 무료다. 또한 은행과 멤버쉽 카드의 주소를 이전하는 것을 잊지 않았다.

이제 이사 전 날 간단한 침구와 꼭 필요한 물건을 제외하고는 빌려온 차

렌트한 이삿짐 차로 짐을 나르고 있다.

에 모두 실었다. 교회 식구들의 도움으로 가장 난공불락이었던 피아노를 비롯하여 무거운 책들까지 3년 사는 동안 자꾸만 늘어나서 많아진 우리의 짐들을 무사히 실을 수 있었다. 우리 짐이 저렇게 많았나 싶었다. 교회 식구들에게 미안하기도 하고 고맙기도 했다.

짐을 다 빼고 난 텅 빈 집을 이제 깨끗하게 치우는 일만 남았다. 틈틈이 물건을 정리하면서 닦고 쓸고 하긴 했지만 숨겨진 먼지들이 드러났다. 짐을 날라준 사람들과 저녁을 먹고 난 후 온 식구가 붙어서 나머지 청소를 했다. 짐을 나르는 동안 친하게 지냈던 집사님께서 오셔서 세탁실의 묵은 먼지를 깨끗이 치워주셨다. 여러 사람들 도움 덕분인지 오래지 않아 청소는 끝이 났고 우리 가족은 바닥에 이불을 깔고 누워 그 동안 지낸 이야기를 하며 감회에 젖어서 밤을 보냈다.

이사 점검 inspection 받기

한국에선 이사 나가는 사람이 집을 너무 깨끗이 하면 예의가 아니라 생각한다. 그러나 미국에선 청소를 안 하는 것이 예의도 아닐뿐더러 벌금도 물게 되어 있다. 주택을 팔 때에도 가전제품이 잘 작동되도록 해놓아야 하고 청소도 깨끗이 해야만 한다. 대부분은 집을 팔기 위해 페인트 칠도 다시 한다. 내가 아는 분은 이번에 집을 내놓기 위해 아이들과 여름 내 페인트 칠을 했다고 한다. 집도 아주 깨끗하게 유지해야만 잘 팔 수 있다.

아파트나 타운하우스 같은 경우 집을 깨끗이 원상태로 해 놓지 않으면 보증금을 전액 찾을 수가 없다. 그래서 우리는 냉장고, 세척기, 전자레인지, 오븐까지 모든 전자제품을 구석구석 세제로 닦았고 부엌 바닥도 살던 때보다 더 깨끗이 닦았다. 다행히 못 자국은 없었으나 카펫에 음료와 커피 흘린 자국이 남아 있었는데, 관리 직원이 왔을 때 괜찮을 거라고 말해주어 조금은 안심이 되었었다. 원래는 이사 가기 전에 점검 inspection을 받게 되어 있는데, 우리는 나중에 따로 할 테니 그냥 나가도 좋다고 해서 다음 날 이사를 할 수 있게 됐다.

대부분의 아파트나 타운하우스는 이사 전에 짐을 다 빼고 나서 점검을 받게 되어 있다. 고장 나거나 부서진 곳은 없는지 점검해서 보증금에서 수리비를 다 제한다. 그러므로 잘 관리하는 것도 중요하고, 또 이사 계획이 있다면 이사를 통보하기 전에 서둘러 수리할 것을 사무실에 알려 두는 것이 도움이 된다. 수리 신청이 들어 간 것은 미처 수리하지 못했어도 보증금에서 제하지 않기 때문이다.

우리는 한 달 정도 지난 뒤에 무사히 체크로 보증금 전액을 돌려받을 수 있었다. 한국에서 가져온 오래된 컴퓨터가 고장 나서 어쩌나 하고 있었는데, 다행히 그 돈으로 컴퓨터를 살 수 있게 되어 아이들이 무척 기뻐했다.

이제 이 절차까지 끝마치면 이사 준비는 다 마친 것이다. 이삿짐 차를 끌고 떠나는 일만 남았다. 우리 차는 큰아들이 끌고, 이삿짐 차는 친하게 지내던 분이 기꺼이 그 먼 곳까지 운전을 해주어 무사히 이사를 할 수 있게 되었다. 남편은 미국 면허가 없어 운전을 할 수 없기 때문에 옆에 같이 타고 오면서 먼 길에 말동무가 되어 함께 오게 되었다.

만약에 이삿짐 센터를 이용했다면 거의 $3,000이 필요했을 텐데, 몸 고생 마음 고생 좀 하고 아는 분들 도움으로 모든 경비 $900로 이사를 할 수 있었다. 우리는 3시간 거리였기 때문에 가능했을 지도 모르겠다. 좀 더 먼 거리라면 포장 이사나 U PACK이 나을 수도 있다. 개인의 여건에 따라 얼마든지 달라질 수 있을 것이다.

내가 아는 어떤 분들은 시카고, 플로리다, 또 다른 분은 휴스턴까지 짐차에 짐을 싣고 이사를 한 분들도 있으니 말이다. 또 어떤 목사님은 캐나다에서 미국 동부 아래쪽까지 짐차에 짐을 싣고 차도 매달고 이사를 하기도 했다고 한다. 쉬지 않고 달려가야 11시간에서 꼬박 하루 이상 운전해야 하는 거리인데 참으로 용감한 분들이라는 생각이 든다.

🏠 정착, 넘어야 할 큰 산

정착을 준비하는 동안 가장 고민스러운 것이 어디에 머물러야 하는가 하는 것이다. 집을 구하는데 아무리 빨라도 2–3일, 길어지면 1주일 정도 소요되는데, 이 기간 동안에 머물 장소가 고민인 것이다.

아는 사람이 있거나 체류 기간이 짧을 경우엔 라이드 해주는 집에서 신세를 지는 경우도 있다. 그러나 보통 4인 가족이 온다면 기존 가족 4인에 8인이 되는데, 이 많은 식구가 함께 거주한다는 것은 결코 쉬운 일이 아니다. 주택이 아닌 경우라면 보통 집이 크지 않을 것이고 짐까지 합쳐지면 공간이 부족하다. 화장실 사용이나 샤워하는 것도 불편할 수밖에 없다.

인원이 많아지면 식사준비도 그만큼 힘이 들 것이고 음식의 양도 만만치는 않을 것이다. 더구나 기의 매일 좁은 공간에 있다 보면 아이들끼리 부딪히기도 할 것이니 이래저래 마음이 불편한 일이 생길 수도 있다.

이런 고민을 하기보다 호텔이나 주방이 달린 호텔extended stay hotel에 머무는 것도 아주 좋은 방법이다. 비록 돈이 들긴 하지만 다른 사람에게 불편을 끼치지 않고 덜 힘들게 할 수 있다.

호텔에 머문다 해도 어차피 다른 사람의 도움을 받을 일은 많이 있다. 차

주방이 있어 밥을 해먹을 수 있는 호텔

를 구입할 때까지 다른 사람의 차로 이동해야 하니 상대의 시간과 도움이 절실히 필요하게 된다. 집에 함께 지내는 것 보다는 그래도 덜 힘이 들 것이다.

나 같은 경우는 남편 없이 아이들을 셋이나 데리고 온 경우기 때문에 다른 집에 신세를 지게 되면 서로 불편할 수밖에 없었다. 호텔에 머문 건 아주 잘한 일이었다고 지금도 생각하고 있다. 호텔이니 씻는 것도 편하고, 우리끼리 지내니 자는 것도 편했다. 아침은 호텔에서 제공해 주는 것으로 해결했고 낮에는 집 보러 다니며 사먹었고, 호텔로 돌아 오는 길에 저녁을 먹고 왔다. 나는 미국 음식이 너무 싫었지만 아이들은 마음껏 햄버거 등을 먹을 수 있어서 신나했다.

다행히 우리는 집을 금방 얻을 수 있어서 새 보금자리에서 밥을 해 먹으며 지낼 수 있게 되었다. 물론 짐이 오기 전이라 정착을 도와 주신 사모님이 기본 식기와 여름 이불, 전기 밥통을 빌려 주셨다. 또 차를 살 때까지 필요한 것을 구입하도록 마켓도 데려가 주셨다. 공과금을 연결하는 것도 도와 주셨고 교육청에도 같이 가셔서 학교를 배정받는 모든 절차 등 정말 엄청나게 많은 일들을 도움 받았다. 목사님 가정의 2주간에 걸친 헌신과 수고로 순조롭게 정착할 수 있었다.

그러나 그때는 경험도 없고 미국 현지 사정도 잘 몰라 정착을 도와주는 이 일이 얼마나 힘든지, 얼마나 많은 시간이 필요한지, 경제적으로도 얼마나 부담이 되는지 잘 알지 못했다. 비록 감사의 표시를 했다 해도 그것으로는 대신할 수 없는 큰 은혜를 입었음을 그때는 짐작조차 할 수 없었다.

몇 년 뒤에 나는 미국에 온 사람들의 정착을 도와주어 내가 받은 것을 갚아줄 수 있는 기회가 생겼다. 그런데 이 일은 시간을 많이 투자해야 했고 에너지가 많이 드는 일이었다. 늘 신경이 쓰여서 감정적으로 소진되었다. 게

다가 가끔 서로가 생각하는 것이 달라 갈등이 생기기도 했다. 그제서야 정착을 돕는 일의 어려움과 고마움을 알게 되었다.

정착이 어려운 이유 중 하나는 미국의 삶이란 것이 모든 일을 차로 움직여야만 한다는 것이다. 마켓을 가려 해도, 공과금 연결하려 해도, 학교에 등록하러 가려 해도 다 차가 있어야 한다. 초기에는 금방 차를 사기가 쉽지 않아 라이드가 필요하고 또한 차가 있어도 일을 잘 모르니 누군가 함께 가주어야 한다. 그래서 오고 가는 시간과 기다리고 일 처리하는 시간이 많이 들게 된다. 미국 사람들은 일 처리가 정말 늦다. 한 번 가서 되면 참으로 고마우련만 한 번에 되는 일을 별로 만나 보지 못했다. 시간과 에너지, 경비가 만만치 않게 들어간다.

그런데 미국 유학생들의 살림이란 것이 빠듯하게 마련이다. 또한 현지인들 중에도 살림이 어려운 사람들도 있고 일을 하기 때문에 시간을 내기 어려운 사람들이 대부분이다.

유학생인 나 같은 경우에도 생활이 늘 빠듯하다. 그래서 생활비를 받으면 제일 먼저 쌀을 사놓는다. 그래야 마음이 놓이기 때문이다. 가스비도 미리 계산해서 거기에 맞추어 차를 움직인다. 그런데 만약 우리 집에 한 가족이 며칠 머문다면, 아니면 정착을 도와주러 계속 움직여야 한다면 그만큼 심리적, 경제적 부담이 될 수밖에 없다.

산에서 가족들과 함께

정착을 도와주고 나서 병이 나거나 공부에 어려움을 겪는 사람들을 여럿 보았다. 피곤이 누적되어 방광염에 걸리기도 하고 논문이 지체되기도 하고 수업을 포기하는 경우도 생긴다. 정착을 하려는 사람은 일을 모르니 자꾸 묻게 되고 '왜 안 도와주나' 답답한 마음이 드는데, 돕는 사람에겐 여러모로 힘이 드는 정착, 지혜롭게 넘어가야 할 어려운 산임이 분명하다.

* 이사 점검 inspection을 위한 구멍 메우기 및 얼룩 제거

집의 못 자국이나 벽의 얼룩을 제거할 때 몇 가지 도구만 있으면 된다. 보통 Lowes나 Home depot같은 곳에 가면 못을 메울 수 있는 nail hole patch라는 것을 판다. 이것으로 간단하게 메울 수 있고 또 페인트를 사서 칠해도 된다. 페인트 칠하는 것이 생각보다 어렵지 않으므로 이것도 좋은 방법이다. 아주 작은 자국이라면 아이들이 사용하는 크레파스로 칠해도 된다. 사실 이사를 하고 나면 사무실 측에서 새로 청소도 하고 페인트 칠도 다시 한다.

몇 가지 다른 filler를 소개하면, 하나는 Miracle Wood Filler다. 이 액체는 실재 나무로 만든 것인데, 한번 굳으면 나무처럼 단단해진다. 구멍 난 곳에 휴지 등으로 대충 메운 다음 Miracle Wood를 채워서 말리고 나면 일단 엉성하게나마 구멍은 메워진다.

다른 하나는 DAP Vinyl Spackling이라는 명칭의 석회다. 조그만 플라스틱 병에 들어 있는데, 웬만한 작은 구멍은 이것 하나로 다 메울 수 있다.

그러나 아주 작은 구멍이 여러개라면 아예 페인트로 칠하는 것이 손이 덜 가는 길이다. 이석회는 주로 큰 구멍을 막는데 필요한 필수품이다. 칠하고 약 30분이 경과해야 마르며, 마르고 난 후에 꼭 다시 한번 확인해 보아야 한다. 건조할 때는 마르면서 움푹 들어갈 수 있다. 그러면 한번 정도 더 칠해 준다.

완전히 마르고 난 후 주변 벽면과 평면이 되었을 때 사포로 다시 한번 고르게 만들어 놓은 후 마지막으로 페인트를 칠하면 된다.

그리고 센스 하나, 마지막 나갈 때 페브리즈나 향수를 뿌려 주면 직원이 들어 올 때 훨씬 기분이 좋을 것이다.

TIP!

비가 내리고 있었다. 마켓에 들러 부지런히 장을 보고 차로 뛰어들어갔다. 아이들이 집에 도착하기 전에 빨리 돌아가야지 생각하며 차에 시동을 걸었다. 그런데 티디딕티디딕 이상한 소리를 내더니 차의 시동이 걸리지 않는다. 가스가 없나, 엔진 오일이 문젠가, 시동을 잘못 걸었나 이리저리 살피다가 다시 시동을 걸었다. 그러나 몇 번씩 아무리 시동을 걸어봐도 차는 요지부동이었다. 빗방울은 점점 더 굵어지고 있었다.

'이놈의 똥차! 도대체 이게 벌써 몇 번째야.

내 이번엔 반드시 너를 바꾸고 말 거야.'

결국 아는 사람에게 전화를 걸었다. 일하다 말고 그 바쁜 와중에도 비를 무릅쓰고 달려와 주었다. 비를 맞으며 이리저리 살펴보더니 배터리가 다 된 것 같다면서 자신의 차와 연결해서 시동을 걸 수 있게 충전을 했다. 충전을 했는데도 도무지 시동이 걸리지 않는다. 결국 배터리를 교환해야 할 것 같다고 말한다. 차를 카센터까지 끌고 가야 교환을 할 텐데 당장은 방법이 없다. 할 수 없이 차를 마켓 주차장에 세워두고 도와준 사람 차로 그냥 집에 왔다.

자동차 구매

미국에 도착해 제일 먼저 집을 구하고 난 뒤 바로 차를 사려고 여기저기 알아보러 다녔다. 그런데 가격이 천차만별이고 직접 차를 산 경험이 없어서 도통 어떤 것을 사야 할지 알 수가 없었다. 경제적인 여유가 있는 것도 아니고, 무엇보다 운전을 못 하는 나의 운전 실력을 고려해 싼 차를 사기로 했다.

중고딜러상에 가니 얼마 정도로 예산을 잡고 있냐고 물어보았다. 가능하면 싸면 좋겠다고 했더니 1998년 식 Buick을 추천했다. 미국에서는 노인들이나 상류층이 선호하는 차라고 하더니 정말 차 안이 굉장히 넓었다. 가격도 $3,200이면 괜찮았다. 그러나 이 차를 일 년 반 타는 동안 어찌나 자주 서는지 난감한 적이 한두 번이 아니었다. 지금 생각하면 운전 경력도 없고 차도 잘 모르는 내가 120,000mile(193,080km)을 달린 차를 타보겠다고 생각한 것부터가 무리였다.

다음은 내가 차를 사면서 경험한 것과 다른 정보들을 정리한 것이다. 이 방법이 전부는 아니겠지만 차를 사고자 할 때 참고하면 도움이 될 것이다. 여기에 제시된 자료의 어떤 부분들은 학교 사이트의 글들을 참고하였음을 밝혀둔다.

🚗 차 알아보기

일단 새 차를 살 것인지, 아니면 중고차를 살 것인지 결정하고 딜러^{dealer}, 전문 판매원를 통해 살 것인지 아니면 개인을 통해 살 것인지를 결정한다. 차를 찾을 수 있는 사이트로는 www.autotrader.com, www.craiglist.com, www.motors.ebay.com이 있다. 이 세 곳 모두 신차와 중고차, 딜러와 개인용이 다 있으므로 자신의 상황에 맞게 차를 찾아볼 수 있을 것이다. 또한 차의 가격을 알아보는 곳으로는 www.kbb.com이 있다. 차량을 조회하면 딜러가격 ^{retail price}, 소비자가, 개인 간 거래 가격(상태에 따라 상중하로 나뉨), 딜러에 가격 협의 할 때 가격(상중하로 나뉨)으로 나누어져 자세히 확인 할 수 있게 되어있다. 실제 개인 간 거래 가격으로 차를 거래하면 적절한 가격이 될 것이라 본다.

또한 차량의 이력을 알아보기 위한 사이트로는 www.carfax.com을 많이 사용하지만 한 번 비용을 지불하면 5번밖에 못 사용하는 단점이 있다. 또 다른 사이트로는 www.autocheck.com이 있는데, 이 사이트는 같은 가격에 무제한으로 사용할 수 있다. 주의할 것은 회사에 보고되지 않은 사고차량도 있을 수 있으니 사이트를 통해 찾은 다음 꼭 직접 가서 확인하고 결정할 것을 권한다. 나처럼 차가 도대체 어떻게 생겨 먹은 건지 모르는 사람은 혼자서 결정하지 말고 차를 잘 아는 사람의 도움을 받는 것이 차 때문에 두고두고 고생하지 않는 지름길인 듯싶다.

지금 내가 사는 린치버그는 학생들을 주축으로 커뮤니티 사이트가 활발하다. 각종 물품뿐 아니라 집과 자동차까지도 서로 사고팔고 있다. 한국인이 쓰던 차를 사게 되면 아무래도 의사소통의 어려움이 없으니 차에 대해 자세히 듣고 살 수 있을 것이다. 지역에 따라서는 한국인 딜러들도 있어 적절한 도움을 받을 수 있다. 물론 본인이 스스로 꼼꼼히 차를 체크하고 살피는 것이 우선적으로 필요하다. 중고차를 살 때는 전 주인이 누구인지 알아내서 그 동안 차를 어떻게 관리했는지에 대해 자세히 물어 보는 것이 좋다. 젊은 사람보다는 노인들이 차를 더 잘 사용했을 가능성이 높고, 또 차에 관해 자세히 기록해 놓은 사람이 아무래도 차를 더 잘 사용했을 가능성이 높다.

고치는 비용을 생각해본다면 어느 정도의 가격을 주고 중고차를 사는 것이 더 나은 일이 아닌가 싶다. 보통 사람들은 여유가 된다면 $10,000 정도의, 주행거리가 작고 연식이 얼마 안 된 것을 선호한다. 돈이 여의치 않을 경우에는 $5,000 전 후 만해도 유학생이 무리 없이 탈 만한 차라고 보고 있다. 나는 차 수리비용으로 매달 대략 $200 이상을 지출했다. 이런 것을 감안한다면 적당한 가격의 중고차를 사는 것이 지출을 줄이는 방법일 수도 있겠다.

🚗 차를 구매한 나의 경험

나는 미국에서 차를 두 번 샀다. 처음에는 중고차를, 두 번째는 새 차를 샀다. 처음 차를 살 때는 운전 경력도 없고 해서 싼 중고차를 사서 타기로 결정하고 중고 딜러상에 갔다. 영어도 잘 못하고 차도 잘 몰라 주변의 도움을 받아서 차를 사게 되었다. 같이 간 분이 시운전도 해주고 점검도 해주었다. 그렇게 산 차를 일 년 반이나 잘 타고 다녔다. 너무 싼 차를 샀기 때문에 더 좋은 가스도 넣어주었고 엔진 오일도 제 때에 열심히 갈아주며 아꼈다. 물론 툭하면 서는 바람에 속이 썩기는 했지만 그 가격을 주고 샀으면 그 정도는 감안해야 한다고 생각한다. 더구나 운전이 미숙해 종종 잔디밭에 들어가고 화단에도 올라가는 등 불안정한 운전을 해댔으니 아마 새 차를 샀어도 차가 성할 수는 없었을 것이다.

"엄마, 화단."

그러나 이미 차는 화단에 올라갔다 내려왔다. 거울로 보니 아이들 얼굴이 창백하다.

'화단 가지고 뭘. 지난번엔 방지턱도 들이 받아서 죽 긁었는데.'

차 옆은 긁힌 자국 투성이다. 중고차니 망정이지 새 차였으면 어쩔 뻔 했나. 중고차 사길 정말 잘했다 싶었다.

두 번째 차를 살 때도 돈의 여유가 없긴 했지만 새 차를 고집했다. 나의 Buick이 어찌나 자주 서는지 수리비가 계속 들어갔기 때문이다. 마켓 앞에서 섰을 때는 견인비가 비싸 딜러상에서 일하는 한국 학생을 부르게 되었다. 수리하러 온 한국 학생의 말,

"배터리를 갈면 잠깐은 차가 갈 수는 있겠지만, 미션을 갈지 않으면 금방 서겠는데요."

"미션 가는데 얼만데요?"

"중고는 $1,600 정도 하구요, 새 것은 $3,200 정도 해요."

'으악.'

"그래도 달릴 때 끌고 가서 새 것을 사는 게 이익이겠는데요."

그래서 새 차를 사게 되었다. 어차피 몇 년을 더 타야 하고 또 아들에게 주어야 하니 새 차가 더 낫겠다고 생각했다.

차를 사기 위해 먼저 사이트를 뒤져 차종을 비교했다. 어떤 회사의 차가 좋은지, 가격은 얼마인지, 연비는 어떤지, 어떤 점이 장점이고 단점인지를 찾아보았다. 정말 차에 대해 공부를 많이 했다.

그리고 나서 가까운 곳의 딜러상이 어디어디 있는지 찾아 다녀보기 시작했다. 먼저 일본차를 보기 위해 갔다. 처음 간 곳에서 주차장의 차들을 둘러보고 있는데 딜러가 와서는 대뜸 $5,000을 그 자리에서 깎아줄 테니 사겠냐고 말하는 것이 아닌가? 그때 드는 생각이,

'아, 깎아도 되겠구나.'

미국에는 흥정이라는 것이 없는 줄 알았다. 정해진 가격으로만 상거래가 이루어지는 것을 보아왔는데 차를 사는 것은 다르다는 것을 그 때 알게 되었다. 집에 돌아와 최근에 차를 산 사람들에게 물어보았더니 차 값을 무지막지하게 깎아야 한다고 했다.

그러던 중에 남편이 전화해서는 꼭 한국차를 사야 한다고 했다. 각 나라의 차에 대해 알아보니 각기 장·단점을 가지고 있었다. 일본차는 잔 고장이 없는 편이며 오랫동안 탈 수 있다는 장점이 있었다. 미국차는 차체가 강해 튼튼한 이점이 있으며, 승차감이 좋다는 평이 있었다. 일본차는 가격이 조금 비싼 편이지만 팔 때에도 다른 차보다 비싸게 제 값을 받을 수 있다. 그러나 수리할 때 부속품 값이 조금 비싼 편이다.

일본차는 주로 4기통이 주종을 이루는데 어떤 차를 선택을 하든지 상관없으나 미국차는 최소한 6기통은 되어야 장거리를 운행할 때 차에 무리 없이 달릴 수 있다. 요즘에는 한국차도 인기가 많은데 기본 보증기간 warranty이 5년 60,000마일이며, 약간의 돈을 주면 10년 100,000마일을 가질 수 있다.

무엇보다 남편의 의견을 따라서 한국차를 사기로 결정하고 한국차만 보러 다니기 시작했다. 현대, 기아차 매장의 위치를 몇 군데 알아보고 직접 차를 보러 갔다. 새 차뿐만 아니라 중고차도 함께 물어 보았다. 딜러상에 있는 중고차는 할부금을 제때 못 내서 다시 돌아 온 차들이라고 했다. 기아차는 값을 많이 깎아 주었다. 나는 남편에게 물어 보고 다시 오겠다고 하고는 그곳을 나섰다. 그리고는 현대차를 보러 갔다. 투산과 산타페를 마음에 두고 가격 흥정도 해보고 지켜보았다. 그리고 집에 돌아와 남편에게도 의논하고 주변 사람들에게도 조언을 구하며 신중하게 선택하려고 애썼다. 중고차로 이미 충분히 고생을 한지라 새 차를 사려는 데 매우 신중하게 되었다. 더구나 그 때가 2007년 해가 바뀌는 시점이라 2008년식을 싸게 살 수 있다고 들었기 때문에 조급하지 않게 사기로 했다.

차를 잘 아는 사람과 함께 두 주일 동안 몇 번씩, 몇 군데 딜러상을 찾아 갔다. 그러나 아무리 흥정을 해도 산타페 가격은 $20,000 미만으로 내려가지 않았다. 투산은 훨씬 싸게 살 수 있었지만 고속도로를 달리기엔 안전하지 않다고 해서 고민했다. 미국에서 고속도로를 달리는 일은 일상적으로 있는 일인데 안전하지 않다면 아이들을 태우고 불안할 것 같았다. 물론 딜러가 더 비싼 산타페를 팔기 위해 한 말일 수도 있지만 말이다.

현대 자동차 딜러숍. 미국에서 현대차에 대한 인식이 높아져 많은 미국인들이 선호하고 있다.

그러던 중, 아는 분이 소나타가 어떻겠냐고 조언했다. 그 당시 소나타의 인기가 치솟고 있을 때라 당연히 비쌀 거라 예상했는데 생각보다 가격이 괜찮았다. 몇 군데 흥정을 시도해 보았더니 $20,000 밑으로 충분히 살 수 있을 것 같아 딜러를 두고 가격을 조정하기 시작했다.

미국에서 차 값을 얼마든지 깎을 수 있는 이유는 미국의 자동차 판매 방식이 한국과 조금 다르기 때문이다. 미국의 딜러상은 자동차 회사에서 먼저 차를 산 후 자기들이 원하는 가격으로 판매한다. 출고가 invoice price는 알 수 없지만 여기에 자신들의 마진을 마음대로 붙였으니 가격 조정이 가능해진 것이다. 그래서 딜러상마다 자동차 가격이 다 다르다. 크고 시설이 좋은 딜러상보다 허름한 곳이, 또 도시에서 먼 곳일수록 차 값이 더 쌌다. 아마도 딜러상을 유지하는 비용이 차이가 나기 때문인 것 같다.

긴 조정 작업 끝에 내 중고차와 교환하는 조건으로 $26,000의 소나타를 $17,000에 살 수 있었다. 이 비용은 모든 서류 비용까지 포함한 금액이다.

차를 새로 사면 DMV(Department of Motor Vehicles, 자동차를 총 관리하는 기관)에 차를 신고하고, 번호판을 받고, 등록세도 내야한다. 흥정할 때 이 모든 절차를 대신 해주고, 서류 비용까지 포함한 금액을 계산했다. 이 비용이 보통 $1,000 정도 하니 내가 거의 $10,000을 깎은 것이다.

미국에서 차를 사면 웬만한 모든 것이 갖추어져 있다. 내가 산 차도 선루프와 가죽 시트만 옵션이었다. 선루프가 있으면 좋겠지만 꼭 필요한 것이 아니고 가죽 시트는 좀 아쉽긴 하지만 선루프와 함께 해야하는 옵션이라 $2,000이나 더 주고 살만한 것은 아니다 싶었다. 아이들이 어리면 모를까 다 큰 애들이 뭘 그렇게 엎지를까도 생각해 옵션은 포기했다. 그런데 설마 했던 저 큰 애들이 시트에 뭔가 자꾸 흘릴 때마다 가죽시트에 대한 아쉬움은 계속 남았다.

차 값을 엄청 깎다보니 차 색깔을 선택할 수 없었다. 현재 딜러상이 보유하고 있는 차를 할인해준 것이기 때문이다. 사실 하얀색이나 검정색을 하고 싶었지만 다른 색을 원하면 다른 곳에서 가져다 주는 대신 돈도 더 내야 한다고 했다. 그래서 할 수 없이 하늘색을 선택했다. 차를 가져가니 아이들이 색이 마음에 안 든다고 야단이었다. 그 당시 유행하는 색이긴 했지만 남자 아이들이 좋아하는 색은 아닌 모양이다. 그렇지만 안 되는 형편에 무리해서 새 차를 샀는데 색 바꾸자고 돈을 더 들일 수는 없는 일이었다.

이번 차는 가죽시트가 아닌 게 단점이긴 하지만 6기통이라 정말 잘나간다. 처음엔 너무 속력이 붙어 가속페달을 밟다가 놀라곤 했다. 그 전에는 차를 타고 언덕을 올라갈 때면 차라리 내려서 차를 밀어주고 싶을 정도였다. 그런데 이 차는 신호를 받아서 기다리다가 옆 차선의 차들과 동시에 출발했는데도 금방 속력이 붙어 혼자 달려 나간다. 오히려 너무 속력이 날까봐 조심해서 운전해야 한다. 섬세한 차임이 분명하다.

우리는 이 차를 아주 사랑하고 아낀다. 큰아들은 여자 친구처럼 말도 걸어주고 살살 달래가며 운전하고 다닌다. 차를 산 지 4년이 지나가고 있는데 그 동안 속 한번 썩이지 않고 우리 식구들의 충실한 발이 되어 주고 있다.

🚗 보험들기

　미국에 오기 전 한국에서 영문으로 무사고 기록을 발급받아 왔다. 이 서류가 있으면 아주 싼 값에 보험을 들 수 있다는 정보를 들었기 때문이다.
　한국에 비해 미국의 보험료는 정말 엄청나다. 특히 청소년의 경우 사고의 위험성이 많아서 그런지 보험을 처음 들면 그 금액에 놀라고 만다.
　내가 아는 20대 초 청년은 차를 사서 보험을 들려고 보험료 산정을 받았더니 반년에 $2,500이 나왔다며 기가 막혀 했다. 운전 경력이 없고, 면허 소지 기간도 짧고, 나이도 어리니 그럴 수밖에 없다고 해서 할 수 없이 그 금액으로 보험을 들었다고 한다.
　그러나 무사고 운전을 하게 되면 다음엔 조금씩 보험료가 하향 조정된다. 나는 나이와 한국에서 준비해온 서류, 좋은 보험회사를 만난 덕분에 반년에 $353로 보험을 들 수 있었다.

　보험료는 회사나 에이전시, 지역에 따라서 많이 달라진다. 그런데 내 보험료는 매번 갱신 할 때마다 조금씩 오르더니 두 해가 지난 후에는 $720까지 인상되었다. 사고를 낸 적도 없고 보험을 사용한 적도 없는데 요금이 인상된 것이 이해가 되지 않았다. 나는 아는 분의 소개로 한국인이 하는 에이전시에 문의했다. 같은 보험 회사의 같은 조건으로 $720에 보험을 들었다. 조건은 같지만 한국인이 운영하기 때문에 적절한 조언도 들을 수 있고 자세히 물어볼 수 있어서 답답함이 가셨다.
　큰아들이 면허를 따려면 보험을 들어야 한다고 해서 추가하면 얼마나 나오나 물어 보았더니 기존 금액에 $1,500이 더 추가된다고 했다. 도저히 낼 수 없는 금액이어서 면허는 그만 포기하고 당분간 퍼밋permit, 보호자의 동승이 있는 경우에만 운전할 수 있는 면허을 가지고 운전하기로 했다.

　보험은 반년 단위로 갱신하게 되어있다. 특별한 언급이 없는 한 재 갱신되어 서류가 집으로 보내져 온다. 만약 다른 회사로 바꾸거나 보험 내용을 바꾸려면 계약이 끝나기 전에 알려야 한다. 보험 회사를 바꿀 때도 다른 조치를 취할 필요는 없다. 보험 회사끼리 알아서 정보를 주고 받는다.

버지니아로 이사하면서 보험을 바꾸어야 했다. 주변에 물었더니 워싱턴에 한국인이 하는 에이전시가 있다고 했다. 전화로 문의 했더니 기존 보험료는 비슷한데, 역시 아들이 추가되면 $1,500-1700 가량 더 내야 한다고 한다. 주가 바뀌면 법이 바뀌는 경우가 많은데 노스캐롤라이나주에서는 보험을 들어야 면허를 딸 수 있었다. 그런데 여기 버지니아주에서는 면허를 먼저 따야 보험을 들 수 있단다. 그래서 큰아들은 이곳에서 면허를 딸 수는 있었지만 대신에 보험이 없어서 운전을 할 수 없었다.

린치버그에 있는 자동차 보험회사 사무실. 다른 곳에 비해 아주 저렴하다.

이리저리 알아보는 중에 근처에 사시는 분의 소개로 한 에이전시를 찾아갔는데 보험료가 $410 라는 게 아닌가! 더구나 아들을 추가해도 $620이면 되었다. 원래 $720인데 성적 우수 할인이 있어서 $100를 할인 받았다. 그 전에는 다른 주라서 차이가 났다고 하지만 같은 주에서도 에이전시에 따라서 이렇게 요금이 달라질 수 있다니 정말 놀라웠다.

보험을 들기 전에 여기저기 잘 알아 보고 주변 사람들에게도 물어보고 비교해서 선택하면 이렇게 절약할 수 있는 길이 있다.

2011년 하반기 보험료를 내러 갔더니 $100이 올라 있었다. 2010년 여름 아들이 친구를 데리러 공항에 가다가 스피드 티켓 speed ticket, 과속 벌금을 끊었었는데, 그것이 이번에 반영되어 보험료가 더 올랐다고 한다. 속에서 열이 올라온다. 벌금이 $170에다가 보험료 $100을 합치니 $270을 과속으로 날린 것이다.

보험 회사

미국에서 가장 큰 보험 회사로는 Nationwide가 있고 Progressive, State Farm, Allstate, Geico 등이 있다. 처음에 나는 Nationwide에 들었다가 다음 번에 한국인 에이전시에서 Progressive로 바꾸었었다. 이곳으로 와서 다시 Nationwide를 들고 있다. 지금 내가 들고 있는 보험은 서비스도 좋고 보험 내용도 아주 마음에 든다.

길에서 가스가 떨어지거나 고장 났을 때 전화하면 와주는 서비스도 있다. 다른 보험 회사는 많은 돈을 따로 지불해야 하는데 이 보험은 반년에 $1로 이 서비스를 포함해 주고 있다. 아직 큰 사고가 없어서 어떤 보험 회사가 사고 처리를 잘하는지는 모르겠지만 들리는 말로는 Nationwide에 많은 사람들이 가입되어 있는데, 같은 보험회사 가입자끼리 사고가 나면 보상이 늦단다. 그러나 소문이 항상 정확한 것이 아니므로 직접 알아보는 것이 좋을 것 같다.

보험료 산정의 조건

무사고 기록이 있으면 보험료가 내려 간다. 그리고 사고의 위험이 있는 나이는 보험료가 올라 간다. 특히 청소년들의 보험료가 비싼 편이다. 그래서 학생들은 고등학교에 다니는 동안 가능한 빨리 면허를 따서 면허증 소지 기간을 늘리곤 한다. 면허증 소지 기간이 길수록 보험료가 내려가기 때문이다.

그리고 차의 연식에 따라서 보험료가 달라진다. 새 차일수록, 비싼 차 일수록 보험료가 비싸지는데 이것은 차량 보상 비용 때문에 그런 것 같다. 우리처럼 스피드 티켓을 끊는다거나 사고가 나면 한국과 마찬가지로 보험료가 올라간다.

🏠 운전면허증 따기

두 번째 면허 시험날이었다. DMV로 들어가려고 주차장에 차를 주차하는 순간 쿵 하는 소리가 났다. 큰일났다. 주차하다 옆 차를 박은 것 같았다. 백

미러로 보니 경찰관 두 명이 나를 쳐다 보고 있었다. 다시 차를 빼서 다른 넓은 곳으로 주차하는데 어떤 백인 여자가 막 뛰어 오더니 내가 차를 박았다고 난리를 쳤다. 주인인가 했더니 목격자였다. 내가 차를 주차하는 중이라고 했더니 차 주인을 찾으러 뛰어 갔다. 주차하고 경찰관에게 가서 내가 차를 박았다고 했다. 그 경찰관들은 웃으면서 봤다고 말했다. 백인 여자가 주인을 찾아오고 경찰관도 그 차로 가고 사람들이 구경하러 모였다. 그런데 주인 청년은 자신의 차를 둘러보더니 내가 자신의 차를 박은 데가 없다고 했다. 긁힌 데가 있는데 그것은 원래 있던 것이라고 했다.

'세상에. 없어도 있다고 할 판에.' 경찰관은 내가 그 차의 바퀴를 박았다고 말했다. 걱정 말라며 차 주인 청년은 다시 사무실로 들어갔다.

운전면허를 관할 하는 정부 기관 DMV

그런데 문제는 그다음이었다. 경찰관이 시험 보러 왔냐고 했다. 그렇다고 했더니, 면허증이 없는데 어떻게 여기까지 운전해 왔느냐는 것이다. 퍼밋도 보여주고 국제면허증도 보여 주었더니 하는 말이 내가 운전하면 안 되는데 운전을 했다는 것이다. 퍼밋은 운전면허증이 있는 동승자가 있어야만 운전할 수 있단다. 국제면허증도 인정이 안 된다는 거였다. 큰일났다. 차를 박은 게 문제가 아니었다. 꼼짝없이 경찰 앞에서 걸린 것이다. 그 경찰은 웃으며 외국인이라 몰라서 그런 거니 봐주겠다고 하며 시험 잘 보라고 했다. 'Thank you'를 연발하며 사무실 안으로 들어갔다.

미국에 온 지 몇 달 동안 운전을 하면서 이제 자신이 붙는 중이었다. 첫 시험 때는 후진을 한참 시키더니 삐뚤다며 떨어뜨렸었다. 으레 그러려니 했던 거였다. 그래서 별 걱정없이 자신있게 시험을 보러 왔다. 그러나 이 사건이 있고 들어가 시험 보려고 시험감독관을 기다리는데 떨리고 걱정이 되기 시작했다. 시험 감독하러 내 옆에 앉은 감독관은, "Don't worry"라며 시험 내내, "Are you O.K?" "Good."이라 했다. 지금 시험 보는 중인지 실습 중인지 헷갈렸다. 하여간 나는 우여곡절 끝에 운전면허증을 땄다. 운전면허증 사진을 찍으면서 시험 내내 감독관이 왜 그렇게 걱정했는지 알 수 있었다. 거울 속의 내 얼굴이 금방 쓰러질 것처럼 창백했다. 감독관은 나를 걱정한 게 아니라 내가 운전하는 차를 타고 있는 자신의 목숨을 걱정했을 수도 있겠다.

면허의 종류

미국에는 운전면허증driver licence과 러너 퍼밋learner permit이 있다. 운전면허증은 운전을 할 수 있는 자격증이고, 러너 퍼밋은 운전을 하기 전 실습할 수 있는 자격증이다. 서류심사, 표지판 시험, 필기시험을 합격한 뒤 실기시험을 보기 전까지 발급해 주는 것이다. 퍼밋은 혼자서 운전할 수 없으며 운전면허를 가진 사람이 동승했을 경우에만 운전 할 수 있다. 이것은 필기시험 합격 후 실기시험에서 떨어졌거나 19세 미만 또는 학생인 경우에 주로 발급 되는 면허다.

미국에선 대략 만 15세가 되면 퍼밋을 딸 수 있고 1년간 실습한 후 면허를 딸 수 있게 되어 있다. 만 18세 이하의 학생이 면허를 따려면 운전교육을 받은 증명서와 부모나 보호자의 사인이 있어야 한다. 그러나 만 19세 이상은 필기시험이 끝나면 퍼밋을 주고 한 달 뒤 실기시험을 보아 운전면허증을 딸 수 있다. 다른 주나 다른 나라의 면허증이 있으면 퍼밋 기간 없이 한 번에 모든 시험을 다 보고 면허를 딸 수 있다. 나이에 따라 퍼밋의 색이 바뀌고 주로 부모와 함께 운전 연습을 한 후 면허를 준다.

주에 따라 이 법도 다르다. 노스캐롤라이나는 학생들이 학교에서 하는 운전수업driving class을 통해 안전교육과 실기교육을 거치면 퍼밋을 딸 수 있게 한

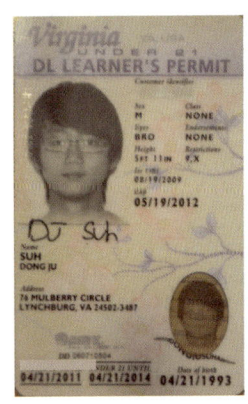

러너 퍼밋

학교 운전실습 차, 학교 수업에 운전교육이 있다.

다. 실기교육은 무료고 강사가 와서 한 주 동안 도로주행을 훈련시켜 준다. 그러나 버지니아는 안전교육을 받으면 필기시험을 거쳐 퍼밋을 받고 그 후에 실습을 하게 되어 있다. $100을 내야하며 이 교육이 끝난 후 나이가 되거나 퍼밋 기간이 지나면 면허를 딸 수 있다.

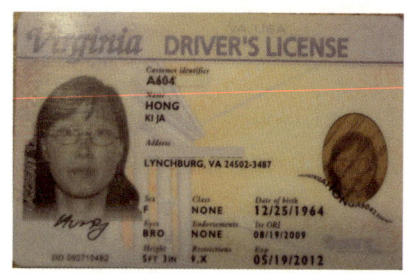
자동차 운전면허증

큰아들은 노스캐롤라이나에서 퍼밋을 땄고 일 년 후 버지니아에서 19세가 넘었으므로 아무 문제없이 운전면허증을 딸 수 있었다. 작은아들은 노스캐롤라이나에서 모든 교육을 마치고 퍼밋을 따고, 버지니아에 와서 운전면허증를 따려고 했더니 다시 도로주행을 받아야 한다고 했다. 노스캐롤라이나에서 이미 끝냈어도 주가 바뀌면 바뀐 주의 법을 따라야 한다. 그래서 돈도 들어가고 귀찮다고 아직도 운전면허를 따지 않고 있다.

면허법이 수시로 변하고 상황이나 따라 지역에 따라 다르다

내가 미국에 왔을 때 노스캐롤라이나에서는 운전면허를 딸 수 없었다. 9.11테러 이후였는데 관광비자 소지자, 유학생에게도 운전면허 시험을 볼 수 없게 제한하고 있었다. 테러 주동자들이 샬롯을 중심으로 활동하는 유학생이었다는 소문이 있었다. 이것 때문에 유학생이나 외국인들에게 운전면허증 발급을 제한한다고 했다. 그러다가 잠깐 관광비자를 가지고 있는 사람에게 운전면허를 딸 수 있게 해주었다. 그때 내가 딱 맞추어 미국에 왔고 시험을 보고 운전면허를 딸 수 있었다. 현지에 있는 사람들조차 운전면허를 딸 수 있다는 것을 모를 때 나는 가서 운전면허를 따왔다. 그것도 8년짜리를. 사람들이 안 믿어서 보여주기까지 했다. 몇 달 후 관광비자 소지자가 운전면허를 딸 수 있는 문이 또 닫혔다. 물론 유학생들은 운전면허를 딸 수 있다. 미국의 법이 이렇게 수시로 바뀔 수 있기 때문에 그 분야에 관련되어 있지 않으면 자주 바뀌는 법 규정들을 알기 어렵다. 또한 내가 경험한 일이 다른 사람에겐 전혀 다르게 일어날 수도 있다.

노스캐롤라이나는 보험이 있어야 면허를 딸 수 있다. 서류 접수시 보험증서도 보여 주어야만 시험을 볼 수 있다. 물론 퍼밋인 경우는 보호자의 보험으로 대신 한다. 나의 두 아들은 내 보험증서로 퍼밋을 딸 수 있었다. 그러나 버지니아는 면허가 있어야 보험을 들 수 있다. 그리고 면허시험을 볼 때는 차 주인이 아닌 한 보험을 꼭 요구하지 않는다.

한국에서 만들어 온 국제면허증도 인정하는 주가 있고 인정하지 않는 주가 있다. 노스캐롤라이나주는 국제 운전면허증을 인정하지 않는다. 그러나 매릴랜드주에 이어 버지니아주도 최근에 법이 새로 바뀌면서 국제 운전면허증을 버지니아 운전면허증으로 바꿀 수 있도록 허용했다.

차량 등록증이 있어야 운전면허증을 딸 수 있다

시험을 보기 전에 차량이 등록되어 있어야 한다. 왜냐하면 자신의 차로 시험을 보기 때문이다. 차량등록, 그리고 차량 점검 inspection 까지 되어 있어야 면허시험이 가능하다.

차량 등록은 DMV에서 하는데, 소유권 증명서와 등록비를 내면 쉽게 차를 등록할 수 있다. 등록은 1년을 할 수도 있고 2년, 3년을 할 수도 있다. 온라인으로 1년 이상 등록을 하면 2년에 $2, 3년에 $3 할인도 가능하다. 등록이 끝나면 번호판과 스티커를 주는데, 이 스티커는 등록을 증

자동차 번호판, 다양한 디자인을 선택할 수 있다.
번호판 위에 등록 연월일이 표시되어 있다.

정기점검 표시, 일 년에 한 번 자동차 검사를 해서 통과했다는 표시로 차 앞 유리창에 붙여 놓는다.

명하는 것으로 번호판에 붙이게 되어 있다. 번호판 왼쪽에는 다음 등록 연도, 오른쪽에는 등록 월이 표시되어 있다. 버지니아는 번호판을 앞 뒤에 붙이게 되어 있지만 노스캐롤라이나에서는 번호판을 뒤에만 붙이게 되어 있다. 등록비는 일년에 $40.75고 번호판이 $10이다.

나는 노스캐롤라이나에서 12월에 차량 등록을 하고 다음 해 8월에 버지니아로 이사 오면서 다시 돈을 내고 차량 등록을 했다. 옛 번호판을 장식용으로 쓰라고 아이들에게 주었는데, 나중에 알고 보니 받은 곳에 돌려주면 남은 기간의 등록비를 돌려 준다는 거였다. 몰라서 돌려받지 못하고 지금도 아이들 방에 장식품으로 있다.

큰아들이 운전면허 시험을 보러 갔을 때의 일이었다. 서류심사가 끝나고 실기시험을 보러 차에 갔던 아이가 다시 들어 왔다. 차량 점검표시가 없어서 시험을 볼 수 없단다. 다음에 오라는데 그러면 모든 절차를 다시 해야만 한다. 오늘까지 네 번째 온 것이다. 운전면허 따기 정말 어렵다. 정비소에 가서 점검 받았더니 차 앞 유리에다가 스티커를 붙여 준다.

🏠 면허증 따는 절차

나의 주관적인 생각일 수도 있지만, 면허를 따려고 DMV에 가면 외국인에게 면허를 주고 싶어 하지 않는 그들의 눈빛을 읽을 수 있다. 서류를 까다롭게 요구하기도 하고 실기시험을 볼 때 트집을 잡기도 한다. 필요한 서류를 한 번에 다 이야기 하면 참 좋으련만 어떤 경우엔 갈 때마다 한 가지씩 말해 주기도 한다. 이렇게 되면 속에서 열이 난다. 어떤 DMV에서는 한국 사람을 싫어하기도 한다. 다혈질이고 참을성 부족한 한국 사람이 난동을 피워서 그렇단다. 그러니 감독관은 한국 사람을 맡게 되는 걸 싫어할 수 밖에 없을 것이다. 나처럼 친절한 감독관을 만날 수도 있지만 무뚝뚝하게 말하고 트집을 잡는 감독관을 만날 수도 있다. 도시의 DMV보다는 조금 시골로 더 들어가면 감독관들도 친절하고 운전면허 따기도 훨씬 수월하다고 한다.

서류 접수

운전면허 시험을 치르기 위해 서류를 먼저 접수해야 하는데, 필요한 서류 중 한 가지라도 빠지면 입구에서 아예 퇴짜를 맞는다. 그러면 빠진 서류를 준비해 다시 와야 하는데, 다음에 와도 처음 절차부터 시작한다. 이렇게 서류 때문에 몇 번, 시험 보러 몇 번 DMV에 오게 된다. 처음부터 서류 준비가 잘 되면 시간을 절약할 수 있을 것이다. 면허 시험을 보기 위해 필요한 서류도 때에 따라 달라진다. 그러므로 DMV 사이트에 들어가 확인하는 게 실수를 줄일 수 있는 길이다.

현재 우리 지역에서 요구 되는 서류는 집 렌트 계약서, I-20^{입학 허가서}, I-94^{입국 증명서}, 여권, 한국 운전면허증이다. 사회 보장 번호^{social security number,} ^{일종의 주민 번호}가 있으면 제시하는 게 유리하다.

집 렌트 계약서는 집 주인이나 회사 직원의 원본 사인이 꼭 있어야 하며 가족이 시험 볼 경우 꼭 계약서 상에 이름이 언급되어 있어야 한다.

2009년 여름 내가 노스캐롤라이나주의 운전면허증을 버지니아주 운전면허증으로 바꾸려고 할 때 학기 등록 증명서^{enrollment certification}가 필요하다고 해서 학교에서 떼어 가지고 갔더니 이젠 더 이상 필요하지 않다고 했다. 법이 자주 바뀌기 때문에 필요한 서류도 바뀔 수 있으므로 확인이 필요하다.

시력 검사

서류가 통과되면 시력 검사를 한다. 검사 기구에 눈을 대고 간단한 알파벳을 읽거나 불빛의 방향을 손으로 표시하면 된다. 이 때 장기 기증 신청 여부를 묻는데 잘 알아듣고 대답해야 한다.

표지판 시험

시력 검사가 끝나면 표지판 시험을 본다. 미국도 한국과 마찬가지로 많은 표지판들이 있는데 이것을 지키는 것을 중요하게 생각한다. 그래서 10문제의 표지판 시험을 틀리지 않아야 다음 단계의 시험으로 넘어갈 수 있다.

노스캐롤라이나주는 표지판 시험을 볼 때 감독관이 직접 물어 보았는데, 버지니아주에서는 컴퓨터로 시험을 본다. 그러다 보니 사람이면 봐줄 수 있는 것도 컴퓨터는 용서가 없다. 대신에 한국인에게 유리한 4지 선다형이므로 조금만 공부하면 쉽게 통과할 수 있다.

필기시험

표지판 시험을 통과하면 필기시험이 시작 되는데, 25문제 중에서 20문제를 맞추면 통과하게 된다. DMV에 가면 무료로 주는 매뉴얼이 있으므로 가져와 연습하면 도움이 되고 아니면 DMV사이트에 들어가서 연습해도 된다.

www.dmv.state.va.us에 들어가면 연습문제를 찾아서 연습할 수 있다. 컴퓨터시험과 필기시험이 있으니 편한 것으로 고르면 된다.

노스캐롤라이나주에서는 한국어 시험이 있어서 보았는데, 영어를 한국어로 직역해 놓아 시험 보다가 한국어를 이해하지 못하기도 했다.

예를 들면, '다음 중 놀지 말아야 될 곳은?' 이 말을 이해하기 더 어려웠다.

운전면허 시험 매뉴얼, DMV에 가면 무료로 준다.

실기시험

　필기시험을 통과하면 실기시험을 치르게 되는데, 어떤 주는 며칠을 기다리게도 하고 어떤 주는 바로 볼 수 있게도 한다. 19세 이상의 운전경력이 없는 사람은 한달 간 퍼밋으로 연습한 후에 실기시험을 볼 수 있다. 지역에 따라 다르지만 약 30분 정도 기다리면 형광 색 옷을 입은 감독관이 나온다.

　먼저, 함께 시험 볼 자신의 차로 가서 차를 점검한다. 감독관은 꼼꼼하게 차를 점검하고 시험 볼 사람을 차에 먼저 앉게 해 창문을 내리도록 요구한다. 그러고 나서 차의 등을 이것저것 켜보라고 지시한다. 만약 등이 하나라도 안 켜지거나 장치 중 어느 것 하나라도 작동을 안 하면 시험을 볼 수 없다. 보통 미등, 후진 등, 깜박이를 켜보라고 한다. 영어가 서툴러 이 지시를 못 알아 듣는 바람에 시험에 떨어진 사람도 보았다. 모든 것이 잘 된다는 것을 확인한 다음 감독관이 옆 자리에 앉아 시험을 시작 한다.

　코스는 대부분 정해져 있으므로 지시만 잘 듣고 따라 하면 된다. 속도를 잘 지키는지, 스톱 사인에 꼭 서는지, 깜박이는 켜는지, 신호는 정확히 지키는지, 안전하게 하는지를 주로 체크한다. 운전을 아주 잘 한다는 느낌이 강해도 떨어지는 경우가 있다. 미국은 안전을 더 중요하게 여기기 때문이다.

　나의 큰아들은 첫 번째 시험에서 떨어졌다. 왜 떨어졌느냐고 물었더니 스톱 사인에서 잠깐만 섰다가 갔단다. 스톱 사인은 완전히 서서 좌우를 다 살피고서 가는 표시다. 그래서 다음 번엔 아주 조심조심 운전하고 스톱 사인에서 완전히 서서 천천히 다 살피면서 운전해서 통과할 수 있었다.

면허증 받기

　이 모든 시험을 다 통과한 후 사진을 찍고 면허증 수수료를 내면 임시 운전면허증을 받는다. 수수료는 일 년에 $4이고 4년짜리라면 $16을 내면 된다. 운전면허증은 5년에 한번 갱신하게 되어 있다. 정식 운전면허증은 3-4일 후 집으로 배달 된다. 학생인 경우 운전면허증 기간은 비자 기간만큼 발급된다. 운전면허증은 미국에서 증명서 역할을 톡톡히 한다.

*자동차 싸게 사는 요령

차를 사기 전에 사전 조사를 철저히 한다.

마음이 급하면 딜러에게 당한다. 충분한 시간을 가져라.

한 가지만 고집하면 선택의 폭이 좁아진다.

다양한 브랜드, 색깔, 모델, 옵션을 선택할 수 있다고 생각한다.

인기 모델은 피하거나, 조금 기다렸다가 산다.

딜러를 만나기 전에 딜러숍 주차장의 차들을 살펴 보아 재고를 확인한다.

옵션까지 계산 한 적정 가격을 미리 정해서 흥정을 시작한다.

딜러는 매니저를 핑계로 값을 조절한다. 소비자는 거꾸로 배우자를 이용한다.

처음부터 터무니 없는 가격을 부르지 않는다.

언제든지 흥정을 깨고 자리에서 일어날 준비를 하라.

수첩, PDA 등을 가지고 다니면서 메모 한다. 철저히 준비하는 사람을 무서워한다.

되도록 많은 딜러숍을 다닌다.

부가 비용까지 넣어서 흥정한다. 리스 lease, 빌리는 것의 경우 이자율까지 넣어서, 월 리스비 monthly payment 를 흥정한다.

처음 가격을 부를 때는, 딜러 쪽에게 먼저 부르게 한다.

현찰이 있으면, 리스나 할부를 권하더라도 넘어가지 않는다.

시운전은 꼭 해보자.

전시품은 사지 않는다.

딜러와 처음부터 너무 친해지지 않는다.

딜러를 너무 적대시하지 않는다. 웃음과 예의를 갖추고 흥정한다.

최종 계약서에 싸인 전까지 칼자루는 내가 가지고 있다는 것을 명심하라.

자동차 관리

차 시동이 계속 안 걸려, 한국인이 하는 정비소에 갔다. 왜 그렇게 자꾸 시동이 안 걸리느냐고 했더니 정확한 이유를 못 찾았다. 자동 시스템이기 때문에 더 원인을 찾기 어렵다고 한다. 차 앞의 보닛을 열어봐도 아무것도 모르겠는데, 툭하면 차는 서고, 원인을 모르는 채로 불안해하며 차를 끌고 다녔다.

한번은 피아노 레슨이 끝난 딸아이를 데리러 가는 길이었다. 동네 길로 가고 있었는데 갑자기 타는 냄새가 나서 보니 보닛에서 연기가 나는 것이 아닌가? 얼른 차를 한쪽에 세우고 시동을 끄고 밖으로 나왔다. 다행히 차를 잘 아는 분이 그 동네에 살고 있어서 전화를 걸어 도움을 요청했다. 차를 열어 보더니 팬벨트가 끊어져 있다고 했다. 새로 사서 갈아야 한데서 갈아 보려 했으나 내 차는 장비 없이 할 수 없는 차종이었다. 나는 AAA^{American Automobile}

동네 정비소, 딜러숍보다 가격이 저렴한 편이다.

Association, 자동차 긴급출동 서비스에도 가입 하지 않아 견인차를 부르면 비쌀 게 뻔했다. 저녁이 늦었으므로 일단 우리는 집으로 왔고 차는 한쪽 주차장으로 옮겨 놓았다. 다음날 AAA를 가진 아는 사람의 도움으로 정비소까지 차를 끌고 갈 수 있었다. AAA는 보험을 비롯해 기차, 호텔과 같은 여행에 관련된 서비스도 제공한다. 차 키를 두고 문을 잠갔을 때 문을 열어 주는 서비스도 있다. 이 서비스는 본인뿐 아니라 같이 있는 식구들이나 친구에게도 서비스를 제공한다. 그래서 나도 이 혜택을 볼 수 있었던 것이다. 이 사건 이 후로 나도 AAA에 가입했다. 한번은 아들 친구가 차에 키를 둔 채 내려 이 서비스를 이용해 차문을 열어준 적도 있었다. 일 년에 한 번 멤버쉽비만 내면 된다. 서비스에 따라 몇 종류가 있지만 나는 $45짜리를 들었다. 기차로 워싱턴에 갔을 때도 할인 혜택을 보았고 호텔을 예약할 때도 할인을 받을 수 있었다. 나처럼 낡은 중고차를 가진 사람은 아주 도움이 될 것이다.

🚗 정비소 가기

샬롯에 있을 때는 한국인이 하는 정비소에 가거나 자동차를 전공하고 딜러숍에서 일하고 있는 한국 학생을 통해 차를 수리 했다. 그러나 새 차를 산 후에는 딜러숍에 가서 점검도 받고 수리도 하고 있다. 모든 딜러숍은 서비스 센터를 가지고 있어서 예약을 하면 서비스를 받을 수 있다. 엔진 오일을 간다든지, 등을 간다든지, 혹은 정기 점검을 받는 등 한 곳에서 지속적으로 서비스를 받고 있다.

동네에 있는 정비소 auto shop, 카센터에 차를 맡기면 요금을 더 절약할 수 있다. 물론 싸고 잘 하는 곳을 찾는다면 말이다. 그런데 나는 중고차를 타는 동안 수시로 점검 받았어도 문제를 일으켰던 기억이 있어 차라리 좀 비싸더라도 딜러숍에만 가겠다고 처음부터 마음을 먹었었다. 차를 잘 알고 부속도 잘 알면 싼 곳을 찾아가는 것도 좋겠지만 나 같이 차에 대해 문외한이라면 딜러숍이 나을 것 같다.

더구나 현대차는 보증 기간이 길어서 더욱 잘 관리해 준다. 정기점검 받으라고, 엔진 오일 갈라고, 쿠폰을 보내 주는 등 서비스가 다양하다. 정기점검 받아야 되는데 안 오면 귀찮게 메일을 보내고 전화도 한다.

오늘도 엔진 오일을 갈러 딜러숍에 다녀왔다. 얼마 전부터 바퀴를 교체하라고 등이 들어왔고 힘 센 딸아이가 손잡이도 망가트려서 함께 봐 달라고 했다. 전체적으로 다 보겠다고 했다. 딜러숍에서 바퀴를 갈면 비싸, 값이 싼 대형 마트에서 갈았더니 조금만 코너를 급하게 돌면 바퀴 등

현대자동차 딜러숍에 있는 서비스센터

에 불이 들어오고 바퀴의 압력도 불균형하게 되곤 했다. 처음에 있었던 타이어보다 승차감도 떨어진다. 딜러숍에서 갈지 않은 걸 두고두고 후회하고 있었다. 다행히 바퀴엔 아무 문제 없다고 하며 전체적으로 점검해 주고 바퀴 압력도 맞추어 주었다.

정비소는 잘 선택해야 한다고들 말한다. 우리 동네에 Lacks라는 정비소는 저렴하고 잘 보는 것 같다. 미리 예약하지 못할 때, 아니면 간단한 일일 때는 그 곳에 차를 맡긴다. 차를 잘 안다면 작지만 경험이 많고 값도 싼 동네 정비소를 이용하는 것도 좋을 것 같다.

어떤 사람은 무료 쿠폰을 사용하러 정비소에 갔는데, 이것저것 문제가 있다고 하며 고치라고 해서 고쳤더니 무료 쿠폰을 사용한 것보다 더 많은 돈이 들어갔다고 했다. 고치는 값이 다른 곳에 비해 터무니없었던 것이다.

일본차 딜러숍의 정비소는 조금 값이 비싼 듯 했다. 아는 사람이 같이 가자고 해서 갔는데 이것저것 손봐야 한다고 하더니 견적이 비싸게 나왔다. 내가 옆에서 너무 비싸다며 생각해 보라고 했더니 수리공은 조정해서 값을 깎아 줄 테니 고치라고 했다. 그렇게 값을 많이 깎아 줄 수 있다는 건 처음부터 많이 불렀다는 의미일 것이다.

정기점검 및 세금

정기점검 inspection

미국에서는 매해 정기점검 inspection을 하게 되어 있다. 그래서 그런지 길에서 매연을 뿜고 지나가는 차를 보기 어렵다. 가끔 차가 고장 나서 연기를 뿜고 지나가는 것 외에는 매연 냄새를 맡을 수 없다. 정기 점검은 웬만한 정비소에서 할 수 있게 되어 있으며 점검이 끝나면 정비소에서 바로 DMV에 신고하게 되어 있다. 만약 차에 문제가 있으면 그 부분을 다 수리한 후에야 정기점검을 통과시켜 준다.

한 친구는 점검하러 갔더니 타이어가 오래돼서 갈지 않으면 위험한 정도라 점검을 통과할 수 없다고 했다고 한다. 타이어를 바꾸는데 한두 푼 드는 것은 아니지만 만약 점검을 안 하고 다니다 걸리면 더 심각한 일이 벌어지므로 돈을 마련해 타이어를 갈고 점검을 통과했다고 한다.

대충 점검해서 문제가 생기면 정비소가 책임을 지게 되어 있어서 문제가 있는 채로 점검을 통과 시키지 않는다. 이런저런 이유로 점검을 미룬 채 그냥 다니면 걸리게 되어 있다. 점검을 받은 표시로 앞 유리에 스티커를 붙여 주는데 금방 구별할 수 있다. 그 스티커에 점검 연도와 월이 표시되어 있다. 점검 비용은 약간씩 차이가 나지만 2011년 8월에 $16을 지불했다.

등록비 register

처음 차를 살 때, 차를 이전 할 때, 주가 바뀌어 차를 등록할 때 등록비를 내게 되어 있다. 뿐만 아니라 매해 자동차 등록을 갱신하게 되어 있다. 1년,

2년, 3년을 선택해 낼 수도 있는데, 인터넷으로 등록 시 연도를 선택하는 대로 할인해 준다. 내는 기간이 되면 DMV에서 고지서를 보내오는데, 그 고지서에 내는 방법을 선택하도록 자세히 안내해 주고 있다. 등록비를 내면 몇 주 안에 스티커가 오는데 그것을 자동차 번호판에 붙이면 된다. 번호판 왼쪽 위에 연도를, 오른쪽 위에 월을 붙이면 된다. 매 해 등록비는 $40.75고 처음 등록 시에만 소유권 비용으로 $10을 낸다.

세금 tax

매 해 12월에 면허세 license tax와 자동차세를 내는데, 이 세금은 차의 세금 산정 비율에 따라 액수가 결정된다. 처음 차를 샀을 때는 $200가 넘는 금액을 냈었는데, 이번 2011에는 자동차세가 $119.84고 면허세가 $27가 나왔다. 차가 오래될수록 세금이 줄어든다. 이 세금은 연체되면 10%의 연체료가 붙는다.

🚗 도로 상태와 법률

미국의 교통법은 굉장히 엄격하다. 과속이나 도로 규정을 어기는 것에 대해 엄격히 적용해서 벌금을 매기거나 교육을 한다. 고등학생들의 운전교육 수업에서부터 면허 시험을 볼 때, 규정을 어겼을 때 하는 교육까지 철저하게 시키고 있다. 영화에서 나오는 스릴 넘치는 과속과 위험한 운전을 현실에선 찾아보기 어렵다.

특이한 미국 교통 법규

미국에는 특이한 교통 법규가 몇 가지 있다. 첫 째는 스톱사인이다. 이 사인이 있으면 무조건 서야 한다. 차가 있는지 없는 지는 중요하지 않다. 완전히 서서 좌우를 확인하고 가야 한다. 여기서 사용하는 방법은 속으로 's,t,o,p'를 말한 다음 떠나는 것인데, 그러면 대충 맞는다고들 한다. 한국 사람 중에는 이 사인을 대수롭지 않게 여기는 사람이 참으로 많다.

스톱 사인에선 s.t.o.p를 속으로 말하고 출발한다.

미국 온 지 얼마 안 된 어떤 사람은 집 근처의 한산한 도로에 스톱사인이 있지만 차가 없어서 그냥 지나쳐 갔다고 한다. 그러나 경찰한테 걸렸고 법정에서 벌금과 함께 일주일 교육 처분을 받았다고 한다. 영어를 잘 못해 통역도 붙이고 일도 못나가고……. 경제적, 시간적 손실이 이만 저만이 아니었다고 했다.

둘째는 스쿨버스 사인이다. 여기서는 스쿨버스가 대통령보다 무섭다고들 한다. 스쿨버스가 스톱사인을 옆으로 내 걸면 주변의 차는 무조건 서야 한다. 방지턱이나 잔디밭으로 가려져 있지 않는 한 반대편 도로의 차들도 다 서야 한다. 스쿨버스에서 내린 아이들이 반대편 방향으로도 갈 수 있기 때문에 아동 보호 차원에서 정해진 규정이다.

스쿨버스가 서면 모든 차가 동시에 선다. 좁은 골목이든 넓은 대로든 상관없다. 스쿨버스가 우선이다. 이를 어기면 스쿨버스 기사가 바로 차번호를 적어 경찰에 무전을 친다. 출동한 경찰에게 얼마 못 가서 잡히고 이 벌은 가장 엄격하게 적용된다.

학교 앞 속도제한 표시

한 학생은 차를 산 지 얼마 안 되었을 때 반대편에서 스쿨버스가 섰다고 한다. 반대편이니 괜찮겠지 하고 그냥 갔는데, 기사가 번호를 적어 경찰에 보내서 걸렸다. 많은 벌금과 기록, 보험료 인상으로 그 벌을 톡톡히 받았다고 했다.

세 번째는 학교 앞 속도제한구역 speeding zone이다. 학생들의 등하교 시간에 적용되는 법인데, 그 구역 안에 불이 들어오면 속도를 25mile로 줄여야 한다. 아들 친구 하나는 등교가 거의 끝난 시간이라 한산하기에 35mile로 달렸다고 한다. 그런데 경찰에게 걸려서 벌금도 물고 기록도 남게 되었다고 한숨을 쉬며 말했다.

　미국에서는 제한 속도를 잘 지켜야 한다. 괜찮겠지 하고 달리다 걸린 한국 학생들을 많이 보았다. 대부분 동네는 35-45mile이고, 고속도로는 60-70mile정도다. 문제는 동네와 고속도로가 연결되어 있는 시골이다. 큰 도시의 고속도로는 동네 길과 고속도로가 뚜렷하게 구분되어 있지만 시골은 동네 길을 가다가 고속도로로 이어지고 또 동네로 이어지기도 한다. 그러면 제한 속도가 바뀌는데, 동네가 보이면 45mile로 바뀐다고 보면 된다. 주민들의 안전을 위해 취한 조치다. 곳곳에 속도 제한 표지판이 있기 때문에 주의 깊게 보면서 가면 속도위반에 걸릴 염려는 없다.

　우리 학교 한 학생이 속도위반에 크게 걸린 사건이 있었다. 그 학생은 미국에 온 지 얼마 안 되었는데 아마도 속도 제한을 가볍게 여긴 것 같았다. 주변 친구들이 주의해야 한다고 말해 주었다는데도 워싱턴을 다녀오며 45mile 구간을 20mile 이상을 초과해 달렸다. 설상가상으로 경찰이 서라고 쫓아오

속도제한 표지판 35마일 이하로 속도를 지켜서 운전해야 한다.

자 영어가 안 되는 이 학생 알아듣지 못하고 그냥 달려갔다. 결국 경찰과 추격전 끝에 잡혔고 법정에까지 서게 되었다. 그런데 법정에서 진술하고 나오던 길에 또 과속으로 붙잡혀 결국 추방당하게 된 사건이다.

네 번째는 교차로 우선권이다. 아무 신호가 없는 교차로에서는 먼저 온 차 우선으로 가게 되어 있다. 스톱사인이 있다면 그 차는 나중이고 사인이 없는 차선의 차가 우선이지만 그 후에는 먼저 온 차 우선으로 가게 되어 있다.

ONLY가 보이면 쓰여 있는 방향으로만 가야 한다.

가끔 웃지 못할 일이 교차로에서 벌어지는데 서로 양보하느라고 아무도 가지 않는 경우다. 그래서 대부분 양보할 때는 손으로 신호를 보내주는 경우가 많다.

다섯 번째는 온니^{only} 차선이다. 주로 도로 바닥에 쓰여 있는데, ONLY가 보이면 쓰여 있는 그 방향으로만 가야 한다. 여기는 가다가 차선이 새로 생기기도 하고 없어지기도 한다. 직진 차량보다 좌회전 차량이 더 많거나 할 때, 좌회전 차선을 더 많이 두거나 한다.

한국에 없는 교통법규나 표지판이 처음엔 당황스럽지만 미국에서 운전이 익숙해지면 금방 적응할 수 있다. 오히려 큰도시를 제외하고는 사람들이 법규도 잘 지키고 천천히 달려 한국보다 운전하기 쉽다는 사람들도 있다.

주차

교통법과 관련된 것 중 주차문제가 있다. 정말 넓은 땅이라 그런지 주차 공간이 넓다. 건물 크기보다 주차장이 더 넓은 경우도 많다. 다만 좀 더 가까운 곳에 주차하려고 애를 쓸 뿐이지 주차 공간이 없어서 뱅뱅 도는 경우는 학교뿐이다. 대도시를 제외하고는 중소 도시의 모든 상가와 관공서의 주차장은 무료고 규모가 큰 학교만 주차비를 받는다.

도로상태

미국은 땅이 넓어 도로가 넓게 잘 정비되어 있는 편이다. 도시에 따라 다르기는 하다. 노스캐롤라이나주는 잘 정비된 도로에 정확한 표지판, 평지의 도로로 이루어져있다. 도로 주변으로 나무나 숲이 있어서 운전 시 피로감도 덜하다.

애리조나에서 이주해온 사람의 말에 따르면 그곳은 뻥 뚫린 도로에 차만 쌩쌩 달린다고 한다. 나무도 숲도 없고 끝없이 도로만 있다고 한다.

워싱턴이나 뉴욕은 한국과 유사해서 교통 체증도 심하고 복잡한 도로구조를 가지고 있다. 워싱턴에 갔을 때 운전하다 여러 번 길을 놓쳤다. 다른 차들 사이로 끼어들어 가지를 못해서다.

내가 사는 린치버그는 시골이라 급하게 끼어들어 갈 것도 없고 서로 양보도 잘하고 기다려 주기도 하고 도로도 안정적인 곳이다. 이런 곳에서만 운전을 하니 복잡한 곳에서는 운전하기가 겁난다. 다만 지난번 살던 곳에 비해 구릉지가 많아 오르막과 내리막이 많은 것을 제외하고는 별 어려움이 없는 곳이다.

운전하며 뉴욕 다리를 건너다.

밤 운전의 복병

　미국의 도로에는 가로등이 거의 없다. 밤눈이 어두운 나 같은 사람에겐 곤란한 일이다. 익숙해지면 괜찮다고 하지만 나는 아직도 밤 운전을 싫어한다. 더구나 언제 어디서 동물들이 뛰어 나올지 모른다. 종종 밤에 운전 하다가 사슴을 만난다. 낮에는 청설모나 다람쥐들이 많이 나타난다. 숲길이나 어두운 길을 갈 때는 상향등도 키고 속도도 줄이며 앞을 주시해 운전해야만 한다.

미국에서 쉽게 만날 수 있는 도로

　내가 아는 사람은 밤에 고속도로에서 사슴을 만났다고 한다. 속도를 내고 달리고 있어서 차를 멈추면 뒤차까지 위험하므로 그냥 사슴을 치었다고 했다. 사슴은 물론이고 차가 다 찌그러져 폐차 직전까지 갔다고 했다. 사슴을 피하면 더 큰 사고가 날 수 있으므로 피하지 말고 받는 게 낫다고들 한다. 상황을 순식간에 파악하는 능력도 필요할 것 같다. 밤에 제일 무서운 건 사슴이 나타나는 것이다.

사고시 처리

사고의 경험 I

　큰 사고가 난 적은 없지만 경미한 사고가 난적이 있다. 유리에 돌이 튀어 찍혔기에 괜찮은지 물어 보려고 AAA사무실에 들렸다. 돌에 튀어 유리창에 찍힌 것을 놔두었다가 추운 겨울 유리가 다 갈라졌다는 얘기를 들었기 때문이다. 일을 보고 나오는데 어떤 차가 내 차 뒤로 주차하는 것이 보였다. 주차를 새로 하려나 보다 하고 차를 빼려는데 쿵 하는 소리가 났다. 순간적으로 내가 박은 것으로만 생각했다. 분명히 뒤에도 옆에도 차가 없었는데 이상했다.

차에서 내려 보니 AAA에서 일하는 인도 남자가 내가 자기 차를 박았다고 뭐라고 하면서 간단한 거니 보험 증서만 주고 가라고 했다. 처음 사고라 알았다고 하고 보험 증서를 주고 가려는데 뭔가 찜찜한 게 있었다. 그래서 아는 분께 전화를 걸었더니 당장 가서 그 증서 다시 빼앗고 경찰한테 전화하라고 하는 것이 아닌가? 안 주면 때려서라도 빼앗으라고 했다. 그제야 내가 뭘 잘못 했다는 것을 알았다. 얼른 가서 증서를 다시 달라고 했더니 사무실 직원들이 자기네끼리 사무실 안으로 들어가서는 문을 잠그고 아무도 안 나오는 것이었다. 문을 두드려도 안 열어주는 것이 정말 수상했다.

경찰에 전화를 걸어 알리고 기다리는 동안 그 사람들과 실랑이를 해 증서를 다시 빼앗고 경찰을 기다렸다. 아무리 생각해도 이상한 것이 도대체 왜 그 차는 내 뒤로 이동했다가 내가 나오는 순간 다시 차를 뺐을까 하는 거였다.

경찰이 오고 내차와 그 차를 번갈아 조사 했다. 문제는 사고 후 차를 이동한 것이었다. 차가 그대로 있어야 정확하게 잘못을 가릴 수가 있는데 옮겼기 때문에 구술에만 의지하니 영어가 서툰 나는 불리할 수밖에 없었다.

알고 보니 상대는 자기 차도 아니고 고객 차였다. 수리 들어온 차를 옮기려다 사고가 난 것인데 영 꺼림칙했다. 거짓말을 자꾸 하는 것이 수상했지만 도대체 증거가 없었다. 경찰도 이상한지 오랫동안 조사를 했는데, 갑자기 직원들은 사무실 문을 닫고 다 가버리고 매니저 같은 사람이 경찰을 데리고 들어가 따로 이야기 했다. 내가 들어가려고 하니까 못 들어오게 막았다.

경찰이 경위서를 다 쓰더니 결과를 홈페이지에 따로 기재할 테니 이의가 있으면 그 때 하라고 했다. 결과를 기다릴 수밖에 없었다. 얼마 지난 후 결과를 보니 내가 상대 차를 박았다고 했으나 상대 차에 난 흔적은 내가 한 것이 아니고 원래 있던 것이었다. 오히려 내차에 약간의 흔적이 남아 있었다. 그 사람은 찌그러진 것이 내가 한 것이라고 했다. 나한테 사기를 치려고 했던 것이다. 한국에서 경찰 하던 분이 있어서 결과 보고서를 보여주었더니 아무래도 내가 사기를 당할뻔 하다가 경찰을 부르는 바람에 모면한 것 같다고 했다. 고소하는 것도 복잡하고 특별히 내 차를 고칠 것도 아닌데 보험 회사에 알리는 것도 그래서 그냥 넘어가기로 했다.

그 때 알았다. 사고가 나면 절대로 내가 잘못했을 거라고만 생각해서 무조건 미안하다고 하면 안 된다는 것, 현장을 보존하고 경찰을 꼭 불러야 한다.

사고의 경험 II

수업을 끝내고 나왔다. 비가 오고 있었는데 우산이 없어서 주차장에 있는 차를 찾아 뛰어 갔다. 차에 막 타려는 데 앞 유리에 뭔가 하얀 것이 보였다. 비닐 봉지에 담긴 편지였다. 차에 타서 읽어 보니 누군가 내 차를 박고 써놓은 편지였다. '미안하다, 원하는 곳에 가서 고쳐 주겠다, 전화하면 오겠다'라는 내용이었다. 나와 보니 차 옆이 죽 그어져있고 뒷문이 찌그러져 푹 들어가 있었다. 긁히기만 한 거면 놔두려고 했는데 뒷문은 펴야겠고 긁힌 곳은 놔두면 페인트가 벗겨져 녹이 슬게 생겼다.

전화를 했더니 여학생이 왔다. 자기가 차를 빼다가 박았다고 하면서 불편하게 해서 미안하다고 했다. 내가 아는 수리점으로 가자고 했다. 고마운 생각이 들었다. 아무도 본 사람이 없었는데 비 맞을까 봐 비닐로 싸서 편지를

주택가 근처의 신호등, 줄에 매달린 신호등이 아슬해 보인다.

놓고 간 학생이 참 고마웠고 걱정도 되었다.

간단한 거니 돈이 많이 안 나오겠지 싶어 딜러숍보다 수리비가 더 쌀 것 같은 동네 정비소로 갔다. 견적을 내보니 $760이 나왔다. 별거 아닌 것 같은데 너무 금액이 비쌌다. 오히려 내가 걱정했더니 괜찮다고 내일 차를 맡기면 자기가 알아서 돈을 내겠다고 했다. 고치는데 일주일이나 걸려 그 동안 차를 렌트해서 다녀야 했다. 그 비용까지 다 부담하겠다고 또 미안하다고 했다. 서로의 정보를 받고 헤어졌다. 다음날 몇 군데 더 견적을 내보았다. 다른 곳은 견적이 천불 이상 나왔다. 그래도 처음 간 곳이 가장 싸서 차를 맡기고 깨끗하게 고쳐진 차를 받았다. 그 학생은 차를 맡기던 날 이미 돈을 다 내고, 렌트한 것까지 다 지불해 주었다. 모든 비용이 거의 천불이었다.

나도 대학생 아들이 있는데 남의 일 같지 않아서 마음이 쓰였다. 모든 절차가 끝난 후 내가 정직하게 말해주어 고맙고, 깨끗이 수리해 주어 고맙다고 말했다. 그 학생은 끝까지 불편하게 해서 미안하다며 돌아갔다.

잘못이 명백한 경우엔 처리가 훨씬 쉬운 것 같다. 물론 학생이 모른척하고 갔다면 문제는 훨씬 복잡했을 수도 있었을 것이다. 그러나 상황이 명백하고 잘못도 인정되면 자신이 보상하든 보험회사를 부르든 좀 더 간단히 처리할 수 있을 것이다. 문제는 주행 중에 일어난 사고거나 일방적으로 뒤에서 받쳐 다치는 경우다. 한국이나 미국이나 처리 방법은 다 비슷한 것 같다.

기타 다른 사항들

주유하기

미국에서 많이 볼 수 있는 풍경 중 하나는 스스로 가스(한국에서는 기름이라고 함)를 넣는 것이다. 값 싸게 가스를 넣을 수 있는데 주유기에 카드를 긁고 가스의 종류를 선택하면 된다. 현금으로 넣고자 하면 주유소 안에 있는 상점에 들어가서 주유기 번호를 대고 돈을 지불하면 된다. 모든 주유소는 상점을 가지고 있어서 여행 중에는 주유소에서 주유도 하고 필요한 물건도 사고 화장실도 가는 등 한국의 휴게소 역할을 한다.

　미국에 와서 한동안은 주유기와 씨름을 했다. 주유기에 주유하는 방법이 한 가지가 아니었던 것이다. 카드를 긁고 가스 종류를 선택하고 노즐을 꺼내어 내 차 주유기에 넣고 누르면 되는 것이 내가 배운 방법이다. 그런데 누르는 곳이 여러 군데고, 어떤 곳은 밸브를 올려야 되고, 어떤 곳은 버튼만 누르면 되고 주유소마다 달랐다. 모를 때마다 내가 취한 방법, 무조건 아무나 붙들고 물어 보는 것이었다. 그러면 친절한 미국 사람들이 기꺼이 내 차로 와서 직접 해주기까지 했다.

　주유기 사용 방법을 섭렵하고 났더니 이제 새로 산 차의 주유구가 잘 열리지 않는 것이었다. 옆 사람을 붙들고 물어 보면 남자들이라 그런지 금방 열고 어깨를 으쓱 한다. 새 것이라 빡빡해서 잘 안 열렸나 보다. 몇 번 다른 사람 도움으로 주유구를 열었더니 나중엔 부드러워져서 힘 약한(?) 내가 열어도 열리게 되었다.

　주유기는 신용카드나 직불카드 모두 이용할 수 있고 가스의 종류도 레귤러regular, 프리미엄premium, 슈프림supreme 세 종류가 있다. 나는 보통 가장 싼 레귤러를 선택한다. 가스 값은 주에 따라 달라지는데, 각 주의 재정 상태나 세금에 따라 달라진다. 사우스캐롤라이나는 가스 값이 아주 싸고, 노스캐롤라이나는 좀 더 비싸고, 버지니아는 노스캐롤라이나보다 조금 싸다. 같은 버지니아주에서라도 워싱턴 같은 큰 도시는 린치버그보다 더 비싸다.

가스를 넣으려고 기계를 작동하고 있다.

대부분의 주유소에서 직접 가스를 넣는다.

요즘 가스 값이 전보다 올라서 1 갤런^{gallon, 약 3.785리터}에 $3.19한다. 내가 처음 미국 왔을 때는 $1 선이었다. 2008년 가스 파동 때 $2를 넘더니 $4까지 치솟았고 다시 $2-3을 왔다 갔다 하다가 지금 $3 선에서 움직이고 있다. 내 차는 가스를 좀 많이 먹는 편인데, 한 번 넣을 때 15-16 갤런이 들어가고 $52 정도 나온다.

길찾기

운전을 하면서 가장 힘든 게 길을 찾는 것이다. 미국은 큰 건물들이 없고 숲과 나무만 많아서 건물 이름만 가지고 길을 찾아가기가 매우 어렵다. 대신에 큰 길에서부터 작은 길에 이르기까지 모든 길에 이름이 있고 푯말이 세워져 있다. 물론 커다란 푯말이 아니라 작은 표지판이라 잘못하면 놓치기 쉽기는 하지만 말이다. 게다가 표지판이 모두 대문자로 되어 있어서 처음에 오면 대문자에 익숙지 않아 글씨를 미처 읽기도 전에 지나치고 만다.

도로에 모두 이름과 번호가 있고, 건물에도 고유한 번호가 있다. 도로 표지판에 적혀 있는 번호와 건물의 번호를 보면서 길을 찾으면 도움이 된다. 길을 가다 보면 상가마다 번호를 볼 수 있도록 앞에 표시해 놓았다. 그리고 모든 주택에도 번호가 정해져 있다. 주택은 길 가에 나와 있는 우체통에 집의 번호가 적혀 있다.

길을 찾을 때 사용하는 몇 가지 방법이 있다. 첫째는 가고자 하는 곳의 지도를 찾아보는 것이다. 지도는 방문자 센터에 가면 무료로 얻을 수 있고, 그 지역 관공서 어디서나 구할 수 있다. 또한 서점에서도 설명이 아주 잘 되어 있는 지도를 살 수 있다. 두 번째는 인터넷에서 가고자 하는 곳의 지도를 미리 찾아가는 것이다. 내가 가고자 하는 곳의 주소만 있으면 쉽게 길을 찾을 수 있다. www.mapquest.com을 이용하면 가는 길을 여러 가지로 알려준다. 지도와 함께 가는 길의 순서와 거리를 알려주어 그대로 따라가기만 하면 된다. 출력할 수 있도록 되어 있어서 편리하게 이용할 수 있다. 세 번째는 GPS^{한국에서는 보통 네비게이션이라 부른다.}를 이용하는 것이다. 동네 길이야 몇 번 다녀

보면 금방 익숙해지지만 장거리 여행이나 밤 길 운전, 그리고 초보 운전자에게는 아주 좋은 도구다. 처음에 와서 너무 비싸 이것을 살 생각을 못 했다. 그래서 길을 익히기 위해 일부러 다녀 보았고, 또 먼 곳이나 모르는 곳은 잘 안 다녔다. 초기에는 다른 사람 신세를 많이 졌다. 그 때 이용한 것이 지도와 맵퀘스트였다.

린치버그로 이사한 후로는 학교와 교회, 도서관 이 세 곳만 다니고 여행도 안 다니고 있어 길을 찾을 일이 별로 없었다. 그러다가 작은아들의 학교를 보러 다니면서 몇 번 길을 헤매 모임에 늦고, 또 멀고 모르는 길을 찾아 학교를 가야 하는 일이 잦아지자 GPS를 사게 되었다. 이것을 사고 나니 얼마나 편한지 모르겠다. 초창기에 샀더라면 덜 고생했을 거란 생각이 든다. 2011년 여름에 월마트에서 Garmin을 보험까지 해서 $95에 샀다. 값이 아주 많이 싸졌다. 직역이

도로 표지판

좀 웃기긴 하지만 한국어도 나온다. GPS를 제 때 업데이트 시켜 주지 않으면 가끔 새로 생긴 길을 인식 못한다는 단점이 있다. 그래서 나는 항상 차에 지도도 가지고 다닌다. 지도로 전체를 훑어보고 그 다음에 GPS를 따라가면 덜 헤매게 된다.

자동차 빌리기

가끔 자동차를 빌려야 하는 일이 생기기도 한다. 처음 미국에 온 후 아직 차를 사지 못했을 때, 자동차를 고치러 며칠 간 수리 점에 맡길 때, 여행을 위해 좀 더 큰 차를 빌릴 때 등이다.

차를 빌리려면 몇 가지 서류가 필요하다. 서류가 미비하면 여러 번 왔다 갔다 해야 하니 미리 알고 준비해 간다면 시간을 절약할 수 있다.

먼저, 인터넷으로 렌트카 회사 홈페이지에 들어간다. 거기에서 필요한 날

짜와 차종, 금액과 서류를 확인한다. 그러고 나면 원하는 날짜, 차종을 입력하고 자신의 정보를 입력해 예약한다.

차를 빌릴 때 보통은 보증금을 $100 정도 요구하는데 차를 돌려 줄 때 보증금도 돌려준다. 그리고 결제 방법에 따라서 필요한 서류가 다르다. 크레딧카드로 결제하면 운전면허증 외에 다른 서류를 요구하지 않지만 데빗카드로 결제하면 운전면허증과 공과금 낸 고지서 혹은 렌트 계약서 등을 요구한다.

큰아들이 친구들과 워싱턴에 가려고 차를 렌트하러 갔을 때의 일이다. 내가 첫 번째 운전자로 등록하고 차를 빌려주려고 했지만 아들의 나이가 만 21세가 안 된다고 차를 빌려주지 않았다. 만 21세가 안 되면 혼자서 차를 빌릴 수도 없고 빌린다고 해도 부모가 함께 동반해야 한다. 만 21세 이상이라도 크레딧카드가 없으면 다른 서류를 내야 하는데 자신의 이름으로 된 고지서가 없으면 문제가 될 수도 있다. 자신의 이름으로 된 전화요금 고지서라도 있거나 아니면 크레딧카드가 있어야 한다.

차를 빌릴 때 보험을 렌트 회사 것으로 할 수도 있고 자신이 가진 보험을 사용할 수도 있다. 자신의 보험을 사용하면 직원이 보험 회사로 전화를 걸어 내용을 확인하고 보험 증서도 요구한다.

모든 절차가 끝나면 렌트 계약서에 사인을 받고 차를 주는데 직접 서류와 차를 확인해야 한다. 가스도 처음 있던 대로 넣어서 돌려주어야 하므로 확인해야 하고 차가 문제 없는지도 확인한다.

차를 렌트해주는 사무실

우리 지역의 대부분 사람들이 사용하는 렌터카 회사로는 엔터프라이즈가 있다. 사이트 www.enterprise.com을 참고하면 도움이 될 것이다.

미국에 도착해 공항에서 차를 빌리고 싶다면 공항 내의 여러 렌트카 회사의 사무실이 있어 차를 빌리기는 그리 어렵지 않을 것이다.

* 미국에서 교통사고 발생 시 취해야 할 10가지 사항들

1. **차량을 멈춘다.** 멈추지 않을 경우 형사고발을 당할 수도 있기 때문에 우선 차량을 멈추고, 경찰이 올 때까지 움직이지 않는다.

2. **911에 전화한다.** 바로 911에 연락하여 경찰 및 구급차를 요청한다.

3. **사진촬영을 해둔다.** 교통사고가 난 상황에 대해 차량 파손 부분 및 상해를 입은 부분에 대해 사진 촬영을 해둔다.

4. **잘못을 인정하지 않는다.** 자신의 잘못임을 인증하는 구두 진술을 하지 않는다.

5. **운전자의 정보를 취득한다.** 사고가 난 상대방 운전자의 이름, 주소, 연락처, 운전면허 정보, 차량정보, 차량 보험 정보 등과 같은 정보를 취득한다. 그러나 보통 경찰이 오면 다 취하는 조치이므로 경찰을 불렀으면 기다리는 것이 더 낫다.

6. **증인의 정보를 취득한다.** 만일을 대비하여 모든 사고 증인들의 이름, 연락처를 취득한다.

7. **경찰관에게 다친 곳에 대해 보고한다.** 사고가 나서 다친 곳이 있으면 경찰관에게 말하고 경찰관 리포트에 포함되어야 하는데 만약 다친 곳에 대해 언급을 하지 않을 경우 보험회사로부터 불이익을 당할 수 있다.

8. **병원 치료를 받는다.** 다친 곳이 있다면 가까운 병원 응급실로 가서 병원치료를 받도록 한다. 바로 치료를 받지 않으면 나중에 더 큰 건강상의 문제가 될 수 있고 보험 청구 시에 보험 회사로부터 불이익을 당할 수 있다.

9. **가입한 보험회사에 연락을 취한다.** 손해에 대해 보험회사에 연락을 취하되 상대방 운전자의 보험 회사 조정인에게는 진술하지는 않는다. 상대방 보험회사 조정인에게 진술을 할 경우 심각한 선입견을 발생시켜 불이익이 될 수 있으므로 변호사를 고용할 예정이면 고용 변호사와 대화하도록 요청한다.

10. **변호사에게 연락한다.** 사고로 다쳤다면 본인의 보험회사에서 지불하는 것만으로 마무리를 짓지 말고 경험 있는 변호사를 고용하여 손해에 상응하는 보상금을 받도록 한다.

초등학교 다니는 딸아이가 학교에서 돌아와 슬픈 얼굴로 말했다.
"엄마, ㅇㅇㅇ가 시험을 못 봐서 학년을 못 올라간대."
"어머나, 진짜로 못 올라가. 그냥 하는 말이 아니고."
"ㅇㅇㅇ는 작년에도 못 올라가서 우리보다 한 살 많은데. 또 못 올라가면 두 살이나 어린애들하고 공부해야 돼. 오늘 학교에서 많이 울었어."
"어떡하니."
한국은 아무리 성적이 나빠도 학년은 올려주고 졸업도 시켜주는데,

미국은 진짜로 유급시키고 졸업도 안 시키는 것 같다.

하지만 최소한 해야 할 부분을 보충시키고 따로 도와주는 역할은 한다.
졸업을 할 때도 졸업 시험이 있다. 정해진 과목을 이수해야 하기도 하고 시험도 치러야 하고 마지막 정해진 프로젝트도 통과해야 한다. 이 프로젝트는 학교 교사들이 검사하는 것이 아니라 교육청에서 사람이 나와서 학생이 하는 프레젠테이션을 보게나 페이퍼를 점검해 통과시켜준다.
만약 통과하지 못하면 여름 기간 동안 다른 과정을 이수해야 한다.
그러나 이 제도도 주에 따라 교육청에 따라 다른 경우가 많다.

교육청에 가다

아이들 학교 등록을 위해 라이드 도와주시는 분과 교육청에 갔다. 미리 전화로 예약했는데도 신학기가 시작되는 때라 많은 사람이 기다리고 있었다. 신청서를 작성하라고 해서 끙끙거리며 신청서를 썼다.

"주소 가져왔어요?"

"네. 여기다 쓰면 되죠?"

"그래요. 어차피 계속할 일이니 기다리는 동안 연습 삼아 해보는 게 좋을 거예요. 모르면 가르쳐 줄게요."

집 주소, 가족, 나이, 생년월일 등을 기록했다. 아직 영어로 쓰는 것이 익숙지 않고 미국 실정을 제대로 알지 못해서 한참을 생각하며 쓰곤 했다.

기다리는 동안 벽을 보니 각 지역에 있는 학교 이름들이 크게 기록되어 있었다. 초등학교, 중학교, 고등학교 이름들이었다. 그러나 워낙 정보도 없이 온 미국이라 우리 지역에 어떤 학교가 있는지 알 수 없었다. 그래서 교육청에서 정해주는 학교에 가야 하고 생각했다. 그런데 사실 내 마음대로 학교를 선택할 수는 없다. 주소지 안에 있는 학교에 배정되게 되어 있었다. 만약 그 주소지 내에 여러 개의 학교가 있다면 그 중에서 고를 수는 있다.

한참을 기다린 후에 담당 상담원을 만날 수 있었다. 내가 가져온 서류들을 검토하고 난 후 교육청에 제출할 서류들을 복사하고는 정해진 학교에 보낼 서류 바인더를 만들었다. 나이를 묻고 몇 학년에 들어갈 것인지를 정했다. 원래는 내가 상담원과 이야기를 하는 동안 아이들은 ESL$^{English\ as\ a\ Second\ Language,\ 영어가\ 제2외국어인\ 학생들을\ 대상으로\ 영어를\ 가르쳐\ 주는\ 프로그램.\ 각\ 학교에\ 이\ 프로그램이\ 있어서\ 외국인\ 학생들이\ 영어에\ 쉽게\ 적응하도록\ 도와주고\ 있다.\ 담당\ 교사가\ 따로\ 배치된다.}$ 시험을 치르게 되어 있지만 영어가 기초일 터이니 그냥 기초반에 넣어달라고 해서 시험은 치르지 않았다.

상담원은 학년 이야기를 하다가 하얀 백지를 꺼내더니 무언가 쓰기 시작했다. 무얼 하나 들여다봤더니 아이들 나이를 계산하는데, 종이에다가 한 살부터 지금 나이까지 다 써서 학년을 계산하고 있었다.

"저걸 다 손으로 계산해요?"

"미국 사람들이 원래 계산을 잘 못해요."

세 아이 모두를 그렇게 계산하는데, 옆에서 지켜보면서 정말 어이가 없었다. 딸아이는 초등학교 2학년 1학기를 마치고 왔는데 학년을 다 마치지 않았으니 다시 2학년으로 가라고 했다. 작은아들도 중학교 1학년을 마치지 않아 다시 중학교 1학년인 미국의 7학년에 들어갔다. 그런데 지역 내에 있는 학교의 인원이 너무 많다고 근처 다른 지역의 학교로 배정해 주었다. 큰아들은 학년을 많이 낮추고자 했다. 교회 식구들이 학년이 높을수록 학년을 낮추어 놓는 게 대학을 갈 때 힘들지 않을 거라고 조언해 주었기 때문이다. 한국에서 고등학교 1학년을 마치고 왔지만 한국의 중학교 3학년인 9학년에 들어가기로 했다. 그러나 나중에 한국 성적을 검토한 학교 상담원이 학년을 10학년으로 높였다.

모든 과정이 끝나자 정해진 학교의 오픈하우스open house, 학교가 시작되기 전 학교를 공개해 시간표를 확인하고 교실을 둘러보며 교사들과 만날 수 있는 날. 주에 따라 register day 등 다르게 부르기도 함. 날짜를 알려 주며 그 때 학교로 가면 된다고 했다. 점심도 거른 긴 시간이 걸린 일정이었다.

🏫 오픈하우스에 가다

교육청에 다녀와서는 아이들의 각 학교로 가서 시간표를 선택해야 했다. 초등학교는 정해진 시간표대로 움직이므로 특별히 할 것은 없었지만 중학교, 고등학교는 자신이 직접 시간표를 짜게 되어 있다. 무얼 들어야 하는지 알 수가 없는데 다행히 교회 분이 같이 학교에 가 시간표 짜는 것을 도와주어 잘할 수 있었다. 이 시간표를 기초로 오픈하우스 때 가서 확인하면 된다고 한다. 오픈하우스는 학교가 시작되기 전 미리 학교에 가서 시간표를 확인하고 각 과목의 교실에서 선생님을 만나 보는 날이다.

우리는 오픈하우스 날 큰아들 학교에 도착하고 기절하는 줄 알았다. 세상

아들들이 다니던 고등학교 입구, 큰아들은 여기서 졸업했다.

에 학생이 얼마나 많은지 정신이 하나도 없었다.

"어디로 가야 되니?"

"나도 몰라."

"웬 학생이 이렇게 많아? 물어볼 데도 없어. 큰일 났다."

다행히 같은 교회 학생 세 명을 만나서 도움을 받으며 돌아다녔다. 학교도 너무 크고 학생도 너무 많아서 어디에 교실이 있는지 찾는데 만도 한참이 걸렸다. 학생이 약 2,400명이나 되고 교실도 몇 개의 건물에 나누어져 있는데도 교실이 모자라 언덕에 가건물까지 지어서 사용하고 있었다.

스쿨버스 시간과 번호 확인, 교실을 찾는데 거의 두 시간 이상 걸렸다. 아들이 제대로 교실을 찾아 다닐 수 있을지 걱정이 되었다.

한국에서는 교실에 가만히 앉아있으면 선생님이 친절하게 교실까지 찾아와 주는데 미국은 학생이 일일이 자신의 교실을 찾아 움직여야 한다. 물론 초등학교는 체육이나 미술시간을 제외하고는 한 교실에서 수업이 이루어 진다.

작은아들과 딸의 오픈하우스에 갔다. 큰아들만큼은 복잡하지 않아서 교실도 잘 찾고 선생님들도 다 만날 수 있었다. 학교에 잘 적응할 수 있을지 나도 아이들도 걱정이 이만 저만 되는 게 아니었다.

🏫 미국 학교에서의 첫 날

새벽에 일어났다. 큰아들 학교 스쿨버스가 아파트 정문에서 6시 20분에 선다고 했다. 미리 나가야 한다니 6시 10분에는 나가야 할 것 같다. 수업이 7시 15분에 시작인데 왜 그렇게 버스는 일찍 오는지 모르겠다. 학교도 5분 거리에 있는데 말이다.

아파트 정문에 서서 버스를 기다린다. 기다리는 학생이 한 명뿐이다. 그것도 아빠 차 안에서 기다리고 있다. 서머타임 summer time, 여름에 시간을 한 시간 당겨서 사용하는 것이라 아직도 어둡다. 버스가 온다. 그런데 번호가 틀리다. V136

이 아니다. 분명히 번호를 보고 타라고 했는데 다른 번호다. 기다리던 아이는 그 버스를 탄다.

'어떡하지?'

"저 번호 아니지?"

"응. 분명 V136이라고 했어."

우리가 버스를 타지 않자 그 학생 아빠가 와서 묻는다. 학교가 어디냐고. 밴스 하이스쿨이라고 말했더니 이 버스는 특별학교 버스란다. 아마 차가 그냥 간 것 같다고 한다. 학기 초에는 차 시간이 들쭉날쭉이라서 종종 차를 놓친다고 한다.

우리가 난감한 표정을 짓자 이유를 묻는다. 도착한지 얼마 안 돼서 아직 차가 없다고 했다. 우리가 안돼 보였던지 그 사람이 자기 차로 큰아들을 학교까지 데려다 주겠다고 한다. 음악 DJ라는 그 사람은 밤새 일하고 온 모양인데 기꺼이 모르는 동양 아이를 위해 학교까지 가주었다.

큰아들이 학교에서 돌아왔다. 스쿨버스 사건도 있고 해서 미국 학교에서의 첫날을 어떻게 보냈을지 하루 종일 걱정했다. 아이는 몹시 지쳐 보인다.

"밥은 먹었니?"

"아니."

"왜?"

"줄이 너무 길어서 기다리다 겨우 샀는데 종이 쳐서 늦을까봐 그냥 교실로 갔어."

집에서 늦은 점심을 먹은 아이는 힘든지 잠이 들었다.

딸이 학교에서 돌아왔다. 웃음기가 하나도 없다. 다행히 밥은 먹었단다. 힘들었을 듯해서 토닥거려 주었더니 딸아이도 잠을 잔다.

작은아들도 학교에서 돌아왔다. 지쳐 보이기는 마찬가지다.

"어땠어?"

"뭐 그냥."

간식을 먹고는 방으로 들어가 역시 잠을 잔다.

그렇게 미국에서의 학교생활을 시작한 아이들은 고단한 얼굴로 집에 와서는 낮잠을 잤다. 한참을 자고 나서야 서로 학교생활을 이야기하며 편안한 얼굴이 되었다.

큰아들은 교실을 찾느라 한참, 식당, 체육관 찾느라 한참, 그렇게 하루 종일 학교 돌아다니다가 왔노라 했단다. 미국 학교는 단층으로 되어 옆으로 죽 늘어서 지어져 있기 때문에 교실이 미로처럼 되어 있다. 수업이 시작하면 교실 문이 저절로 잠기기 때문에 빨리 교실을 찾아 가지 않으면 들어갈 수가 없다고 한다. 쉬는 시간도 짧아서 딱 이동할 만큼만 주어진다고 한다. 만약 화장실에 갔는데 줄이 길면 화장실을 포기하든지 지각을 하든지 선택해야 한다고 한다.

아들이 다녔던 고등학교 건물 일부와 경기장

작은아들은 어리둥절하다가 왔다고 했다. 큰아들보다 학교규모가 그렇게 크질 않아 교실이 비교적 가까이 모여 있어 찾거나 이동하는 것은 별 어려움이 없었다고 했다. 그러나 선생님이 무슨 말을 하는지 하나도 못 알아들어서 그냥 앉아 있다가 왔다고 한다. 점심은 잘 받을 수 있었지만 한국인이 하나도 없고 미국 아이들하고도 아직 말을 안 해봐서 혼자 밥을 먹었다고 했다.

딸아이는 차를 너무 오래 타서 멀미가 났다고 했다. 학교가 차로 5분 거리인데, 스쿨 버스가 40분을 돌고 돌아 학교에 도착했다고 한다. 긴장했지, 아침밥도 제대로 안 먹었지, 차는 엄청 오래 탔지 멀미가 날 수 밖에 없었을 것이다. 선생님이 하는 말도 하나도 못 알아 들었을 테니 얼마나 답답했을 것인가!

아이들은 그렇게 학교 생활을 시작해 매일 새로운 사건들을 접하며 적응해 나갔다.

🏫 아이들이 말하는 학교에서 첫 주의 기억

첫 시간은 영어시간이었다. 선생님이 좋아하는 음식을 그림으로 그리고 하나씩 발표해 보라고 하셨다. 나는 치킨 그림을 보여주며 '치킨'이라고 말했다. 그런데 친구들도 선생님도 내 말을 못 알아 들었다. 아이들은 무얼까 어리둥절, 선생님은 도와주고 싶은데 도무지 모르겠다는 표정이었다. 나는 당황했다. '내 발음도 그렇지만 그림도 못 알아볼 정도로 못 그렸단 말인가!'

다음 시간부터는 그냥 교실에 가만히 앉아있기만 했다. 마지막 시간은 수학시간이었는데 백인 남자애가 (나중에 알고 보니 유일한 백인이었는데 얼마 뒤 다른 학교로 전학 갔는지 보이지 않았다) 종이로 만든 풋볼게임하자고 해서 함께 놀다가 왔다.
-작은아들-

스쿨버스를 탔는데 너무 멀미가 났다. 시트에 기대어 있었다. 학교에 가서도 계속 멀미가 나서 화장실을 왔다갔다했다. 아무것도 못했다. 속도 울렁거려 토할 것 같아 휴지통을 찾는데 그만 옷과 교실 바닥에 토하고 말았다. 미국 애들이 토하는 것을 무지 싫어한다고 하던데 왕따 될까봐 걱정이었다.
-딸-

정신은 없는데 신선하고 새로웠다. 교실도 옮겨 다니지, 영어로만 듣는 것은 힘들고 말이 안 통하는데 외국인이라고 무시하는 것 같은 느낌이 낯설지, 또 수업방식도 한국과 많이 달랐다. 교육에 대해 막혀있던 생각이 뚫린 느낌이 들었다. 다만 빨리 이동해야 하는 것에 적응하느라 무지 피곤했고, 점심도 못 먹었고, 스쿨버스를 어디에서 타야 하는지 몰라 물어보고 갔더니 번호도 다르지, 전화는 없는데 스쿨버스 어디에서 내려야 되나 계속 긴장했지, 너무나 피곤했다.

차에서 내려 집으로 가다가 동생을 봤는데 너무 반갑고 동질감도 느끼고 돌아 갈 집이 있는 것이, 식구들이 있다는 것이 안심이 되었다. 혼자가 아니구나 하는 생각이 들었다.
-큰아들-

🏫 심장병 있어요?

아이들을 모두 학교에 보내고 무료로 하는 어학코스에 갔다. 나의 정식 학교 입학이 봄 학기나 돼야 해서 그 동안 무료 어학 코스를 다니기로 했다. 나와 비슷하게 8월경 들어온 유니와 함께 카풀로 다녔다. 수업이 끝나가는 즈음 교회 목사님으로부터 전화가 왔다. 목사님은 우리 아이들 가디언^{guardian, 한국인이든 미국인이든 주로 부모가 같이 살지 않는 학생들의 법적 보호자며 신원 보증인 역할을 한다.}으로 등록되어 있었다.

"아이가 심장병이 있어요?"

"네? 그게 무슨……."

"학교에서 전화가 왔는데 아이가 쓰러졌대요."

이게 무슨 소린가? 멀쩡한 아이가 무슨 심장병? 정신이 하나도 없었다. 딸아이 학교에 갔더니 아이가 양호실에 누워있었다. 다리가 후들거렸다. 나를 보자 아이가 일어나 앉는다. 왜 그러냐고 했더니 너무 더워서 잠깐 어지러웠는데 양호실로 오게 됐다고 한다. 아이가 영어를 못해서 설명을 못하니 학교에선 무슨 큰일인가 하고 연락하고, 검사하고, 난리였던 모양이다.

양호실 침대에서 쉬고, 물 마시고 얼음 찜질하니 괜찮은 모양인데 지난번 토한 것도 있고 해서 무슨 병이라도 있나 하고 큰 걱정을 한 모양이었다. 상황을 들으니 더위를 먹은 것 같았다. 아침도 조금 먹고, 차도 오래 타고, 날이 더웠는데 긴 팔 입고 밖에서 오래 놀았다고 하니 더위를 먹을 수밖에 없었을 것이다.

미국에 온 지 얼마 안 됐을 때라 딸아이 얼굴에 긴장한 기색이 역력하다.

양호실 간호사에게 설명도 듣고 사인도 하고 아이를 집으로 데리고 왔다. 잘 씻기고, 시원한 것도 마시게 하고, 밥도 많이 먹이고, 침대에 눕혀 자도록 했다. 혹시 다른 데 아픈지 물었으나 괜찮다고 했다. 수시로 잘 자나 살펴보았다.

자고 난 아이는 다행히 말짱했다. 자세히 물어보니 더운데서 오래 놀아서 그런 것 같다고 했다. 교실로 가려는데 목도 마르고 어지러워서 주저앉았는데 선생님이 보고 놀라서 아이를 양호실로 데려 갔다고 한다. 아마 얼굴이 창백했을 것이다. 기절한 건 아니어서 상황을 설명하려 해도 영어를 몰라서 말을 못했다고 한다.

세상에. 아이가 더위먹은 거니 망정이지 크게 아프기라도 했으면 어쩔뻔했을까 싶다. 영어도 안 되는 아이가 어떻게 설명을 했을 것인가?

배가 아파요

차를 타고 학교로 향했다. 학교에 거의 다 왔는데 딸 아이가 갑자기 배를 움켜쥔다.

"엄마, 배 아파. 못 참겠어."

"많이 아파?"

"응."

"그럼 집에 다시 가자."

집에 와서 아무리 살펴 봐도 정확한 이유를 모르겠다. 화장실에도 가보라고 하고 약도 먹여서 자라고 했다. 한숨 자고 일어난 아이는 말짱해져서 잘 놀았다. 이렇게 시작한 배앓이는 한 학기를 갔다. 학교 건물만 보이면, 또는 등교 지도하는 교장선생님만 보이면, 나중에는 집에서 학교로 출발하려고만 하면 말짱하던 배가 아프다고 난리가 난다. 학교 가지 않는 날은 절대 배가 아프지 않고 잘 논다. 시간이 지나면서 보니 낯선 환경에 적응하느라 스트레스를 받아서 배가 아픈 것이었다.

그렇게 한 학기를 고생한 후에야 학교에 적응했고 그 후로 잘 다닐 수 있게 되었다.

다음의 내용들은 우리 아이들을 학교에 보내며 알게 된 미국 학교에 관한 정보들을 모아 본 것이다. 미국의 학교는 교육과정, 학제, 그리고 학교 시스템이 한국과 많이 다르다. 우리 가족은 다른 부분도 그랬지만 특히 학교에 대한 정보가 너무 없는 상태에서 미국에 왔기 때문에 많은 시행착오를 거치며 적응할 수밖에 없었다. 우리 가족의 좌충우돌 경험기와 그것을 통해 배우고 알게 된 정보들을 함께 나누고자 한다.

🏫 학년 나누기

미국은 초등학교 6년과 중학교 3년이 의무교육인데 반해서 미국은 유치원 kindergarten에서부터 12학년까지 K-12라고 한다. 의무교육으로 학제가 이루어져 있다. 그래서 실제 초등학교 졸업이라든지 중학교 졸업이라는 개념이 없다. 학교는 나누어져 있지만 교육 과정을 위해 나누어져 있는 것뿐이다. 그래서 고등학교 졸업식이 총 학교를 마감하는 의미에서 매우 중요한 의식이 된다.

대학은 학문을 더 하고 싶은 사람들을 위한 선택적인 교육과정인 셈이다. 물론 요즘은 미국도 많은 학생들이 대학 혹은 대학원으로 진학하지만 한국처럼 모두가 대학을 위해 앞의 교육과정을 하지는 않는다.

학군

학군은 자신이 사는 지역의 카운티에 있는 학교로 배정이 된다. 도시처럼 몇 개의 학교가 있다면 선택의 폭이 좀 더 있을 수도 있겠지만 대부분 중소도시는 정해진 학교로 가게 된다. 그래서 한국 엄마들은 미국에서조차 맹모삼천지교를 본받아 좋은 학교가 속한 카운티로 이사를 하기도 한다.

자신의 지역에 속한 학교를 알아본다든지 아니면 학교의 등급을 알아볼 수 있는 사이트 www.greatschools.org가 있으므로 학교를 선택하는데 도움이 될 것이다. 여기에서는 그 지역의 학교 등급과 학생 수, 선생님의 수, 학생과 선생님과의 비율, 학부모들의 평가, 인종 비율이 나와 있다. 평점은 10점 만점으로 표시되어 있다. 사이트에 가서 초등, 중등, 고등학교를 찾아 볼 수도 있고 우편 번호로 찾을 수도 있다.

지역교육위원회 District Board of Education에 가면 지구 내의 모든 학교를 조사할 수 있다. 특히 사립학교인 경우 모집요강을 가져와서 학교의 학력 수준, 교통 편, 학생수, 학교 시설, ESL의 유무, 외국인 학생 받아들이는 여부 등 여러 정보를 알 수 있다.

우리는 학군을 알아보지도 않고 그냥 학교에 갔다. 가보니 백인이 거의 없는 흑인으로 이루어진 학교였다. 작은아들은 학교 전체에서 백인을 한 명 만났고 큰아들도 몇 명만 보았단다. 딸아이는 모든 인종이 섞여 있는 다양한 인종 비율을 가지고 있었다. 백인이 많은 학교와 흑인이 많은 학교는 장·단점을 다 가지고 있다. 백인이 많은 학교의 장점은 아카데믹한 점이 높고 시설이 깨끗하다는 장점이 있지만 인종차별의 가능성이 있어 소외될 수 있는 단점도 있다. 흑인이 많은 학교는 아카데믹한 점이 좀 떨어지고 시설이 떨어지는 단점이 있지만 성격이 좋은 흑인들이 많아서 인종에 구별 없이 잘 지내며 학교에 적응하는 것도 쉽다는 장점이 있다. 흑인이 많은 학교가 갖는 문제는 그들의 문제도 있지만 주에서의 후원도 문제가 된다. 공식적으로는 인종문제가 없지만 보이지 않는 곳곳마다 차별을 느낄 수 있다. 흑인 학교와 백인 학교의 시설의 차이라든지 지역을 깨끗하게 운영하는 차이들이 그 예가 될 수 있다.

나의 아이들은 이 학교들을 다니며 어떤 차별도 받지 않고 다양한 나라의 아이들을 사귀며 즐겁게 지낼 수 있었다. 다음해 새로 생긴 거의 백인이 대부분인 학교로 편입되었는데 공부는 열심히 시켜 배운 것은 많았지만 친구를 사귀기는 쉽지 않았다. 그러나 지금 사는 린치버그는 시골이라 그런지 모르겠지만 거의 백인이 있는 학교인데도 아이들이 친구도 잘 사귀고 아주 재미있게 보내고 있다.

딸이 미국에 와서 처음 다니던 초등학교

🏫 학기 분류

미국의 학기는 매해 8월 25일경에 시작하는 것이 한국과 다른 점이다. 그래서 미국학교로 오게 되면 반 학기의 공백이 생기게 된다. 학년을 나눌 때에도 매해 8월 30일생을 기준으로 나눈다. 학기는 8월에 시작해서 6월 10일경 끝나게 된다. 그리고 거의 3개월간의 여름방학을 갖는다. 한국의 긴 겨울 방학과 다르게 미국의 겨울 방학은 크리스마스를 포함한 약 2주 정도의 기간만을 갖는다.

학기는 두 학기제가 있고, 한 학기는 다시 둘 또는 셋으로 나누어 진다. 학기는 시메스터semester라하며 한 학기를 둘로 나눌 때는 쿼터quarter라 하고 셋으로 나눌 때는 6위크weeks라 부른다. 대부분 학교는 시메스터와 쿼터제를 사용 한다.

한 쿼터마다 성적표report card가 나오고 학기가 끝나면 합친 성적이 나온다. 두 학기가 끝나면 모든 성적이 합쳐져서 성적표가 나오는데, 쿼터별 성적, 학기별 성적, 그리고 총 합쳐진 성적이 모두 표시가 되어 나온다. 고등학교인 경우엔 GPAgrade point average가 표시된다. 이 GPA는 대학 입학 시 가고자 하는 대학으로 보내진다.

🏫 학교 종류

교육청은 각기 사이트를 운영하는데, 그곳에서 학교나 지역의 교육 운영에 관한 자료들을 얻을 수 있다.

내가 있던 샬롯의 교육청 사이트는 www.CMS.k12.nc.us였고 지금 사는 지역의 교육청 사이트는 www.Campbell.k12.va.us다. CMS나 Campbell은 지역의 이름이므로 자신의 지역 이름을 넣으면 교육청 사이트를 찾을 수 있다. 이 사이트를 통해 각 학교 사이트로 이동할 수 있으며 학교 운영, 새로운 소식, 그리고 학사관리까지 볼 수 있다. 요즘은 학부모가 아이들의 출, 결

아들들이 다니던 고등학교 경기장

석 상황과 과목별 성적을 그때 그때 확인할 수 있도록 학부모 자료실에 올려 놓는다. 학부모 자료실은 학교 사무실에서 고유 번호를 받아서 들어가 볼 수 있다.

미국의 학교는 사립, 공립, 홈스쿨링, 기숙학교로 나눌 수 있다.
공립은 미국 현지인이나 유학생 부모를 둔 자녀, 주재원 비자를 가진 사람의 자녀들이 다닐 수 있다. 공립학교는 학비가 무료며 스쿨버스도 무료다. 교과서나 준비물비도 없고 오직 점심값만 내면 된다. 교복은 입지 않는다.
사립은 유학 온 학생이나 사립을 선호하는 사람들이 다닌다. 개인이 학비를 부담해야 하며 스쿨버스, 점심, 교복, 준비물 등도 다 개인이 부담하게 되어 있다.

홈스쿨링은 미국에서 많이 이루어지고 있는 제도인데, 가정에서 학교 교육을 하는 것이다. 물론 교육청에서 모든 자료들을 제공하며 홈스쿨링을 하는 사람들의 모임이 있어서 부족한 면을 보충하고 있다. 대학에 원서를 낼 때에 보면 학교 사이트에 홈스쿨링을 위한 자리를 따로 배정해 놓은 것을 볼 수 있다.

딸아이가 다니고 졸업한 리즈빌 초등학교. 보이는 뒤 편으로 길게 학교가 늘어서 있다.

기숙학교는 사립학교의 한 맥락인데, 기숙사와 학교와 함께 있다. 주로 명문 고등학교나 특별 학교에 많다. 학교의 시설이나 수업 과정의 우수성 때문에 학비가 비싼 편이다. 우리 지역에 있는 한 학교의 경우 기숙사비를 포함한 학비가 $42,000이다. 일반 사립학교의 학비가 대략 $5,000-10,000인 점을 감안한다면 적은 금액은 아니다.

교육과정

교육과정은 학교의 종류에 따라서 달라진다. 공립학교인 경우는 교육청에서 정해놓은 과정을 따라 움직이지만 사립이나 홈스쿨링, 기숙학교는 자체적인 프로그램이 첨가된다.

고등학교는 9학년 때 대학을 갈 것인지, 전문 대학을 갈 것인지, 아니면 직업을 가질 것인지에 따라 교육 과정을 다르게 한다. 대학을 갈 사람은 대학과 관련 된 프로그램을 중심으로 수업 시간표를 짠다. 또 취업할 사람은 그 것과 관련된 과목으로 시간표를 짠다.

공립학교는 교환 방문 비자(J1)의 자녀, 학생 비자(F1)의 자녀, 영주권자, 시민권자가 다닐 수 있다. 본인 혼자 유학을 오면 학생 비자를 받아와야 하며 공립학교는 다닐 수 없다. 공립학교는 보통 유치원kindergarten에서 12학년까지 있다. 학교에 따라서는 프리킨더pre-kinder, 혹은 프리스쿨pre school이라 하여 만 4세 아동을 위한 수업을 하는 경우도 있다. 만 5세에 입학하는(8월 30일을 기준) 유치원kindergarten에서 5학년까지가 초등학교elementary, 6학년에서 8학년까지가 중등학교middle school, 9학년에서 12학년까지가 고등학교high school 과정이다.

입학과 수업 시작을 위한 준비

학교는 주로 사는 지역 안에서 배정이 되며 입학을 위해서는 몇 가지의 서류가 요구된다. 처음 초등학교를 들어가려면 집 계약서, 건강 검진 기록, 입학원서register를 내면 된다. 한국에서 들어와 입학하려면 집 계약서, 등본, 예방 접종 기록, 재학증명, 성적증명서가 필요하다. 중, 고등학교인 경우는 한국 학교에서의 성적이 미국식으로 환산되어 기록으로 남게 된다. 큰 아들의 경우 한국에서 다닌 고등학교 1학년 성적이 미국식으로 환산 되어 대학 들어갈 때까지 따라갔다. 1-2년간의 성적을 기초로 들은 과목을 미국식 성적으로 바꾸고 또 무엇이 필요한지 들어야 할 과목을 정하게 된다. 예를 들면, 한국에서 일본어를 들었던 큰아들은 제2외국어가 면제되었다.

전학인 경우는 전에 다니던 학교에 가고자하는 지역의 이름을 알려주면 알아서 모든 서류를 보내 준다. 그리고 전학할 학교에 가서 말하면 전 학교의 지역과 이름을 물어 보고 학교 간에 정보를 주고 받는다.

정보를 받은 후 학교 측에서 전화로 상담 날짜를 정해 준다. 그러면 입학 관련 상담 날짜에 가서 필요한 시간표, 수업 관련 정보들, 학교에 관한 정보들을 담당 카운슬러가 알려준다. 초등학교는 특별히 할 일은 없지만, 중, 고등학교는 시간표를 잘 짜는 것이 중요하다. 카운슬러와 의논해서 자신의 상황에 맞는 시간표를 짜게 된다. 학교가 복잡한 구조로 이루어져 있는 경우는 수업할 교실을 찾는데 어려움이 없도록 학교에서 지도를 주기도 한다.

학생에 관한 정보를 주고 받은 학교는 그 학생을 받아들일 것인지 검토하는 것 같다. 이전 자료를 바탕으로 시간표를 짜기 위해 준비하는 시간이라고 말하긴 하지만 정보를 받은 후 학생의 입학을 거부하는 경우가 있는 것을 보면 그 생각이 맞는 것 같다. 이전의 학교에서 문제를 일으킨 기록이 있는 학생에 대해 입학을 거부할 수 있는 규율을 정해 놓았을 것이다.

오픈하우스나 등록일register day에 학교에 가서 시간표를 확인하고 교실도 둘러보며 선생님을 만나게 된다. 그날 교실에 가면 각 과목의 선생님이 개학 날 필요한 준비물 목록을 나누어 주고 사인이 필요한 서류들을 준다. 부모가 함께 있다면 그 자리에서 사인하고 제출해도 되고 나중에 개학하고 나서 홈룸티처homeroom teacher, 첫 번 째 수업의 선생님이 맡는다. 학년이 같아도 서로 다른 시간표를 가지고 시간마다 교실을 이동하며 수업을 받는다. 중학교는 시간표가 그리 복잡하지 않지만 고등학교는 진학 유무에 따라 수업이 많이 달라 복잡하다.에게 내도 된다. 한국처럼 반도 없고 담임의 개념도 없고 다만 첫 수업 선생님이 담임과 비슷한 역할을 한다. 중요한 역할은 카운슬러가 맡아서 한다.

준비물 목록은 반 별로 다른 것들이 주어진다. 그 목록들이 다 필요하진 않다. 처음에는 학용품이 비싼 사무용품점에서 목록대로 다 샀는데 학교를 다녀보니 필요하지 않은 것도 많았다. 그래서 다음해부터는 기본적인 것만 값싼 대형마트에서 구입했다. 더 필요한 것이 있으면 그때 그때 구입해서 썼다.

이 시기가 되면 모든 상가들이 학교 준비물 school supplies 을 살 수 있도록 대대적인 세일 back to school sale 을 한다. 8월은 학기가 시작되는 시작점이기 때문에 이 시기에 맞추어 문구류뿐 아니라 의류, 컴퓨터, 안경, 신발에 이르기까지 학기를 시작하는데 필요한 모든 것을 세일한다. 텍스를 없애주는 날 tax free 도 있다. 주로 이 시기에 학교 가는데 필요한 물건들을 저렴하게 구입할 수 있다.

학기 초에 가장 분주한 일 중의 하나가 사인하는 일이었다. 지금은 별 무

지금 딸아이가 다니는 중학교 입구. 안으로 들어가면 교실과 강당, 식당 등이 길게 배치되어 있다. 오른편에 운동장, 경기장이 있다.

리 없이 하는 일이지만 초기에는 매일 들고 와서 사인해 달라는 통신문이 힘들어 스트레스가 될 정도였다. 세 아이의 통신문은 적은 양이 아니었다. 문제는 이 통신문들을 영어로 읽어야 하는 것이었다. 모르는 단어를 찾아서 문장은 다 해석을 했는데도 무슨 말인지를 도통 알 수가 없는 경우가 많았다. 상황이 이해가 안 되면 해석을 해도 뜻을 알 수가 없었다. 그러면 할 수 없이 주변의 엄마들에게 이것이 무엇을 의미하냐고 일일이 물어서 사인하고 결정을 했다.

학기 초에 오는 통신문들은 학교 보험, 기록의 허락을 요구하는 것, 급식, 교육청 책자 안의 많은 사인, 주소 확인, 전화 번호 확인, 시간표 확인 등이다. 게다가 각 과목의 사인들이 겹친다. 미국 학교는 가까운 곳에 견학을 가도 일일이 부모의 동의서를 받는다. 그러다 보니 정말 많은 사인을 하게 된다.

초등학교와 중학교는 아젠다북 agenda book, 한국의 알림 장 비슷한 것이라는 것이 있다. 학기 초에 모든 학생이 이것을 구입하거나 주에 따라 무료로 주는 것을 받아 쓴다. 매일의 숙제를 기록하는 것, 교사와 학부모 간의 의사소통의 도구로 쓰이기도 한다. 이것은 일 년간 사용되는데 잘 활용하면 아주 유익하게 쓸 수 있다. 딸아이 초등학교 때는 매일 확인했는데, 이제는 스스로 관리하고 정리한다.

딸아이가 쓰던 아젠다북

🏫 공립학교 구조

미국의 공립학교는 일반 사무실과 가이던스 사무실로 나누어지는 경우가 많다. 일반 사무실은 출·결 상황이나 부모와의 연락 같은 일반적인 업무들이 이루어진다. 학교를 출입할 때도 이 사무실에 들러 용건을 이야기하고 면담이 가능한지 알아보아야 하고 방문이 약속되어 있다면 방문자 이름표를 받아서 가야만 한다. 미리 약속되어 있지 않거나 수업 중인 경우 교사와의 면담은 할 수 없다.

가이던스 사무실은 수업 시간표라든지 카운슬러와의 면담, 진학과 관련된 업무들이 이루어지는 곳이다. 오픈하우스 때 시간표를 확인하고 잘못된 것을 가이던스 사무실에 와서 바꿀 수 있고 또 시간표를 변경하고 싶을 때도 이 사무실에서 처리할 수 있다.

학교의 규모는 지역에 따라 매우 다르다. 학생 인원과 그 지역 재정 상태에 따라 규모도 결정되고 시설도 달라진다. 대부분의 학교는 비슷한 시설이 있다. 내부에는 콘서트나 발표회를 할 수 있는 강당, 실내 체육관, 식당, 도서실, 양호실, 사무실, 카운슬러 사무실, 가이던스 사무실 등이 있다. 외부에는 풋볼 경기장, 농구장, 야구장, 트랙, 혹은 테니스장, 주차장이 있다.

학교는 스쿨버스나 자동차로 등교하는데, 학교에 진입할 때의 도로가 정해져 있다. 아이를 내려놓으면 정해진 길을 따라 교실로 들어가도록 하고 있다. 학생들이 차에서 내리고 타는 장소에는 교장이나 경찰, 카운슬러가 나와서 등교 지도를 하며 인사를 나눈다. 딸아이의 등교를 함께하며 남편은 아이가 교장에게 인사도 없이 휙 들어가는 게 버릇없다고 말했다. 아이들은 잠이 덜 깬 얼굴로 인사도 없이 학교로 들어가는데 교장, 혹은 카운슬러가 다정하게 아침인사를 하는 풍경은 아마 미국에서나 가능한 일일 것이다.

공립학교에는 주로 경찰이 배치되는데 아침 등교 길을 도와주거나 안전을 책임진다. 린치버그는 워낙 안전한 곳이라 경찰이 안전지도 차원으로 있지만 샬롯은 학교마다 경찰이 2명씩 배치되어 상주하고 있었다. 아침 등교를 도와주는 것에서부터 수업시간에 돌아 다니는 학생 지도, 안전, 위험상황으로부터의 보호 차원에서도 있는 것이다. 총기 사건도 가끔 있고 마약이나 폭행 사건도 있다 보니 학생들을 보호하기 위해서 경찰이 학교마다 배치되어 있는 것이다.

미국에 온 지 얼마 안 되어서의 일이다. 작은아들 학교에서 전화가 왔다. 겨우 알아들은 건 무슨 무기가 어쩌고저쩌고하면서 늦게 집에 갈 거라는 말이었다. 그래서 일이 있나 보다 하고 아이를 기다렸다. 3시 40분이면 오는 애가 5시가 다되어 들어왔다.

"엄마, 다른 애들은 다 엄마가 데리러 오고 난리가 났는데 왜 안 왔어?"

"왜?"

"학교에서 어떤 애가 무기 들고 들어왔는데 다행히 학교의 잠금장치가 작동돼서 아무도 안 다쳤어."

"세상에. 나는 그것도 모르고 있었으니."

다행히 경찰이 조기에 진압했고 또 학교 교실마다 다 잠기어 아무도 안 다쳤다고 한다. 이러다 보니 샬롯에는 학교마다 경찰이 있을 수밖에 없다.

학교 구조는 1-2층, 높아야 3층으로 되어 있고 모든 건물은 중간 칸막이로 막혀 있다. 평상시에는 열려있어 통행이 자유롭지만 만일의 경우엔 중간 문들이 저절로 닫히고 외부로부터 차단된다. 각 교실도 잠금장치가 되어 있어 위험으로부터 학생들을 보호할 수 있게 되어 있다. 문이 닫히면 밖에서는 열 수 없다.

학교가 잠금장치를 할 수밖에 없는 이유는 콜롬비안 고등학교에서 일어난 총기 사건 같은 무차별적인 공격으로부터 학생들을 보호하기 위해서다. 이 사건은 학교에서 적응하지 못한 학생 두 명이 폭탄과 소총을 들고 와서 학교에서 수업 중이거나 도서관에 있는 학생들을 무차별 사격했고 수많은 학생이 죽거나 다치는 사고가 발생했던 일이다. 총기 소지가 자유로운 미국의 법과 학교는 안전할 것이라는 생각이 큰 참사를 불렀다. 그런 이유로 해서 각 학교들은 입구, 각 통로 차단 장치, 교실 잠금장치를 하고 있는 것이다.

화장실 안에서 혹은 다른 곳으로의 이동 중에 일어날 수 있는 폭행과 같은 교내의 위험으로부터도 지키기 위해 이동을 제한하고 있다. 또한 화장실 문의 위, 아래를 없애고 가운데 중요한 부분만 가리게 만들었다. 초, 중학생들은 화장실을 가는 시간도 제한하고 있다. 작은아들이 학교 갔다 와서 어

이없어하며 하는 말,

"엄마, 화장실 가는데 다 같이 모여 줄 서서 가."

"나도. 선생님하고 둘만 가도 안 돼. 애들이 다 같이 가."

딸아이도 거든다. 얼마나 학교가 안전하지 않으면 화장실도 마음대로 못 가게 할까? 아니면 아이들을 지나치게 보호하는 것이든가.

중학교 입구 게시판, 차로 진입하면서 가장 잘 보이는 자리에 설치해서 부모들이 볼 수 있다.

수업시간 사이의 이동시간이 짧은 데 교실이 멀리 떨어져 있으면 막 뛰어서 가야만 한단다. 조금만 늦으면 눈앞에서 문이 잠기고 선생님은 사무실에서 통행증을 끊어와야 들여 보내준다. 그런데 이 통행증을 정해진 횟수보다 많이 끊으면 정지 처분 detention을 받는다. 10번의 지각은 허용해 주지만 그 이상이 되면 밥을 혼자 먹는다든지, 방과 후에 1시간 남는 벌을 받아야 한다. 횟수가 그 이상 되면 토요일에 학교를 오게 한다든지, 아니면 부모님을 동행해서 지각하지 않는다는 확인을 받는다.

🏫 지각, 결석 관리

학교의 지각과 결석은 사무실에서 관리한다. 종이 칠 때까지 교실에 들어가지 않으면 지각이 되고 학교마다 다르지만 보통 10번 이상이 되면 정지 처분을 받게 된다. 결석인 경우는 부모의 전화나 사인이 있는 결석계 absent note를 가져가야 한다. 아니면 의사의 소견서 note가 있어야 한다.

작은아들이 린치버그로 이사 오더니 자주 아팠다. 그 당시에 독감도 유행이었는데 툭하면 학교를 가지 못할 정도로 아팠다. 의료 보험이 없기 때문에 병원에도 못 가고 그냥 앓았다. 다행히 일주일에 한 번씩 미국 교회에서 하는 무료 병원이 있어서 다닐 수 있었다.

결석이 너무 많아지자 성적에 문제가 생기기 시작했다. 숙제를 제때 내지 못하고 시험도 놓치기 일쑤다 보니 첫 쿼터에 과학이 F가 나왔다. 담당 선생님을 만나 사정 이야기를 했다. 그러나 이미 성적이 나온 것은 바꿀 수 없다고 했다. 화가 났다. 학생이 그렇게 빠지면 전화 한 번, 이메일 한 번 해서 숙제도 주고 관리해 줄 법도 한데 어찌 그렇게 무심한가 싶어 말했다. 선생님 얼굴이 별로 안 좋았다. 나는 교장과 말하고 싶다고 했다. 많은 결석에도 다른 과목은 문제없이 성적을 다 잘 받았는데 왜 이 과목만 그런가 싶었다. 그날 교장이 없어서 이메일을 주거나 날짜를 새로 잡기로 하고 나왔다.

고등학교 12학년 전용 주차장

다음날 나는 교장에게 메일을 보내 상황 설명을 했다. 그랬더니 교장이 이미 자세히 듣고 알아보았는지 결석에 대해 문제가 되지 않도록 잘 조치를 취하겠다고 했다. 이번 쿼터 성적은 이미 끝난 상태라 바꿀 수는 없고 다음 쿼터에 더 잘하면 성적이 합쳐지므로 문제가 안 될 거라는 답장이 왔다.

아마도 아이가 결석이 잦으니 문제 학생인 줄 알았던 것 같다. 새로 전학 온 학생이라 아이에 대한 정보도 없고 해서 문제 동양 아이가 전학 왔다고 생각했던 것 같다.

그 후로도 자주 결석을 하긴 했지만 철저히 숙제를 관리하고 재시험을 보는 것으로 성적을 관리했다. 그러나 과학 과목은 아이도 선생님도 서로 싫어해서 성적을 메우는데 고생했다. 선생님과의 관계가 얼마든지 성적에 영향을 미칠 수도 있다는 것을 알았다.

결석이 잦은 경우는 보통 학교 다니기 싫어한다든가 스쿨버스 타고 학교에 온 후 도망치는 아이들인 경우가 많다. 그러다 보니 결석이 잦으면 선생님이나 학교 측은 아이를 문제아로 볼 수밖에 없다. 실제로 미국에서는 고등학교를 졸업하지 않는 학생들이 많다. 일찍 생활 터전으로 나가기도 하고 공부가 싫어서 그만두기도 하고 반항하느라 그만두는 경우도 많다. 그래서 학교는 아이들에게 학교 다니라고, 졸업하라고 강조하고 달래고 애를 많이 쓴다.

지난번에 있던 학교에서는 결석하면 바로 집으로 전화를 한다. 한 시간 빼 먹었는지 전체를 빠졌는지까지 알려준다. 가끔 학교를 지나가다 보면 수업 중일 텐데 주변을 배회하는 학생도 보이고 학교 가는 시간에 거꾸로 학교 밖으로 나오는 아이들도 보인다.

만약 학교에서 아플 경우엔 학교 간호사에게 가면 조치를 취해 준다. 약을 먹고 견딜 만하면 약을 주어 좀 쉬게 하지만 대부분은 집으로 전화해 아이를 데려가게 한다. 여학생인 경우 생리대가 필요하다거나, 연고나 반창고 같은 것들이 필요할 경우에도 양호실에서 받을 수 있다. 심각한 병을 관리한다기보다 예방접종이나 긴급할 때의 조치를 위해 간호사가 학교에 상주하는 것 같다.

🏫 수업 내용과 성적

학급의 규모는 15명에서 25명 선으로 담당교사가 있고 때에 따라 보조교사가 있기도 하다. 작은 수의 아이들을 거의 개별 지도 식으로 가르친다. 초등학생은 미술이나 체육 같은 과목은 전문 선생님이 가르친다. 그 외 다른 과목은 담임 선생님이 다 가르친다. 주로 영어, 수학, 과학, 사회, 미술, 체육이 주된 과목이고 초등학생은 놀이터에서 노는 시간도 주어지고 간식시간도 주어진다.

중학생은 각 과목별 선생님이 다르고 자신이 알아서 교실을 찾아가게 되어 있다. 과목은 수학, 영어, 과학, 역사, 미술, 체육, 음악, 컴퓨터 외에 각기 선택하는 과목들이 있다. 밴드나 오케스트라, 합창을 선택하기도 한다. 작은아들은 처음에 A, B 방식으로 일 년간 ESL, 수학, 과학, 사회, 미술, 체육, 보건, 컴퓨터를 공부했다.

고등학생은 기본 과목인 영어, 수학, 과학, 역사 외에 많은 과목 중에서 선택할 수 있다. 처음에 큰아들은 한 학기마다 바뀌는 방식으로 ESL, 수학, 미술, 과학을 신청했다.

샬롯은 과목을 일 년간 듣는 방식과 두 학기로 나누어 듣는 방식이 있었다. 만약 일 년을 듣는다면 월, 수, 금과 화, 목으로 하루에 4과목씩 돌아가며 듣는 A, B 방식이고, 두 학기로 나누는 시메스터semester 방식은 한 학기에 4과목을 듣고 다음 학기에 4과목을 듣는 방법이다. 그러나 린치버그는 무조건 일 년에 7과목을 듣는 방식을 취하고 있다.

교육과정은 과목이름이 같아도 레벨별로 나누어져 있다. 예를 들면 영어는 일반영어regular, 고급과정honor class, 대학과정AP class으로 나누어 진다. 난이도가 다를 뿐 아니라 배점도 다르게 매겨진다. 어떤 과목에서 A를 받았을 경우, 일반 영어는 GPAGrade Point Average: 한국의 평균점수와 같다. 과목에 따라포인트가 다르다.가 4.0, 고급과정honor class은 4.5 이나 5.00, 그리고 대학과정AP class은 5.00 이나 6.00이 된다. 상위 레벨로 갈수록 점수 비중이 높아지기 때문에 높은 GPA를 받아서 좋은 대학에 진학하려면 상위 레벨 수업을 들을 수밖에 없다.

고등학교 체육관 안에는 트랙, 농구장, 테니스장이 있고 행사 때는 강당으로 쓰인다.

일반수업은 기본수업이고 고급과정은 더 높은 난이도의 수업과 과제를 하게 되고, AP는 대학에 가서 수업할 것을 고등학교에서 미리 듣는 것이다. 이 수업은 아주 난이도가 높아서 아이들이 힘들어하며 듣는다. 수업을 마친 후에도 시험기관에서 치르는 시험을 치러야 한다. 학교마다 요구하는 점수가 다르긴 하지만 대부분 5점 만점에 3점 혹은 4점 이상이 돼야 인정이 되는 추세다. 좋은 대학일수록 이 시험에 통과하도록 요구한다. 노스캐롤라이나주에서는 이 시험을 무료로 볼 수 있지만 버지니아주에서는 과목당 $100을 내야 한다. 그러나 시험을 잘 보면 $100을 다시 돌려준다.

노스캐롤라이나주는 영재 고등학교가 있는데 주 정부에서 모든 경비를 대고 학생들을 후원해 주는 제도다. 11-12학년의 수학, 과학, 예술 영재학교가 있다. 학비는 물론 기숙사비까지도 주에서 무료로 대준다. 버지니아는 따로 영재학교가 없는 대신에 거버너 스쿨 governor school이라는 제도가 있어서 자신의 학교에 다니며 몇 과목만 정해진 다른 학교에서 수업을 듣게 하고 있다. 물론 이 수업의 학점은 높게 부여된다.

초등학교나 중학교는 기프티드 클래스 gifted class라는 것이 있는데, 이것이 영재 수업을 하는 과정이다. 학교가 따로 있는 것이 아니라 자신의 학교 내에서 과목을 따로 개설해서 수업하는 방식이다. 처음 선정할 때 학교 성적과 몇 가지 검사를 해서 뽑는데 IQ검사와 적성, 인성검사를 하는 것 같다. 이 학생들은 교육청이나 학교에서 특별 관리를 해주며 방학

영재스쿨에 있는 학생을 대상으로 한 드라마 캠프에 참가하고 받은 증명서다.

기간에도 무료 캠프를 열어주는 등 별도의 관리를 한다.

딸아이는 이 그룹에 있는데, 6학년 때는 실험하고 창의력 수업을 하며 보냈다고 했다. 방학에도 여러 개의 과목을 택해서 캠프를 할 수 있게 해 주어

뮤지컬을 하고 싶어 하는 아이는 드라마 캠프에 2주간 다녀왔다. 그리고 지금 7학년임에도 8학년 과정의 수학을 공부하며 영어는 따로 모여서 높은 수준의 수업을 한다고 한다.

가장 놀라운 것은 이런 수업이 있는 것을 모르는 학생과 학부모가 많다는 것이다. 한국에서라면 뛰어난 아이라며 칭찬하고 내세워줄 텐데 여기서는 그 아이들은 그냥 독특한 능력을 가진 아이라고 구별해서 키워줄 뿐이다. 이 아이들로 해서 다른 아이들이 상대적인 박탈감을 갖지 않도록 조용히 후원해준다.

성적은 A, B, C, D, F로 나누어지고 A는 93점부터, B는 85 이상, C는 77 이상 D는 70 이상, 그 이하는 F다. 생각보다 점수 받기가 그렇게 쉽지 않다. 상위 레벨일수록 점수 받기는 더 어렵다. 성적은 몇 번의 시험과 숙제, 수시로 보는 퀴즈, 교사가 내주는 프로젝트로 결정된다. 그래서 한 쿼터에 나오는 성적표를 보면 열 가지가 넘는 항목으로 점수가 매겨지고 합산된 것을 볼 수 있다. 중간에 점수들을 학부모에게 알려 주는 교사들도 있다.

수업 방식은 주로 토론식이거나 설명식이다. 실제로 실험하고 견학해보고 발표하게 한다. 프레젠테이션도 많아서 정확한 정보와 준비가 필요하다. 비디오, 인터넷 등 다양한 자료를 사용하여 수업이 진행되고 있다.

학교생활

교실에서 어떠한 폭력이나 체벌도 허용되지 않는다. 초등학교에서는 아이가 교사의 말을 듣지 않으면 몇 번의 경고 끝에 교무실로 보내지고 안 되면 집으로 돌려보낸다. 어떤 경우엔 반을 바꾸는 예도 있다. 중학교나 고등학교는 수업에 관련한 일을 성적으로 평가해서 그 대가를 받게 한다. 하지만 성적이 상관없는 아이는 수업 시간에 자거나 딴 짓을 해도 막기가 쉽지 않다. 혼자 딴 짓을 하는 것은 상관없지만 다른 사람을 방해하거나 괴롭히는 것은 정학이나 퇴학도 받을 수 있다.

쿼터마다 성적표가 나오면 부모가 사인해서 보내야 한다. 하고 싶은 말이나 부탁이 있으면 써넣을 수 있는 칸도 마련되어 있다.

미국에 온 지 얼마 안 되었을 때 딸아이가 학교 적응을 힘들어했다. 나름 한국에서 잘한다는 소리를 듣던 아이라 영어가 안 되어 수업을 제대로 따라가지 못하고 뒤처지는 것이 참기 힘든 것 같았다. 나는 고민이 되었다. 다행히 담임을 맡은 Hsu 선생님이 매우 친절하게 딸을 도와주려고 애를 썼다. 전화도 종종 하셨는데 내가 알아듣고 통화하기가 너무 힘들었다. 그래서 생각한 것이 쪽지 보내기였다.

나는 수시로 아이 편에 아이의 상황을 설명하고 도움을 요청했다. 선생님은 매일 아이가 학교에서 있었던 일이나 수업에 도움이 필요한 일들을 적어 보내 주었다. 그렇게 일 년을 나와 선생님은 쪽지를 통해 의사소통을 하며 아이를 도울 수 있었다. 받아쓰기 연습시키기, 책을 따로 사서 읽고 연습시키기 같은 것은 아이가 자신감을 갖고 적응하는데 매우 도움이 되었다.

> Wong and family,
> You are a nice student and you are going to learn a lot this year. Thank you for sending the lollipop to the class.
> ☺ Love,
> Ms Hsu

딸아이의 첫 선생님 Hsu와 수시로 쪽지를 나누었었다. 이것은 내가 고맙다며 학생들 나누어주라고 보낸 사탕을 받고 보낸 감사카드다.

딸아이는 한 학기가 지나자 웬만한 말은 다 알아듣고 원활한 수업이 가능해졌다. 받아쓰기 점수도 잘 받자 자신감이 붙어서 다른 과목에도 좋은 성적을 받기 시작했다. 그러더니 친구들과도 잘 지내기 시작했고 다음해에는 친구와 너무 떠든다고 선생님이 걱정할 정도가 되었다.

선생님과의 쪽지를 통한 의사소통 혹은 전화, 메일, 방문은 아이가 학교를 좀 더 잘 빨리 적응하는데 매우 도움이 되는 방법이었다.

*작은아들이 말하는 미국 학교 시간표 짜기

　미국에서는 같은 학년이라도 학생의 학습능력에 따라 난이도가 다른 과목을 듣는 것이 가능하다. 예를 들어 같은 10학년이라도 수학능력이 뛰어난 학생은 대학수준 수학인 AP Calculus를 수강할 수 있고 수학능력이 떨어지는 학생은 중학수준 Algebra 1을 수강 할 수도 있다. 물론 어느 정도에 수준의 난이도를 통과해야만 졸업이 가능하지만 노력한다면 충분히 통과할 수 있는 수준이기 때문에 언어능력에 뛰어난 학생이 뒤 떨어진 수학 과목 때문에 졸업을 못하는 경우는 별로 없다.

　한국에서 학생들은 수업에 대한 어떤 선택 권한도 없이 같은 학년이면 전부 같은 수준의 과목을 듣는다. 반면 미국에서는 한국의 대학생들이 수강 신청하듯이 고등학교 때부터 다양한 과목을 선택할 수 있다. 자신이 잘하는 사회과목은 정말 어려운 AP 과목을 신청하고 영어는 일반적인 수준의 과목을 수강할 수 있다.

　기본 과목인 영어, 수학, 과학, 사회 빼고는 자신이 좋아하거나 배워보고 싶은 선택 과목 elective subject을 신청할 수 있다. 나는 건축에 관심이 있어서 9학년부터 Basic Technical Drawing이라는 수업을 시작으로 12학년까지 4년간 건축관련 과목을 공부했다. 12학년 때는 같은 지역 전문대학교와 연결하여 대학수준의 건축수업도 들을 수 있었다. 손으로 간단한 나사를 그리는 것부터 시작해 다양한 각도의 그림 그리기, 가정집에 있는 전기선 도면 그리기, 건축물 단면 그리기, 3D 건물 그리기를 배우고 실제 건축 현장에서 자주 쓰이는 CAD 프로그램을 배웠다. 그래서 고등학교 때부터 높은 수준의 실질적인 교육을 경험할 수 있었다.

　선택 과목을 배우는 것의 장점은 학생들이 관심 있는 과목을 배움으로써 '나중에 이러한 일을 하고 싶다.'라고 생각만 하는 것이 아니라 실질적인 경험을 함으로써 '자기가 진심으로 이 일을 하고 싶은지?'를 생각할 수 있고 또

별로라고 여기던 과목에서 자신도 모르던 재능이나 관심을 불러 일으킨다는 것이다. 건축 수업을 같이 듣던 친구 중에는 건축가가 되고 싶다고 수업을 들어왔지만 막상 듣다 보니 자신의 생각과 많이 다르다고 꿈을 접고 다른 과목을 신청하기도 했다.

졸업반인 12학년이 되면 시간표 선택이 더 자유로워진다. 학교수업에서 1-2교시를 빼거나 마지막 수업을 빼고 집에 일찍 갈수도 있다. 보통 12학년은 자신이 직접 운전해서 학교에 오기 때문에 집에 오고 가는 건 문제가 되지 않는다. 그래서 일찍 수업을 끝내고 아르바이트를 하러 가는 아이들도 많다.

11학년 가상 수업 스케줄을 짜보겠다

1년간 같은 수업을 7교시로 나누어 듣는 한국과 가장 비슷한 시스템을 사용하겠다.

우선 생각해야 하는 부분은 기본 과목인데 자신이 생각하는 자신에 능력에 따라 난이도를 생각해서 선택하거나 그냥 대학 입시를 위해 모두 어려운 난이도에 과목을 선택할 수 있다. GPA를 생각해서 낮은 난이도 수업을 들지 않고 학교에서 제공하는 모든 AP 과목을 들어서 높은 점수를 받는 것이 많은 한국인들이 사용하는 방법이지만 일단 수업의 다양성을 보여주기 위해 전자를 사용하겠다.

고등학교에서 수학 과목은 난이도에 따라 6개로 나누는데 가장 낮은 난이도인 Algebra 1에서 시작 해 Geometry, Algebra2, Pre-calculus, AP Calculus AB, AP Calculus BC로 나뉘어 있다. 만약 한국에서 고등학교 수학을 배웠다면, 사실 미국 수학은 겁나게 쉽다. 보통 9학년에 Algebra 2로 시작해서 최고 난이도인 AP Calculus BC를 12학년에 듣는 것이 가장 엘리트 코스라고 볼 수 있다. 그러므로 11학년에는 AP Calculus AB를 넣겠다.

유학을 늦게 왔다면 영어는 선뜻 높은 난이도를 선택하기에 망설여지는 과목이다. 또 아직까지 ESL을 듣고 있다면 학교에 따라 영어를 안 들어도 된다. AP 과목을 듣게 된다면 엄청난 분량의 숙제를 해야 하는데 영어가 어설

프다면 5장 이상 에세이를 쓰기에는 무리가 있으므로 중간 난이도인 Honor English 11을 선택하여 어느 정도 난이도 있는 수업을 들어서 영어 실력을 높이는 것이 좋다.

과학 과목은 다양한 종류가 있는데 정해진 난이도는 없지만 보통 아래 학년이 듣는 과목과 높은 학년이 듣는 과목이 있다. 내가 다닌 학교에서는 지구과학Earth Science과 생물학Biology을 9-10학년에 듣고 화학Chemistry과 물리Physics를 11-12학년에 들었다. 그러나 본인이 10학년 때 Honor 생물학Biology을 듣고 더 깊이 공부하고 싶다면 11학년에 화학Chemistry이 아닌 AP 생물학Biology을 들을 수 있다.

사회 과목은 보통 9학년에 세계사World History를 듣고 10학년에는 사회경제Civic and Economy, 11학년에 미국사US History를 듣는다. 세계사는 어린 시절 만화로 된 세계역사만 읽었어도 A를 받을 정도로 간단하게 겉만 훑고 지나가는 수준이다. 반면 미국사는 400년 정도 밖에 안 되는 역사를 한 학년 과목으로 만들어야 했기 때문에 미국사에 관련된 모든 쓸데없는 사실을 서술하고 있다. 안 그래도 익숙하지 않은 미국사를 더 힘들게 만든다. 12학년에는 정치Government 과목을 듣는다. 미국 정치학US Government과 비교 정치학Comparative Government 두 종류가 있는데 한국 학생은 비교 정치학을 듣는 것이 훨씬 쉽다.

다음으로는 제2외국어를 선택해야 하는데 학교에 따라 외국인 학생들에게 영어를 제2외국어로 인정해줘서 따로 과목을 듣지 않아도 되는 학교가 있다. 내가 9학년에 다니던 학교가 그랬다. 이사 온 후 새로운 학교에서는 인정을 안 해줘서 프랑스어를 듣게 되었다. 보통 학교에서는 프랑스어와 스페인어는 기본으로 있고 학생수가 많은 학교는 라틴어, 독일어, 중국어 등 많은 종류의 외국어를 가르치고 있다. 난이도는 프랑스어 1부터 시작해서 프랑스어 5까지 있고 가장 높은 난이도인 5는 중학교부터 고등학교까지 4년 동안 들은 아이들이 듣는 수업이다.

기본 4과목과 제2외국어를 선택하고 남은 2과목은 선택과목으로써 자기 재능과 흥미에 따라서 마음대로 고르는 것이 가능하다. 9학년과 10학년은 체육Physical Education 과목이 의무인 것이 보통이다. 선택 과목은 미술Art, 컴퓨터Computer, 합창Choir, 밴드Band는 기본이고 심지어 물리치료Athletic Training, 회계학Accounting, 목공Carpentry 등 흔히 생각하는 고등학교 수업과는 다른 과목도 있다. 또 우리 형이 정신 줄 놓고 한 학기 들었던 바느질과 의류 디자인Sewing and Design 같은 실용 과목도 있다.

수강할 과목을 정하면 신청서에 희망 과목을 순서에 상관없이 쓴다. 선택한 과목에 학생들이 모두 신청하는 불상사에 대비해서 2지망 과목을 2개 정도 더 써서 내면 학기 시작 전 오픈하우스에서 완성된 시간표class schedule를 받을 수 있다.

Class Schedule

Student name: **Harry Potter** Homeroom teacher: **Mr.Bond** 2011-2012

Period	Class	Teacher	Room#
1	AP Biology	Mr. Bond	106
2	AP Calculus AB	Mr. Yi	222
3	French3	Mr. Zidane	501
4	Carpentry	Mr. Mundo	804
5	Honor English 11	Mrs. Watson	301
6	Computer App	Mr. Jobs	402
7	AP Comp Gov't	Mr. Bush	405

점심 시간은 대부분 4교시나 5교시 수업에 따라서 정해지는데 오픈하우스에 가서 정해진 선생님을 만나서 물어보면 된다. 스케줄은 보통 학기 시작 후 2주 동안 변경이 가능하다. 신청한 AP 과목이 너무 어렵거나 선생님이 정말 싫을 때는 다른 과목으로 변경할 수는 있지만 단지 선생님이 맘에 안 든다고 같은 과목을 다른 선생님으로 바꿀 수는 없다. 과목을 듣는 순서는 주나 도시에 따라서 다르고 쓰는 교과서도 다르다. 들을 수 있는 과목 수도 학교 규모에 따라 다르기 때문에 유학하는 곳의 현지 사람들에게 알아보는 것이 정확할 것이다.

🏛 ESL English as a Second Language

교육청에서 테스트를 거쳐 혹은 ESL^{English as a Second Language}, 영어가 제2외국어인 학생들을 대상으로 영어를 가르쳐 주는 프로그램. 각 학교에 이 프로그램이 있어서 외국인 학생들이 영어에 쉽게 적응하도록 도와주고 있다. 담당 교사가 따로 배치된다.이 필요하다고 판단되면 ESL 수업을 들을 수 있게 한다.

대부분은 이 과정을 거치는데 세 가지 이유 때문이다. 첫째는 ESL을 거치는 동안 학교와 수업과정들을 익히며 적응하는 기간을 가짐으로써 더 나은 교육의 효과를 얻을 수 있다. 둘째는 익숙하지 않은 영어를 충분히 익혀서 나중에 더 효율적으로 수업을 할 수 있다. 셋째는 ESL 학생들에 대한 혜택이 있다. 성적을 산정할 때 ESL 학생들에게는 다른 학생들에 비해서 좀 더 너그럽고 유연하게 반영한다. 대학 입학 때도 충분히 이점을 감안해 반영한다고 한다.

ESL 수업은 학교나 지역에 따라 프로그램뿐 아니라 수업의 내용이 많이 달라진다. 처음 교육청에 갔을 때 무조건 기초부터 시작하겠다고 해서 두 아들이 다 기초반에 들어갔다.

문제는 그 지역에 히스패닉 아이들이 많아 영어의 기초도 안 되어 들어온다는 것을 우리가 몰랐던 거였다. 큰아들이 학교 다녀와서 말했다.

"오늘 영어 시간에 알파벳 배웠어."

"엥, 알파벳?"

"근데 애들이 몰라서 선생님이 계속 알파벳만 가르쳐서 그것만 하다 왔어."

"오늘은 첫날이라 그러겠지."

그러나 다음날은 알파벳 시험, 그것도 아이들이 몰라서 헤매기에 가르쳐주다 왔다고 하더니 또 그 다음날은 신체이름 배우다 왔다고 했다.

그렇게 한 학기 동안이나 했다. 물론 영어를 잘한다는 자신감이 붙긴 했지만 초등학교 영어를 계속해야만 했다.

나중에 학교가 새로 생기면서 큰아들과 작은아들은 그 학교로 전학했다. 이전 학교가 거의 흑인으로 이루어진 학교라면 새로 생긴 학교는 거의 백인으로 이루어진 학교였다. 흑인이 많은 학교에 비해 백인이 많은 학교가 교육열이 더 높은 편이다. 더구나 학교가 새로 생기다 보니 교육을 강조해서 무척 열심히 가르쳤다. ESL도 이전과 다르게 수준 높은 교육을 했다. 선생님이 의욕이 넘쳐 아이의 영어 수준이 굉장히 높아졌다.

작은아들은 레벨로 나누지 않고 학년으로 나누어져 있었는데, 담당 선생님이 너무 좋아서 영어도 금방 늘고 미국 문화도 잘 배울 수 있었다. 물론 거기에도 히스패닉 아이들이 많았지만 영어를 잘하는 아이들도 있었고 또 선생님이 배려해서 개별 학습도 해주었다. 두 아들은 영어뿐 아니라 스페인어를 동시에 배우고 있었다.

작은아들 ESL 수업에서 외국인 친구들과 함께

다음 학년의 ESL 선생님은 한국에서 영어를 가르치다 오신 분이라 작은아들을 더욱 아껴주었고 영어를 잘 배울 수 있도록 도와주었다. 고등학교에 간 이후에도 선생님이 9학년 선생님과 연계해서 난이도 높은 과정으로 아들을 잘 이끌어 주었다.

딸아이 학교는 외국 아이들이 많지 않아서 ESL 선생님이 없었다. 처음부터 일반수업에 들어가다 보니 수업을 따라가는 것이 매우 힘들었다. 그러다가 한 학기가 지나고 ESL 교사가 생겨서 수업을 받을 수 있었다 선생님은 매우 친절하게 듣고, 쓰고, 말하고, 읽기를 나누어 잘 지도해 주었다.

ESL 수업은 따로 과목으로 정해져 있으며 교사들은 보통 대학에서 교직을 이수하고 대학원에서 ESL 교직을 전공하거나 졸업한 사람들이었다. 아이들 선생님 중에 몇 분은 현재 대학원에서 공부하고 있는 분들이라 대학과 연결해 정보도 나누고 학교에도 데려가고 질 높은 수업을 해주곤 하였다. 좋은 교사들을 만나서 적응하는데 많은 도움이 되었다.

영어가 어느 정도 되면 일반 수업으로 넘어가는 경우가 많다. 하지만 나는 그냥 충분히 ESL 수업을 받도록 했다. 그래서 큰아들은 고등학교 내내 ESL을 수업하고 졸업했다. 둘째도 10학년이 되어서야 일반 수업으로 넘어갔다. 딸아이도 5학년이 되어 ESL을 그만두었다. 이젠 별로 도울 게 없다는 선생님의 말을 듣고서야 그만두었다. 기초가 튼튼하지 않으면 나중에 문제가 될 것 같아서 그렇게 했다.

ESL 수업은 매해 시험을 치르기도 하지만 교사의 의견과 학부모의 의견을 종합해 남을 것인지 그만둘 것인지 결정한다. 일반수업에 비해 ESL의 장점은 부족한 부분을 교사가 충분히 보충해 주고 일반수업을 따라갈 수 있도록 도와준다는 것이다. 미국의 일반적인 영어수업은 두꺼운 영어 책들을 읽고 독해해야 하기 때문에 영어 수준이 낮으면 충분히 이해하기가 어렵다.

급식

많은 학생이 한번에 점심을 먹게 되면 혼잡하고 기다리는 시간도 많이 걸리므로 점심시간을 몇 차례로 나누어 먹도록 하고 있다. 점심값은 학생 카드에 넣어 놓으면 먹을 때마다 카드를 긁어서 살 수 있게 하고 있다. 샬롯에서는 점심값이 한 끼에 $2.50 정도면 먹을 수 있었고 여기 린치버그는 $1.50이면 먹을 수 있다. 그나마 생활비가 적은 것을 적어 내면 무료로 먹을 수도 있고 할인된 가격에 먹을 수도 있다.

지난해엔 내 학비 지출이 생활비에서 나갔으므로 무료로 점심을 먹을 수 있었고 이번 학기는 내 학비 지출이 없어 생활비가 더 있는 것으로 되어 무료로 먹지 못하고 할인된 가격인 $.40에 밥을 먹고 있다. 점심이 대단히 맛있는 정도는 아니고 그저 허기를 때우는 정도다. 딸아이는 가끔 점심 외에 아이스크림을 사먹느라 밥값을 허비한다. 메뉴는 햄버거, 치킨, 스파게티, 샌드위치 등과 우유를 준다. 미국은 학교 안에서 탄산음료를 먹을 수 없다.

🏫 교과서

한국과 다르게 미국의 초등학교 교과서는 대학생들이 쓰는 것과 같은 하드커버의 두꺼운 책이다. 칼라로 되어 있고 설명과 함께 연습문제까지 나와 있다. 책은 쓰고 돌려주게 되어 있으며 다음 해에 다른 학년이 다시 사용한다. 만약 책을 쓰다가 파손하거나 잃어버리면 책값을 물어 내야 한다. 그런데 책값이 좀 비싸다. 돌려보던 책이 낡아지면 새 책을 구입하고 헌책은 아이들이 집에서 공부할 수 있도록 가져가게 한다. 그러나 이 책도 학기가 끝나면 돌려주어야 한다.

하드커버로 된 초등학교 교과서

무거운 책을 가지고 다닐 수 없으므로 중, 고등학교에는 모든 아이들을 위한 사물함이 복도에 설치되어 있다. 학기 초에 각자에게 이 사물함이 배정된다. 사물함은 번호를 돌려 열게 되어 있는데, 처음 중학교에 갈 때 딸아이는 사물함이 잘 안 열릴까봐 무척 걱정을 했었다. 그래서 등록일 register day 에 가서 번호를 받자 잘 될 때까지 연습을 했다. 사물함은 수업 사이사이에 책도 바꾸어 가고 필요한 것들도 가지러 가면서 친구들과의 교류가 이루어지는 공간이 된다.

🏫 도서관

공립학교에 잘 되어 있는 시스템 중의 하나가 도서관이다. 그 나이 연령에 맞는 책들을 다양하게 구비해 놓고 있으며 교사들은 학생들이 책을 읽을 수 있도록 유도한다. 쉬는 시간이나 기다리는 시간, 일찍 등교한 아이들이 도서관에서 책을 볼 수 있도록 하고 또 책을 빌려가 집에서도 읽도록 권장한다. 읽은 책은 AR Test라고 해서 컴퓨터를 통해 문제도 풀고 글도 쓰게 하며 책을 많이 읽은 아이들에게, 테스트 점수에 따라서 학년 말에 시상을 한다. 딸아이는 학교 도서관의 책들을 거의 다 읽었을 정도며 아이가 원하는 책을 다른 아이가 대출해 갔을 경우 도서관 사서가 책이 들어오는 대로 내 딸에게 먼저 줄 정도가 되었다.

카운슬러의 역할

한국의 카운슬러는 사실상 형식적인 경우가 많다. 필요하면 찾아가 고민을 털어놓는 상대였다. 우리 세대는 학과 교사가 카운슬러를 하곤 했는데 전문가가 아니었다. 요즘은 한국학교에 전문 카운슬러가 있다고 하니 예전과 다를 것 같긴 하다.

미국의 카운슬러는 중요한 역할을 한다. 일반 교사는 대학만 졸업해도 되지만 카운슬러는 대학원에서 교육학과 상담학을 모두 이수해야만 한다. 현직 교사 경험도 요구된다. 하는 일도 폭넓어서 상담 분야와 진학 파트를 다 담당하고 있다. 학년마다 카운슬러가 있는 학교도 있고 작은 규모의 학교는 학생의 성을 알파벳 순서로 나누어 카운슬러가 맡기도 한다.

카운슬러는 각 학생의 시간표를 점검해서 졸업하는데 문제가 없는지 살펴 조정해주며, 문제 학생의 상담은 물론 대학을 가는데 필요한 모든 정보를 알려주는 일을 한다. 대학 원서를 쓸 때에도 학생이 원서를 접수한 대학에 카운슬러가 성적표를 일일이 보내주며 각 학생의 학교생활을 학교에 알리고 추천서를 써 주는 일도 한다.

스쿨버스

학교 스쿨버스는 지역에 따라 나누어져서 운행된다. 노스캐롤라이나에서는 지역이 넓어서 스쿨버스가 40분 이상 도는 경우가 많았다. 마지막에 타면 안 힘들지만 처음 타는 아이는 40분 이상 차를 타야 했다. 딸아이는 아침에는 처음 타는 코스라 40분을 탔고 올 때는 처음이니 바로 내릴 수 있었다. 다른 아들들도 보통 20분 이상은 차를 타고 다녔다.

스쿨버스에서 학생이 내리는 걸 부모가 도와주고 있다. 오른쪽에 보면 바가 나와 있고 안 보이지만 왼쪽에는 스톱 사인이 있다. 그러면 모든 차선의 차들이 다 서야 한다.

한국에서도 그 정도 차는 타지만 미국의 넓은 공간에서 지내는 게 익숙해지고 편안한 차에 익숙해지면 좁은 스쿨버스를 타는 걸 불편하게 느끼기 시작한다. 고등학생인 경우는 키가 다 자라 어른 정도인데 스쿨버스는 아이들의 말을 빌리자면 초등학생용이라 좁고 숨이 막힌다고 한다. 한국의 마을버스를 잊어버린 투정이다.

아이들의 스쿨버스 시간은 다 다른데, 그 이유는 한 지역에 스쿨버스 한 대로 고등학생, 그다음엔 초등학생, 마지막으로 중학생을 태운다. 올 때도 그 순서로 온다. 고등학생인 큰아들이 6시 20분에 가면 딸이 7시 40분에 가고, 마지막으로 작은아들이 8시 20분에 갔었다.

그러나 린치버그는 조그만 시골이라서 스쿨버스가 그렇게 오래 돌지 않는다. 중학교와 고등학교가 나란히 붙어 있어서 7시 20분에 함께 타고 10분도 안 걸려 학교에 도착하며, 그 후에 초등학생이 8시에 타고 간다. 수업 시작도 중, 고등학교가 8시에 수업을 시작하고 2시 15분에 끝나 2시 35분이면 집에 온다. 초등학교가 8시 30분에 수업을 시작하고 3시에 수업이 끝나며 3시 30분이면 집에 온다. 그러나 이것도 우리 카운티와 린치버그의 학교와 다르다. 린치버그는 수업 시간이 9시에 시작하고 3시 30분에 끝난다.

워싱턴 같은 대도시는 1-2시간 이상 스쿨버스를 타기도 한다. 아침부터 긴 시간 차를 타고 다니면 수업을 할 때 지치기 때문에 개인 차로 데려다 주는 경우가 많다.

나 같은 경우도 딸아이가 멀미하고 쓰러진 이후로 스쿨버스는 오후에만 타고 오게 하고 아침엔 좀 더 자게 한 다음 아침을 먹여서 차로 데려다 주고 있다. 두 아들도 그 덕에 좀 더 잘 수 있게 되었고 아침엔 편하게 다닐 수 있었다.

미국 학교의 특별한 제도들

미국의 학교는 한국과 다른 제도가 몇 가지 있다. 첫 번째가 선생님 업무일 teacher's work day이라는 것이 있다. 이 것은 한 쿼터가 끝나거나 학기가 끝났을 때 교사들이 학생들의 점수를 정리하고 학사관리를 하는 날을 따로 두는 것이다. 한국에서라면 근무시간 이외라도 여러 가지 학교 일들을 하는 것이 상례이지만 미국은 정해진 근무시간이 아니면 일을 하지 않는다. 그러다 보니 수업이 끝나면 특별히 맡은 클럽이나 업무가 없는 한 교사들도 비슷한 시간에 퇴근한다.

두 번째는 전체 조퇴 early dismissal라는 것이 있는데 이것은 학생이 1시간 혹은 2시간 일찍 집에 가는 것이다. 눈이 올 것 같다거나 길이 얼 확률이 있다거나 혹은 교사의 업무 시간을 위해 행해지는 제도다. 물론 학생이 개인 사정으로 집에 일찍 가야 할 경우에도 적용된다.

세번째는 눈이 왔다거나 길이 살짝 얼어서 스쿨버스 운행이 어렵다고 판단 되면 학교 수업이 취소되고 전화나 텔레비전 방송으로 알려 준다. 겨울이 되면 일기 예보를 확인해서 눈이 올 확률이 높거나 영하의 날씨로 길이 얼 것 같으면 아침 일찍 텔레비전을 켜거나 학교 홈페이지에서 수업이 취소되었는지를 확인해야 한다. 이 제도는 눈이 워낙 많이 오는 북쪽 지역에서는 좀처럼 시행되지 않는다. 우리가 있는 곳처럼 눈이 자주 오지 않는 지역에서 도로관리나 장비의 부족으로 생기는 어려움 때문에 시행되는 제도다.

미국에 와서 처음에는 이 제도가 이상하게 생각되었었다. 눈이 조금 왔기로, 길이 조금 얼었기로 온 학교들이 수업을 안 하는 게 정말 이상했다. 아이들이야 학교 안 가고 쉬니 처음엔 신나하지만 나중에 결국 보충수업 makeup day을 하기 때문에 실상은 마찬가지였다. 이렇게 빠진 수업을 공휴일에 보충하기 때문이다. 이것을 알게 된 아이들이 나중에는 공휴일에 학교 가는 게 더 싫다고 한다.

학부모 참여와 기금마련

미국 학교는 부모가 학교 운영에 참여할 수 있는 창구를 가지고 있는데, 그것을 PTA Parent Teacher Association라 한다. 정기적으로 모임을 하고 정책 결정을 도우며 기금을 마련하는 등의 일을 한다. 얼마의 회비를 내면 누구나 참여할 수 있는데, 미국 학교의 운영과, 교사와 또 다른 학부모와의 연계를 위해 참여해 보는 것도 좋은 경험이 된다. 자원봉사로 학급 운영에 참여할 기회도 많다.

샬롯에 있을 때 딸의 학교는 부모의 활동이 활발한 학교였다. 각 반의 엄마들이 교실에 필요한 물품 도네이션 donation, 기부나 기증도 받고 야외 학습 field trip에도 함께 참여하며 선생님 선물을 고르도록 돕는 물품 리스트도 보내곤 했다. 한국의 자모회, 혹은 학부모회 같은 역할이다. 나는 학교 다니느라 바빠서 많이 참석하진 못했고 가끔 교실에 필요한 물품들을 보내 주곤 했었다.

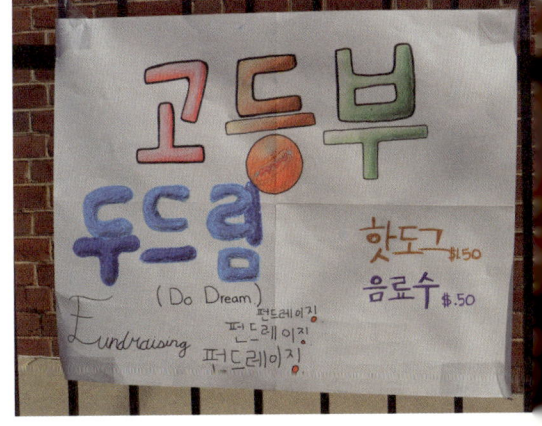

고등부학생들이 행사를 위해 펀드라이징을 한다.
미국에서는 아이들이 펀드라이징을 많이 한다.

미국 학교의 한 특징으로 기금 마련이 합법적으로 가능하다는 것이다. 교육청의 예산이 늘 부족하므로 학교에서 필요한 것을 기금 마련을 통해 보충하도록 허용하고 있다. 종종 아이가 기금 마련을 위한 종이들을 들고 오는데 주로 물건을 구입하면 얼마를 학교에 기부하는 형식이다. 예를 들면, 학교에서 하는 북페어book fair는 출판사들이 학교에서 학생들을 상대로 책을 싸게 파는 것이다. 그러면 팔린 책의 액수에서 얼만 큼에 해당하는 책을 학교 도서관에 기증하는 것이다. 이것을 펀드라이징fundraising이라고 하는데 종류는 다양하게 이루어진다. 쿠폰북, 음식, 책, 장난감 등이 있다.

펀드라이징은 학생들을 상대로만 이루어지지 않고 이웃에게 물품을 팔 수도 있게 되어 있다. 얼마 전 딸아이는 밴드 콘서트를 후원하기 위해 기금 마련을 위한 쿠폰북을 판매했었다. 주변에 있는 이웃이나 가족, 친구들에게 많게는 $3에서 적게는 $.25까지 있는 것으로 동전으로 긁어서 나오는 금액만큼 주는 것이었다. 나는 딸아이와 함께 이웃도 방문했다. 작년에는 아이 혼자 보냈더니 빈손으로 돌아와 아이가 많이 실망했었다. 이 기금은 콘서트에 필요한 경비로 사용되는 것이다.

내가 교회에서 맡은 고등부 아이들이 학교에서 가는 미션 트립mission trip, 그리스도를 알지 못하는 지역에 복음을 전하기 위해 가는 단기 선교 여행 기금 마련을 위해 물건을 팔기에 오렌지를 사주었다. 그 아이들은 부모님의 도움 없이 스스로 기금을 마련해 4월에 과테말라 아이들을 돌보러 간다고 한다. 스스로 힘으로 해보는 경험과 기금 마련의 어려움도 함께 배우는 기회가 되는 것 같다.

학교에서 이루어지는 이런 종류의 기금들은 투명하게 명세가 공개되고 학교에서 필요한 물건들을 구입하거나 학교 수리, 혹은 학생들 특별 활동에 사용된다.

🏫 특별 수업과 방과 후 활동

내 딸아이는 밴드를 수업으로 선택했다. 다른 학교는 오케스트라도 있는데 여기 학교는 밴드만 있다. 악기는 구입하거나 렌트해서 사용하고 수업은 매일 이루어진다. 최소한 일 년에 두 번씩 교내 연주회가 있으며 잘하는 아이들은 지역 대회, 주 대회를 거쳐 미 전 지역 대회에도 나갈 수 있다.

작은아들 학기 말 시상식에서 합창과 오케스트라 콘서트도 한다 했다. 기대를 하고 합창을 듣는데 좀 못하지만 아직 어리니 그러려니 했다. 뒤이어 6학년의 오케스트라 공연에는 멋지게 차려입은 아이들이 무대에 올라와서 튜닝을 했다. 이제 연주를 하겠구나 했는데 인사를 하고 나갔다. 튜닝이 아니라 연주였던 것이다. 더욱 놀라웠던 건 연주가 끝나자 부모들이 일제히 일어나 환호성하며 박수를 치는 것이었다. 한국에서 수준 높은 아들 학교의 공연을 봤었던 터라 처음에는 어이가 없었는데 그 다음 드는 생각이 놀라움과 존경심이었다. 아이들이 전문가가 될 게 아닌데 그저 악기를 하며 즐기는 것으로 족하고 최선을 다했으면 되었다고 격려를 해주는 것이 그 부모들의 태도였던 것이다. 오히려 저 아이들 중에 음악을 사랑하고 즐기는 진짜 음악인이 나올 수 있겠다는 생각이 들었다.

딸이 야외에서 밴드공연을 하고있다.

그 후로 딸아이의 공연을 볼 때 비교하거나 내 아이만 튀기를 바라는 마음으로부터 많이 자유로워질 수 있었다. 나는 이제 이렇게 말한다.

"그 순간을 즐겨. 행복하게 해. 꼭 잘하지 않아도 돼. 네가 주인공이 아니어도 돼."

학교 수업 외에도 학생들은 다양한 방과 후 활동들에 참여할 수 있다. 다양한 클럽들이 있는데, 축구,

큰아들 봉사클럽에서

풋볼, 야구, 테니스, 농구, 골프, 마칭밴드, 치어리더, 앨범부, 오케스트라, 신문, 종교, 드라마, 적십자, 봉사활동 등 굉장히 다양한 클럽들이 있다. 한 개 혹은 그 이상도 참여할 수 있다.

스포츠는 계절별로 다르게 운영된다. 그리고 스포츠 클럽은 꼭 병원에서 신체 검사를 받아와야 하며 선발 시험try out을 통과해야 들어갈 수가 있다.

큰아들은 축구팀에 들어가려고 선발 시험에 참여하여 여름 방학 때 일주일간 새벽마다 학교 운동장에서 훈련을 받았다. 코치가 계속 관찰하고 마지막 점검이 이루어진 후 최종적으로 발표했다. 그러나 체력이 너무 약해서 떨어지고 말았다. 아쉽지만 축구를 할 수 없었고 고등학교 때는 테니스팀에 들어가서 운동할 수 있었다.

딸은 방학때 아이들을 돌보는 봉사를 한다.

작은아들은 농구를 너무 좋아한다. 그래서 2년간이나 농구팀에 들어가려고 훈련받고 겨우 알아보아 비싼 신체검사도 무료로 받고서 선발 시험에 응시했는데 그만 떨어지고 말았다. 얼마나 상심을 했는지 가족 모두가 걱정했다. 삐쩍 마른 몸을 가지고 키도 크고 덩치도 좋은 애들하고 농구를 해 보겠다고 시도한 것만으로 충분하다고 생각한다. 농구팀엔 못 들어갔지만 지금도 여전히 농구를 좋아해서 농구할 기회만 있으면 신나서 농구하러 간다.

작은아들은 한국학교에서 자원봉사를 한다.

이렇게 몇몇 클럽은 선발 시험을 거친다. 치어리더나 노래, 오케스트라 같은 경우는 오디션을 거쳐 선발한다. 일반 다른 클럽들은 원하면 누구나 가입할 수 있다. 큰아들은 봉사활동 클럽에서 계속 봉사활동을 했고 작은아들은 성경클럽에 가입했다. 딸은 드라마클럽에 가입해서 연습하는 중이며 일 년에 한 번 공연을 한다.

성적이 좋은 아이들만 가입하는 우등생클럽honor society도 있다. 성적이 GPA 3.5 이상 되면 가입이 되는데, 특별한 활동은 별로 없고 명예로운 클럽이다.

🏫 여름 방학

여름 방학에도 클럽 활동을 계속하는 경우가 많다. 마칭 밴드, 치어리더, 풋볼 같은 팀들은 뙤약볕에서 훈련을 가지거나 수시로 연습을 한다. 그렇지 않은 클럽들도 각기 여러 가지 방법으로 클럽의 취지에 맞는 활동을 한다.

봉사활동 클럽 같은 경우는 방학 기간 중에도 지역사회에 가서 봉사활동을 하도록 권하고 있다. 또한 스카우트는 수시로 캠프를 간다.

클럽활동이 없는 학생들은 긴 방학을 캠프나 여행으로 보내는 경우가 많다. 온갖 종류의 캠프들이 마련되어 있는데 4월 전에 마감되는 경우가 많다. 값이 저렴한 학교 캠프와 YMCA 캠프부터 농구, 야구, 탐험, 미술 그리고, 지도자, 법률, 정치, 저널 같은 특별한 주제를 가진 값비싼 캠프도 있다.

큰아들은 11학년 여름에 법을 전공할 아이들을 위한 캠프에 선발되어 워싱턴으로 5일간 다녀왔다. 좋은 호텔에 머물며 고급스러운 식사를 제공받고 법학과 교수들로부터 강의를 듣고 대학교와 국회를 방문했다. FBI나 CIS의 담당자와 함께 실제 사례들을 가지고 배우고 토론하기도 했다. 팀을 나누어 법정 모의 훈련도 하면서 법학에 대한 지식과 감각을 맛보는 시간이었다고 했다.

법학을 할 사람들인지라 옷과 신발, 가방에 대해 규제를 많이 했다 꼭 정장을 입어야 하며 약간 자유로운 시간에도 세미 정장을 입어야 했다. 청바지나 티셔츠는 금지되었다. 식사도 정식 코스를 따라서 먹어야 했고 식사 중에 소리가 나거나 먹는 순서가 틀리면 혼났다고 한다. 미국 상류층 삶의 방식을 가르쳤던 것 같다. 일주일 뒤에 만났는데 아이가 몰라볼 정도로 말라있었다. 소시민이 상류층처럼 먹고살려니 힘에 부쳤던 것이다. 정식 코스의 식사가 소화가 안 돼 적게 먹다 보니 배가 너무 고파 룸메이트들과 몰래 피자를 시켜먹었다고도 한다.

이런 종류의 특별 캠프는 조건이 있고 값도 비싸다. 2008년 당시 참가비가 $1,600가량이었고 차량, 용돈, 의상 준비에 목돈이 들었다. 우리 형편에 크게 무리였지만 아이가 법에 대해 또 그 분야의 교수와 친구들을 만난 것이 큰 자극이 되었다고 했다. 우물 안 개구리인 것을 깨달을 기회가 된 것 같다. 큰아들 말에 따르면 도대체 어디서 저런 괴물 같은 애들이 있었던 건지 모르겠다고 한다. 너무나 똑똑하고 자신만만하고 확실한 가치관을 가진 리더가 될 만한 아이들이었다고 했다. 그 아이들이 이다음에 미국을 만들어 가는 주도적인 사람들이 되지 않을까?

이런 캠프 외에도 주 정부가 지원하는 무료 캠프도 있다. 버지니아에 있는 것으로는 영재 아이들을 모아 일주일에서부터 한 달에 이르기까지 종류별로 여는 캠프가 있다. 모든 경비는 무료다. 1-2주간의 캠프는 주로 초, 중학생을 대상으로 하며 숙식하지 않고 집에서 다니는 것이다. 미술, 과학, 수학, 드라마, 레고와 같은 종류들이 있다.

딸아이는 작년 여름에 드라마 캠프에 다녔는데 2주 동안 무료로 다닐 수 있었다. 스쿨버스도 제공하며 오디션을 통해 선발했고 캠프가 끝날 때 공연도 했다. 내가 다니는 학교의 극장에서도 드라마 캠프를 개최해서 보내려고 했는데 1주일에 $150 가량 내야해서 무료 캠프만 다녔다.

캠프 외에도 미국 학생들은 봉사활동, 아르바이트, 장래의 전공과 관련된 인턴십, 폭넓은 견문을 위한 여행으로 바쁘게 보낸다. 우리 학교 학생들 중에는 집 짓기 봉사활동에 참가해 무더운 여름 내내 집을 지어 주러 다니는 학생들도 있었다. 가난한 사람들이나 노숙자, 미혼모를 위한 시설들을 지어 주는 것이다. 또한 미션 트립mission trip이라고 해서 자비를 들여 각 나라로 흩어져 전도 및 봉사활동을 떠난다. 교회를 중심으로 해서 태국 같은 동남아시아에 영어를 무료로 가르쳐 주는 여행을 하기도 한다.

프롬 prom

프롬은 일종의 졸업 파티와 비슷하다. 꼭 졸업할 때만 하는 것은 아니고 학년이 끝날 때 하는 파티라고 보면 된다. 그러나 대부분 11-12학년 위주다.

학교에 프롬 광고가 나가면 학생들은 함께 갈 짝을 찾으러 동분서주한다. 사귀는 친구가 있으면 함께 가면 되지만 그렇지 않은 학생들은 짝을 찾을 수밖에 없다. 가끔 남자친구끼리 혹은 여자친구끼리 가기도 하고 용감하게 혼자 가기도 하지만 이건 대단한 배짱이 요구된다.

대부분은 남학생이 여학생에게 프러포즈하고 동의를 얻으면 여학생 참가비까지 내주는 것이 관습이다. 참가비는 학교마다 다르지만 대략 한 명당 $45-60 정도다. 보통 남학생은 턱시도를 입는데 여학생 드레스 색깔에 맞추어 넥타이를 맨다. 남학생이 여학생 집으로 데리러 가면 여학생은 남학생의 손목에 매는 코사지를 주며 함께 차를 타고 프롬 장소로 가게 된다. 리무진을 타고 가기도 하는데 이것은 개인의 상황에 따라 다르다. 프롬 장소는 보통 호텔에서 하기도 하지만 학교에 따라서 학교 강당에서 하는 경우도 있다.

큰아들은 졸업을 앞두고 여학생에게서 프롬에 같이 가자고 신청을 받았다. 그런데 거절하고는 참가하지 않았다. 미국 문화 경험도 하고 그 여학생이 무안하지 않게 갔다 오라고 해도 가지 않았다. 가지 않는 이유를 세 가지 들었는데, 첫째는 사귀는 여자친구도 아닌데 돈까지 내주며 가기엔 돈이 아깝다는 것이고, 둘째는 춤을 춰 본 적이 없는데 어떻게 춤을 추느냐는 것이고, 셋째는 프롬에 가서 술 마시고 성적인 문제가 자주 발생하기 때문에 가지 않겠다는 것이었다.

크리스천 학교들은 예외지만 공립학교의 프롬은 그럴 여지가 많은 것이 사실이었다. 큰아들은 주변에서 그런 일들을 자주 보아왔기 때문에 더 그렇게 판단한 것 같았다. 가정형편을 고려한 것도 이유였다. 참가비에, 턱시도 빌리는 것에, 꽃 등 기타 비용에 적잖은 돈이 필요하기 때문이다.

하여간 미국에서의 프롬은 청소년들의 중요한 이벤트고 기대하는 날이다.

🏫 시상과 졸업

한 학기가 끝나면 성적 우수자 시상과 발표회를 겸한 시상식과 비슷한 날을 가진다. 성적이 모두 A, B가 되거나 올 A가 되는 학생들을 A, B Honor or A Honor라 하고 상장과 부상을 주기도 하고 파티를 열어 주기도 한다. 노스캐롤라이나주에서는 매 학기 했는데, 여기 린치버그는 시상을 하지 않고 학교 게시판에 명단을 부착해 놓는다.

학년을 마치려면 시험을 치러 통과해야만 한다. 버지니아는 이 시험 이름을 SOL Test라고 하는데 영어, 수학, 혹은 과학과 사회를 치기도 한다. 초등학생, 중학생, 고등학생이 치는 시험 과목이 다르며 시험을 친 후에는 그 점수가 집으로 보내진다. 일정한 레벨에 오르지 못하면 다음 학년에 올라갈 수가 없다. 교육청에서는 레벨이 되지 못한 학생들이 이 시험을 통과할 수 있도록 여름 방학 기간에 보충 수업을 하게 하고 재시험도 보도록 도와주고 있다.

이 시험은 학교의 레벨을 결정하는 요인이 된다. 그래서 시험 기간이 되면 교사들은 아이들이 높은 점수로 시험에 통과하도록 연습문제도 풀리고 안내문도 보내고 열심히 하도록 격려한다. 어느 초등학교는 이 시험에서 만점 받거나 높은 점수로 통과한 아이들에게 시상을 해서 격려하기도 한다. ESL 학생들은 어느 정도 준비가 되었다고 판단되지 않으면 시험을 보지 않는 경우가 많다. 학생을 배려하는 것도 있지만 만약 준비가 안 되었는데 시험을 보게 하면 학교의 전체 점수가 떨어지기 때문이기도 하다. 그러나 중, 고등학교는 ESL 학생도 시험을 통과해야 다음 단계로 올라갈 수 있다.

딸아이가 초등학교 다닐 때의 일이다. 학교에서 돌아와 아이가 슬픈 얼굴로 말했다.

"엄마, OOO가 시험을 못 봐서 학년을 못 올라간대."

"어머나, 진짜로 못 올라가. 그냥 하는 말이 아니고."

"OOO는 작년에도 못 올라가서 우리보다 한 살 많은데. 또 못 올라가면 두 살이나 어린애들하고 공부해야 해. 오늘 학교에서 많이 울었어."

한국은 아무리 성적이 나빠도 학년은 올려주고 졸업도 시켜주는데 미국은 진짜로 유급시키고 졸업도 안 시키는 것 같다. 하지만 최소한 해야 할 부분을 보충시키고 따로 도와주는 역할은 한다.

졸업을 할 때도 졸업 시험이 있다. 정해진 과목을 이수해야 하고 시험도 치러야 하고 마지막 정해진 프로젝트도 통과해야 한다. 큰아들은 프로젝트로 교사 처우에 관한 리서치 보고서를 작성했다. 12학년이 되면서 제목과 방향을 교사에게 보고하고 수시로 진행 상황을 점검받았다. 교사는 자료를 찾을 수 있도록 도와주고 글을 쓰는 방법도 알려주어 무사히 잘 통과할 수 있었다. 이 프로젝트는 학교 교사들이 검사하는 것이 아니라 교육청에서 사람이 나와서 학생이 하는 프레젠테이션을 보거나 페이퍼를 점검해 통과시켜 준다. 만약 통과되지 못하면 여름 동안 다른 과정을 이수해야 한다. 그러나 이 제도도 주에 따라 교육청에 따라 다른 경우가 많다.

미국은 한국과 같이 졸업할 때만 받는 앨범이 없고 대신에 매해 전체 학생들의 사진과 활동을 담은 이어북 yearbook이라는 것을 만든다. 사는 것은 선택이고 값은 $16~45까지 다양하다. 중학교는 비교적 얇게 만들고 값도 싼 편이고 고등학교는 좀 더 두껍게 만들고 값도 비싼 편이다. 두 아들은 중학교, 고등학교 마칠 때만 이 책을 샀는데, 딸아이는 친구들 얼굴이 있다고 굳이 해마다 이 책을 산다.

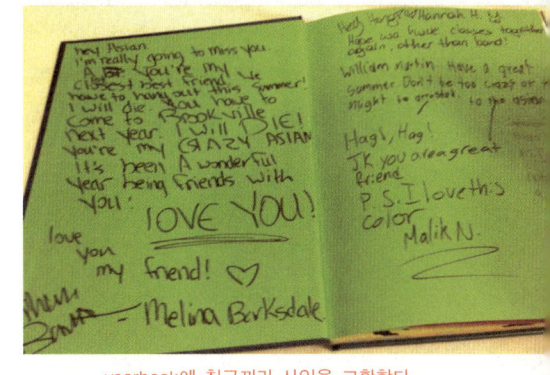

yearbook에 친구끼리 사인을 교환한다.

학교 다니는 동안에도 일 년에 몇 번씩 사진을 찍어 사게 하고 또 졸업을 앞두면 정해진 사진관에서 나와 졸업 사진으로 여러 장면을 찍어 주고 사게 한다. 이 사진은 이어북에 들어간다. 두 아들 사진 값이 만만치 않아 이어북에 사진이 들어간 것으로 됐다고 따로 사진을 사지 않았다. 하지만 딸아이는 매해 이 사진을 사서 아빠에게도 보내고 나에게도 갖고 다니라고 준다. 돈이 드는 단점이 있지만 사진을 모아 보니 아이의 자라는 과정이 한눈에 보여서 좋기는 하다. 더구나 이 사진이 미인 대회 예비 심사 자료가 되어 내 딸은 매해 미스 아메리카 대회 참가 초청을 받는다. 아들들은 왜 뽑히는지 이해가 안 된다고 고개를 젓는다.

미국은 학제가 연결되므로 사실상 졸업의 개념이 없다. 다만 학기를 마감하는 시상의 개념으로 졸업식을 개최한다.

딸아이가 초등학교 졸업식에서 상을 받고 있다.

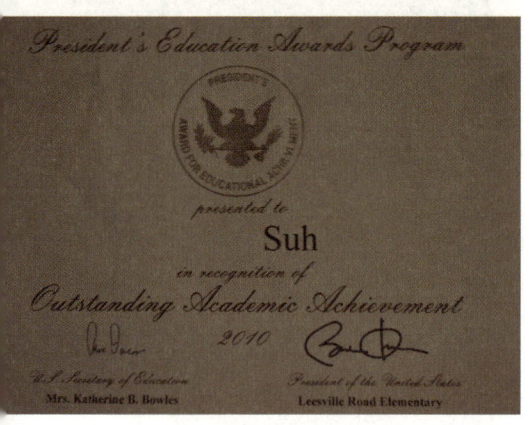

딸아이가 초등학교 졸업할 때 받은 대통령상

나의 아이들은 초, 중, 고등학교를 각각 마쳤다. 딸아이는 2010년 6월에 초등학교를 졸업했다. 딸을 끔찍이 아끼는 남편도 졸업에 맞추어 들어와서 함께 기대하고 참석했다. 선생님 드리려고 꽃다발도 준비했다. 그런데 강당에 들어서니 분위기가 좀 달랐다. 꽃다발을 든 것도 우리뿐이었다. 옷을 차려입은 것도 우리뿐이었다. 다른 사람들은 가볍게 와 앉아 있는 것 같았다. 4학년과 5학년만 참석한 졸업식(?)은 그냥 웬만하면 누구에게나 온갖 이름을 붙여 상장을 주는 시상식의 느낌이었다. 딸아이는 올 A를 받아 교장이 대신 읽어주는 오바마의 축하 편지와 사인이 있는 대통령상을 받았다.

물론 단 한 명이 받는 상도 아니었지만 아무도 그 상을 대단하게 여기는 것 같지도 않았다. 다른 이름의 상을 받는 모든 아이에게 동일한 박수와 격려를 보내주었다. 우리의 한국식 사고를 비교해 보게 되는 기회가 되었다.

작은아들은 중학교를 마치는데 시상식을 한다며 와이셔츠를 입고 오라고 했다. 졸업식이 아니었다. 한국에서 교복으로 입던 셔츠를 이름만 떼고 입고 갔다. 나는 강당에서 식을 기다리고 있었다. 학생이 많은 학교라 학부모들도 많이 참석해 있었다. 학생들이 순서대로 입장해서 정해진 자리에 앉고 합창단이 노래도 부르고 교장 선생님의 간단한 인사와 상장, 그리고 학생 대표의 인사가 이어졌다. 그런대로 졸업식의 면모가 있었다. 학생 대표는 인도 아이였는데 그의 아빠는 눈물까지 흘리고 행복해하면서 사진을 찍었다. 보통 대표는 전체에서 일등한 아이거나 특별한 공이 있는 아이가 된다. 학부모들은 아이가 입장할 때, 상 받을 때, 퇴장할 때마다 환호성을 지르며 박수를 보냈다. 중학 과정을 잘 마친 것을 칭찬하고 격려하는 박수였다.

고등학교 졸업식은 진짜 졸업식이었다. 유치원부터 12학년까지의 모든 과정을 마친 아이들을 위한 졸업식이다. 미국은 고등학교 졸업식에서도 졸업 가운과 모자를 쓴다. 빌리는 것이 아니라 개인이 사서 소장하는데 $45-70까지 주어야 한다. 가운색도 학교마다 다 달라서 구별할 수 있다.

졸업식은 도시의 중요 이벤트다. 각 학교의 학생들이 워낙 많은데다가 그 가족의 인원까지 계산하면 큰 규모가 된다. 그래서 교육청에서 날짜와 시간을 정해 도시 다운 타운에 있는 경기장에서 졸업식을 하게 한다.

큰아들의 졸업식은 2009년 6월 토요일 1시였다. 미리 금요일에 리허설을 했고 주차 방법을 익혔다. 당일에는 주차를 하고 경찰의 지시에 따라 경기장 안으로 들어가는데 어떤 물건들을 소지하는지 검사를 한다. 물과 커피도 반입할 수 없고 가방도 다 검사를 한다. 많은 사람이 모이니 만일에 있을 사태를 대비하여 취하는 조치다.

졸업식은 축제와 같았다. 부모들은 입장하는 아이들에게 격려의 박수를 보내며 환호성을 질렀고 아이들은 자랑스러워하며 행진했다. 각 순서를 재미있고 즐겁게 받아들였고 때로는 감동적인 시간도 가졌다. 선생님 소개를 하면 졸업생들과 학부모들이 환호성을 하며 기립 박수를 보냈다. 한 사람

아들의 고등학교 졸업식

씩 이름이 불리면 단상에 나가 졸업장을 받는다. 아주 자랑스러운 순간이었다.

자신의 아이 이름이 불리면 참석한 가족들이 일어나 환호성을 하고 박수를 보낸다. 식이 모두 끝나면 학생들이 모자를 던지며 졸업식의 마지막을 장식한다.

나에게 큰아들의 졸업은 감격의 순간이었다. 미국에 와서 우여곡절을 겪으며 보낸 시간들이 스쳐 지나갔고 잠을 줄여가며 고생하고 공부했던 큰아들의 모습도 떠올랐다. 이 노력이 낯선 미국에서 졸업할 수 있게 도와준 힘이 되었다. 나는 아이가 자랑스러웠다.

🔸 졸업식의 기억

실감이 안 났다. 한국과 분위기가 달라서 그런지 졸업식 느낌이 없었다. 졸업식을 하는 동안 그간의 미국생활이 스쳐 지나가면서 나름 뿌듯한 마음이 들었다.

-큰아들-

앞에서 노래를 불렀다. 근데 그냥 웃음이 자꾸 나왔다. 식을 하는 동안 바닥에 앉아있었는데 불편했다. 아빠가 왔다. 싸웠던 친구들과 앉아서 장난치며 이야기하다 다시 친해졌다. 아이들이 아빠나 가족이 어디 있냐고 물었다. 말을 안 해주고 모른 체 장난하는데 아이들이 아시안 사람을 찾아서 맞냐고 했다. 계속 모른 체 했더니 애들이 자꾸 물으며 찾았다. 나중에야 말해 주었다. 슬프지도 설레지도 않았다. 몇 명을 빼고 다 중학교에서 만나기 때문이다. 마지막 수업이 끝나고 전화번호를 서로 주고받고 포옹하며 헤어졌다.

-딸-

사립학교는 미국에서 차세대 리더들을 키우는 중요한 장이 되고 있다. 공립학교가 여러 가지 문제들을 안고 있는 것도 한 이유지만 정치, 경제 등에서 상류층을 이루고 있는 사람들이 그들의 자녀들을 좀 더 질 높은 교육을 하고자 하는 열망을 가지고 있어 사립학교를 더 선호하게 만드는 요인이 되고 있다. 또한 종교 교육이 금지된 공립학교를 떠나 종교적 배경으로 자녀를 키우고자 하는 부모들이 종교학교로 떠나는 것도 한 이유다.

미국으로 유학을 오는 학생들은 부모가 동반해서 적당한 비자를 가지고 있지 않는 한 사립학교에 다닐 수밖에 없다. 이 학생들은 독립된 F1 비자를 가지고 사립학교에 입학하게 된다. 학생 혼자서 지내야 하는 상황이므로 미국에 오기 전에 사립학교에 대해 자세히 알아보고 자신의 상황에 맞는 학교를 잘 선택해야만 한다.

사립학교 종류와 특성

사립학교는 몇 가지 종류로 나눌 수 있다. 기숙사가 있는 값 비싼 이른바 명문 사립학교, 종교 교육을 목적으로 하는 값이 싸고 우수한 교육 프로그램을 가진 사립학교, 훈련과 규율을 중시하는 군사학교 military school가 그것이다.

유명한 사립학교인 부시 대통령이 다닌 Phillips Academy, 앨 고어가 다닌 St, Alban, 존 매케인이 다닌 Episcopal School, 프린스턴 대학 근처의 예비학교인 Lawreceville school, 홍정욱 씨가 다녔던 Choate Rosemary Hall 등이 학문적으로 뛰어난 학교들이다. 복음주의 교육을 목표로 하는 명문 학교로는 Northfield Mount Hermon로 전인 교육을 하는 학교다. 적은 재정으로 유지되지만 교사들의 헌신으로 교육을 이끌어 가는 Darrow School 같은 학교도 있다.

또한 각 지역마다 종교 교육을 목표로 하는 값이 저렴하며 질 높은 교육을 하는 크리스천 학교들이 많이 있다.

미국 사립학교가 명문이라 불리는 것은 우수한 아이비리그 대학과 같은 명문 대학의 진학률이 높아서도 있지만 또 다른 이유는 그 학교의 교육 시스템 때문이다. 사립학교는 다양한 교육이 가능하고, 학생 중심의 토론식

사립학교인 리버티 기독학교

교육을 한다는 것, 자기 계발이 가능하다는 장점이 있다. 또한 명문 사립학교는 졸업생들의 후원이 많아서 충분한 기금을 가지고 학생들을 도울 수 있다는 것도 중요한 장점이다. 그러다 보니 사립학교의 시설이 공립학교와 비교할 수 없을 정도고 선발 기준이 엄격해 능력 있는 학생들이 모여 있어 수준 높은 교육이 가능하다.

그러나 사립학교의 단점은 학비가 비싸다는 것이다. 이것은 학생이 아무리 똑똑해도 경제적 여건이 안 되면 질 높은 교육을 받을 기회가 그만큼 적어진다는 것을 의미한다. 명문고는 일 년에 $40,000 이상의 학비를 내야 한다. 크리스천 학교인 경우는 훨씬 싼 학비를 가지고 있다. 일 년에 약 $5,000-12,000 정도면 학교에 다닐 수 있다. 그러나 기타 비용이 들어가고 유학생인 경우 홈스테이homestay, 외국 유학생이 체류국의 일반 가정에서 지내는 것 비용이 더해져 만만치 않은 경비가 들어간다.

🏫 입학절차

사립학교에 들어가려면 입학시험을 치러야 한다. 기숙학교는 SSAT Secondary School Admission Test, 미국 사립고등학교 입학 시험라는 시험을, 일반 학교는 ISEE Independent School Entrance Examination, 일반 사립학교 입학시 필요한 시험라는 시험을 치러 요구되는 점수를 얻어야만 한다. 명문고인 경우는 SSAT가 90%, TOFEL이 IBT로 100 이상이 되어야 들어갈 수 있다. 그러나 학교마다 요구하는 기준이 다 다르므로 학교 홈페이지에 들어가서 확인하는 것이 좋다.

학년과 나이, 영어의 능숙함도 각 학교가 요구하는 기준이 다르다. 서부 지역에서는 정해진 학년보다 나이가 많으면 입학을 허용하지 않지만 동부에서는 2년 이상 차이 나지 않는 한 받아 주는 경우가 많다. 어떤 학교는 ESL이 있으면 영어 점수가 낮아도 받아주기도 하지만 ESL이 있어도 영어 시험 성적이 낮으면 전혀 입학을 허용하지 않는 학교도 많다. 더구나 ESL 과정이 없으면 영어 능력이 안되는 학생의 입학을 허용하지 않는다.

서류 신청서, 교사 추천서, 성적표, 시험 성적표를 낸다. 서류를 낸 다음

대부분 학교가 인터뷰를 요구한다. 명문고에서는 인터뷰가 입학 사정의 중요한 요인으로 여겨진다. 다양한 목적을 가진 학교들의 방침에 맞는 학생을 선발하기 위해 인터뷰는 중요한 절차다.

명문 사립고의 입학서류 접수는 11월부터 시작된다. 학교 투어와 학교 담당자와의 교류하면서 서류를 준비하면 되고, 입학원서는 1월 중순에 마감된다.

학교 등록금 및 시설

사립학교의 등록금은 차이가 크게 난다. 명문고는 기숙사비와 식비를 포함해 약 $40,000 이상이 된다. 일반 사립학교도 지역이나 학교에 따라 학비가 차이가 난다. 학비만 $5,000-12,000 정도 들어간다. 재정이 튼튼해서 시설도 좋고 교육 프로그램도 좋은데 학비가 싼 경우도 있고, 시설이나 교육 프로그램이 열악한데 학비가 비싼 경우도 있다. 일단 유학생 비율이 높으면 학교 재정이 약해서 유학생에게 의존하는 것이므로 잘 고려할 필요가 있다.

나는 몇군데 사립학교를 볼 기회가 있었다. 크리스천 학교도 교회에 속한 경우도 있고 사립 재단에서 운영하는 곳도 있었다. 어떤 학교는 시설이 정말 열악해서 운동장이나 부대시설이 없으며 교실도 컨테이너로 이루어져 있는 경우도 보았다. 반면에 학교 규모가 크고 시설도 좋으며 교사진도 너무 괜찮은데 학비는 일반 학교와 같은 경우도 있었다. 학교 홈페이지를 확인하고 주변 사람들에게 묻기도 한다. 할 수 있으면 직접 와서 보는 것이 제일 나은 것 같다.

명문 사립고인 경우는 학생 인원도 많고 규모도 크지만 지역의 일반 사립학교는 규모가 다 다르다. 샬롯에 있는 노스사이드 기독학교 Northside Christian School는 규모도 크고 시설도 좋은데 학생은 소수만 받아서 교육했다. 반면에 또 다른 한 학교는 규모도 작고 시설도 부족한데 학생 수가 아주 많았다. 대부분의 학교는 학생 수가 많은 편이 아니라서 학생 개개인을 잘 돌보며 관리해 주고 있다.

🏫 사립학교의 기타 부대비용

기숙학교가 아닌 경우 스쿨버스, 급식, 재료비 등을 개인이 다 부담해야 한다. 급식은 한 끼에 $5.00-10.00까지 드는데, 자신이 먹는 양에 따라서 달라진다. 때로 홈스테이 집에서 도시락을 싸주기도 하지만 대부분은 사 먹는 편이다. 급식비도 홈스테이에서 주는 곳도 있고 자신이 부담하게 하는 곳도 있다.

사립학교는 보통 교복을 입는 경우가 많다. 폴로 티셔츠나 블라우스, 스커트, 면바지, 카디건을 주로 입으며 색을 정해주어 입게 한다. 내가 있는 지역의 한 사립학교는 졸업생들이 교복을 기증해서 다음 신입생들이 물려받을 수 있도록 하고 있다. 교복을 새로 산다 해도 한국처럼 그렇게 비싸지 않다.

🏫 교육과정 및 활동

사립학교의 교육과정은 일반 공립학교와 비슷하다. 다만 다양한 프로그램의 도입으로 특성화된 내용을 첨가하고 있다. 대학 입학 시에 요구되는 교육과정이 정해져있기 때문에 기본 과목을 수업하는 것은 같지만 그 외의 과목이나 활동을 학교 특성에 맞도록 조정하고 있다. 크리스천 학교인 경우는 종교 과목이나 예배, 스포츠, 봉사활동이 추가된다. 명문 사립고는 전 학생이 방과 후에 스포츠를 하도록 정하고 있다. 승마, 골프, 농구, 수영, 축구, 미식축구, 하키, 야구 등의 스포츠를 할 수 있도록 시설이 갖추어져 있다. 또한 악기도 장려해서 대부분의 학생이 악기를 다루며 자체적으로 연주회를 하기도 한다.

고등학교 테니스장

우리 집에 아들 친구들이 모여 놀고 있었다. 그날의 주제는 곧 있을 프롬이었다. 갈 것인지 안 갈 것인지, 어떤 옷을 입을 것이지 이야기를 나누었다. 한 여학생이 불평을 했다. 크리스천 학교에 다니는 아이였는데 곧 갈 프롬에 입을 드레스가 영 마음에 안 드는 모양이었다.

들어보니 이 학교는 드레스를 엄격히 제한하고 있었다. 길이가 무릎 밑으로 내려와야 하고 어깨 부분이 끈이면 안 되고 앞이 파져도 안 되니 미국에서 그런 드레스를 찾기는 무척 어려웠다. 설령 찾아도 예쁘기는 힘들 것이었다. 학교에 도착하면 입구에서 드레스 검사에 통과되어야 들어갈 수 있다고 했다. 드레스가 이 정도니 프로그램이나 다른 규제는 더 할 것이었다. 그 여학생은 재미없을 것 같아 안가고 싶은데 같이 갈 남학생이 섭섭해 할까봐 가야한다고 투덜거렸다. 이런 학교라면 엄마로서는 마음 놓고 딸을 보낼 수 있을 것 같았다.

이처럼 크리스천 학교들은 종교 교육뿐만 아니라 다른 분야도 엄격히 규제하는 훈련이 있는 교육을 하는 경우가 많다.

🏫 졸업식

내가 아는 아이가 사립학교인 노스사이드 기독학교를 졸업하게 되어 참석했었다. 처음 미국에 왔을 때 함께 어학코스 다니며 큰 힘이 되었던 유니의 아들이었다. 유니는 한국에 있고 친척집에서 홈스테이를 하고 있었기 때문에 쓸쓸해 할까 봐 온 식구가 가서 축하해 주었다.

졸업식은 인상적이었다. 그 학교는 6학년까지 초등학교였는데 학급이 2반밖에 없었다. 학교 규모는 매우 크고 시설도 아주 좋은 곳이었는데 학생 수가 적으니 학생들을 아주 잘 돌보고 있었다. 졸업식이 강당에서 있었다. 학생들이 잘 차려입고 양쪽 입구로부터 행진해서 들어왔다. 부모들이 일어나 기립박수를 보내며 환영했고 아이들은 자랑스럽게 걸어 들어왔다.

고등학교 졸업식 장면

　학생들은 여러 부분으로 나누어 자신들의 장기를 표현하는 시간도 가졌고 시상도 이루어졌다. 선생님의 이야기는 간략했지만 아이들의 시간은 충분히 주어졌다.
　졸업장을 받으러 나오기 전 각 학생의 사진들이 스크린을 통해 보여졌다. 어린 시절부터 학교생활하는 다양한 사진들이 지나갔다. 뜻깊은 졸업식이었다.

*학비 및 필요 경비

리버티대학교Liberty University 부설 사립학교인 초, 중, 고등학교를 참고로 소개한다.
비용은 1년을 기준으로 한 것임.

1. 접수비 application Fee: $750

2. 학비 tuition
   유치원 kindergarten: $5,275
   1-5학년: $5,475
   6-8학년: $5,875
   9-12학년: $6,227

3. 책값 및 활동 비: kkindergarten-5학년: $270
                    6-12학년: $320

4. 스쿨버스: $800-1,000

5. ESL (학비 외에 지불해야 함):
   1시간 수업 $1,800
   2시간 수업: $3,500

6. 학교 보험: 스포츠의 종류에 따라서 $80-140

7. 재료비: $1,200

*학교 입학 시 필요한 서류
INTERNATIONAL CHECKLIST

리버티대학교 Liberty University 부설 사립학교인 Liberty Christian Academy를 예로 든다.

1. 잔고 증명서

2. 3년간 성적표

3. 학생기록부 discipline records
   (현재와 지난 2년 동안의 것을 내야 함)

4. 3년간 출결사항

5. 여권 앞면 복사

6. 테스트자료: SLEP 나 TOEFL

7. 예방접종 기록 Medical Records and Immunization Records

8. 보호자 공증 서류 Notarized Guardianship Documentation

9. 에세이: 예수 그리스도와 나의 관계를 설명하는 500자 에세이. 이 에세이는 다른 사람의 도움을 받지 않고 학생의 손에 의해서 쓰여져야 함.

학교 홈페이지 주소는 www.lcabulldogs.com다.

TIP!

입학 준비

큰아들 SAT시험 보는 날이다. 새벽에 일어나 준비를 하고 아침을 먹는 둥 마는 둥 하던 아이는 출발하자고 한다. 긴장하는 기색이 역력하다. 매주 주말마다 도서관에 가서 공부를 하고 여름 방학은 쉬는 시간도 없이 도서관에서 살았던 아이다. 그 노력의 결실을 점검받으러 시험장으로 가는 날이다.

시험장에 도착하니 많은 아이가 도착해 교실로 들어가고 있다. 차에서 아들을 위해 기도했다. 부디 실수하지 말기를. 평안한 마음으로 시험 보기를. 손을 힘껏 잡아주고 아이를 보낸다. 교실로 향하는 아들의 뒷모습이 너무 안쓰럽다. 비로소 내가 아들의 삶을 대신 살아줄 수 없음을 피부로 절감하는 순간이다. 아들은 스스로 자신의 길을 걸어가야 함을 배울 것이다. 아들의 모습이 보이지 않고 난 뒤에도 나는 주차장에서 떠나지 못하고 있다. 내가 수험생 같다. 가슴이 떨려 운전을 할 수가 없다.

SAT 보던 날의 이야기

　엄청 긴장했다. 한국으로 치면 수능을 보는 건데, 준비가 안 된 느낌이라 더 긴장된 것 같다. 시험을 보는데 시간 분배도 안 되었고 단어도 잘 몰라 문제도 모르겠고 그러니 문제를 잘 풀지 못했다. 시험을 끝내고 나오니 그동안 너무 스트레스를 받아서 오히려 끝났다는 안도감이 들고 쉬고 싶다는 생각만 났다. 　　-큰아들-

　긴장해서 죽는 줄 알았다. 처음 에세이를 쓰는데 손이 덜덜 떨렸다. 문제를 푸는데 머리가 하얘지는 것 같았다. 겨우겨우 문제를 다 풀고 나오는데 아! 끝났다 하는 안도감이 들었다. 　　-작은아들-

대학 알아보기

　나에게 맞는 대학이 어떤 것이 있는지 알아보는 가장 좋은 방법은 컬리지보드 College Board 사이트 www.collegeboard.com에 들어가 보는 것이다. 이 사이트는 시험에 관한 접수와 안내, 결과 통보, 학교에 관한 모든 정보를 제공하는 공식 사이트다. 이 사이트는 미국에 있는 모든 대학을 전공별로, 지역별로 나누어 정보를 제공하는데 직접 학교 홈페이지와 연결할 수 있도록 해 놓았다.

　예를 들면, 내가 이 사이트에서 전공으로 교육학을 찾으면 그 전공과 관련된 학교가 다 나온다. 만약 내가 지역을 동부 혹은 중부로 선택하면 그 지역의 전공이 있는 학교들의 정보가 나온다.

　많은 학교 중에 하나를 선택해 클릭하면 학교와 관련된 자세한 정보들이 뜬다. 학교 홈페이지 주소, 학비, 접수기간, SAT접수 비율, 입학 시 각 학교의 선발 기준, 외국 학생인 경우의 입학 조건 등을 알 수가 있다.

　그러나 주의할 점은 이 사이트를 참고로 대략의 정보를 확인하고 나서는 꼭 학교 홈페이지에 들어가 자세한 정보를 확인해야 한다. 학교 홈페이지에 있는 것이 미처 올라오지 못하는 경우도 있기 때문이다. 입학 조건들은 해마다 바뀔 수도 있다.

큰아들 때 있었던 일이다. 듀크 대학에 원서를 넣으려고 준비하고 있었다. 미국에서 3년 이상 고등학교에 다니고 졸업하면 외국 학생 전형이 아니라 미국 학생처럼 입학 사정을 하고 TOFEL을 면제해 주는 경우가 대부분이었다. 그래서 당연히 TOFEL이 면제되려니 하고 준비를 하지 않았다. 더구나 그렇게 듀크에 들어간 학생이 주변에 있었다. 그런데 원서를 넣으려고 학교 홈페이지에 들어가 보았더니 조건이 바뀌어 외국 학생은 무조건 TOFEL 점수 600점(PBT)을 요구하고 있었다. 전에 들어온 외국 학생들이 학교 수업을 제대로 따라가지 못해 중도 탈락이 많아져 생긴 규정이라고 했다. 접수기간이 끝나가고 있어 TOFEL 시험을 볼 수도 없었다. 그래서 할 수 없이 듀크에 원서 넣는 것은 포기했다.

그러므로 컬리지보드 College Board 뿐 아니라 학교 홈페이지도 꼼꼼히 확인할 필요가 있다. 또한 입학에 관한 내용을 읽을 때 구석구석 자세히 읽어야 한다. 듀크의 TOFEL 규정도 조그만 글씨로 구석에 쓰여있었다. www.collegeboard.com에 들어가서 아이디를 만들어 두면 지속해서 정보를 제공해주고 안내를 해준다.

대부분 대학교는 사이트가 .edu로 끝나고 단과대학인 경우 .org로 끝나기도 한다. 예를 들면 우리 대학교는 종합대학이라 사이트 주소가 www.liberty.edu고, 단과대학의 예는 www.erskin.org가 있다.

가고자 하는 대학을 알아보고 전공에 맞는 몇 개의 대학을 추렸으면 그 다음에 할 일이 대학에 직접 가보는 일이다.

대학 투어

2011년 여름 우리는 대학 투어를 하느라 많은 시간을 보냈다. 작은아들이 그 다음 해 대학에 갈 것이기 때문이었다. 큰아들 때는 너무 경험이 없어서 한 군데도 가보지 않고 결정했더니 장학금이나 여러 정보를 놓쳐 장학금 받는데 어려운 점이 많았다. 그래서 작은아들은 학교도 다녀보고 정보도 꼼꼼히 알아보기로 했다. 큰아들의 경험이 작은아들에게 도움이 많이 되었다.

먼저 접수비를 면제해 주는 여름 방학 기간의 투어 기간이 있었다. 컬리지 위크college week라고 해서 근처의 대학교 세 군데를 가서 투어를 하고 입학에 관한 세미나를 들으면 참석했다는 도장을 찍어준다. 그것이 접수비를 면제해 주는 확인이 된다.

이 투어는 대학 입학 준비를 도와주는 투어도 있고 그냥 학교를 둘러보는 투어도 있다. 대학 입학을 준비하는 학생은 입학과 관련된 투어를 하는 것이 좋을 것이다.

작은아들이 지원하려는 전공이 있는 학교도 갔었지만 그렇지 않은 학교도 다녀 보았다. 그냥 이름만 듣고 알던 것과는 다르게 직접 가서 보니 다른 점이 무척 많았다. 그리고 설명할 수 없는 느낌도 있는 것 같았다. 아들은 괜찮은 학교라고 해서 가보면 자신에게 맞지 않는 학교인 것을 알겠고 별생각 없이 갔는데 괜찮다는 생각이 드는 학교도 있다고 했

대학 투어 중 학교를 안내받고 있다.

다. 근처의 학교 중에서 투어를 하다가 바로 원서를 접수한 학교도 있었다.

여름에 다닌 학교 세 군데의 특성이 다 달랐다. A학교는 다과까지 준비하고 PPT로 입학에 필요한 정보를 설명해 주었다. 필요한 서류, 장학금 조건, 학교 생활을 자세히 설명했다. 그러고 나서 그룹으로 나누어 학교를 투어를 했다. 크지 않았지만 규모가 짜임새가 있고 전통이 있었다. B학교는 큰 관심없이 간 학교였는데 막상 가보니 전통도 있고 학교 분위기가 좋았다. 다만 소규모라 조직적이지 않고 또 전공이 없어서 아쉬웠다. C학교는 오래되지 않은 학교였는데 차로 이동하며 투어할 정도로 규모가 크고 성장세에 있는 조직적인 학교였다. 입학에 관해 PPT로 자세하게 설명을 하고 잘 만들어져

있는 학교 안내 책자도 주었다. 장학금 혜택도 많아 좋은 조건의 학교였다.

근처 학교를 다 돌아본 후에 우리가 사는 주에 속해 있는 학교에 다녀보기 시작했다. 가고자하는 학교 홈페이지에 들어가면 투어를 위한 공간을 따로 두고 안내하고 있다. 인터넷으로 투어 날짜를 확인해서 우리와 맞는 날짜에 예약 했다. 학교 주소와 지도를 찾아보고 입학admission 사무실 위치도 확인했다.

대학 투어 중에

먼저 간 곳은 버지니아대학교Virginia University다. 이 학교는 매우 높은 수준을 자랑하는 입학이 어려운 학교다. 비록 작은 아들이 가고 싶어하는 전공은 없었지만 학교도 둘러볼 겸 다른 학과도 알아볼 겸 보러 갔다. 약 40분 정도 걸리는 거리인데 투어 시작에 좀 늦었다. 학교에는 잘 도착했는데 건물을 찾는데 오래 걸렸다. 학교가 크기도 하고 건물이 복잡해서 20분 이상 찾아다녔다. 도착하니 설명이 좀 지나있어서 몇 가지는 듣지 못했다. 투어를 하는데 아들은 별로 마음에 들지 않는 눈치다. 오히려 딸아이가 학교가 마음에 든다며 '여기 올까?' 하고 말했다. 아들에게 이유를 물어보니 그냥 마음이 가지 않는다고 한다. 그건 설명하기 힘든 개인적인 느낌인 것 같았다.

어떤 학생은 학교 성적도 뛰어나고 SAT성적도 아주 뛰어난 나무랄데 없는 조건을 가지고 있었다. 대학 투어를 하고 있었는데 한 번은 세인트루이스에 있는 명문 워싱턴대학교University of Washington에 갔다고 한다. 먼 거리까지 갔지만 학교 정문을 보는 순간 아이가 그냥 집에 가자고 하더란다. 투어도 안 하고 담당자도 안 만나보고 그냥 그 자리에서 차를 돌려 가자고 해서 다시 그 먼 거리를 운전해서 집으로 왔다고 한다. 이유는 모르겠다고 한다. 그냥 그 학교를 보는 순간 학교가 싫었단다.

만약 학교를 안 보고 선택했으면 어떻게 학교를 다녔겠는가? 나중에 그 학생은 다른 학교에 가보고 너무 마음에 들어서 그 학교를 선택했다. 그리고 지금 그 학교를 아주 재미있게 다니고 있다.

버지니아대학교에 다녀온 후 얼마 뒤 워싱턴 근방의 조지메이슨대학교 George Mason University와 아메리카대학교 American University에 갔다. 4시간을 운전해서 가야 하는 먼 길이다. 조지메이슨대학교는 성장이 급속도로 이루어져 유망한 학교로 꼽히고 있는 학교였고 아메리카대학교는 수준이 높은 학교였다. 둘 다 전공이 있었고 아들의 관심은 아메리카대학교에 있었다. 둘 다 워싱턴이 가까워 다양한 경험도 할 수 있다는 이점이 있었다.

아메리카대학교 투어 중 찍은 사진

조지메이슨대학교에 도착해 보니 생각보다 학교가 아주 괜찮았다. 시설이 뛰어났고 입학 설명회도 잘 준비되어 있었다. 무엇보다 장학금 혜택이 우수했고 학교의 교육과정이 마음에 들었다. 우리는 투어하는 동안 학교가 괜찮다고 연신 감탄하며 다녔다. 아들은 아주 마음에 드는 눈치다.

다음으로 아메리카대학교에 갔다. 기대하고 갔는데 학교가 좀 차갑게 느껴졌다. 건물이며 규모며 다 괜찮은데 예술적인 면모가 없었다. 입학 설명회를 들어보니 학교가 정치적인 성향이 강한 학교였다. 워싱턴이 가까워 학생들이 정치와 연관된 활동들을 많이 하고 있는 것을 알 수 있었다. 작은아들의 전공 영화학과와는 거리가 좀 있었고 오히려 큰아들의 전공과 밀접하게 연관되어 있었다. 큰아들은 국제관계학과 예비 법학을 전공하고 있다. 이 학교 설명회를 들으며 '왜 학교 투어도 안 해보고 학교를 결정했을까'라며 아쉬워했다. 이 학교가 아주 마음에 드는지 여기로 대학원을 와야겠다고 말했다.

몇 개의 학교를 돌아보며 비록 전공이 있는 학교라도 학교가 추구하는 특성이 다르다는 것을 알 수 있었다. 예를 들면 예술학교는 예술 분야의 특성이 있지만 그것도 중시하는 분야가 다른 경우가 많았다. 로드아일랜드대학교 University of Rhode Island는 유명한 예술학교인데 거기는 영화보다 미술계통을 중시했다. 보스턴대학교 Boston University나 에멀슨대학 Emerson College은 영화학과가 강세인 학교고, 프랫대학 Pratt Institute은 디자인이 강세다. 쿠퍼 유니온 Cooper Union은 건축학과가 잘 알려져 있으며 뉴욕대학교 New York University는 대부분의 예술 계통이 다 잘 되어 있다. 또한 LA에는 할리우드가 있어서 영화학과가 유명한 대학들이 많다.

투어를 하면서 대학을 선택할 때 학교 이름이나 유명세가 아니라 그 학교의 전공에 대한 지원을 알아보고 결정해야 함을 절실히 느꼈다.

여름 동안의 투어뿐 아니라 10월과 11월에 학교를 개방하고 입학 설명회를 개최하는 학교들이 많다. 원서를 쓰는 시기기 때문에 학교를 알리고 원서를 받으려고 각종 프로그램을 개최한다. 예술 계통의 학교는 포트폴리오를 제출해야 하는데 이 시기에 포트폴리오 전시나 입학 설명회를 열어서 학생들을 돕고자 한다.

투어를 하고 학교를 알아보는 기간에 도움 될 만한 또 다른 일은 가고자 하는 학교의 담당자와 이메일을 주고받는 것이다. 학교 홈페이지를 참고하며 원서를 쓰긴 하지만 그래도 자세한 정보를 물어봐가며 원서를 쓰는 것이 미처 생각지 못한 실수를 줄이는데 도움이 된다. 보통 그 담당자가 입학 결정에 관여를 하기 때문에 메일을 주고받는 것은 합격을 위해 도움이 많이 된다.

국제학생을 도와주는 인터네셔널 오피스

큰아들은 원서를 넣는 동안 밥존스$^{Bob\ Johns}$라는 학교의 담당자와 이메일을 주고받았었다. 그는 무척 친절한 사람이었는데 수시로 필요한 서류에 대해 안내해 주었고 서류를 받을 때마다 알려주었다. 최종적으로 다른 학교를 선택하게 되어 미안한 생각이 들 정도였다. 그래서 아들은 그 담당자에게 고마움과 미안함을 표시하는 메일을 보냈었다.

🏫 서류준비와 원서접수

각 학교의 홈페이지에 들어가 보면 Admission이라는 창이 맨 위에 떠있다. 혹은 Prospective Students라는 창이 있기도 하다. 클릭해서 찾아보면 입학 서류 마감 시기, 학비, 온라인 서류 접수 코너 등이 있다.

입학 서류는 학교마다 다르기 때문에 꼭 학교 홈페이지에서 확인해야 한다. 미국은 대학 입학 원서도 스스로 찾아서 해야 하기 때문에 잘 알아보아야 한다.

다음은 우리 아이들이 입학할 때 준비했던 방법을 소개하고자 한다.

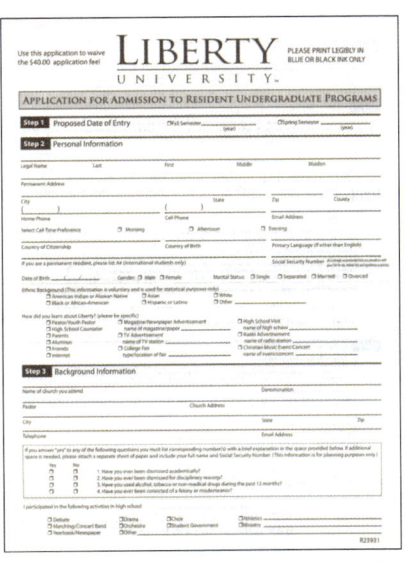

리버티대학교 입학원서

1. 칼리지 보드와 선택한 각 학교의 홈페이지를 자세히 살펴 입학 정보를 모은다.
2. 노란 서류 봉투를 학교 숫자만큼 준비한다. 그리고 앞면에다가 마감 날짜, 입학 원서비, 필요한 서류 목록을 적어 놓는다.
3. 빠른 날짜의 학교부터 원서를 쓰기 시작한다.
4. 에세이를 쓰고 시험 성적을 보낸다.
5. 학교 카운슬러에게 가고자 하는 학교에 성적표와 추천서를 보내달라고 요청한다.
6. 우체국에서 보낼 서류를 부친다.
7. 노란 봉투에 적어 놓은 목록에서 빠진 것이 없는지 체크하고 다 한 것은 지운다.

이렇게 학교마다 원서를 쓰고 지워 가다 보면 어느새 원서 마감이 끝나고 발표일이 다가오게 된다.

그러면 한 가지씩 어떻게 서류를 준비하는지 살펴보자.

접수 마감

미국의 원서 접수는 짧은 기간에 이루어지지 않는다. 9월부터 원서를 받기 시작해서 4월까지 접수가 이루어지기도 한다. 원서 접수는 크게 네 가지 형태로 이루어진다.

얼리 디시젼early decision, 보통 일반 접수가 1월 초에 이루어지는데 얼리 디시젼은 일찍 접수를 받는다. 한국의 수시 특별 전형과 비슷하다. 11월 말까지 받는 경우가 많은데 이 방식의 장점은 합격의 우선권이 주어진다는 것이다. 그러나 단 한 곳의 학교만 지원해야하고 합격하면 다른 학교에 지원할 수 없다. 불합격하면 다른 학교에 지원할 수 있다.

얼리 액션early action 방식은 얼리 디시젼과 비슷한 것이나 여러 학교에 지원할 수 있고 그 중에서 선택할 수 있다. 선택의 폭이 넓은 장점이 있다.

프라이오리티priority, 최근에 생긴 제도인데 얼리 액션과 비슷하다. 얼리 디시젼이 선택의 폭이 좁아 보완하려고 생긴 것이다. 우선 지원한 학생을 위주로 뽑기 때문에 이 기간에 지원하는 것이 유리하다. 학교에 따라서는 이 기간 안에 지원해야 장학금 혜택을 주는 학교도 많다.

미국은 한국에서 가나다군이 있어 지원의 제한을 두는게 아니라서 마음대로 지원할 수 있다. 학생들은 여러 학교에 지원하고 합격한다. 그러다보니 합격한 학생이 그 학교에 입학하리라는 보장이 없다. 그래서 우선 지원하는 학생이 입학할 가능성이 높다고 판단해 합격과 장학금의 우선 혜택을 주어 우수한 학생들을 유치하려는 것이다. 보통 마감이 11월 말경이나 12월 초에 이루어진다.

일반 전형regular, 일반 전형은 1월 초부터 4월까지 학교에 따라 다르게 이루어진다. 보통 괜찮은 학교들은 1월 2일-15일 사이에 일반 전형이 끝난다.

원서 접수비

원서를 접수할 때 접수비를 내는데, $40-120까지 다양하다. 학교에 따라서 국제학생들에겐 전형료를 더 비싸게 받기도 한다. 뉴욕대학교는 현지 학생의 전형료가 $70인데 반해 국제학생에게는 $120을 받는다. 나는 이번에 작은아들이 10개 학교에 내야하는 원서비로 약 $800을 책정했다.

서류준비

공통으로 내는 서류로는 입학원서, 학교 성적표와 학생 기록, SAT, ACT 나 TOFEL 성적, 주어진 주제에 맞는 에세이, 1-2개의 추천서가 요구된다. 크리스천 대학은 신앙고백서나 목회자 추천서가 필요하며, 예술 대학은 포트폴리오를 별도로 요구한다. 국제 학생인 경우는 재정 증명, 학비 지원 서류나 비자 관련 서류가 추가로 제출해야 한다.

원서쓰기

원서를 쓰는 방법은 두 가지가 있다. 첫째는 온라인으로 지원하는 것이고 두 번째는 양식을 내려받아 직접 써서 우편으로 부치는 것이다. 큰아들은 직접 써서 다른 서류와 함께 우편으로 부치는 방법을 택했었고, 작은아들은 온라인으로 접수하는 방법을 사용했다. 직접 부치는 방법paper application 은 분실의 우려와, 날짜에 쫓기게 되면 마음고생을 하게 되는 것, 온라인상에서 자신의 상황을 알 수 없다는 단점이 있다. 원서 접수가 이루어지면 이메일로 알려주기는 하지만 브라운대학교Brown University는 원서 접수가 이루어지면 합격 발표 때까지 담당자와의 이메일을 금지했다 그래서 답답해하며 초조하게 발표를 기다렸었다.

작은아들은 온라인으로 원서를 써서 접수했다. 그랬더니 훨씬 안심 되었다. 원서를 받은 학교 측에서도 바로 접수 사실을 알려주었고 필요한 서류혹은 빠진 서류를 수시로 알려 주었다. 또한 서류를 하나씩 보낼 때마다 바로 상황을 알려주었다.

원서를 쓸 때 학교별로 쓰는 경우도 있지만 공통 원서 common application를 요구하는 경우도 많다. 공통 원서를 한 번 쓰면 그 원서로 지원하는 모든 학교로 보낸다. LA에 있는 주립 대학들은 이 제도에 따라 LA 지역끼리 공통 원서를 받고 있고 뉴욕이나 그 외 대학들도 이것을 사용하는 곳이 많다. 먼저 가고자 하는 학교가 공통 원서를 받는지 확인한 후 이 제도를 사용하면 원서 쓰는데 좀 덜 힘들 수 있을 것이다. 도움이 될 듯해서 공통 원서를 쓰는 사이트 주소 www.commonapp.org다.

에세이 쓰기

학교에 따라 원서와 같이 에세이를 받는 경우도 있고 따로 에세이를 내게 하는 경우도 있다. 대부분은 제목이나 글자수를 제한한다. 250-500자로 요구하며 에세이가 한 개 혹은 세 개까지 있는 경우도 있다. 보통은 지원 동기, 전공에 대한 생각, 특별한 경험 같은 주제들이 주어진다. 막연한 생각을 쓰는 것보다 구체적으로 자세히 쓰는 것이 좋다.

작은아들은 영화학과를 지원했기 때문에 왜 그 전공을 선택했는지를 쓰는 경우가 많았다. 한번은 아이가 물었다. UCLA University of California, Los Angeles 에 제출할 에세이를 쓸 때였는데, 맥이 잡히지 않아 시작을 못하고 있다며 며칠을 끙끙거렸다. 그전 주, 바이올라대학교 Biola University에 지원할 때는 거침없이 쓰더니 이 학교는 오래 고민했다.

나는 처음 영화를 하고 싶다는 계기를 만들어준 그 영화 이야기로 에세이를 풀어 보라고 조언해 주었다. 아이는 그때로 돌아가 보는 듯했다. 함께 그 영화 이야기를 나누며 그때 아이가 생각하고 나에게 말했던 그것들을 어떻게 학교에서, 현장에서 풀어갈 것인지 생각해 보라고 했다. 그 후 아이는 에세이를 완성해 제출할 수 있었다.

성적 보내기

학교에 보낼 성적은 다니던 학교의 4년간 성적과 학교 기록, 공식 시험 성적이다. 학교의 성적은 카운슬러에게 보낼 학교를 말하면 봉인해서 서류를 만들어 준다. 노스캐롤라이나주에서는 만들어진 서류를 학생에게 주어 우편으로 일일이 붙였는데, 여기 버지니아주에서는 카운슬러에게 말하기만 하면 성적과 추천서를 함께 그 학교로 보내준다. 일이 많이 줄었다.

SAT, ACT한국의 수능 시험과 같은 시험 시험 성적은 칼리지 보드College Board에서 관리하는데 신청하면 정해진 학교로 바로 보내준다. 개인이 보내는 성적은 인정되지 않는다. 성적을 보내주는 경비는 한 학교당 $10.50이다.

SAT는 전에 I과 II로 나뉘었는데, 지금은 SAT 논리력 시험SAT Reasoning Test과 SAT 과목별 시험SAT Subject Test으로 나뉜다. 이 두 성적을 한 번에 보내는 것이 경비를 절약할 수 있다.

SAT 논리력 시험SAT Reasoning Test은 수학Math, 읽기Critical Reading, 쓰기Writing, 에세이 파트가 있다. 수학, 읽기, 쓰기는 각 800점 만점이고 에세이는 12점 만점이다. 학교에 따라서 수학과 읽기만 요구하는 경우도 많다. 이것도 학교마다 다르므로 확인이 필요하다. 또한 한국처럼 한 번만 시험을 치르는 것이 아니라 어느 학년이든지 아무 때나 수시로 치를 수 있다. 9학년 때 시험을 치르는 경우도 있고 12학년 때 원서를 써놓은 채로 계속 시험을 치를 수도 있다. 시험 성적 제출 기한을 여유 있게 정해놓은 학교도 많으므로 필요에 따라 시험을 치를 수 있다. 문제는 모든 성적을 다 제출해야 하므로 주의해야 한다. 성적의 곡선이 지나치게 불규칙하거나 높다가 낮아지거나, 지나치게 상승했을 때도 의심한다는 이야기가 있다. 철저히 준비해서 몇 번만 보는 것이 좋을 듯하다.

제출하는 성적은 모든 시험의 결과를 내는 것이 아니라 과목별로, 시험 결과 중 최고 점수를 인정한다. 예를 들어, 철수가 이번에 수학 700, 읽기 600, 쓰기 600인데, 지난번 시험에서 수학 750, 읽기 550, 쓰기 650이었다. 그러면 학교에 반영되는 철수의 최종 점수는 수학 750, 읽기 600, 쓰기 650이 된다. 학생들에게 유리한 방식인 셈이다. 그러나 학교에 따라 점수를 취하는 방식이 다를 수 있으므로 학교 사이트나 담당자를 통해 확인해야 한다.

시험 신청은 칼리지 보드에서 하면 되고 수험료는 $45다. 이 시험에서 국제학생의 읽기 점수가 낮으면 학교에 따라 TOFEL을 요구하기도 한다.

이 성적도 TOFEL을 주관하는 ETS라는 기관에서 바로 학교로 보내게 해야 한다.

SAT 과목별 시험SAT Subject Test에는 미국 역사US History, 세계역사World History, 정치Political Sciences, 물리Physics, 생물Biology, 화학Chemistry, 지구과학Earth Science, 수학Math I&II과 외국어로 프랑스어, 심리학, 스페인어, 한국어, 독일어, 일본어, 중국어 시험 등이 있다. 학교에 따라서 요구하는 학교도 있고 그렇지 않은 학교도 있지만 대부분 명문 학교들에 지원하려면 필요하다.

점수는 800점 만점이고 반영되는 기준은 학교마다 다르다. 이 시험은 각 고등학교의 수준이 다르다는 것을 고려한 시험인 듯하다. 학교 성적만 제출한다면 어떤 학교는 점수 받기가 어려운데 어떤 학교는 점수 받기가 쉽다면 공정성의 문제가 생길 수 있기 때문이다. 학교 성적과 이 시험을 비교해 보면 학생들의 원래의 수준을 가늠할 수 있는 자료가 될 수 있을 것이다.

ACT 시험은 4과목, 영어, 수학, 사회과학, 자연과학으로 구성되어 있다. ACT는 SAT에 비해 고등학교 교과과정의 학업 성취도를 측정하도록 설계된 시험이다. ACT도 쓰기 시험이 있지만 선택이다. 시험은 9, 10, 12, 2, 4, 6월에 총 6번 시험을 치른다. 시험 결과는 4-7주 후에 통보되므로 원서 마감 일자를 충분히 고려하는 것이 좋다. 참고 사이트로는 www.actstudent.org가 있다.

각 학교는 10월경에 Pre-SAT시험을 실시한다. 이 기록은 미국 전체 학생들의 상황을 알 수 있는 자료가 되고 장학금 선발의 자료도 된다. 12월에 발표하는데 대학교 입학에는 반영되지 않지만 자신의 실력을 평가해서 실제 SAT를 준비하는데 도움이 된다. 어떤 주는 무료로 모든 학생이 볼 수 있고, 어떤 주는 원하는 학생만 접수비($16)를 내고 보도록하게 한다.

추천서

보통 학교들은 하나나 둘, 혹은 세 개의 추천서가 요구된다. 보통은 카운슬러의 추천서를 기본으로 하고 방과 후 활동 선생님이나 과목 선생님에게 추천서를 받는다. 큰아들은 카운슬러, 영어 선생님, 수학을 맡은 클럽 선생님의 추천서를 받았다. 작은아들은 카운슬러와 수학 선생님의 추천서를 받았다. 크리스천 학교에 원서를 넣었기 때문에 교회 고등부반 담당 목사님의 추천서도 받았다.

우편으로 보낼 서류 부치기

온라인으로 모든 서류를 제출할 수 있는 것은 아니다. 학교 서류나 추천서 포트폴리오는 우편으로 부치는 경우가 많다. 그런데 미국의 많은 곳이 추수감사절 thanksgivingday이나 크리스마스 같은 기념일에 거의 일주일씩 쉰다. 잘못하면 날짜를 맞추기가 어려울 수도 있으므로 미리 준비하지 않으면 마감을 놓칠 수도 있다. 대부분 학교는 원서 접수가 마감되어도 조금은 기다려주기도 하지만 명문 학교일수록 기일을 넘기면 접수를 받지 않으려고 한다. 우편으로 부칠때는 일반 우편으로 하지 말고 익스프레스express로 보내야 빠르고 안전하게 도착할 수 있다. 일반 우편은 $.40이지만 익스프레스나 페덱스FedEx로 보내면 보통 $25-40이 나온다.

합격 기준과 합격자 발표

칼리지 보드에 보면 학교마다 중요하게 여기는 사항들을 볼 수 있다. 내신 성적과 SAT나 ACT로만 뽑는 학교도 있고 기본 성적이 되면 에세이나 활동, 장래의 가능성을 보는 학교도 있다. 대부분의 학교는 에세이를 중요한 요소로 보고 있다.

SAT를 만점받고 내신 성적도 좋은데 하버드에서 떨어진 학생이 있었다. 이유를 알아보았더니 공부만 하고 다른 사람을 위한 일을 하나도 하지 않았기 때문에 사회를 위해 공헌하지 않을 것 같아서 뽑지 않았다고 한다.

성적뿐 아니라 전망, 학교를 빛낼 가능성, 잠재 능력, 졸업생의 자녀, 봉사정신까지 합격의 요소는 다양하다. 그래서 원서를 넣고도 합격을 예측하기는 쉽지 않다.

합격 발표는 학교마다, 전형 방식마다 다르다. 12월 말부터 4월 말까지 발표가 이루어지고 대기자 명단waiting list은 7월까지도 간다. 프라이오리티priority는 12월 말에서 1월 안에 발표가 이루어진다. 합격자 발표가 나면 어느 학교에 갈 것인지 결정해서 5월 1일까지 그 여부를 알려주고 보증금을 내야 한다. 보통 $250-500까지 내는데 이 금액은 입학하면 등록금에서 제해진다. 일찍 원서를 내고 4월 안에 결정해서 등록을 취소하면 미리 낸 보증금을 돌려주는 학교도 있다. 그러나 대부분 학교는 전형료나 보증금을 돌려주지 않는다.

합격자 발표와 함께 장학금 여부를 통보하기도 하고 따로 알려 주기도 한다. 국제학생들은 장학금 받기가 쉽지 않은데 그래도 반액 정도까지는 감면 받기도 한다. 학교 수준을 낮추거나 특별한 능력이 있거나 아니면 특수 목적으로 장학금을 많이 받는 경우도 있다.

국제학생들의 합격자 중에는 성적이 약간 모자라는 경우에 영어를 보충하며 공부할 수 있도록 하는 조건부 입학이라는 것도 있다. 이것은 ESL에 들어가 영어를 좀 더 공부하고 정해진 시험에 통과하거나 과정을 이수하면 합격시켜주는 프로그램이다. 원서를 낼 때 아예 학생이 조건부 입학을 신청하는 경우도 있고 학교가 학생에게 요구하는 경우도 있다.

대학원 입학 시 필요한 시험

미국에서 대학을 졸업하고 대학원에 입학하거나 혹은 대학원으로 바로 유학을 오는 경우에도 여러 가지 절차를 거쳐야 한다. 시험에 통과해야 하고 서류를 제출해야 한다. 대학원을 알아보는 방법도 대학을 준비하는 방법과 같다. 미국 대학들은 홈페이지에 대학과 대학원에 관한 정보를 올려놓기 때문에 그것을 참고하면 도움이 될 것이다.

대학원 입학을 위한 시험으로는 기본적으로 TOFEL이 요구된다. 필요한 성적은 학교마다 다르지만 보통은 PBT로 550-600이다. 미국은 아직도 PBT^{Paper Based Test} 시험을 치르고 있기 때문에 PBT, IBT^{Internet Based Test} 둘 다 허용된다. IBT로는 80-100 정도가 필요하다. www.ets.org에 들어가면 시험을 위한 정보와 시험 장소, 시간을 알 수 있고 접수도 할 수 있다.

TOFEL 시험을 보려고 기다린다. 1시간 가까이 본인 확인, 시험 방법 설명, 이름을 쓰고 또 기다린다. 기다리다 지치겠다. 겨우 시험이 시작됐다. 문제도 한 번 안 풀어보고 시험을 보러 왔다. 경험만 쌓으면 된다고 생각했다. 처음에 듣기 시험. 헉, 안 들린다. 문제 들으려니 끝난다. 답 고르려는데 다음 문제로 넘어간다. 그래서 다음 문제를 놓쳤다. 그렇게 문제를 따라가지 못하고 듣기 시험이 끝난다.

다음은 문법. 문법은 자신 있다. 하나씩 잘 생각해서 풀었다. 반도 못 풀었는데 시험이 끝난다. 시간이 왜 이렇게 짧아?

다음은 독해 문제. 긴 지문에 약 열 개 정도의 문제다. 또 열심히 지문을 읽고 문제를 푼다. 또 반도 못 풀었는데 시험이 끝났다고 연필을 놓으란다. 도대체 왜 이렇게 시간을 짧게 주는 거야? 결국 모든 시험을 반도 못 풀고 나왔다. 너무 만만히 봤다. 아는 친구를 화장실에서 만났다. 시험 보는데 너무 긴장해서인지 배가 아파 시험을 다 못보고 나왔단다. 나는 문제를 반도 못 풀고 나왔다고 했다. 동병상련을 느끼며 쓸쓸히 집으로 간다.　　　　　-미국에서 첫 토플 시험을 마치고-

UNCC^{University of North Carolina, Charlotte}에서 어학코스를 하는 동안 나는 TOFEL 시험을 여러 번 치렀다. 대학원에서 요구한 성적은 PBT로 557이었다. 내가 다니던 학교는 ETS와 제휴해서 학교 내에서 PBT토플 시험을 치게 했었다. 외부에서 시험을 보려면 접수비가 $160인데 학교에서 보면 $40이었다. 처음에 만만히 생각하고 준비도 없이 시험 보았다가 큰코다쳤다. 그 후에 비로소 교재도 구하고 문제 유형도 익히고 공부를 시작했다. 같이 다니는 어린 친구들이 나의 시험 소감을 듣더니 충고를 해준다.

"언니, 그렇게 열심히, 천천히 시험 보면 안돼요."

"그럼 어떡해?"

"문제를 보면 한눈에 답이 보여야 해요. 안 그러면 시간 안에 못 풀어요. 우린 문제도 다 안 읽어요. 그냥 한 번에 답만 찾아요."

"그게 어떻게 가능하니?"

요령이 필요하단다. 기출문제를 다 풀어보면 그 답이 보인단다. 그러면서 동영상 강의도 주고 해커스 토플책도 소개해 준다. 시험이 끝난 사람에게 책도 사고 강의도 들었더니 비로소 그 말의 의미를 알 것 같았다.

수업 시간에도 교수가 독해 요령을 가르쳐 주었다. 대부분의 어학코스 학생들이 대학 입학을 생각하고 있었기 때문에 토플 준비를 시켜 주었다. 빠른 시간에 지문을 읽는 요령과 답을 빨리 찾는 요령 등을 알려 주었다.

그다음 시험에선 시간 안에 문제를 풀 수 있었다. 문법과 독해는 높은 점수가 나왔다. 그러나 듣기는 여전히 오리무중이었다. 문제의 반도 못 맞았다. 그래서 그 듣기를 해결하느라 몇 번의 시험을 더 보았다.

토플은 PBT 기준으로 듣기, 문법, 독해, 쓰기가 있다. 요즘은 듣기가 IBT 수준으로 높아져 긴 지문을 듣고 문제를 푸는 것이 많아졌다. 문법은 20-25문제가 나오는데 20문제에는 15분, 25문제엔 20분이 주어진다. 문제 유형은 빈칸 채우는 구조문제와 밑줄친 네 개 중에서 틀린 것 하나를 고르는 문제, 쓰임새, 품사 문제가 있다. 밑줄친 것에서 고르는 문제가 60%을 차지한다.

독해는 긴 지문에 열 개 정도의 문제를 풀게 되어 있고 총 50문제를 푼다. 지문은 역사, 정치, 예술, 고고학 등 다양한 파트를 다루기 때문에 토플에 자주 출제되는 단어를 외워야 한다. 나는 토플 단어 책을 사서 전체를 3번 외웠다. 그 단어의 뜻만 외우는 것이 아니라 동의어, 반대어까지 외워야 독해 문제를 정복할 수 있다. 많은 시간이 필요했다.

나는 학교에서만 시험을 보았다. 젊은 친구들은 성적이 계속 제자리를 맴돌자 외부에서 시험을 보기 시작했다. 토플이나 SAT 모두 상대 평가라서 시험 보는 사람들의 수준에 따라 점수 비중이 달라진다는 것을 나중에야 알게 되었다. 학교에서 시험 보는 사람들은 거의 비슷한 수준의 학생들이니 서로 점수가 오르지 않고 제자리에 머물렀던 것이다.

몇 명의 친구가 외부에서 시험을 보았는데 너끈히 좋은 성적으로 입학을 하게 되었다. 나 같은 경우도 ETS 연습 시험을 보면 600정도 나오는데 실제로는 550을 넘지 못했다. 그 친구들이 나에게도 같이 갈 것을 권유했지만 시험 장소가 4시간 차를 타고 가야 되는 곳이라 아이들도 있고 해서 그냥 학교에서만 시험을 보았다. SAT 같은 경우도 10, 11월 시험은 점수가 잘 안 나온다. 원서를 넣기 바로 전이라 준비를 많이 한 학생들이 대거 시험을 보기 때문이다.

다음으로 필요한 시험은 GRE^{Graduate Record Examination, 미국 대학원 입학 능력시험}, LSAT^{Law School Admission Test, 미국 법학 대학원 입학시험}, GMAT^{Graduate Management Admission Test, 경영대학원 입학시험} 등이다. 전공 학과에 따라서 요구되는 시험이 다르다. 법학을 공부하려면 LSAT를, 상담 학을 공부하려면 GRE나 GMAT을 보아야 한다. 이 시험이 만만치 않아 잘 준비해야 한다.

시험 성적과 함께 4년간의 학부성적이 요구된다. 학교에 따라 요구되는 GPA^{총점}이 다르지만 높을수록 유리하다.

보통 대학원은 장학금 혜택이 많다. 영어를 잘하고 성적이 좋으면 조교를 할 수 있는데 그러면 학비가 면제된다.

★ 대학원 입학시 필요한 서류

- 입학원서
- TOFEL
- GRE, GMAT, LSAT 중 선택
- 4년간 대학 성적(GPA)
- 재정 증명
- 추천서
- 비자서류
- 접수비
- 예방 접종 기록
- 지원 동기서
- 학부 졸업 증명서

TIP!

대학생활

미국의 대학생활은 자유로움이라고 말할 수 있다. 자유로움이란 스스로 생활을 관리해야 한다는 말도 된다. 수업 시간표를 짜는 일에서부터 시간 관리, 돈 관리, 생활에 필요한 일들을 처리하는 등 스스로 해야 할 일들이 많다. 가끔 자신을 통제하지 못하는 한국 학생들이 수업을 빼먹고 기숙사에서 게임을 하며 보내다가 낙제하고 학교를 떠나는 경우도 있다. 돈 관리도 처음 해보는 일이라 은행 계좌를 체크하지 못하고 돈을 써서 오버 드래프트 비 overdraft fee를 물기도 한다. 성적관리도 스스로 해야하는 일이고 빨래나 청소, 간단한 식사도 해야 한다. 집에서 해보지 않던 일이라 관리가 안 되는 경우가 많다. 더구나 혼자서 생활하는 공간이 아니고 룸메이트가 있기 때문에 더 어려운 일들도 많다. 어른이 되어 가는 책임감과, 자유엔 책임이 따른다는 것을 잘 배울 수 있는 시기다.

🏫 미국 대학 수업료

미국 대학의 수업료는 무척 비싼 편이다. 한국의 수업료가 천만 원대라고 있다고 아우성이지만 미국의 학비는 그야말로 '헉'하는 소리가 난다. 물론 미국 사람에겐 상황이 다르다. 보통 주립대는 일 년에 학비만 $6,000-10,000 정도니 한국과 비슷하지만 저소득층에겐 장기 무이자로 학비를 빌려주기도 하고 장학금도 많이 준다. 내가 아는 학생은 영주권자인데 저소득층 혜택을 받아 학비는 물론 다 무료고 생활비로 한 학기에 $3,000을 받고 다닌다. 그러나 미국 사람들도 사립대학에 가면 국제 학생과 같이 거액의 학비를 내야 한다. 그래서 미국 명문 사립대학은 상류층이나 특기가 남다른 학생에게만 열려 있는 문이다.

주립대라도 다른 주로 가게 되면 학비 할인없이 다 내야 한다. 이것을 〈In-state or Out of state〉라고 하는데 그 주에 거주하지 않는 학생 혹은 다른 주에서 오거나 외국인 학생은 (외국인 학생이라도 미국 공립학교에서 공부하고 졸업한 학생은 전형시 미국 내 학생처럼 간주해 주는 학교가 많다. 그러나 학비는 〈Out of state〉로) 그 주에 거주하는 학생들보다 학비를 많이 낸다. 이것은 그 주에서 세금을 냈느냐 아니냐에 따라 학비 혜택을 주기 위한 구분으로 보인다. 우리 같은 국제 학생에게는 주립이나 사립이나 등록금이 비싸긴 마찬가지다.

주립대 학비도 천차만별이어서 다 다르다. 유명한 UCLA University of California, Los Angeles, 미시간대학교 University of Michigan, 윌리엄메리대학 College of William and Mary, 버지니아대학교 University of Virginia 같은 곳은 주립이라고 해도 학비만 $30,000을 넘는다. 그러나 괜찮은 주립대인 미네소타대학교 University of Minnesota, 빙햄톤대학교 Binghamton University는 학비가 $15,000정도다. 사립대의 학비도 학교에 따라 정말 다르다. 비싼 곳으로 유명한 뉴욕대학교 New York Unversity, 밴더빌트대학교 Vanderbilt University는 학비만 $40,000이 넘는다. 뉴욕대학교는 아예 국제 학생에게 장학금을 주지 않겠다고 적어 놓고 있다. 그래도 국제

학생들이 들어가려고 난리다. 대부분의 예술대학은 학비가 $35,000-38,000 정도다. 국제 학생에게 장학금을 주는 학교도 있다. 큰아들은 전체 학비가 $18,000인데 장학금을 받아서 학비만 $10,000을 내고 다닌다. 처음 들어올 때 아너honor 프로그램이 있는 것을 알았다면 더 받을 수 있었을 텐데 몰라서 신청을 못했다. 작은아들이 같은 학교에 원서를 넣으면서 조건을 살펴보았더니 $14,000까지 장학금을 받을 수 있을 것 같았다. 성적장학금과 졸업생 우대 등의 조건이 좋았다.

미국에는 무료로 다닐 수 있는 학교도 있다. 그리고 잘 찾아보면 얼마든지 학비를 아낄 수 있는 기회가 열려 있다. 자신의 형편에 맞는 대학을 찾는 노력이 요구된다.

미국 대학은 학비 외에 룸앤보드room & board라 하여 다른 경비를 내야한다. 여기에는 기숙사비 테크날러지비, 보험료, 버스비, 활동비, 식비 등이 포함되어 있다. 보호자가 없는 한 1학년은 무조건 기숙사에 살아야 하는데 그 경비가 학교마다 다르다. 우리 학교는 이 경비가 한 학기에 기숙사비 $3,200-3,500고 보드비가 추가 된다. 큰아들은 기숙사비가 없으므로 보드비만 한 학기에 $1,200 정도 낸다. 그래서 이번 학기 학비로 $6,300을 냈다. 그러나 뉴욕대학교의 경우 일년 학비가 $42,000, 룸앤보드비가 약 $12,000으로 합하면 총 $54,000이 필요하다. 다른 명문 학교나 예술대학교도 대략 이 정도의 학비가 필요하다고 보면 된다. 로드 아일랜드 스쿨Rhode Island School of Design에 다니는 학생은 일 년에 한화 약 70,000,000원이 들어간다고 한다. 예술학교는 별도의 재료비도 많이 들어가기 때문이다. 큰아들이 일 년에 한화로 약 13,000,000원을 내는 것과 비교하면 차이가 꽤 많이 난다. 나도 학교 다닐 때 보험, 보드비 다 포함해서 한 학기에 $2,300을 내고 다녔다. 학비를 일시불로 내기 힘들면 분할 납부도 가능하다.

등록금은 학교 홈페이지에서 〈Financial check-in〉을 통해 낼 수도 있다. 몇 가지 확인 절차를 거치면 수강신청 상황을 확인하고 등록금 명세서가 뜬다. 액수도 확인해야 하고 장학금이 제대로 책정되어 있는지도 확인한 다음 납부 방법을 선택하면 된다. 카드 납부인지, 체크로 낼 것인지를 선택하고 일시불인지 분할인지 선택해서 클릭한다. 전 과정을 마치면 납부되었음을 확인하는 컨펌confirm 창이 뜨는데 이것을 꼭 프린트 해놓거나 이메일로 보내놓아야 한다. 만일에 문제가 생기면 이것이 증명자료가 된다. 학생 서비스 센터student service center에 가서 직접 등록금을 납부하는 방법도 있지만 이런 경우에도 꼭 홈페이지에서 확인 절차를 거쳐야 한다.

큰아들의 경험이다. 등록금을 분할 납부했었는데 나중에 목돈이 들어와 학생 서비스 센터에 가서 나머지를 한 번에 다 납부했다. 그러고는 잊고 있었는데 계좌에서 연체료 $35가 빠져나다. 학교에 가서 알아보니 직접 납부해도 홈페이지에서에서 다시 체크해야 한단다. 미리 돈을 냈는데 연체료라니 말도 안 되는 일이라 담당자와 얼굴을 붉히며 언쟁을 했다. 그러면 돈을 낼 때 알려 주든가. 아무 말도 안 하고 있다가 나중에 돈만 물리는 게 괘씸했다. 사소한 부분을 잘 몰라 소홀히 넘기면 큰 손실을 입게 됨을 깨닫는 경험이었다.

> **＊장학금 제도 - Honor Program**
>
> 대학마다 장학금 제도가 다양한데, Honor Program은 각 대학이 우수한 인재를 유치하기 위해 장학금을 주고 특별 관리를 해주는 것이다. 학교마다 약간씩 차이가 있고 같은 프로그램의 학생이라도 장학금이 다르다.
>
> 이 제도는 보통 입학원서 낼 때 함께 신청하는 학교도 있고 따로 신청하는 학교도 있다. 성적이 학교에서 요구하는 범위를 넘으면 신청할 수 있는데 보통 GPA가 3.5 이상이다. 그러나 신청한다고 다 되는 것은 아니고 학교가 원하는 학생을 기준에 따라 선별해서 뽑는다. 아무래도 성적이 높은 순서로 뽑을 확률이 크다.
>
> 우리 큰아들은 성적 장학금은 받았지만 이 프로그램이 있는지는 몰라서 신청을 못 했고 담당자가 신청해야 한다고 말해주지도 않았다. 대학 투어를 하면 이런 정보 외에 장학금 정보를 더 자세히 알 수 있다.

학교생활 시작하기

한국에서 대학에 지원하여 입학이 결정되면 I-20^{입학허가서}이 나오고 비자를 받고 미국을 들어오게 된다. 입국은 학교 시작 한 달 전부터 할 수 있지만, 따로 머물 곳이 없다면 기숙사가 열리는 1-2주 전에 맞춰 들어와야 한다. 신입생은 학기가 시작되기 전에 오리엔테이션을 가진다. 학교 지리 익히기, 친구 사귀기, 수업에 필요한 설명 듣기, 기숙사 익히기, 예방접종이나 비자 등 서류 확인을 그때 하게 된다.

학생증, 학교의 모든 시설, 식당을 이용할 수 있다.

이 시기에 하는 일 중 하나가 학생증을 만드는 것이다. 보통은 오리엔테이션 기간에 만들게 되는데 사진을 찍으면 임시 학생증을 주고 며칠 후 학생 서비스 센터로 학생증을 찾으러 가면 된다. 이 학생증은 네임택^{name tag}에 끼워 늘 휴대해야 한다. 식당이나 스포츠 센터를 이용할 때, 어느 곳에서든지 필요하다. 우리 학교는 학생증이 없으면 못 들어가는 공간들이 많다. 작은아들이 우리 학교 스포츠 센터에서 농구를 하고 싶어 하지만 학생증이 없어 그냥은 들어가지 못한다. 나의 자녀로 사인하고 $5를 내야 들어갈 수 있다.

입학할 때 학교로부터 받은 학생번호^{ID number}는 학교를 졸업할 때까지 중요하게 쓰인다. 학교 홈페이지에 접속할 때, 교수와 메일을 주고받을 때, 학교 스태프와 상담할 때, 출력할 때 등 모든 곳에 사용된다. 처음에 받으면 기억해 놓는 것이 좋다.

기숙사에서 생활한다면 이 기간에 학교에서 필요한 물품을 사도록 마켓에도 데려다 주어 필요한 물건들을 구입할 수 있다. 먼저 이불을 구입해야 한다. 좋은 매장이 아닌 한 미국 이불이 그다지 좋지는 않지만 그런대로 쓸 만하다. 값도 그렇게 비싸지 않다. 학교 주변에 있는 마켓들은 신학기가 되면 학생들을 위해 기숙사에 필요한 물품들을 알아서 잘 구비해 놓는다. 우리 지역에 있는 월마트는 침구류, 소형 냉장고, 밥통, 간단한 식기류, 세면도구 등을 잘 준비해 놓는다. 방학이 되면 기숙사에서 나오는 경우가 많으므로 너무 많은 짐은 부담이 된다. 꼭 필요한 것만 준비하는 것이 좋고 큰 플라스틱통을 사서 물건을 잘 정리하면 이동할 때도 도움이 된다.

기숙사 생활에 적응하는 시기로 이 기간을 잘 이용하는 것도 좋을 것이다. 청소, 빨래, 간단한 식사 준비하는 법을 익히고 룸메이트와의 규칙을 정하는 것도 나중의 문제를 예방하는데 도움이 된다.

뉴욕에 있는 대학의 기숙사. 대부분은 높게 짓지 않지만 여기는 뉴욕이라 아파트처럼 높게 지었다.

🏫 수강신청과 학기 지내기

신입생은 새로 시작하기 때문에 의욕이 앞서 처음부터 많은 과목을 듣거나 새벽 일찍 수업을 잡는 경우가 있다. 그러나 아직 미국 학교의 상황을 이해하지 못하는 때라 무리 하지 않는 것이 좋다. 아침 7시 40분 수업을 신청했던 큰아들은 정말 힘들어 했었다. 과목도 한 학기에 12학점, 네 과목을 의무적으로 듣게 되어 있는데 처음부터 6과목 18학점을 신청했다가 중도에 그만두는 것도 많이 보았다. 12학점부터 18학점까지 등록금이 같기 때문에 생기는 일이다. 그러나 미국 학교에서 수업은 만만하지 않다. 해야 할 과제나 퀴즈, 시험이 많다. 도서관은 학기가 시작해서 끝날 때까지 자리를 찾기가 힘들 정도로 학생들이 넘친다.

차라리 처음 한 학기는 친구도 사귀고 스포츠, 클럽 활동을 하며 학교생활을 익히는 것이 좋다. 기숙사와 학교 클럽들은 그런 활동을 하기에 좋다.

미국 학교는 매 학기 학교 홈페이지나 학생 서비스 센터에 직접 가서 수강신청을 할 수 있다. 학생 서비스 센터에 갈 때는 과목의 제목과 번호를 학교 홈페이지에서 찾아 적어 가야 한다. 보통 첫해에 들도록 권하는 과목이 있으므로 참고하는 것이 좋고 또 카운슬러가 수강신청을 도와주기도 하니 도움을 받아서 하는 것도 좋다. 1, 2학년 때엔 기본 교양과목을 들으며 전공을 하나 정도 듣는 경우가 많다.

나의 큰아들은 이 기간에 평소 관심 있었던 과목들을 들어보는 기회로 사용했다. 미국에 와서 노래를 잘한다는 소리를 듣고 성악에 관심이 생기자 성악 과목을 신청해 듣고 미국 교회에서 성가대로 활동도 했다. 그러더니 자기는 천부적 재능이 있는 것은 아니니 그냥 취미로 하겠다고 했다.

아들 친구 하나는 미술 수업을 듣고 자신의 재능을 발견해 전공을 아예 미술로 바꾸기도 했다. 미국은 중간에 전공을 바꿀 수도 있고 다양한 과목을 들어 볼 수도 있어 가능한 일이다. 학점도 12학점 이상이면 자신이 선택해 들을 수 있고 중간에 그만둘 수도 있다. 수업 시작한 후 일주일은 드롭drop기간이라 하여 수업을 바꿀 수 있고 중간에도 그만둘 수도 있다.

수업광경-교수 대 학생 비율이 매우 작다.

중간에 그만둘 때에는 전체 학점이 12학점보다 작지 않나 확인해야 하고 또 드롭 기간이 아니면 성적표에 W라고 남는다. 수업에서 낙제하면 F라고 기록되는데 다음 학기에 다시 재수강해서 성적을 바꿀 수 있다. 학교에 따라 다르지만 2번 혹은 3번까지 허용하는 편이다. 그러나 성적을 바꾸어도 R이라는 표시가 떠서 재수강했음이 표시된다. 대학원을 생각하고 있다면 가능한 깨끗한 성적표를 유지하는 것이 나을 것이다.

수업 시간표에 따라 강의실에 가보면 전공과목은 12-20명의 소수의 인원이, 교양과목은 300명의 학생이 함께 수업을 듣는 경우도 있다. 소수의 수업인 경우는 교수와 토론도 가능하고 학생들의 발표도 가능하지만 다수의 학생이 수업하는 경우는 교수 혼자 강의를 할 수밖에 없다. 그러나 수업 중간에 학생은 언제든 손을 들어 질문 할 수 있고 교수는 친절히 대답해 준다.

대학원은 더 적은 숫자가 수업하므로 교수와 학생간의 상호 작용이 활발하다. 10-20명의 학생이 수업하는데 대부분 15명을 넘지 않는 경우가 많다. 수업은 토론이나 발표를 하는 것으로 이루어진다. 학생들은 수업에 오기 전 이미 교재를 읽고 충분히 학습이 이루어진 상태로 온다. 조를 나누어 프레젠테이션을 하는 경우도 많다. 무언가 배운다기보다 주제를 가지고 토론하고 정리하는 시간이라고 보면 된다.

학교마다 블랙보드 blackboard라는 것이 있다. 이곳은 수업에 관한 모든 일이 이루어지는 공간이다. 교수들은 수업 계획안이나 과제, 성적도 그때그때 여기에 올려놓는다. 수업 준비는 교수가 수업 시작 전에 미리 보내주는 강의 계획서 syllabus를 참고로 보면 된다. 수업 계획이 적혀 있고 시험과 퀴즈, 과제물에 대한 자세한 내용을 기록해 놓았다. 각 수업에 맞는 교재가 정해져 있으며, 그 책을 읽고 과제를 하거나 퀴즈를 보고 중간마다 시험도 있고 페이퍼도 있다. 이 모든 계획이 블랙보드를 통해 공지되며 또 이곳에 제출하게 되어 있다.

블랙보드뿐만 아니라 학교 이메일도 매일 체크 해야 한다. 학교에서 오는 모든 알림이 학교 메일을 통해 온다. 교수가 수업에 관한 지시사항도 이곳을 통해 알리는 경우가 많다. 블랙보드와 이메일은 학생과 교수, 그리고 학교가 서로 소통하는 창구가 된다.

보통 16주가 한 학기인데 시작하고 반 정도 지나면 짧은 방학이다. 이 방학은 잠깐 숨을 돌리라는 의미도 있고 다음에 올 수 많은 과제와 시험을 준비하는 기간이기도 하다.

미국에서 학교의 수업은 스스로 찾아서 공부해야 한다. 교수가 제시하는 수많은 책들과 논문들도 찾아서 읽어보고 자기 나름대로 정리하는 작업들이 필요하다. 수업만 따라가고, 하라는 과제만 하면 성적은 어느 정도 받겠지만 깊은 학문의 세계로 들어갈 수는 없다.

듀크대학교Duke University에 방문했을 때의 일이다. 큰아들이 그 학교에 관심이 많아 갔었다. 평일 낮이었고 점심시간이었다. 그런데 가는 곳마다 학생들이 다 공부를 하고 있었다. 도서관은 물론이고 카페, 잔디밭, 심지어 걸어가면서도 공부를 하고 있었다. 공부에 미친 사람들 같았다. 밥 먹으면서도 공부하는 그 학생들이 다니는 학교가 명문이 될 수밖에 없다는 생각이 들었다.

수업에 필요한 교재를 사는 방법은 여러 가지가 있는데, 먼저 학교 서점을 이용할 수 있다. 학교 서점은 학교 수업에 맞는 교재를 정확하게 구비해 놓는다는 장점이 있지만 약간 비쌀 수도 있다. 물론 필요 없는 교재들을 다시 서점에 되팔 수 있고 또 다른 학생이 중고 책used book을 싸게 구입할 수도 있다. 다른 방법으로는 인터넷을 이용하는 것이다. www.amazon.com,

대학서점에서는 책뿐만 아니라 학교 생활에 필요한 모든 물품을 판매한다. 그러나 일반 마켓보다 값이 조금 비싼 편이다.

www.ebay.com 같은 사이트를 잘 이용하면 중고 책을 아주 싸게 구입할 수 있다. 아마존은 학교 이름을 등록하면 학생 할인도 되고 구입한 책을 빠른 시간 안에 무료로 배송해준다. 이베이에는 외국 학생을 위한 책이 있는데 내용은 똑 같은데 싱가포르나 필리핀 등 다른 나라에서 인쇄된, 값은 훨씬 싼 책이다. 그러나 이 책은 대부분 전공 서적에 국한되며 늘 있는 것도 아니다.

도서관과 라이팅 센터 writing center

대학의 도서관은 아주 중요한 공간이다. 기숙사와 학교를 오가는 학생들이 주로 도서관에서 많은 시간을 보낸다. 도서관은 조용히 공부하는 개인 공간도 있지만 그룹 모임을 위한 방들이 있어 공부뿐만 아니라 만남이나 스터디 그룹 모임 등을 한다. 컴퓨터를 이용해 페이퍼를 쓰거나 자료를 찾을 수 있다. 평상시에는 새벽 2시까지 열어 놓지만 시험 기간에는 24시간 도서관을 개방한다. 학기 내내 도서관에서 자리를 찾기가 쉽지 않을 정도로 많은 학생이 도서관에서 공부한다.

대학에서 가장 중요시되는 공간인 대학 도서관, 학생들이 아주 많은 시간을 보내는 곳이다.

미국 대학의 또 다른 특징 중 하나가 국제 학생들뿐만 아니라 현지 학생들도 이용하는 라이팅 센터writing center를 두고 있다는 것이다. 페이퍼를 제출할 때 정해진 포맷으로 하지 않거나 문법이나 문장이 틀려도 감점이 된다. 가장 문제가 되는 것은 다른 사람의 글을 인용할 때다. 세 단어만 연속해 사용하면 표절로 걸린다. 인용 표시도 사용의 제한을 두고 있어 자신의 글로 잘 표현해야 표절로 문제가 되지 않는다. 몇몇 교수들은 손으로 직접 페이퍼를 쓴 것을 허용하지만 대부분은 컴퓨터로 제출하게 되어 있다. 컴퓨터로 제출한 페이퍼는 표절 방지 프로그램을 통해 자동으로 걸러진다. 다른 사람의 글을 무단 복제하거나 표절하는 것을 방지하기 위해서다. 이 프로그램에 걸리면 교수도 구제할 방법이 없다. 바로 자동 F 처리된다. 이것도 학교에 따라서 다르긴 하지만 두 번 혹은 세 번 걸리면 퇴학당한다.

대학서점 입구

페이퍼를 표절해 이름만 바꾸어 냈다가 걸린 한국 사람도 있고 다른 글을 단어만 약간씩 바꾸어 걸린 사람도 있다. 손으로 써낸 페이퍼는 교수의 재량으로 다시 한 번의 기회를 줄 수 있었지만 지금은 컴퓨터로 처리되어 구제가 어려워졌다. 문제는 일부러 그런 것이 아닌데 표절의 한계가 어디인지 정확히 몰라 걸리는 경우다. 그래서 교수들은 미리 한번 걸러볼 수 있도록 하는 장치를 두기도 한다. 표절의 범위가 10%를 넘지 않으면 용납해준다.

이런 문제를 방지하기 위해 학교에서 취한 조치가 라이팅 센터다. 페이퍼를 쓴 후에 라이팅 센터에 들러 체크하고 내도록 권하고 있다. 어떤 교수들은 라이팅 센터에 들러 수정해오는 페이퍼에 가산점을 주기도 한다.

라이팅 센터에서는 단어의 수정, 포맷의 수정, 문장과 문법의 수정까지 다

도와준다. 나는 페이퍼를 쓰면 미리 이메일로 라이팅 센터에 보낸다. 그리고 약속된 시간에 가서 틀린 것을 점검받고 다시 수정해 페이퍼를 제출한다. 그래도 시간이 오래 걸린다. 미리 안 보내면 훨씬 시간이 오래 걸린다. 4-6장짜리 페이퍼를 수정하는데도 보통 한 시간 이상 걸린다. 그러니 15-20장짜리 점검받으려면 훨씬 더 오래 걸릴 수밖에 없다. 페이퍼 제출 기한 전에 이 작업이 이루어져야 하므로 기한보다 적어도 하루 전에 페이퍼를 완성해야 한다. 그리고 미리 라이팅 센터에 약속을 잡아 놓아야 한다.

페이퍼가 몰리면 약속을 잡기도 쉽지 않다. 페이퍼는 밤 12시를 기준으로 해서 제출 기한을 넘기면 하루에 5점씩 감점되고 3일이 지나면 아예 받지 않는다. 긴급한 상황이 발생해 교수의 양해를 구하면 기한을 연장할 수는 있다. 그것도 교수에 따라 다르다. 엄격한 교수인 경우는 어떠한 이유도 용납하지 않는다.

성적관리

미국 대학은 학점을 따기가 쉽지 않다. 명문대든 보통 대학교든 비슷하다. 미국 대학 전체를 총괄하는 기관이 있어서 해마다 대학의 교육 수준을 점검해서 문제가 있으면 시정하도록 조치한다. 이 점검에서 좋은 점수를 얻어야 학교 레벨이 올라가기 때문에 학교는 신경을 쓸 수 밖에 없다. 그러다 보니 학교는 학생들의 성적을 엄격하게 적용할 수밖에 없다.

우리 학교는 내가 입학할 무렵 학교 성적 관리가 조금 허술했었다. 신앙을 위주로 학생들을 교육하는 학교라 아카데믹한 부분을 조금 뒤로 두었던 것 같다. 그러나 그 해의 점검에서 문제가 제기되어 다음해부터 학교의 학사 관리를 엄격하게 하기 시작했다. 특히 학부의 성적 관리가 엄격해져서 거의 매시간에 퀴즈가 생겼고 점수 배점 방식도 바뀌었다. 그러다 보니 16주의 수업이 퀴즈, 페이퍼, 몇 번의 시험으로 학생들이 정신을 차릴 수 없게 되었다. 그전에는 시험 때만 붐비던 도서관이 학기 내내 자리가 없을 정도로 학

한 대학 교정, 예술대라 조형물이 곳곳에 있다.

생이 가득 찼다. 도서관에서 밤을 새우는 학생들이 많아졌고 복도와 계단에서까지 학생들이 앉아 공부하는 모습을 볼 수 있다.

이런 대학 관리는 미국 전역에서 이루어지고 있기 때문에 들어갈 때는 성적이 차이가 나도 대학을 다니는 동안 비슷해 진다. 어려운 공부를 따라가지 못해 중도에 탈락하는 학생의 비율이 아주 많다. 그래서 미국 대학은 졸업생 비율을 칼리지 보드에 공개한다. 명문대에 진학해서 수업을 따라가지 못해 중도 탈락하는 한국 학생 비율도 많은 편이다.

학부와 대학원의 성적 비율이 다르고 전공에 따라 또 교수의 재량에 따라 약간 차이가 난다. 언어과목은 주로 10점 단위로 성적을 나누고, 어떤 경우는 A+, A, A-로 나누기도 한다. 나는 카운셀링을 전공하는데 94 이상, 86 이상, 78 이상, 70 이상으로 나눈다. A를 받는 일은 정말 어렵다. 그리고 A는 평점이 4점이고 B는 평점이 3점이라서 B가 몇 개 나오면 평점이 확 떨어져 버린다. 대학에서 대학원이나 석사에서 박사과정을 하려면 점수관리가 아주 중요하다. 그러니 학기가 시작되면 정신없이 공부에 몰두할 수밖에 없다.

🏫 학교 보험

미국 대학은 국제학생들에게 의무적으로 보험을 들도록 하며 대학 내에 병원을 운영한다. 그래서 아플 때 학교 병원을 이용할 수 있고 큰 병원에 가야 할 정도로 병이 심하다고 판단되면 의사가 큰 병원으로 보낸다. 일 년에 자기 부담금 deductable $100을 내면 나머지는 다 보험 범위 내에서 해결된다.

나는 미국에 온 초창기에 극심한 스트레스를 받아서 그런지 소변에서 피가 나온 적이 있었다. 열이 나고 피도 계속 나와서 병원에서 몇 달에 걸쳐 검사를 받았다. 신장에 이상이 있는 것 같다고 다시 전문의에게 보내지고 하는 과정 동안 많은 병원비가 나왔다. 그러나 $100만 냈고 나머지는 다 보험 처리가 됐다.

한 대학의 체육관 입구

2009년 린치버그로 이사 온 후 다시 소변에서 피가 나오고 열이 나기 시작했다. 새로운 곳으로 이사하면서 받은 스트레스 때문인 것 같았다. 학교 병원에 갔더니 검사를 해야 한다고 해서 다시 큰 병원으로 가서 소변 검사를 하고 CT도 찍었다. 그때도 역시 $100만 지불했다. 그것도 몇 달이 지나서 날아온 청구서를 보고 낸 것이다. 미국은 병원에 가면 돈을 내고 진료를 하는 것이 아니라 나중에 집으로 청구서가 날아오며, 또 원하면 분할로 나누어 낼 수도 있다.

어떤 사람은 미국에서 출산을 했는데 남편이 학생이라 형편이 어려워 병원비를 지불할 수 없었다. 병원에 사정을 했더니 원하는 만큼 나누어 내라고 했단다. 그래서 한 달에 $20도 내고 여유가 있으면 $100도 내고 있다고 한다. 모든 주가 그런 것은 아니지만 린치버그는 아이 낳는 비용이 무료다.

미국의 병원비는 참으로 무섭다. 아이를 자연분만해서 낳는데 거의 $20,000 가량 든다. 한국에서라면 몇십만 원이면 될 일을 이곳에선 이렇게 끔찍한 금액을 내야 한다. 맹장염 수술하는데도 이와 비슷한 금액이 든다. 그래서 학교 보험은 꼭 필요하다. 사실 학교 다니는 동안 보험 쓸 일이 많은 것은 아니다. 그러나 이상하게도 보험이 끝나고 잠깐 보험을 들지 않고 있을 때 사고 나는 학생들을 자주 보았다.

학교 보험은 학교에서 지정한 곳에서 일률적으로 들며 등록금에 포함되어 나온다. 만약 다른 곳에서 보험을 들게 되면 서류 확인 절차를 거쳐 이미 낸 돈을 다시 돌려준다.

나는 이번에 큰아들의 보험을 학교가 아닌 다른 곳에 들었다. 학교 보험 조건이 100% 보장에서 80%로 바뀐데다가 보험료가 $380 선이었는데 $533으로 올랐기 때문이다. 그래서 한국의 보험 중에서 유학생 보험도 알아보고 미국의 인터넷에서 조건에 맞는 보험 회사를 찾아 비교해 보았다.

한 대학 교정 전경

먼저 학교 담당자에게 가서 보험 조건이 무엇인지 묻고 조건표를 보내서 알아 보았다. 만약 그냥 보험을 들었는데 학교에서 요구하는 조건과 맞지 않으면 인정해 주지 않고 결국 이중으로 보험을 들어야해 더 손해를 보게 되기 때문이다.

처음에 한국의 유학생 보험을 비교했더니 반값이 나왔다. 그러나 학교의 조건표를 기초로 견적을 다시 냈더니 오히려 더 비쌌다. 그래서 포기하고 다른 사람이 소개해 준 사이트에 들어가 학교 조건표를 기초로 견적을 냈더니 6개월에 $188이 나왔다. 굉장한 차이였다. 그래도 혹시나 해서 학교 담당자에게 이 사이트의 보험 내용을 복사해 가지고 가서 문의했다. 그랬더니 학교 조건과 맞다고 했다. 덕분에 $345를 절약할 수 있었다.

혹시 도움이 될까 해서 사이트 주소 www.isoa.org를 적어 본다. 또한 유학생들에게 인기 있는 보험 중 하나가 차티스 보험이다. 10세에서 40세까지만 적용되는데 한국인 에이전트도 있다. 값이 저렴한 것으로 알고 있다. 그러나 이것도 자신의 상황에 잘 맞는지 확인 절차를 거치는 게 좋다. 다시 언급하지만 다른 사람에게 좋았던 것이 나에게도 꼭 좋은 게 아닌 경우도 많다. 사이트는 www.chartis.co.kr이다.

학교 보험은 가족에겐 적용되지 않는다. 가족과 함께 유학을 올 경우엔 한국에서 유학생 보험을 들어오는 것이 나을 것이다.

학생 활동 activity

학생들의 학업 스트레스가 문제를 일으키지 않도록 학교에서는 교내에 각종 장치를 갖추고 있다. 다양한 클럽 활동이라든지 주말마다 열리는 스포츠 경기, 음악회, 뮤지컬, 파티 등이 그것이다. 한 주간의 스트레스를 잘 해소하지 않으면 집을 떠난 학생들이 향수병에 걸려 기숙사에서 나오지 않는다든지, 사고를 칠 수도 있기 때문이다.

클럽 활동은 여러 가지가 있는데 봉사활동, 헌혈, 집 지어주기, 노숙자 지원, 어린 학생들 학습 튜터, 언어, 종교, 악기, 노래, 춤 등 다양하게 이루어진다.

우리 학교는 금요일에는 도서관을 일찍 닫는다. 그리고 각종 모임에 참가하도록 격려한다. 거의 매주 스포츠 경기가 열린다. 그리고 학교 내에 아이스링크, 풋볼 경기장, 농구장, 실내·실외 축구장, 수영장, 헬스장, 탁구대, 당구대, 실내·실외 트랙, 하물며 게임기까지 갖추어 놓고 있다. 학생들은 마음껏 이런 시설들을 이용할 수 있다.

덕분에 내 딸은 종종 아이스하키 경기를 갈 수 있고 좋아하는 선수가 나오면 소리를 마구 지르며 즐거운 시간을 가질 수 있다. 입장료는 학생들에겐 대부분이 무료고 외부인들은 $5-6 정도 낸다. 그러나 아이스하키장은 가끔 가족을 위한 날이 있어 $3에 스케이트도 타고 피자 주는 이벤트를 열기도 한다.

대학교에 있는 미식축구 경기장. 미식축구는 미국 사람들이 열광하는 스포츠다.

대학교 극장. 정기적으로 공연이 있고 방학 중에는 캠프가 열린다.

학교에 극장도 있어서 음악회, 연극, 뮤지컬 공연을 한다. 이번 주에도 우리 가족은 셰익스피어의 연극 '로미오와 줄리엣'을 보고 왔다. 지난 학기엔 '오페라의 유령'을 보았다. 브로드웨이의 뮤지컬 정도는 아니지만 아주 수준 있는 공연이 펼쳐진다. 값도 아주 싸서 $8.50에 볼 수 있다.

학교 내의 또 다른 장소는 인조 스키장과 잔디 썰매장이다. 학생들이 저녁에 올라와 실컷 타고 내려가 다시 공부에 몰입할 수 있는 신나는 장소다. 주변에 학교 골프장과 승마장도 있다.

학교 근처에는 $1 극장도 있다. 한두 달 지난 영화긴 하지만 이렇게 싼값에 볼 수 있으니 금요일에는 학생들이 넘쳐 난다. 값싸게 영화를 보고 근처의 씨씨 피자 집($5로 피자 뷔페를 먹을 수 있다)에서 피자를 먹으며 친구들과 이야기하다 보면 한 주간의 스트레스는 날릴 수 있게 된다. 이것 외에도 학교 근처에는 학생들이 이용하기 좋은 조건의 볼링장도 있다.

주차와 학교 버스

미국 대학교는 학교에 차를 등록하면 수업료에 주차비를 포함한다. 아무리 작은 학교라도 최소한 한 학기에 $15에서 많게는 약 $200까지 받고 있다. 차를 등록하면 스티커를 주는데 차에 붙이고 다니게 되어 있다. 스티커가 없이 주차된 차는 차를 견인해 간다. 견인요금이 $90인데 돈도 아깝지만 차를 찾으러 가야 하기 때문에 짜증이 난다.

학기 초가 되면 주차 전쟁이다. 주차 공간은 한정되어 있고 수업 시간은 비슷하니 주차 공간 찾느라 3-40분씩 주차장을 도는 일이 수시로 일어난다. 주차비도 냈는데 주차공간이 없으니 학생들의 불평이 거세게 일곤 한다.

학교에 따라서는 주차 타워를 설치해서 주차 문제를 해결한다. 우리 학교는 지상 주차장에만 그 많은 차를 대려니 공간이 모자랄 수밖에 없다. 학생이 대략 13,000명이고 교수와 직원이 그와 비슷할 것이니 반만 차를 가져와도 그 수가 엄청나다. 이번 학기에 나는 아는 사람과 차를 나누어 가져가는 것으로 카풀을 했다. 집이 떨어져 있어 만만한 일은 아니었지만 그래도 주차비를 많이 절감했다. 일 년에 $25만 내면 되었다. 그리고 집 근처에 학교와 관련된 아파트 단지가 있어 5분 정도만 걸으면 학교 버스를 탈 수 있기 때문에 차와 버스를 교대로 이용한다. 아침에는 차를 그리고 올 때는 버스를 이용하면 주차로부터 자유롭고, 한대 밖에 없는 우리 가족의 차를 활용하기에도 효율적이다.

한국은 차가 없어도 학교에 올 수 있는 방법이 많이 있지만 미국은 기숙사에 살지 않는 한 차가 있어야만 학교에 올 수 있다. 중, 소 도시는 사람들이 넓은 땅에 나누어 살기 때문에 대중 교통 수단이 발달하기가 힘들어 차를 이용할 수밖에 없다. 물론 뉴욕이나 워싱턴, LA같은 대도시에는 지하철, 택시, 버스 등 대중교통시설이 좋아 차가 없이도 생활할 수 있다.

대학교 자전거 보관소

그러나 기숙사에 사는 학생들도 수업이 끝난 후 어디를 가려면 차가 있어야 하므로 학교 올 때 차를 가지고 오는 경우가 많다. 기숙사와 수업하는 학교 건물이 걸어서 이동하기에는 먼 거리에 흩어져 있다. 그러다 보니 처음에는 차를 가져오지만 주차 문제로 고생하게 되면서 자전거를 이용하는 학생들이 많아진다.

이런 문제를 해결하고자 학교에서는 학교 버스를 운행하는데 기숙사와 학교, 각 건물들을 연결한다. 이 버스를 이용하면 덜 고생하고 이동도 자유롭다. 이 버스는 학교뿐 아니라 우리 집 근처에 오는 버스처럼 학생들이 많이 사는 아파트 단지에도 운행하고 쇼핑센터까지 운행해서 학생들이 자유롭게 이동하도록 돕고 있다. 학교 버스는 수시로 운행하며 간격은 길지만 방학에도 운행한다. 학교에 따라 학교 버스비를 받기도 하고 무료로 운행하기도 한다. 우리 학교는 무조건 등록금에 학교 버스비를 책정해서 받고 있다.

학교 내의 우체국 이용

학교 내에 있는 우체국은 기숙사에 사는 학생들이 우편물을 부치기도 하고 받기도 한다. 학교 주소와 기숙사 번호만 있으면 얼마든지 원하는 우편물을 학교 우체국을 통해서 받을 수 있다. 멀리 떨어져 있는 가족으로부터 필요한 물건과 선물을 받기도 하고 친구 간의 우편물, 주문한 책이나 물건들도 학교 우체국을 통해 받을 수 있다.

학교 우체국에서 보낼 수 있는 우편의 종류는 FedEx, Express mail, Priority mail, First class mail, media mail이다. 지역이나 무게에 따라 요금은 다르게 책정된다. Express mail이나 FedEx는 빠르고 안전하게 가는 방법으로 조금 비싸지만 많이 이용한다. Priority mail은 배송 기간이 더 길지만 싸고 안전하다. 미국 내에서 아주 중요한 것 외에는 Priority가 더 나은 방법이다. 위의 세 방법은 모두 보험이 적용되며 배송 상태를 확인할

UPS 차가 우편물을 나르고 있다.

수 있다. 값이 아주 싼 First class mail이 있는데 일반적으로 문서 같은 가벼운 것에 사용되며 우표를 붙여 보낸다. 물건이 상자 정도로 크면 사용할 수 없다. 보험 적용이 안 되고 소요기간도 아주 길며 가끔 분실되기도 한다.

몇 년 전 나는 한국에 있는 남편과 친구에게 크리스마스카드를 보냈었다. 좀 비싼 카드를 샀고 특별히 남편에겐 그 안에 사진과 아이들 각자의 인사를 담아서 부쳤는데 끝내 카드는 도착하지 않았다. 우체국에 가서 물어보니 시즌이라 늦을 수도 있다고 해서 기다렸지만 카드는 어디론가 사라져 버렸다. 그 후로는 한국에 보낼 때나 중요한 문서들은 Express mail이나 FedEx를 이용해 부치고 있다. 미국 내라면 Priority mail을 이용한다.

또한 학생들에게 유용한 메일로 미디어 메일이 있다. 이 메일은 책이나 CD같은 미디어를 보낼 때 사용하는 방법이다. 값이 아주 싸서 비용이 많이 절감된다. 나는 이것을 모를 때 책 한 권을 반납하면서 $9를 지불했다. 나중에 미디어 메일로 보냈더니 상자 크기에 따라 다르지만 책 5권 정도 보내는 데 $2-3 정도면 충분히 보낼 수 있었다.

학교 우체국이 아니더라도 동네 근처에서 우체국을 찾아 이용할 수 있다. 종류나 방법은 같지만 받는 것이 다르다. 우편물은 집으로 배달되며 사람이 부재중인 경우는 집 앞에 쪽지를 붙여두고 우체국으로 찾으러 오라고 한다. 노스캐롤라이나주에서는 두 번까지 집으로 방문했으나 린치버그는 한 번 방문했을 때 받지 못하면 우체국에 가서 찾아야 한다. 쪽지를 들고 가면 본인 확인을 거친 후에 물건을 내어 준다.

인턴십과 CPT Curricular Practical Training

학교에 다니는 중에 전공과 관련 있는 곳에서 인턴십을 할 수 있다. 두 해를 마친 후에 신청이 가능한 경우가 대부분이고 신청 전에 워크숍 workshop을 개최해서 미리 정보를 알려 준다. 대학원 같은 경우엔 인턴십을 필수로 하는 전공도 있다. 학부에도 교육학 분야는 필수로 인턴십을 하게 되어 있다.

학교 내에는 인턴십을 도와주는 사무실이 있다. 워크숍, 서류 준비, 장소 연계 등을 도와주고 있다. 언제든 방문해서 문의하고 도움을 받는 것이 좋다.

큰아들의 전공 학생들은 대부분 워싱턴 국회나 의원 회관 등지에서 인턴십을 가진다. 보통 성적이 좋아야 하고 인터뷰를 하기도 한다. 수업과 인턴십을 같이 하기도 하고 아예 거기에 상주 하기도 한다. 학점이 인정되는 것도 있고 안 되는 것도 있으므로 워크숍에서 자세히 알아보고 결정하는 것이 좋다.

CPT Curricular Practical Training라는 것도 있는데 이것은 학생 신분으로 전공과 관련된 곳에서 일하며 공부할 수 있는 제도다. 미국에서 학생 신분으로는 학교 밖에서 일을 할 수 없다. 그러나 이 제도는 전공 분야에서 경험을 쌓기 위한 목적으로 하는 일에 대해 정식으로 인정해 주는 제도다. 월급도 받을 수 있다.

이런 제도들의 목적은 학문과 사회를 연결해 졸업 후 사회에 적응할 수 있는 학생들을 길러 내는 목적인 것 같다.

🏢 학교 내의 일자리

국제 학생들은 학교 밖에서 일할 수 없지만 학교 내에서는 얼마든지 일을 할 수 있다. 일자리도 종류별로 많이 있지만 그만큼 일자리를 원하는 학생들도 많다. 학교 홈페이지에는 구직란 job offer이 있는데 그곳에 접수하고 기다리면 일이 주어질 때 연락이 온다. 그러나 지원을 하고 하염없이 기다리는 경우도 많다. 사이트에서 진행사항을 알 수 있는데 그 상태로 오래가는 경우가 많다. 듣기로는 많은 사람이 아는 사람을 통해 들어가거나 슈퍼바이저를 통해 들어가기도 한다고 한다.

학교에서 일을 하게 되면 사회보장 번호 social number, 일종의 주민번호를 받을 수가 있는데 이 번호는 미국에서 지내는데 날개를 달아주는 것처럼 유용한 것이다. 물론 학교 내에서만 일하라는 조건이 있지만 이것을 통해 크레딧도 쌓고 필요한 일들을 처리할 때마다 아주 유용하게 사용된다.

나도 내 아들도 일하기 위해 지원했었다. 그러나 학기가 지나도록 연락이 오지 않았다. 기다리다 지쳐서 일하기를 포기했다. 특별한 능력이 있지 않은 한 외국 학생들은 일하기는 쉽지 않다.

휴학

미국 대학은 한국과 다르게 휴학의 개념이 없다. 입학하고 군대 의무에 대한 부담이 없어서 그런지, 하여간 그만두는 것은 개인의 문제다. 그런데 만약 그만두고 다시 학교에 다니려면 처음부터 입학 절차를 밟아야 한다. 서류를 다시 내야 하는데, 다니는 동안의 대학 성적이 나쁘면 고등학교 성적이 좋았더라도 입학에 문제가 생길 수 있다. 가장 큰 문제는 장학금이다. 서류를 내면 이전 성적에 따라 다시 결정되어 확실하지가 않다.

한국 남학생들은 군대 문제가 큰 이슈인데 휴학이 없으니 고민을 할 수밖에 없다. 그럼에도 학교 다니는 중에 군대에 가는 학생들이 꽤 된다. 학비의 부담 때문에도 그렇고 청소년기의 갈등이 원인이 되어 휴식기를 가지려고도 한다.

내가 아는 학생도 예술 대학에서 음악을 전공하는데 군대 문제로 고민을 많이 했다. 피아노와 성악을 전공하는데 손과 목소리가 생명인데 군대 갔다 오면 손상될까 봐 고민이고, 또 학교로 다시 돌아와도 지금 받는 장학금을 줄 수 없다고 해서 고민했다. 결국 군대를 미루고 계속 공부하기로 했다.

큰아들도 학기 때마다 군대 문제로 고민한다. 언제 가야 적당한지 고민하는 것이다. 이런 고민의 주된 이유 중 하나가 미국 대학에 휴학제도가 없기 때문이기도 하다. 하지만 이것도 학교에 따라 다를 수 있으므로 담당자와 상의해 보는 것이 좋을 것이다.

리버티대학교는 2012년 가을학기부터 휴학 제도가 생겼다. 그래서 이번 해에 군대를 다녀오려고 많은 한국 학생들이 휴학하고 있다. 이렇게 자주 제도가 바뀌므로 수시로 확인하는 것이 필요하다.

졸업과 학위

정해진 학점을 다 이수하면 졸업을 하고 학위를 얻게 된다. 대학을 졸업하면 학사를 얻고 대학원을 졸업하면 앞에 마스터master가 전공과 함께 붙는다. 경영이나 경제학이면 MBA Master of Business Administration, 나의 전공 카운슬링은 MAPC Master of Art of Pastoral Counseling 이렇게 붙게 된다. 보통 졸업식은 학기가 끝난 5월 둘째 주 정도에 한다. 그러나 졸업 신청은 매년 3월 15일 전에 이루어진다. 졸업 신청을 안 하면 졸업이 안 되며 졸업장을 받을 수 없다.

졸업 신청을 할 때 $100을 내야 하는데 한국의 졸업비와 같다고 보면 된다. 신청하면 바로 학교의 개인 어카운트로 금액이 뜬다. 이 돈을 지불하지 않으면 졸업장도 안 온다. 마지막 학기의 성적이 나오고 학점 이수가 다 되었으면 졸업장이 집으로 온다. 그러나 여름학기까지 해야 졸업 학점이 이수가 되며 여름학기 성적도 다 평가한 후에 졸업장을 보내 준다. 졸업하고 바로 귀국한다면 받을 주소를 한국으로 하면 한국 주소로 배달해 준다.

나의 졸업식에서

졸업 신청하고 학기가 끝났는데 과목에 F가 나오면 졸업을 못한다. 다시 수업을 듣고, $100을 내고 졸업 신청도 다시 해야 한다. 마지막 학기는 마음이 뒤숭숭해지기 쉬워 이런 일이 일어날 수도 있다. 끝까지 긴장을 놓치지 않아야 한다.

졸업식 신청도 해야 하는데 졸업식은 원하는 사람만 해도 된다. 졸업식 신청은 따로 돈을 내지 않지만 졸업 가운은 각자 사야 한다. 한국처럼 학교에서 빌려 주는 것은 없다. 학교 서점에 가면 살 수 있는데 한 번 입자고 사는 것은 좀 아까운 생각이 든다. 물론 박사학위 받는 사람은 두고두고 입을 일이 있기 때문에 사야 할 것이다.

나의 졸업식

    나는 올 5월에 석사과정을 마치고 졸업했다. 아이들을 위해 졸업식에 참석했다. 다행히 가운을 가지고 있는 사람이 내 전공 가운색과 같아서 빌려 입을 수 있었다.
    전날 졸업식 예행 연습을 했다. 성적이 좋아 우등생 끈도 받아서 기분이 참 좋았다. 아이들에게 자랑도 했다. 나이 마흔여덟에 하는 졸업이다. 아이들을 공립학교에 보내려고 시작한 공부였지만 나에게는 축복이었고, 의미 있는 졸업이었다.

    경기장에서의 졸업식은 너무 더워 빼고 단과별로하는 졸업식에 갔다. 한 사람씩 나가서 이름이 호명되면 학장에게서 졸업장을 받고 내려오는 것이었다. 짧은 순간이지만 축제와 같이 행복한 시간이었다.
    미국 학생들 사이에서 안 되는 영어였지만 좋은 성적으로 학위를 받고 졸업하는 자신이 스스로 대견했다. 그리고 외로움과 그리움을 참아준 남편이 고마웠다. 이 졸업장은 남편의 것이다. 그리고 나의 5년의 삶을 지탱하게 해 준 하나님의 사랑과 신실하심이 나의 졸업을 가능하게 했다.

🏛 OPT

졸업을 하게 되면 국제학생들은 직업을 얻거나, 비자를 얻지 않는 한, 두 달 안에 미국을 떠나야 한다. 입학 허가서나 비자도 거의 학위에 맞추어 주어져 있다. 입학 허가서에 있는 기간만큼 내주는 면허증도 만료되는 시점이 된다. 그래서 있는 제도가 OPT^{Optional Practical Training}다. 이것은 졸업 후 직업을 알아보고 그 분야의 경험을 쌓을 기회를 주는 기간이다. 만약 그 기간 안에 직업을 구해서 H-1 비자를 얻으면 계속 미국에 머물 수 있다. 그렇지 않으면 일 년이 지난 후에는 미국을 떠나야 한다. 그레이스^{grace period}라고 해서 출국 준비하는 시간으로 두 달을 준다.

나는 5월 15일에 졸업을 하고 두 달의 그레이스 기간을 사용한 다음 7월 15일에 OPT를 시작했다. OPT는 2012년 7월 15일에 끝난다. 다시 그레이스를 사용해도 9월 15까지는 미국을 떠나야 한다.

OPT 기간에는 전공과 관련된 곳에서 일해야 한다. 일하는 곳의 주소, 이름 등을 기록해 보고서를 내야 한다. OPT는 I-20이 별도로 나오지만 그래도 학생 신분으로 분류된다. 만약 졸업과 동시에 면허증이 끝나면 OPT 기간만큼 면허증을 새로 받을 수 있다.

나는 지금 유학 온 고등학교 학생들을 대상으로 상담을 하고 있다. 아직 초보자지만 열심히 아이들의 이야기를 들어주고 도와주고 있다. 엄마와 떨어져 있는 아이들은 진학 고민 등 나눌 사람이 있어서 좋고 나는 내가 배운 이론들을 연습하며 배워갈 수 있어서 좋다.

정식 절차를 거쳐 상담을 진행하고 있다. 슈퍼바이저^{supervisor}로 박사과정에 있는 분에게 도움도 요청했다. 잘 활용하면 아주 유익한 시간을 가질 수 있다.

　자다가 벌떡 일어난다. 내가 미쳤나 보다. 이렇게 태평하게 자고 있다니. 해야 할 공부가 얼마나 많은데 잠을 잤는지 모르겠다. 오늘은 시험이 있는 날이다. 이미 한 공부를 보고 또 보고. 시간을 보니 새벽 5시. 수험생도 아닌데 공부가 걱정돼서 자꾸 잠을 깬다. 미국에 온 후로, 어학 코스를 시작한 후로 깊은 잠을 잘 수가 없다. 자다가 벌떡벌떡 일어나는 일이 반복되고 있다. 잠을 자다가도 이 미국까지 와서 내가 뭐하는 거지 하는 생각이 들면서 벌떡 일어난다.
　'잠을 자러 온 게 아니야. 공부해. 영어 단어를 한 개라도 외워.'

　드디어 일이 났다. 툭하면 잠을 깨고 일어나 앉아 공부했더니 몸이 이상하다. 학교에서 쉬는 시간에 화장실에 갔는데 소변에서 피가 나온다.
　'혹시 빨간색 음식을 먹었나? 아니야 그렇다고 소변에 섞여 나오진 않는데……'
　다시 수업을 하러 강의실로 간다. 저녁이 돼도 다음날이 돼도 소변에서 피가 계속 나온다. 그런데도 또 수업하러 학교로 가다, 수업 빠지면 큰일 난다 하루에 얼만데.
　며칠을 그러고도 학교에 가고 또 그렇게 열심히 새벽까지 공부한다. 여전히 피는 나오지만 그러다 괜찮겠지 생각한다. 아는 동생네 갔는데 그 동생이 내 상황을 듣고 소변을 보더니 막 뭐라고 한다. 나보고 미쳤단다. 당장 병원에 가라고 한다. 피가 나오는데 어떻게 공부하고 있느냐고 한다. 그래. 내가 아무래도 공부에 미쳤나 보다.
　　　　　　　　　　　　　　　　　　　　　　　－2007년 어학코스를 하던 중－

다음은 내가 어학 코스를 하며 경험한 정보들과 주변의 경험들을 모아 정리한 것이다.

🏛 F1학생 비자을 위한 어학코스

미국에는 어학연수를 할 수 있는 다양한 어학코스들이 많이 있다. 대부분 대학 내에 갖추고 있는데 전문대community college에도 어학코스가 있는 곳이 많다. 어학코스를 알아볼 때 학교의 시설, 교수진, 프로그램을 자세히 알아볼 필요가 있다. 또한 각 학교의 어학코스가 어디에 중점을 두는지도 알아보아야 한다. 미국에는 비자를 유지해주는 목적인 것처럼 보이는 열악한 어학코스들도 있다. 이런 곳에 가게 되면 영어를 배우기는 힘들다고 생각해야 한다.

공부를 목적으로 오는 학생들은 F1 비자를 가지고 들어와야 한다. 무료 어학코스는 갈 수 없으며 허가된 정규 프로그램이 있는 학교에 들어가야 한다. 이 프로그램이 있는 학교는 ESL, EFL, ELTI, ELI라는 이름들을 사용한다.

어학코스는 보통 봄학기, 여름학기, 가을학기 이렇게 세 학기로 나누어진다. 대부분 학교가 봄학기는 1월 중순에 시작해서 4월에 끝나고, 여름학기는 5월 초에 시작해서 8월 중순에 끝나고, 가을학기는 9월 초에 시작해서 12월에 끝난다. 약 4개월 16주 과정인 셈이다. 그러나 여름학기는 좀 더 짧고 또 학교에 따라서 기간이 달라지는 경우가 많다.

입학원서는 각 학교의 홈페이지로 들어가 정확히 확인하는 것이 좋다. 공통의 원서를 보면 입학원서와 원서비 $40-60, 재정 보증 또는 은행 잔고 증명서, 비자 서류와 가족이 있다면 가족 사항이 필요하다.

어학코스의 학비는 학기별로 내는데 내가 다닐 때는(2006년) 약 $4,000 정도 냈었다. 거기에 보험료가 포함되어 있었고 책값은 포함되지 않았다. 물론 기숙사비는 별도고 개인 생활비도 별도로 계산해야 한다.

어학코스의 등록금은 약간씩 다른데 도움을 주기 위해 두 학교를 비교해 적어 본다. 리버티대학교Liberty University와 UNCCUniversity of North Carolina, Charlotte 의 현재 어학코스 등록금이다. 리버티대학교는 등록금이 봄, 가을학기 기준으로 한 학기에 $4,188, 학교 운영비 $1,174, 기숙사 $3,340, 보험 $377, 총 $9,079이 든다. 여름학기는 약간 싸진다.

UNCC의 등록금은 한 학기에 등록금이 $3,400, 학교 운영비 $1,099, 기숙사 $3,000-5,000, 보험료 $380, 그래서 총 $7,879-9,879가 든다. 참고로 사이트는 www.elti.uncc.edu www.liberty.edu. 리버티대학교는 오른쪽 위의 search창에서 ELI를 치면 관련 사이트로 들어갈 수 있다.

입학이 결정되면 반편성 시험placement test을 거쳐 반을 배정받게 된다. 이 테스트는 수준에 맞는 교육을 하기 위해 레벨을 측정하는 것이다. 학교에 따라 레벨이 다른데 4단계에서 7단계까지 있는 것이 보통이다. 시험은 보통 듣기, 말하기, 쓰기, 독해로 이루어진다. 말하기는 인터뷰처럼 하는 경우도 있다.

반이 결정되면 교재를 구입해야 하는데, 학교 서점에서 단계별 교재를 구입할 수 있다. 다음 학기가 되면 학생들끼리 서로 교재를 사고팔아서 좀 더 싸게 구입할 수도 있다.

처음에 입학하면 오리엔테이션 기간을 가지고 학교생활과 미국에 대해 배울 수 있는 시간을 가진다. 학교 탐방, 수업에 대한 설명, 학교 근처 돌아보기, 함께 쇼핑 등을 한다. 이 기간이 필요한 물건도 사고 어학코스 친구들과 사귈 수 있는 기회도 된다.

학부에 입학하면 첫해에는 모두 기숙사에서 살도록 규정하고 있지만 어학코스 중에는 기숙사도, 학교 밖에서 사는 것도 다 허용된다. 그러나 가능한 기숙사에서 살 것을 권한다. 어학코스는 영어를 배우기 위해 온 것인데 만약 밖에서 살게 되면 한국인들하고만 어울릴 수 있어 영어를 배울 기회가 적어진다. 어학코스의 친구들도 미국인이 아니기 때문에 그 친구들로부터 영어를 배우기는 힘들다. 그러나 기숙사에는 학부, 어학코스, 대학원까지 섞여서 들어가기 때문에 다양한 경험과 함께 영어도 금방 배울 수 있다.

영화에 나왔던 뉴욕박물관, 어학코스에서 가끔 박물관에도 같이 간다.

내가 어학코스를 다닐 때의 경험이다. 나는 밖에서 살기 때문에 미국 학생들과 어울려 지낼 기회가 별로 없었다. 함께 공부하는 젊은 친구들 몇 명과 잘 어울려 다녔는데 어느 기간이 지나니 그들의 영어가 무척 늘어 있었다. 입학할 때 테스트 점수가 훨씬 높은 나는 4단계를, 그들은 1단계에서 시작했었는데 어느 시점에 가니 그들의 영어가 유창해져 가고 있었다. 이유를 들어보니 그 친구들은 미국 친구들과 어울려 파티도 가고 쇼핑도 가고, 공부도 했다는 것이다. 어떤 한 학생은 기본 문법도 몰라 우리를 어이없게 하곤 했었는데 나중에 보니 말을 참 잘했다. 그 비결은 미국 남자 친구를 사귀어 매일 이야기를 하다 보니 말을 잘하게 된 것이었다.

나는 일 년 넘도록 말이 늘지 않고 오로지 책을 읽고 글을 쓰는 것만 늘어가고 있었다. 나이 탓이라고 변명도 해보지만 그것만이 아닌 것은 분명하다.

교육과정은 듣기, 말하기, 읽기, 쓰기, 문법으로 이루어진다. 어학코스만을 위한 반을 두기도 하고 브리지bridge라고 해서 대학과 연계해 운영되기도 한다. 어떤 학교는 상위 레벨에 한해서 토플을 훈련하기도 한다. 보통은 학교에 연습실을 두어 듣고 말하기 훈련을 시킨다.

나는 이 시기에 처음으로 영어책 전체를 다 읽을 수 있었다. 'The color of water'라는 책이었는데 아주 감동적이었다. 수업 시간에 챕터별로 읽어와서 토론하고 문제를 푸는 수업을 했다. 인종 문제에 관한 책인데 아주 흥미로운 시간이었다. 나중에 영문학과 학생들을 위해 작가가 학교에 와서 강연회를 했는데 우리 반도 거기에 참가해 강연을 들을 수 있었다.

수업을 하는 교수들의 수준은 아주 높은 편이었다. 물론 나는 내가 다닌

학교에 대해서만 아는 것이지만, 그 학교의 교수들은 아는 것뿐 아니라 가르치는 능력도 있었다. 어떤 교수는 너무 어렵게 가르치고 어렵게 시험 문제를 내기도 하지만 대부분은 개인 지도까지 하며 잘 가르쳐 주었다. 사실 말하는 것과 듣는 것은 수업만으로 되는 것은 아닌 것 같다. 하지만 토플이나 읽기, 독해, 쓰기는 그곳에서 배운 것이 대학원에서도 그대로 적용해 사용할 수 있었다.

수업은 주 20시간을 하는데 월요일부터 목요일까지 수업한다. 오전 9시부터 수업을 시작해서 오후 3시경에 끝난다. 그리고 두 번의 시험과 중간마다 퀴즈, 숙제가 주어진다. 학기가 끝나면 성적표가 나오는데 A-F로 표시된다. 지각이나 결석을 3회 이상하면 자동적으로 F 처리된다. 만약 F가 두 번 나오면 I-20^{입학허가서}이 취소되고 학교에서도, 미국에서도 떠나야만 한다.

젊은 친구 하나가 여러번 지각했다. 교수가 경고를 했는데도 대수롭지 않게 생각하다가 수업 중간에 교수가 F를 주고 그 수업에 더 이상 들어오지 못하게 했다. 결국 그 학생은 아차하고 교수에게 앞으로 잘하겠다고 사정을 했지만 통하지 않았다. 그 학생은 다음 학기에 같은 레벨의 수업을 다시 들어야 했다. 만약 한 번 더 그런 일이 발생하면 그 학생은 더 이상 학교에 남아 있을 수 없다.

그렇게 문제가 되어 그 학교를 떠난 한국 친구들도 있었고, 근처 다른 학교에서는 페이퍼를 표절해서 썼다가 발각되어 학교에서 쫓겨나 결국 전문대로 간 학생도 있었다. 담당자가 엄격한 사람인가 아닌가에 따라 달라질 수는 있지만 만약 학교에서 잘못을 눈감아주다가 이민국에 걸리면 어학코스 자체가 취소되기 때문에 학교는 엄격하게 처리할 수밖에 없다.

어학코스를 하는 동안 학생들은 다양한 미국 문화와 다른 나라의 문화를 접할 기회가 많다. 교수가 학생들을 자신의 집으로 초청해 미국 음식을 대접하고 함께 대화도 하고 놀이도 하는 일이 많이 있다. 나는 읽기 담당교수의 집에 초대받아가서 맛있는 음식도 먹고 친구들과 대화도 하고 사진도 찍으며 즐거운 시간을 가졌었다. 우리 반에는 베트남, 중국, 일본, 러시아, 이란, 사우디아라비아, 콜롬비아에서 온 학생들이 있었다. 이 학생들과 서로의 문화를 나누는 경험은 아주 즐겁고 유익한 것이었다.

어학코스에서는 한학기에 한번 여행을 가기도 한다.

학교 자체에서도 학생끼리 친할 수 있도록 여러 행사도 개최하고 소풍도 간다. 내가 다니던 학교에서는 다운타운, 박물관, 미술관에도 갔었다. 한 학기에 한 번씩 여행도 하는데 워싱턴, 뉴욕, 플로리다까지 간다. 경비도 아주 싸고 또 친구들과 함께 할 수 있는 좋은 기회도 된다. 나는 아이들이 있어서 참가하지 못했지만 갔다 온 친구들의 말에 따르면 아주 신나고 재미있는 시간이었다고 한다.

UNCC에서 어학코스를 하는 동안 잊을 수 없는 사람이 탐^{Tom}이라는 사람이다. 그는 국제 학생 사무실에서 외국 학생들을 돕는 모든 업무를 하는 사람이었다. 그는 학생들로부터 엔젤 탐$^{Angel\ Tom}$이라는 별명으로 불렸다. 큰일을 처리하는 일에서부터 사소한 작은 일 까지 학생들을 위해 애를 써 주었다. 공항에 픽업$^{pick\ up}$가기, 아픈 학생 병원에 데려가기, 서류 해결해 주기, 고민 들어주고 해결해 주기 등 학생들은 문제만 생기면 탐을 찾아갔다. 물론 그의 직업이지만 그는 일을 넘어서 진정으로 학생들을 돕는 사람이었다.

그는 나의 비자를 바꾸는 일도 도와주었다. 변호사에게 가면 $1,000이 드는 일인데 비용을 아껴주러 스스로 그 일을 다 처리해 주었다. 내가 친구의 일로 비자 문제를 상의하자 이민국에 다 알아보고 도와주었는데, 그만 도와주기도 전에 이미 비자가 만료되어 있었다. 그 걸 알고 수업하는 나를 불러 알려주며 얼마나 안타까워하는지 너무나 고마웠었다. 정말 천사였다. 탐때문에 나와 외국 학생들은 미국에 대해 좋은 감정을 가질 수 있었다.

🏫 F2동반 비자를 위한 어학코스

　F1의 가족들은 주변에 무료로 하는 어학 코스들이 많이 있어서 영어를 배울 기회가 많이 있다. 커뮤니티 칼리지에서 하는 어학코스, 교회에서 하는 영어 공부, 카운티나 도서관에서 하는 영어 공부 등이 있다.

　나는 처음 미국에 와서 학교에 가기 전 무료 어학코스를 다닌 적이 있었다. 처음에 관광비자로 들어왔기 때문에 비자를 F1으로 바꾸는 동안 4개월 정도의 공백이 있었다. 그래서 교회 분이 알려준 어학코스를 하게 되었는데 나에게는 매우 유익한 시간이었다.

　2006년 8월 29일에 테스트가 있어서 그 학교에 갔다. 전문대라 규모는 크지 않았으나 작고 아담한 학교였다. 선생님들이 얼마나 친절한지 분위기도 매우 좋았다. 교회에서 만난 유니와 함께 테스트를 치러 들어갔다. 시험지를 받아든 우리는 서로 얼굴을 쳐다볼 수밖에 없었다. 얼마나 쉬운지 알파벳, 물건 이름, 기본 단어의 문제였다. 이걸 푸는 건 아니다 싶어 좀 더 어려운 문제를 달라고 했다. 다음 문제는 좀 나았는데 내용이 문제였다. 미국 생활에 관한 문제들이 거기에 있었다. 예를 들면 집을 구할 때 쓰는 영어, 물건 살 때 영어, 직업을 구할 때 게시판 읽는 요령에 관한 영어들이었다. 실생활에 필요한 영어들을 묻고 있었다. 아직 미국 생활을 잘 몰라 영어는 아는데도 무엇을 묻는지 모르는 게 많았다.

　하여간 두 단계로 나누어지는 레벨에서 두 번째 레벨에 들어갔다. 첫 번째 레벨은 기초 영어와 실생활 영어를 다루고 두 번째는 문법, 미국 역사, 말하기를 다루었다. 첫 반 선생님은 좀 수다스럽지만 따뜻하고 친절한 사람이었다. 히스패닉 학생들이 대부분이었는데 불법 체류자도 많은 것 같았다. 그래서 선생님은 그들이 미국에서 살아갈 수 있도록 실생활에 필요한 지식과 기본 영어를 가르쳐 주었다.

　어느 정도 기본을 익히면 다음 단계의 레벨로 올라가는데 그것이 우리 클래스였다. 여기서는 미국 역사에 관한 영어표현을 많이 가르쳤는데 그것도 그들이 미국에서 살아가도록 돕는 취지였던 것 같다. 우리 선생님은 러시아계의 키가 크고 예쁜 선생님이었는데 영어를 아주 잘 가르쳤다. 수업은 일주일에 네 번 월요일에서 목요일까지 있었고 3시간 수업이었다. 신청은 두 달 간격으로 이루어졌다. 그러나 생존의 문제에 직면하고 있는 학생들이 많아 중간에 그만두는 학생들도 많았다.

우리 선생님은 한국 사람을 이해하지 못했다. 문법과 독해를 그렇게 잘하는데 어떻게 그렇게 말을 못하는지 이해할 수 없다며 고개를 저었다. 하여간 거기서 미국 문화를 경험하고 이해할 수 있는 계기가 되었고, 또 프레젠테이션을 통해 한국을 알리기도 했다. 한국의 사진들을 보면서 외국 학생들은 눈을 동그랗게 뜨고 감탄했으며 한국의 학생들이 새벽까지 공부한다고 해서 또 놀랐다. 우리는 한국 음식도 가져가서 함께 나누어 먹었다.

이 학교뿐만 아니라 근처에는 외국인을 위한 ESL^{English as a Second Language} 강좌가 많았다. 아무 조건 없이 미국에 와서 정착하려는 사람들을 돕기 위한 그들의 헌신이다.

린치버그에도 무료 ESL 프로그램이 많이 있다. 한인이 많은데, 대부분이 학생들의 가족인 점을 감안해 전문대에서, 교회에서, 도서관이나 카운터에서 이 프로그램을 제공하고 있다.

도서관에서 하는 ESL은 일주일에 한 번 혹은 두 번 하는데 1-2시간 정도 수업을 한다. 레벨 테스트를 거쳐 반 배정을 하고, 교재는 각자 구입한다.

교회에서 하는 영어 공부는 성경공부를 겸해서 하는 경우가 많다. 린치버그의 교회 영어 성경공부를 예로 들어 소개해 본다.

    TRBC, 여성을 위한 성경공부: 매주 화요일, 무료, 교재 개인 부담.
    www.justforwomen.org
    Heritage Baptist Church, 여성을 위한 성경공부: 매주 화요일, 3개월 과정.
    www.hbclynchburg.org
    Chestnut Hill Baptist Church, 목요일, 교재 비 $10.
    www.chbclunchburg.org

이 외에도 학생 부인들을 위하여 여러 곳에서 ESL이 제공되고 있다.

유료 영어 튜터도 있다. 주로 영문학이나 TESOL 과정을 전공하는 학생들이 실습 겸 아르바이트 겸 하는 경우가 많다. 비용은 저렴한 편이며 전공과 관련되기 때문에 열심히 가르치는 경향이 있다.

교환학생 프로그램

교환학생 프로그램이란 서로 다른 언어와 문화를 익히기 위해 각 나라의 학생들이 상호교환으로 가서 배우는 기회를 가지는 것을 말한다. 미국에서 한국으로, 한국에서 미국으로 또 다른 나라 간에도 이 프로그램이 이루어진다. 대학 간에도 제휴 되어 있어서 학교에 신청하면 기회를 얻을 수 있다. 교환학생으로 선정이 되면 1년간 공부하러 갈 수 있으며 학비가 면제되는 경우도 있고 자비로 가는 경우도 있다. 학교에 따라 장학금이 다르므로 학교에 문의해 조건을 잘 알아보는 것이 좋을 것이다.

내가 있던 UNCC는 홍익대와 제휴 되어 있어서 홍익대 학생들이 교환학생으로 오기도 하고 방학을 맞아 단기 연수를 오기도 했었다. 이것처럼 학교마다 서로 제휴 되어 있는 학교를 찾아 잘 활용하면 저렴한 비용으로 어학연수를 할 수 있다. 교환학생으로 선발되려면 기본적인 조건이 필요한 것으로 알고 있다. TOFEL 성적이나 학교 성적, 혹은 에세이 등을 고려해 선발한다고 한다. 그러나 학교에 따라 조건이 다 다를 수 있으므로 학교에 문의하는 것이 좋을 것 같다.

뿐만 아니라 고등학생에게도 이 문은 열려 있다. 보통은 유학원을 통해 모집하는데 미국의 예를 본다면 공립학교를 무료로 다닐 수 있고 홈스테이도 미국인 가정에서 무료로 받을 수 있다. 비행기값과 용돈 등 체류 비용만 있으면 된다.

그러나 교환 학생을 선택할 때 신중히 고려할 점은 1년을 다녀오면 다시 공부하기 위해 2년 안에 입국할 수 없다. 만약 2년 안에 유학 계획이 있다면 교환 학생 프로그램을 이용하지 않는 것이 좋겠다.

은행
bank

한국에서 T/C(여행자 수표)를 가져와 계좌를 개설해서 입금해야 돈으로 사용할 수가 있다.
같이 가주신 분의 도움으로 담당자와 이야기를 하고 사무실로 들어갔다.

나는 어떻게 하는 건지 도무지 몰라 사인하라는 대로 하고, 달라는 서류 주고, 받으라면 받는 일만 했다.
담당자는 계속 혼자 왔다 갔다 하며 바빴다. 나는 일이 복잡해서 그런가 보다 했다.
그런데 같이 가주신 분이 하는 말,

"직원들이 여행자 수표를 어떻게 하는지 잘 모르고 저렇게 큰돈을 만져 볼 일이 별로 없어서 일 처리를 잘 못해요."

나는 도무지 이해가 안됐다. 은행원은 전문직이고 오랫동안 일을 해왔을 텐데
'일을 잘 못한다?'를 어떻게 이해해야 하지?
한참을 기다리고 또 기다려서 일이 끝났다. 설명서, 카드, 체크를 받았다.

그런데 '어떻게 이것을 사용하나? 한국처럼 카드기에서 돈을 빼서 쓰나?', '그러면 카드기는 어디 있나'
두리번거렸더니 같이 가주신 분이 친절하게 카드 사용법까지 알려주신단다.
안 그러면 내가 돈을 카드에 다 넣었으니

아무것도 못할 거라
생각하셨나 보다. 사실이다.

은행에 가다

은행에 들어가면 크게 두 공간으로 나뉜다. 창구 업무 보는 곳과 개인적인 업무를 보는 곳이다. 간단하게 돈을 찾는다거나 입금할 때는 창구를 사용하면 된다. 따로 마련되어 있는 개인 업무 방들은 카드 도난, 분실, 계좌 개설, 명세서 관련, 그리고 해외관련 등 좀 더 복잡한 업무를 하는 곳이다. 여기까지는 한국과 별로 다를 것이 없다. 은행 밖에 업무 시설이 하나 더 있다는 것이 미국의 특색 있는 은행의 모습이다. 그것은 따로 언급하기로 한다.

 은행 안에는 편안히 앉을 수 있는 소파가 있고 기다리는 동안 마실 커피나 아이들을 위한 사탕들이 준비되어 있다. 그러나 은행에서 그렇게 많이 기다려 본 경험은 없다. 그래도 잠깐 기다리는 동안 마시는 커피는 맛있다. 참, 모든 은행에 커피가 있었나?

💰 은행 종류

미국의 대표적인 은행으로는 Bank of America가 있다. 이 은행은 미국 전역에 없는 곳이 없는 미국의 대표 은행이다. 그 다음으로 큰 은행은 Wachovia였는데, 얼마 전 서부에서부터 커져서 동부까지 진출한 Wells Fargo란 은행으로 넘어갔다. 그리고 어느 도시에나 있는 지방 은행들이 있다. 우리 지역에는 SunTrust, BB&T같은 은행들이 있다. 이런 지방 은행은 학교에도 ATM을 설치해서 쉽게 돈을 찾을 수 있도록 하고 있다.

사실 은행 거래를 하는 데는 어디든 그리 상관없다. 그러나 한국에서 송금을 받을 때는 대표 은행을 거쳐 지방 은행으로 오기 때문에 지방은행은 시간이 좀 더 걸린다는 단점이 있다. 씨티은행은 한국과 연결되어

지역은행인 BB&T

있어 많이 사용하긴 하지만 은행이나 ATM이 드물게 있어 사용하기에 좀 불편하다. 게다가 건당 비용을 따로 내고 한 회당 찾을 수 있는 금액도 한정되어 있다. 린치버그 기준으로 건당 $3고 한정 금액은 $400이다.

은행 근무 시간은 Bank of America 기준으로 월요일에서 목요일까지는 9시-5시, 금요일은 9시-6시, 토요일은 9시-1시까지다. ATM은 24시간 사용할 수 있다.

💰 계좌 개설하기

은행에서 계좌를 개설하려면 몇 가지 서류가 필요하다. 학생들은 여권, 학생증, 약간의 돈, I-20 입학허가서을 내면 쉽게 계좌를 개설 할 수 있다. 계좌의 종류는 일반 예금과 비슷한 체킹 checking account과 적금과 비슷한 세이빙

saving account이 있다. 체킹은 내가 적립해 놓은 돈(이것을 디포짓, deposit이라고 한다)을 필요할 때 언제나 쓸 수 있는 계좌고 세이빙은 돈을 어느 정도 적립해 놓고 그 이상은 쓸 수 없으며 횟수 제한도 있다. 때문에 체킹은 거의 이자가 없지만 세이빙은 오래 놓아두면 약간의 이자가 붙는다. 세이빙은 당분간 쓸 계획이 없는 돈을 묶어 놓는데 적당하므로 유학생이 쓸 일은 별로 없을 것이다. 세이빙을 개설 한다면 적립 기간이 있는지 확인해야 한다.

체킹을 개설할 때 꼭 학생 계좌로 만들어야 수수료를 내지 않는다. 처음에 나는 몰라서 따로 학생 계좌로 개설하지 않았더니 매달 $25씩 수수료가 빠져 나갔었다. 나중에서야 확인하고 은행에 물었더니 학생 계좌로 바꾸어 주었다. 내 친구 딸은 학생 계좌로 만들었는데도 수수료가 빠져 나갔었다. 알고 보니 Bank of America는 학생 계좌로 개설 했어도 은행 내역서를 우편으로 받으면 유지비 명목으로 수수료를 내게 되어 있었다. 온라인으로 내역서paperless를 받는다고 체크를 했었으면 이 수수료는 절약할 수 있었다. 미리 알았다면 내지 않아도 될 돈이었다.

꼭 수수료가 있는지 묻고 수수료 없는 것으로 해 달라고 요청해야 한다.

💰 카드 사용하기

체킹 계좌를 개설하면 데빗debit카드와 체크check, 수표용지를 준다. 이 데빗카드는 단 $1라도 미국 어느 곳에서나 사용 가능하다. 현금이 필요하면 은행에서 찾아도 되고, 현금 인출기를 사용해도 된다. ATM기는 하루에 찾을 수 있는 한도액이 정해져 있는데 보통 $500 정도다.

그리고 상점에서 물건을 살 때 바로 자신의 계좌에서 현금을 인출할 수 있다. 이것을 캐쉬백cash back이라고 하는데 물건을 계산할 때 점원이 캐쉬백을 원하냐고 묻거나 카드를 긁는 기계에 문구가 뜨기도 한다. 인출을 원하는 금액을 말하면 현금으로 지불해 준다. 물론 이 돈은 나의 계좌에서 나가는 돈이다. 은행에 가지 않고도 현금을 찾을 수 있도록 물건을 사는 고객의 편의를 위해 만들어진 제도다.

다음은 캐쉬백에 얽힌 한 유학생의 일화다.

린치버그에 온 지 15일쯤 되어서입니다. 한국에 소포를 보낼 것이 있어서 우체국에 들렀었습니다. 열심히 주소를 적고, 바디 랭귀지와 문법을 생각하며 더듬더듬 영어로 별 어려움 없이 계산을 치르는 데까지 왔습니다. 이제까지는 현금으로 모든 것을 처리하였는데, 전날 데빗 카드를 받아 우체국에서 처음으로 사용하였습니다.
요금이 얼마라는 말과 결제방법을 묻자, 시원하게 데빗이라고 말하고 의기양양하게 서 있습니다. 그런데 담당 직원이 저에게 "얼마의 돈을 줄까?"라고 묻는 것이었습니다. 그래서 천천히 다시 말해 달라고 하니 분명히 돈을 준다는 말이었습니다. 현금을 주지도 않았는데 거스름돈을 주는 것도 아니고, 나에게 돈을 줄 이유가 없다고 생각했습니다. 계속 되물어도 "얼마의 돈을 줄까?"라는 말이었습니다. 이 물음에 'yes'를 해야 할지 'no'를 해야 할지 망설이고 있는데, 제 뒤로 선 줄은 계속 늘어가고, 당황하여 식은땀을 흘리고 있었습니다. 그런데 뒤에서 누군가 "No, thank you"라고 하며 저에 대한 것을 직원에게 자세히 설명해 주었습니다. 알고 보니 한국인 교수님이었습니다. 직원은 그 교수님에게는 감사의 말을 전하면서 저에게는 상당히 부담스러운 얼굴로 영수증과 카드를 건네는 것이었습니다.
영문을 모르고 교수님께 감사의 말을 전하려고 갔더니 친절하게 설명해 주셨습니다. 미국은 한국과 다르게 데빗카드를 사용할 수 있는 어느 곳에서나 현금인출을 할 수 있는데, 직원이 저에게 "현금인출을 얼마 해 줄까?"라고 물었다는 것입니다. 좋은 경험 때문에 지금은 데빗카드를 사용하는 어느 곳에서나 현금인출에 대한 내용을 들으며, 자유로운 선택을 하고 살아가고 있습니다.

미국에서는 대부분 현금을 들고 다니며 쓰지 않고 카드나 체크를 사용하는 편이다. 나는 초창기에 카드 사용이 익숙지 않고 또 목돈을 쓸 일이 많아 현금을 많이 찾아 가지고 다녔었다. 미국에서 오래 사신 분이 그걸 보고는 걱정을 하셨다. 그렇게 현금을 많이 가지고 다니면 범죄의 표적이 될 수도 있다고 조심하라고 했다. 물론 지금은 너무 현금이 없어서 곤란한 일이 생길 정도로 카드만 사용하고 있다.

카드 사용의 장점은 나의 지출을 매일 은행 계좌를 통해 확인할 수 있고 또 영수증의 역할을 한다는 것이다. 만일 현금으로만 지출을 하면 시간이 지나면 지출 내역을 잊을 수도 있고 지출한 것에 대해 착오가 생길 수도 있다. 그러나 카드를 사용하면 명세가 분명히 드러나 실수를 줄이는데 도움이 된다. 그리고 영수증 상자를 만들어 물건을 산 영수증을 일정 기간 동안 보관하는 것이 만일을 대비해 좋을 수 있다. 물건을 교환할 때에도 영수증만 있으면 언제든 교환할 수 있다.

처음에 왔을 때 Sams라는 대형마트에서 청소기를 샀었다. 5개월쯤 사용했는데 청소기에서 연기가 나기 시작했다. 고치는 값이 더 든다고 해서 새로 사야 하나 고민하고 있는데 주변 사람이 영수증만 있으면 언제든 교환해 준다고 했다. 나는 영수증을 무조건 상자에 모은다. 혹시 하고 영수증을 찾아 소비자 센터에 가서 상황 설명을 했더니 새 것으로 가져가라고 하는 것이 아닌가! 새 것으로 받아오면서 참 서비스가 좋구나하고 생각했다.

💲 체크 check, 수표 사용하기

처음 은행에 계좌를 개설하면 체크북 check-book, 수표책을 준다. 보통 체크북은 내 이름과 주소가 왼쪽 위 칸에 기입되어 있다. 그래서 이 체크북이 이름 적힌 사람의 소유임을 알 수 있다. 그리고 오른쪽 위에는 체크 번호가 적혀 있는데, 이것은 번호가 #(number)1101,1102,1103 같이 순서대로 적혀 있어서 어떤 체크를 사용했는지 번호로 알 수 있다. 은행에서 확인 할 때에도 체크 번호로 확인 할 수 있다.

체크북을 분실하면 곤란해질 수도 있으므로 잘 관리해야 한다. 이미 발행한 체크를 취소하고 싶으면 은행에 가서 취소 신청을 내야 한다. 또 받은 체크북을 다 사용하면 은행에서 신청하거나 체크 마지막 장에 붙어 있는 신청서를 써서 우편으로 보내면 새로운 체크북을 우편으로 발송해 준다. 물론 돈을 지불해야 한다. 체크만 있는 것과 뒤에 영수증이 붙어 있는 것과는 값이 차이가 난다. 체크 바탕에 있는 모양도 자기가 원하는 것으로 고를 수도 있다.

체크는 한국에서 일상적으로 통용되는 개념이 아니라 처음 사용할 때 어려움을 느낄 수도 있다. 기업이 사용하는 당좌수표, 신용이 보증되는 개인에게 발행하는 가계수표와 비슷한 개념이지만 한국에서는 일반적으로 사용되지는 않는다. 하지만 미국에서는 체크가 일상적으로 사용되고 있다. 마켓에서도 물건을 사고 체크를 써서 낸다. 내가 원하는 액수를 정해진 회사나 개인에게 써서 주면 상대방이 그 체크를 자신의 은행 계좌에 넣는다. 그러면 내 계좌에서 그 액수만큼 돈이 빠져 나간다. 예를 들어 내가 이번 달에 두 달 치 물세로 $150을 낼 것이다. 그러면 체크에 수도 회사 CCUSA를 'pay to order'란에 쓴다. 그리고 숫자로 $150.00을 쓴다. 주의 할 점은 숫자 사이가 쉼표가 아니라 마침표다. 만약 쉼표를 잘 못 쓰면 만 오천 달러가 될 수도 있다. 그리고 나서 금액을 영어로 'One hundred fifty only————'라고 쓴다. 'only'라고 쓴 것은 앞의 금액 뒤에 다른 금액이 없다는 의미다. 만약 $153이면 'One hundred fifty-three————'라고 쓰면 된다. 줄을 길게 긋는 것은 다른 사람이 그 뒤에 다른 금액을 추가하는 것을 막기 위해서다. 또 영어로 금액을 쓸 때 맨 앞에서 시작해야 다른 사람이 앞에다가 금액을 추가 하지 못한다. 그 다음은 밑의 왼쪽에 회사에서 부여 받은 개인 전용 계좌 번호account number를 쓴다. 미국은 모든 공과금을 비롯해 모든 거래자에게 이 고유 번호를 부여해 구별하기 쉽도록 하고 있다. 마지막으로 오른쪽 맨 아래에 자신의 사인을 하면 된다. 그리고 봉투에 넣고 주소를 써서 우표를 붙이고 보내면 된다.

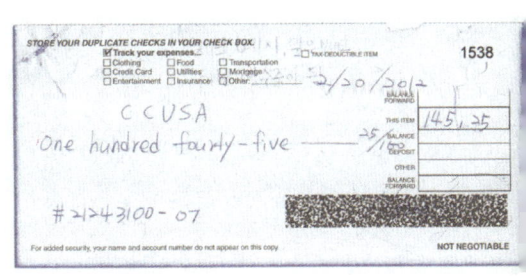

체크예시: 앞은 쓸 때 내고
뒤는 영수증이 되므로 가지고 있는다.

체크를 사용할 때 꼭 주의할 점은 남발하지 않아야 한다. 현금을 내는 게 아니기 때문에 나가고 들어오는 개념이 잘 안 생겨 마구 쓸 위험이 있다. 체크를 쓰면 체크북에 꼭 기록하고 은행 잔고와 비교하면서 사용해야 부도(?)를 막을 수 있다.

체크를 받았다면 은행 창구나 혹은 ATM기에서 찾을 수 있다. 그러면 체크에 써있는 내 계좌로 돈이 들어온다. 은행 창구 직원에게 입금 즉시 현금으로 받기 원한다고 말하면 현금으로 받을 수 있고 또 ATM기에서도 일정 금액을 바로 현금으로 찾을 수 있다. 창구에서 입금할 때는 체크 뒷면에 이서endorse를 하게 되어 있다.

💰 신용카드와 그 외 카드

데빗카드 외 다른 카드로는 신용카드가 있다. 크레딧카드credit card라고 하는데 먼저 물건을 사고 나중에 결제를 하는 한국의 신용카드와 비슷하다. 정해진 한도 내에서 사용할 수 있으며 10%가 넘는 수수료가 붙는다. 유학생들은 신용이 쌓인 게 없어서 크레딧카드를 발급 받기 쉽지 않다. Bank of America는 가끔 유학생에게도 적은 한도의 신용카드를 발급해 주기도 한다. 이 카드를 사용하면 신용이 쌓이기 때문에 미국에서 지내기에 좀 더 수월해 진다는 장점이 있다.

은행에서 발급하는 카드 외에 일반 기업에서 발급하는 신용카드가 있는데, CHASE, Capital, Discover, American Express, Master Card 등이 있다. 이 카드들은 사용하면 10-20%의 수수료를 내야 한다.

또 각 백화점이나 상점에서 발급하는 카드들이 있다. 이 카드들은 신용카드와 개념이 비슷한데 먼저 물건을 사고 나중에 결제하는 방식이다. 그러나 이 카드들은 현금인출은 안되고 그 상점 내에서만 이용할 수 있다. 장점으로는 정기적으로 할인 쿠폰을 보내주기 때문에 세일 기간에 쿠폰까지 사용하면 아주 저렴한 가격에 물건을 구입할 수 있다.

지난 가을 딸아이는 콘서트에 입을 드레스가 필요했었다. 나는 드레스가 비싸다고만 생각해서 다른 사람에게 얻은 원피스를 입고 가라고 했다. 딸아이는 싫다며 차라리 청바지를 입고 가겠다고 했다. 며칠을 싸우는데 딸 친구 엄마가 전화를 해서 딸의 드레스를 $14에 샀다고 했다. 나는 백화점 카드가 없었는데 자신의 백화점 카드와 쿠폰이 있으면 드레스를 싸게 살수 있다며 그 엄마가 같이 가주겠다고 했다. 백화점에 가니 할인에 또 할인하는 날이고 쿠폰까지 쓰니 $9.50(한국 돈으로 만원 정도)에 드레스를 살 수 있었다. 콘서트 날 드레스를 입은 내 딸 아이가 너무 예뻐서 빛이 났다.

💲 미국에는 통장이 없다

한국의 은행은 통장이 있어서 한눈에 계좌의 내역을 알 수가 있고 잔고도 바로 확인할 수가 있다. 그러나 미국에는 통장이 없다. 계좌를 개설하면 카드와 체크를 줄 뿐이다.

온라인 뱅킹 online banking, 온라인 은행 서비스을 신청하면 인터넷에서 자신의 사용 내역과 잔고를 확인 할 수 있다. 카드나 체크를 사용하면 며칠 뒤에 내역이 뜨는 경우가 많아서 바로 정확한 내역을 알 수는 없다.

그래서 나는 체크북에 기록한 것과 영수증을 잘 보관해서 전체 항목을 맞추어 본다. 그렇게 해도 가끔 실수로 체크 기록이 빠졌다거나 영수증이 분실되어 전체 금액을 잘못 계산하는 경우도 생긴다. 물론 돈이 많으면 무슨 걱정이 있을까만, 유학생 생활이 늘 빠듯한 살림인지라 은행 관리를 잘하는 것이 돈을 버는 길이다.

통장이 없는 대신에 입출금 내역서 statement를 한 달에 한 번 집으로 보내준다. 이 내역서는 때로 나의 재정 증명으로 사용되기도 한다. 그래서 가능하면 하나도 빠짐없이 모아 두는 것이 좋다. 물론 은행 홈페이지에 들어가면 출력을 할 수도 있고 은행에 가서 요청하면 주기도 한다.

초창기에 나는 온라인 뱅킹을 사용하지 않아서 사용한 영수증을 다 모아 두었다가 내역서가 오면 일일이 다 맞추어 보고 잘못된 거래가 없는지 확인

했다. 한 번은 내가 모르는 돈이 $18 빠져 나간 것을 확인 했다. 은행에 가서 확인했더니 회사 이름과 전화번호를 주면서 지불 정지를 해 주었다. 나는 그 회사에 전화를 걸어 왜 돈을 빼갔는지 물었다. 인터넷으로 책을 샀던 회사였는데, 내가 책을 살 때 〈다음에 할인해 줄까?〉하는 항목이 있어 체크했는데 그 것이 멤버쉽 가입을 묻는 것이었고 멤버쉽비 명목으로 돈을 빼갔다는 것이었다. 그래서 내가 항의하며 멤버쉽비가 있다고 했어야 하지 않느냐고 했더니 바로 환불해 주겠다고 했다. 다음날 환불된 돈이 통장으로 들어왔다.

내가 아는 어떤 사람은 내역을 확인하지 않아서 거의 일 년 동안 돈이 빠져 나갔는데도 몰랐다고 한다. 내 이야기를 듣고 확인해 보니 같은 회사에서 돈을 빼가고 있었다. 그래서 항의하고 돈을 찾을 수 있었다. 그래도 이 경우는 항의하자 바로 돌려주는 아주 신사적인 경우다.

어떤 경우는 한 회사에서 $45를 빼가고 있어서 항의하니 환불해 주기로 했는데 돈을 보내지 않고 버티고 있었다. 내가 전화하면 못 알아듣겠다고 트집을 잡기에 아들에게 전화하라 했더니 아이인 것을 알고 핑계를 대며 시간을 끌었다. 결국엔 은행에 통보해서 거래에 문제를 제기하겠다고 했더니 알겠다고 하고 바로 돈을 환불해왔다. 내역서를 잘 확인해서 손해를 보지 않았다.

요즘 은행들은 온라인 내역서 paperless를 받으라고 권한다. 분실되는 위험을 줄이고 출력과 우편 비용을 절약하기 위해서다. 인터넷에서도 신청할 수 있고 Bank of America같은 은행은 유지비라는 명목으로 내는 월 $25를 감면해준다. 그리고 내역서는 필요하면 언제든지 홈페이지에서 출력할 수 있다.

💲 은행 이용 시 주의 하세요

오버드래프트 overdraft, 초과 인출

은행을 이용할 때 주의해야 할 것들이 있다. 한국에서는 통장에 잔고가 없으면 현금 카드를 사용할 수가 없다. 그러나 미국은 내 계좌에 돈이 없어도 카드를 사용할 수가 있다. 미국에 온 지 얼마 안 되는 사람들은 이 차이를 몰라 카드가 긁히면 돈이 있나 보다 하고 사용한다. 그러면 바로 오버드래프트가 되어 건당 수수료가 $35 붙는다. Bank of America는 우편으로 이 내용을 알려준다. 그러다 보니 모르는 사람은 계속 사용하게 되고 나중에는 많은 수수료를 물게 된다. 게다가 5일 안에 갚지 않으면 다시 $35가 부과된다.

은행 잔고를 잘 관리한다고 온라인으로 매일 체크해도 놓치는 경우가 생긴다. 그리고 은행이 들어오는 체크와 사용하는 카드 내역을 순서 없이 자기 마음대로 하기 때문에 한번만 내도 될 것들을 두 번, 세 번 내게 하기도 한다.

유학생들이 겪은 몇 가지 예들을 보면 도움이 될 듯해서 적어 본다.

재학생들 중 이미 많은 분들이 경험했으리라 생각되는 경우인데요. 다들 아시다시피, 은행의 개인 계좌에는 Checking Account와 Saving Account, 이렇게 두 종류가 있습니다. 저는 처음 왔을 때, Wachovia Bank에서 Checking Account만 개설했습니다. 한국에서는 한 번도 개인수표를 사용해 본 적이 없습니다. 그랬던 제가 미국수표 사용의 생리를 정확히 알지 못해서 선의의 피해를 본 적이 있습니다. 수표를 발행하고 나면, 그 발행금액을 반드시 직접 체크해둬야 하는데, 데빗카드와 수표사용이 잦을 경우, 통장잔고가 정기적으로 바닥을 드러내는 경우에, 그것을 잊어버리면 큰 낭패를 볼 수 있겠더라구요. 잔고가 마이너스가 된 것도 모르고, 계속 지출을 하게 되면 건당 약 $30 정도의 수수료가 붙습니다. 상식적으로 마이너스가 되어 지불 불가 상태가 되면, 데빗카드도 지불 정지가 되어야 하는데, 안 되었더군요. 제가 그것도 모르고, 마이너스가 된 상태에서 지불한 금액 때문에 약 $140 정도의 수수료를 물었습니다. 그것도 $1-2의 미미한 금액을 수차례 지불한 경우였습니다. 지불 금액은 다 합쳐도 $10 정도 밖에 안 되는데, 100불이 넘는 돈을 수수료로 그냥 날리게 됐을 때, 정말 혈압이 오르더군요. 그것도 은행에 세 차례나 찾아가서, 매니저와 씨름한 끝에 겨우 두 건만 면제받았습니다. 1불 쓰는 데에도 손을 떨며, 고심하는 유학생에게 140불은 정말 너무나도 큰돈이었습니다. 나중에 알고 보니 저 같은 경우를 당하신 분들이 상당히 많으시더라고요. 문제는 데빗, 체크 등 각 지출 수단들의 처리시간이 천차만별이라는 것입니다. 즉시 되는 경우도 있고, 어떤 경우는 일주일이 지나도록 처리가 안 되는 경우가 있더라고요. 그래서 제가 지금 철저하게 하고 있는 일이 있습니다. 지출 금액을 반드시 그 날 안에 금전출납부에 기록하고 잔고를 정확히 계산해서 기록하고 기억해 두는 것입니다. 그래야 계좌에 남아있는 실제 잔고를 알고, 오버드래프트 overdraft가 되지 않고 지불 가능한 한도가 얼마인지를 정확하게 가늠할 수 있겠더라 구요. 미국에 처음 오셔서 미국 은행 수표 사용에 익숙지 않으신 분들은 이 점을 꼭 기억하시고, 저 같은 억울한(?) 일을 당하지 않으시길 바랍니다.

이런 예는 미국에 온 초기에 많이 경험하는 사건이다. 더구나 대학생들은 돈 관리를 처음 하는 경우가 많아 서툰데다가 미국 은행도 잘 모르다 보니 이런 불이익을 많이 당한다.

내가 아는 학생 하나도 뉴욕으로 여행을 갔다가 은행 잔고가 떨어진 지도 모르고 사용했다고 한다. 얼마 되지 않는 금액을 썼는데 수수료가 건당 붙게 되어 거의 $500을 물게 되었다고 한다. 할 수 없이 은행에 가서 사정했더니 처음이라 잘 몰라 그런 것을 감안해 대폭 감해주었다고 한다. 그래도 $100이상 수수료를 내야 했다.

나의 큰아들도 비슷한 경험이 있다. 큰아들에게 새로 계좌를 만들어 주고 용돈을 주어 관리하라고 했다. 은행에 가서 계좌를 개설해 돈을 입금하고 카드와 체크를 받았다. 내가 사용법을 알려주고 잘 관리하라고 했다. 그런데 한참 후 우편으로 오버드래프트가 되었다고 연락이 왔다. 두 건이었는데 거기다가 5일 안에 안냈다고 초과 수수료 over charge까지 붙였다.

집에 있었어도 우편함을 매일 열지도 않을뿐더러 여름 방학 기간이라 다른 곳에 다녀오느라 집을 일주일이상 비웠을 때였다. 아들에게 은행에 가서 상황 설명을 하고 감해 달라고 하라 했다. 그런데 돌아온 아들은 은행에서 절대 안 된다고 했단다. 내가 은행으로 가서 말했다. 처음 계좌를 개설해 사용법을 잘 몰라 생긴 일이며 집을 비운 일들을 설명했는데도 창구에 있는 아가씨가 인상까지 쓰며 무시하듯 말했다. 내가 매니저를 만나고 싶다고 했더니 자리에 없다며 다음날 오라고 했다. 그래서 다음날 갔더니 매니저가 일정액을 감해 주겠다고 했다. 그제야 큰아들에게 사용법을 설명하기 시작했다. 나는 그 매니저에게 이 제도가 굉장히 불합리하다고 말했다.

그 후로는 나와 내 아들 모두 추가인출 유예 overdraft protection, 은행 잔고가 없으면 인출되지 않게 처리가 되어(내가 신청한 게 아니라 그 매니저가 해준 것 같다) 잔고가 없는데 돈이 빠져나가 손해를 보는 일이 없게 되었다.

내가 듣기로는 오버드래프트 수수료로 은행이 이익을 보는 액수가 상당하다고 들었다. 그러므로 계좌를 개설할 때 고객에게 굳이 이것을 설명하려고 하지 않는 것이다. 꼭 추가인출 유예 overdraft protection 제도를 물어 보고 신청하는 것이 좋을 것이다.

카드 분실, 도용

미국에서 카드를 분실했다면 은행에 신고하면 되고, 주말이면 전화로 신고하면 된다. 은행에 신고하고 카드 사용 비용이 발생되면 본인이 내지 않아도 된다. 카드를 본인이 가지고 있음에도 다른 사람이 카드를 사용하는 도용 사고도 있을 수 있다. 그때도 신고하면 카드는 정지되고 새로운 카드를 발급해 주며 이미 사용된 금액은 전부 돌려준다.

2010년 6월에 남편이 와서 가족들이 함께 Smith Mountain Lake에 놀러 갔었다. 가기 전에 주차비와 입장료를 위해 은행 ATM기에서 현금을 찾았다. 그리고 그곳에서 하루 종일 재미있게 놀고 집에 돌아왔다. 다음날 아침 잔고를 확인하러 은행 홈페이지에 들어간 나는 깜짝 놀랐다.

나는 Smith Mountain Lake에 있었는데 내 카드는 린치버그에서 계속 사용한 것으로 나오는 것이었다. 벌써 몇 백 불이 사용되었다. 나는 얼른 은행에 가서 상황 설명을 했다. 그랬더니 은행에서 카드를 정지하고 경위서를 쓰고 조사에 들어가겠다고 했다. 내가 그 날 외부에 있어서 혐의는 없었고 마지막으로 카드가 사용된 상점이나 인출기를 근거로 조사하게 될 것이라 했다. 물론 돈도 다 환불 받았다. 분명 카드는 내가 가지고 있는데 다른 사람이 내 카드를 쓸 수 있다는 게 정말 어이가 없었다.

💲 카드 이용 시 주의할 것

카드를 사용할 때 사용 지역이 자신이 살고 있는 지역을 자주 벗어나고 또 지나치게 많은 액수를 사용하게 되면 추적에 들어가게 된다. 내 돈을 사용하는데 그 게 무슨 소리냐고 하겠지만 우리는 미국 시민권자가 아니라 유학생이다. 특히 911사태 이후 유학생에 대한 감시가 심해졌다. 테러리스트가 유학생이었는데 끊임없이 여러 지역을 돌아다니며 정보를 수집하고 훈련 받고 그랬었다며 유학생들의 움직임은 항상 감시의 대상이 된다. 모든 유학생은 SEVIS Student and Exchange Visitor Information System, 미국 유학생 관리 시스템라는 유학생 신상정보 추적 시스템에 의해 감시되고 있다. 자신의 주를 떠날 때도 여권과 I-20를 소지해야 하고 신고하게 되어 있다.

은행 사용도 추적하는 것 같다. 다른 지역에서 산발적으로 사용하면 위험인물로 지목되어 조사가 들어간다.

한 사람의 예를 들면 그 유학생은 친구들과 여행하는 걸 너무 좋아해서 이 지역 저 지역 돌아다니며 여행을 했다. 방학 때 그랬다면 문제가 안 되었을 텐데 학기 중에 학교 빼먹고 돌아다니며 마구 돈을 썼다고 한다. 결국 문제가 되어 은행에서 오라고 했고 본인이 사용한 것인지 확인 절차를 거쳤다. 이유를 대지 않으면 출국조치 당할 수 있다는 경고도 받았다. 결국 영어 잘하는 사람 불러다 그럴 듯하게 해명을 해서 위기를 모면했다.

💲 송금 방법

한국에서 돈을 받으려면 한국 은행에 몇 가지 서류를 내야 한다. 입학 허가서 I-20, 여권, 유학 비자 등이다. 입학허가서는 매해 내야한다. 그리고 송금을 받으려는 은행의 정보가 필요한데, 은행 이름, 은행 주소, 스위프트 코드 swift code, 은행식별 코드, 라우팅 넘버 routing number, 미국 은행 고유번호, 어카운트 넘버 account number, 계좌번호다. 이것을 와이어 wire라 하고 Bank of America의 스위프트 코드는 BOFAUS3N이다. 그리고 라우팅 넘버와 어카운트 넘버는 체크

맨 아래쪽에 쓰여 있다.

    송금하는 은행은 한 곳을 지정하는 게 유리하다. 서류나 절차에 있어서 편리하기 때문이다. 보통 외환은행, 시티은행, 신한은행을 많이 이용한다. 송금할 때 그리고 받을 때 모두 수수료가 붙는다. 학생으로 등록하면 그나마 수수료가 적게 붙는다.

    미국에서 한국으로 돈을 부치려면 한국에 있는 은행 정보만 있으면 되지만 수수료가 많이 붙는다. 그리고 돈을 보낼 때는 조심해야 한다. 유학생은 원칙적으로 학교 밖에서 일을 할 수 없기 때문에 미국 밖으로 돈을 부친다는 게 미국인들로서는 이해할 수 없는 일이다. 그래서 많은 돈을 부치면 추적에 들어간다.

    이건 내 경험인데, 아는 사람이 $2,000를 한국으로 보내 달라고 했다. 그 사람은 불법체류자라 돈을 보낼 수 없었기 때문이었다. 한국에 있는 조카들을 위해 돈을 보내고 싶다 해서 내가 해주겠노라 했다. 은행에 가서 돈을 보내고 수수료도 $40이나 내고 돌아왔다. 그런데 다음 날 은행에서 전화가 왔다. 송금한 돈이 문제가 생겼으니 은행으로 오라는 것이었다. 나는 도무지 감이 잡히지 않았다. 적은 금액이었지만 지난번에도 한번 대신 보내 준 적이 있기 때문이다. 은행에 가보니 그 직원의 말이 내가 학생인데 어떻게 이 돈을 마련해서 한국으로 돈을 보냈는지가 문제가 된다고 했다. 증명하지 않는 한 돈을 보낼 수 없다고 했다. 물론 나는 증명할 수 없다. 어쩔 수 없이 돈을 다시 계좌로 돌려주었다. 수수료만 $40 날렸다.

    유학생들은 돈을 보내는 것도 마음대로 못한다. 어떤 사람은 한국으로 돈을 보내기도 했다는데 은행에 따라 까다롭게 구는 건지 그건 잘 모르겠다.

    돈을 다른 계좌로 보내는 것을 트랜스퍼 transfer, 계좌이체라 하는데 이것은 미국 내에서 이루어지는 것을 말한다. 한국과 마찬가지로 같은 은행으로 보내는 것은 수수료가 없지만 은행이 다르면 수수료가 붙는다. 온라인에서도 이용이 가능하다.

💲 차에서 현금인출 ATM, Drive-through

미국에도 한국처럼 현금인출기가 있다. 은행 밖에 설치되어 있어서 걸어가서 이용할 수 있는 것도 있고 상점이나 쇼핑 몰에 설치되어 있는 것도 있다. 때로 학교에 설치되어 학생들의 편의를 도모해 주기도 한다.

은행 외부의 ATM과 Drive-through

다만 한국과 다른 특이한 방법은 차를 이용해서 사용할 수 있는 현금인출기가 있다는 것이다. 미국인들이 주차하고 내려 걸어가는 일을 귀찮아해서 생기기도 했지만 사고의 위험 때문에 이것을 설치한 것이다.

이 현금 인출기 사용 방법은 이렇다. 차를 타고 현금인출기로 간다. 정차를 하고 왼쪽 창문을 내린다. 카드를 넣고 지시대로 필요한 업무를 본다. 영수증과 카드, 혹은 현금을 받고 창문을 닫고 차를 출발한다. 특히 여성들이 바깥에 있는 인출기를 이용하면 생길 수 있는 범죄의 위험으로부터 보호받을 수 있는 좋은 방법이다. 밤에 이용하기에도 덜 불안하다.

Drive-through 방식은 차를 타고 ATM뿐만 아니라 바깥 창구에서도 은행 업무를 볼 수 있다. 은행 안에 있는 직원이 밖에서 오는 손님을 위해 일하는 곳이다. 차를 타고 밖에서 창구 안으로 필요한 것을 요청해 서비스를 받을 수 있다. 기계에 설치되어 있는 통에 용지와 돈을 넣으면 창가 쪽 직원에게 통이 도착하게 되어 있고 직원이 처리를 해서 다시 통에 영수증이나 현금을 보내준다.

이 방식은 마이크를 통해 직원과 고객이 소통한다. 차 안에서 모든 필요한 업무를 다 볼 수 있다는 것이 장점이다.

*계좌 개설하기

1. 은행에 들어간다. 일반창구가 있고 사무실에서 일하는 직원이 있는데 사무실쪽으로 가거나 아니면 은행 입구에 있는 안내원에게 계좌를 새로 개설하러 왔다고 말하면 안내해 준다. (오기 전에 미리 전화를 걸어 예약하는 것이 좋다)

2. 담당자를 만나 새로 계좌를 만들러 왔다 open account고 한다. 그러면 서류를 달라고 한다. 필요한 서류는 I-20, 여권, I.D(운전면허증, 국제 운전면허증, 학생증 등), 현금(학생은 $25를 요구하기도 하지만 경우에 따라, 은행에 따라 더 요구하기도 한다).

3. 서류를 검토하고 맞으면 직원이 컴퓨터에 정보를 입력하고 계좌를 개설하는 일을 한다. 그때 계좌 종류를 듣게 되는데, 학생계좌인지, 일반계좌인지, 체킹checking, 일반예금만 할건지, 세이빙saving, 적금같은 도 할건지 정한다. 요즘에는 일정액의 잔고를 항상 유지하게 하고 있어서 그것도 알아 두어야 한다. 만약 일정액을 유지하지 않으면 그에 따른 수수료fee가 붙는다. 학생이고 일정액을 유지하는 것을 하고 싶지 않으면 은행 창구를 이용하지 않고 인터넷이나 ATM만 이용하면 수수료가 붙지 않는다.

4. 계좌를 개설하고 온라인 뱅킹도 신청해서 늘 점검할 수 있도록 하는 것이 좋다. 카드를 만들 때 자신의 사진을 카드에 넣으면 도움이 된다. 직원에게 사진도 넣고 싶다고 하면 그 자리에서 사진을 찍어서 넣어준다. 계좌가 개설되면 임시 카드와 몇 장의 체크를 주는데 체크를 더 원할 경우 돈을 더 내고 신청하면 한 박스를 집으로 보내준다. 예전에는 처음엔 무료로 한 박스를 주었는데 이제는 돈을 내야 한다. 그 날엔 임시카드를 주어 사용하게 하고 1-2주 후에 집으로 새 카드가 온다.

5. 새 카드가 오면 ATM이나 전화로 이용 등록activation 해야 한다. ATM은 가서 기계로 적힌대로 하기만 하면 된다. 그러면 이제 카드를 어디서나 쓸 수 있다.

6. 은행에서 주는 서류는 바인더에 담아 주므로 잘 보관해야 한다.

7. 인터넷으로 은행 잔고를 습관적으로 확인하고 내역을 점검해야 한다. 미국 은행은 돈이 없어도 기꺼이 쓰게 해주므로overdraft 수수료를 받기 때문에 주의 깊게 관리해야 한다.

은행 bank

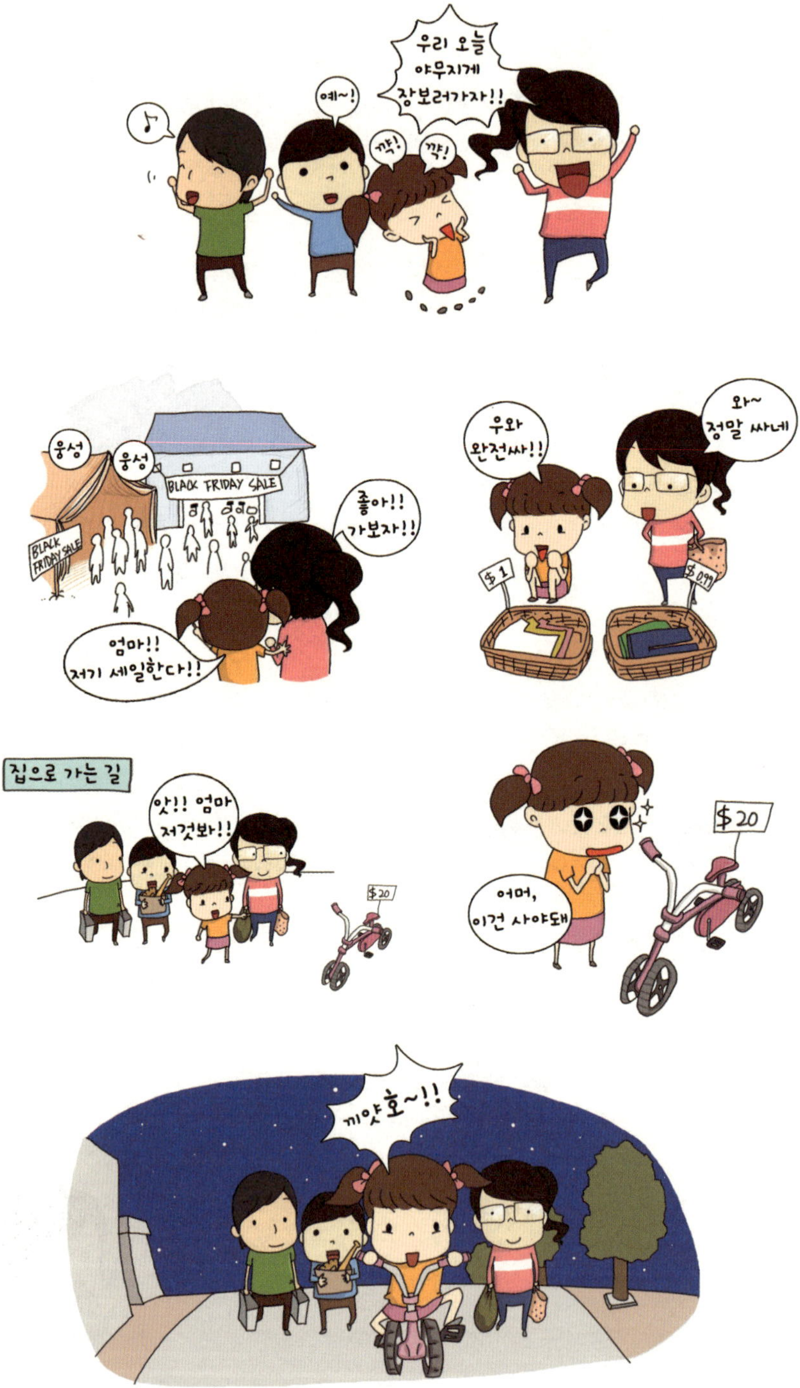

생활
living

'미국에서는 제 값 다 주고 물건 사면 바보다'라는 말이 있을 정도로 세일을 자주 한다.
Clearance Sale, Tax Free, Holiday Sale, Black Friday Sale 등 온갖 세일이 수시로 있다.
워낙 물건 값도 싼 편인데다 계속되는 세일로 소비자를 유혹하고 있다.

미국이란 나라가 소비를 중심으로 경제가 움직이는 나라기 때문에 있을 수 있는 현상인 것 같다.

또 미국 유학 생활에 있어서 중고 거래는 굉장히 요긴한 생활의 방법이다.
한국에서라면 남이 쓰던 물건을 쓰는 것을
꺼리는 분위기지만 이곳에서는
Yard Sale, Garage Sale이라고 해서
마당이나 차고에 쓰지 않는 물건을 내놓고 판다.
잘만 고르면 괜찮은 것들이 꽤 있다.

🛒 침대가 들어오던 날

드디어 집에 침대가 도착했다. 한국에서 있을 때 아동용 침대를 쓰곤 했지만 주로 온돌 바닥에서 자던 나와 아이들은 넓은 침대가 마냥 좋았다. 아이들은 침대에서 뛰고 구르고 신이 났다. 참 촌스러운 아이들이다. 퀸사이즈 두 개를 샀는데 얼마나 넓어 보이는지 모르겠다.

아직 이불이 오지 않아서 침대를 예쁘게 만들 수도 없었고, 방에 아무 물건이 없어서 휑하긴 하지만 침대가 있어 우리는 신나게 놀았다. 바닥보다 푹신하고 따뜻했다. 아들들 방과 내 방을 오가며 눌러 보고 굴러 보고 함께 누워 보았다. 그렇게 침대에 누워 저녁 내내 이야기꽃을 피웠다. 모든 것이 감사했다.

🛒 초기 정착에 필요한 물품

미국에 처음 왔을 때 아파트에는 기본적으로 가전제품이 갖추어져 있었지만 그 외에도 몇 가지 가구와 가전제품이 필요했었다. 당장 급한 것이 침대였다. 미국의 바닥은 한국처럼 온돌이 아니라 바닥에 카펫이 깔려있다. 찬기도 올라올 뿐더러 미국 사람들이 신발 신고 다니던 바닥에 그냥 이불을 깔고 자기에는 좀 찜찜했다. 미국은 바닥에 앉아서 생활하는 구조가 아니라 거실에 소파도 필요하고 부엌에 식탁도 필요했다.

누가 다른 곳으로 이전하는 가구점에서 싸게 가구를 살 수 있다고 해서 갔다. 미국의 물가를 잘 알지 못해서 싼 건지 비싼 건지도 잘 모를 때라 미국과 한국 돈의 가치를 일일이 환산해서 계산하고 있었다. 그러니 뭐든지 사려고하면 겁부터 났다. 너무 싼 것을 사면 나중에 후회한다고 누군가 그랬지만 싼 것만 눈에 들어왔다.

침대는 단단한 것으로 퀸사이즈 2개를 샀다. 프레임과 박스 스프링, 매트리스만 샀다. 원목 식탁과 의자 6개, 3인용 천 소파, 약간 파손된 곳이 있다고 싸게 준 거실 탁자까지 사게 되었다. 나중에서야 미국의 물가 수준과 그 가구점의 가치를 알고 아주 싼 값에 산 것이라 깨달을 수 있었다.

그 다음에 구입한 것이 음악을 꼭 들어야 하는 나를 위한 오디오, DVD와 비디오가 포함된 TV, 청소기, 다리미, 세탁기와 건조기였다. 샘스Sams, 월마트Wal-Mart, 베스트바이BEST BUY 등 대형마트에서 구입했다.

대형 마켓인 샘스 내부. 공장 같이 생겼고 도매값에 대량의 물건을 파는 곳이다.

그 외에도 소소하게 필요한 것들이 많아서 거의 매일 무언가를 사야 했다. 한국에서 올 책상이 2개라 작은아들 책상을 하나 더 샀고 화장실, 부엌, 방에 필요한 물건들을 구입했다. 칫솔에서부터 치약, 샴푸, 세제, 휴지, 시계, 스탠드 등과 당장 쓸 그릇들, 슬리핑 백 sleeping bag, 침낭, 아이들 학교에 필요한 문구류까지 살 것들이 참으로 많았다.

가장 덩치 큰 것은 자동차를 산 것이었다. 자동차값, 보험료, 등록비에 세금까지 돈이 제일 많이 들어간 품목이었다.

그후에는 전기 연결, 인터넷 연결, 전화와 같은 공과금 설치비용이 들어갔다. 식비나 학교 관련 경비를 제외하고 순수하게 정착에만 들어간 돈이 약 $10,000이었다.

* 2006년 기준 우리 가족의 초기 정착 비용

- 집 구하기 전 숙박비: $125

- 집 계약: 서류 심사비 $150, 디포짓 Deposit, 보증금 $875, 8월 잔여 렌트비 $567

- 가구: 침대 2개, 식탁, 소파, 탁자: $1,731.85 (가구값, 세금, 운반비, 팁), 책상: $193.49

- 가전제품: 오디오 $199.86, TV $269.74, 청소기 $84.76, 다리미 $21, 세탁기와 건조기 $571.86

- 자동차: 차값 $3,200, 보험 $353, 번호판과 자동차세 $164.14

- 유틸리티: 전기 디포짓 $200, 전화(선불폰 1개) $236.49, 인터넷 $40

- 생활용품: $300

- 기타 비용: $700

=Total: $9,953.19

🛒 유틸리티 utility 연결하기

집을 구하고 나면 먼저 전기를 연결해야 한다. 우리 집은 전기회사에 연락하기 전에 이미 전기가 들어와 있었다. 자신이 사는 지역의 아파트나 타운하우스는 보통 정해진 회사와 제휴 되어 이미 연결되어 있는 경우가 많았다. 계약서에 계약한 회사를 언급하고 있어서 그곳에 직접 갔다. 신용이 없으므로 디포짓 deposit, 보증금으로 $200을 내고 전기를 연결했다. 이 보증금은 1년이 지난 뒤 전기 요금으로 대치되는데, 그전에 이사하게 되면 돌려준다. 그러나 전기세를 연체하면 그만큼 돌려받는 것이 늦어진다.

미국은 히터, 에어컨, 오븐, 레인지 같은 거의 모든 가전제품을 전기로 사용한다. 가스나 도시가스가 없지만 전기세가 많이 나오는 편은 아니며 누진세도 없다. 전기 회사로는 Appalachian, American, Duke energy 등이 있다.

인터넷 회사도 몇 군데가 있지만 자신의 집에 연결 가능한 회사를 확인한 뒤 각 회사의 조건과 요금을 비교해 보고 결정하면 된다. 미국 인터넷 회사는 속도에 따라 요금을 다르게 책정한다. 그러므로 본인에게 맞는 것을 선택하면 된다. 인터넷을 연결하는데 보증금은 없으나 대신에 설치비가 든다. 이것은 돌려주지 않는 금액이고 모뎀 대여비도 매달 내야 한다. 인터넷을 해지할 때는 모뎀을 돌려주어야 해지가 된다. 인터넷 회사는 Verizon, Shentel, Broadband, Comcast 등이 있다.

아파트 렌트비에 수도세가 포함되어 있으면 따로 연결하지 않아도 되지만 그렇지 않으면 연결비를 내고 연결해야 한다. 수도세는 한 달에 한 번 내는 경우도 있고 두 달에 한 번 내는 경우도 있다. 물을 연결할 때에는 보증금을 내지 않아도 된다. 그러나 수도세가 연체되면 바로 끊어 버리며 다시 연결할 때는 $50을 내고 연결해야 한다. 앞집에 사는 학생이 여행 중이라 물세를 기한 내에 못 냈더니 바로 물을 끊어 버렸다고 한다. 연결비를 다시 내면 바로 연결되지만 조금 야박하다는 생각이 들었다.

전기나 인터넷 요금은 못 내면 다음 번에 한꺼번에 내도 되지만 연체료가 붙고 신용이 내려가게 된다.

아파트는 집 렌트비에 TV요금이 포함되어 있는 경우도 있지만 그렇지 않은 경우는 직접 연결해야 한다. 인터넷으로 신청하면 할인되니 여러 종류의 상품을 비교해서 선택하면 된다. 린치버그에 와서 아는 사람 소개로 설치했더니 소개해준 사람, 받은 사람 두 사람 모두에게 1년에 $100을 할인해 주었다. 프로그램은 아동, 청소년, 간단한 스포츠 채널이 있는 것으로 골랐다. 처음 1년간은 할인 혜택이 있어서 싸게 볼 수 있었으나 1년이 넘으니 너무 비싸졌다. 보증금은 없고 처음에 약간의 설치비가 들었다. TV 회사는 DirecTV, Cable, Dish, Verizon 등이 있다. DirecTV는 한국 채널을 신청하면 며칠 지난 것이지만 한국 방송도 볼 수 있다.

전화는 핸드폰과 집 전화로 나눌 수 있다. 처음 미국에 와서는 선불폰 pre-paid phone, 미리 돈을 내고 그만큼 사용하는 것을 사용했으나, 어느 정도 적응한 뒤에는 Sprint 회사 것으로 바꾸었다. 나와 큰아들의 전화만 개설했고 집 전화는 개설하지 않았었다. 원래는 보증금을 내야 하는 것인데 아는 사람 전화 밑으로 연결했더니 보증금 없이 해주었다.

핸드폰 매장

미국에서 핸드폰을 개설하려면 보증금을 꽤 많이 내야 한다. 물론 보증금은 1년 뒤에 찾을 수 있지만 어떤 사람은 $400까지 달라는 사람도 보았다. 보증금 외에도 개설비용 activation 도 $35 내야 하고 무료 전화기를 고르지 않으면 기기값도 내야 한다. 무료 전화를 받으려면 2년간 약정을 해야 하는데 중간에 해지하면 위약금을 많이 내야 한다. 초창기 선불폰을 쓸 때를 제외하고는 우리는 항상 무료 전화만 받아서 사용했다. 큰아들은 전화가 너무 형편없다고 불평이지만 전화는 전화만 되면 된다는 게 나의 지론이다. 그러나 요즘은 전화기가 너무 오래돼서 거의 사용이 불가능할 정도다. 큰아들 전화는 뒤가 다 없어지고 번호도 잘 안 보이고 내 전화도 종일 먹통일 때가 많다. 새로 무료 전화를 받고 싶지만 2년 계약을 해야 해서 못하고 있다. 나도 졸업을 했고 큰아들도 군대가 걸려있어 언제 갈지 몰라 버텨 보는 중이다.

지금은 070전화와 같은 인터넷 전화를 놓았는데 무엇보다 한국과 무료통화가 가능하다는 장점이 있다. 한 달에 $24.99만 내면 미국으로 핸드폰과 집 전화 모두 무제한 사용할 수 있다. 한국으로 걸 때도, 핸드폰으로 걸면 약간의 돈을 내야 하지만 집 전화는 무제한으로 사용할 수 있다.

집 전화가 없을 때는 $20짜리 전화카드를 사서 사용했는데 조금만 통화해도 금세 없어져 버려 마음대로 통화를 할 수가 없었다. 그런데 지금은 1시간, 2시간 얼마든지 통화해도 마음이 편하다. 전화 회사는 Verizon, Sprint, AT&T, T Mobile 등이 있다. Verizon은 학생 할인을 8%해 준다. www.Verizon.com에 들어가면 이 서비스를 이용할 수 있다.

나는 한국과 제휴한 회사인 UBI Telecom의 전화를 이용한다. 단말기가 한국어와 영어 둘 다 되어 있어서 한국어로 한국에 문자를 보낼 수 있으며 전화도 할 수 있다. 다른 회사와 요금은 별 차이가 없지만 수신 상태가 좋은 편은 아니다.

🛒 공과금의 효율적 사용과 요금 납부

미국과 한국의 공과금은 사용이나 요금 체계에서 많은 차이가 있다. 전기를 예로 들면 한국은 전기를 많이 쓰면 누진세가 붙어 더 많은 요금을 내야 하지만 미국은 누진세가 없다.

미국은 가전제품뿐 아니라 난방, 에어컨, 취사까지 대부분 전기로 생활해서 전기 사용량이 엄청나다. 미국의 전기 요금은 대략 1kw당 11센트 정도다. 한국에서 100-200kw 정도 사용할 때는 요금이 싸지만 그 이상이 되면 누진세 때문에 요금이 엄청 올라가게 되어 있다. 예를들어 한국에서 700kw

를 사용한다면 누진세 때문에 30만 원 정도 나오고 미국에서는 $70(약 8만 원) 정도가 된다. 한국에서 1000kw를 사용하면 50만 원 정도지만 미국에서는 약 $100(약 12만 원) 정도다. 미국 가정에서 난방과 온수사용이 늘어나는 겨울을 기준으로 전기사용이 대부분 1000kw를 넘기는 게 보통이다. 그러므로 미국의 전기요금이 한국에 비해 싼 편이다.

전기 요금은 내가 사용한 만큼 나오므로 잘 사용하면 요금을 줄일 수도 있다. 커뮤니티 사이트에 어떤 분이 올린 글을 기초로 정리해 보고자 한다.

전기요금=일정요율×전기 총 사용량

전기 총 사용량=개별 전기 제품의 전력 소비량×동작시간

이는 제품별 사용량을 잘 알고 사용하면 얼마든지 전기세를 절약할 수 있다는 말이 된다. 실제 제품별로 정리한 것을 적어 보면, 방 2개짜리 타운하우스 기준으로, 취사도구인 레인지는 한 달에 약 $7, 냉장고도 비슷한 수준, 난방은 약 2kw×8시간×30일×11센트=$53, 건조기는 하루에 2시간 돌린다면 5kw×30일×11센트=$16.5, 요금의 주범인 온수는 4인 가정 20분씩 온수 샤워를 할 때 요금은 20kw×30일×11센트=$66이 나온다. 설거지할 때, 샤워할 때 안 쓰는 동안 물을 잠그면서 사용하면 전기 요금을 많이 절약할 수 있다. 사실 24시간 돌아가는 냉장고, 전기밥솥 등은 한 달에 약 $2정도 나오며, 전구는 약 35센트 정도밖에 안 나온다. 대기 전력의 전기세가 많이 나오지는 않지만 안 쓰는 코드를 빼놓는 습관은 좋은 것이라 본다.

전화를 사용할 때도 한국과 다르게 다른 통신사끼리는 거는 사람, 받는 사람 둘 다 요금을 내게 되어 있다. 잘못 걸린 전화를 받아도 요금이 나간다. 그러나 통신사가 같으면 요금이 나오지 않는다. 예를 들면, 우리의 경우는 가족으로 묶어서 family plan 4개의 핸드폰을 사용한다. 한 달에 1,000분을 사용하기로 계약했으며 문자도 무제한으로 사용할 수 있다. 기본 전화에다가 3인 가족을 $9.99만 더 내고 묶은 것이다. 가족끼리의 통화는 무료로 계약한 1,000분에 포함되지 않는다. 그 것을 미닛 minutes이 깎이지 않는다고 말

한다. 그러나 우리가 쓰는 통신사가 한국계 회사라 주변에 사용하는 사람이 적어 통화할 때 미닛^{minutes}이 많이 나간다. 그러므로 주변 사람들이 많이 사용하는 전화 회사를 이용하는 것이 적은 요금을 내고 사용할 수 있는 방법이 될 수 있다.

한국과 다르게 미국은 통신 요금이 많이 나온다. 전화, TV, 인터넷 요금이 정말 많이 나온다. 그래서 어려운 학생들은 인터넷도 학교에서만 사용하고 TV도 아예 안 보고 전화도 다른 사람과 묶어서 사용하기도 한다. 그러나 가족이 있는 경우는 그렇게 사용하기가 어렵다. 인터넷이 없으면 아이들이 숙제를 할 수가 없고 TV를 안 보면 영어가 느는데 오래 걸리고, 전화는 어차피 가족 대부분이 필요하다. 물론 개인의 사정에 따라 달라질 수 있는 문제다.

공과금을 내는 방법은 몇 가지가 있다. 먼저, 은행에서 결제일에 자동으로 요금이 빠져나가는 자동납부가 있다. 우편 사고도 없고 연체의 위험도 없다. 다만 해지할 때 번거로울 수도 있다.

다른 방법은 우편으로 내는 것이다. 미국은 현금으로 요금을 받지 않기 때문에 체크나 머니오더$^{money\ order}$, 선지불 체크로 요금을 내야 한다. 우편으로 보낼 때는 보통 고지서 절취 부분과 함께 체크를 써서 봉투에 넣는다. 그리고 주소를 쓴 다음 꼭 우표를 붙여야 한다. 우표는 우체국, 마켓 등에서 구입할 수 있는데, 현재 20장에 $9면 살 수 있다.

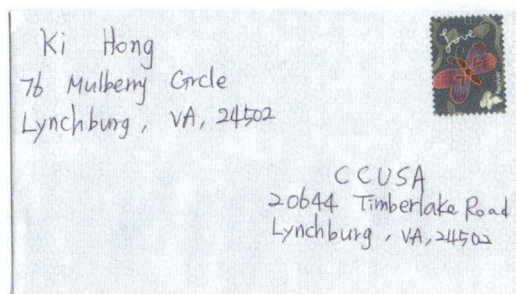

우편용 봉투 쓰는 예시

우표 때문에 생긴 나의 경험이다. 나는 처음에 인터넷, 전기, 전화, 렌트비를 우편으로 보냈었다. 20일경이 되어서 체크를 쓰고 고지서와 함께 봉투에 넣고 잘 보냈다. 그리고 은행에서 돈이 빠져나가야 하는데 도대체 빠져나가지 않는 것이었다. 기다리다 못해 회사로 전화를 했다. 그랬더니 우편으로 온 것이 없다는 것이다. 나는 분명히 보냈다고 말했지만 아마 우편 사고가 난 모양이라고 했다. 종종 우편 사고가 나기도 한다. 그러나 날짜는 이미 지나 연체가 되어 버렸다. 그런데 며칠 뒤였다. 우체통을 열었더니 내가 보낸 공과금 봉투들이 반송되어 내 우편함 안에 고스란히 들어 있었다. 이상하다고 생각하며 꺼내 보니 아뿔싸! 내가 우표를 붙이지 않은 것이었다.

어이가 없었다. 하여간 나는 연체료를 물어야만 했다. 이 일 후에 나는 TV, 전화, 보험을 자동 납부로 바꾸었다. 전기, 인터넷은 우편으로 물세와 렌트비는 직접 가서 내고 있다.

세 번째 방법은 직접 가서 요금을 내는 것이다. 우편 사고를 피할 수 있고 우표값도 절약할 수 있다. 그러나 여기서도 물론 현금은 받지 않는다. 체크나 머니오더로 지불해야 한다. 대리로 요금을 받아 주는 곳인 경우엔 가끔 카드를 받는 곳도 있기는 하지만 대부분은 체크로 요금을 받는다.

🛒 생활비 책정하기

생활비는 개인 사정, 식구 수, 지역에 따라 달라질 수 있다. 대도시인 경우는 렌트비가 달라질 수 있고 공과금 선택이나 식구 수에 따라, 구성원이 어린아이냐, 혹은 중, 고, 대학생이냐에 따라 생활비 규모는 달라 질 수 있다. 워싱턴 같은 대도시의 집 렌트비가 대략 $2,000이 든다면 전체 생활비는 $4,500-5,000 이상 든다는 것이고, 사우스캐롤라이나 South Carolina의 시골 마을이라면 $1,500-2,000으로 살 수 있다는 것이다. 우리 지역도 렌트비 차이가 크게 나기 때문에 물세를 포함해 $550을 낸다면 지금 나의 생활비가 $250이 줄어들게 된다. 그러나 주택에 산다면 생활비는 좀 더 오를 것이다.

자녀에 따라 생활비 규모도 다르다. 먹는 것과 필요한 것들이 달라지고 프리스쿨 Pre-school 의무 교육인 K-12학년의 시작 전 단계을 다닌다면 교육비가 들 것이기 때문이다. 우리 집은 장정이 둘 있기 때문에 먹는 비용이 많이 필요하다. 장을 보고 나면 금방 먹을 게 없다며 냉장고와 창고를 생쥐처럼 들락날락한다.

식구 수도 영향을 미친다. 부부와 어린 자녀 하나 혹은 큰 자녀 하나인 3인 식구와 4인 혹은 5인 식구인 경우의 생활비는 차이가 날 수밖에 없다.

또한 자녀가 사립학교에 다닌다면 비용은 많이 달라진다. 사립학교 학비가 한 달에 최소한 $600 정도 든다면 그만큼 생활비가 추가될 것이다.

나는 공과금 파트, 식비 및 생활비 파트, 학교 파트로 구분해서 생활비를 사용한다. 먼저 공과금에는 전기, 물, 인터넷, 보험, 집 전화, 핸드폰, TV, 렌트비, YMCA 같이 매달 내야 하는 목록들이 들어간다. 학교 파트는 학비, 피아노 레슨비, 책값, 밴드비 등이 들어간다. 식비 및 생활비에는 가스, 큰아들 용돈, 자동차 관련 비용, 의료, 의류, 식비 등이 들어간다.

계획에는 늘 변수가 생기는 법이므로 그것을 염두에 두고 좀 여유 있게 생활비를 책정하는 것이 도움될 것 같다.

🛒 우리 가족 생활비

나는 나의 학비를 포함하여 생활비로 매달 $3,000을 받는다. 그러나 아래의 자료를 보면 알 수 있듯이 아이들이 크다 보니 생활비가 $3,000을 넘게 들 때가 많다. 그럴 때는 기타 비용이 생기면 아이들 용돈을 줄인다거나 하던 것을 그만둔다거나 해서 메우지만 쉽지는 않다. 때로 남편이 더 보내 줄 때 메우기도 한다. 그러나 이 비용도 우리 형편엔 큰 부담이 되는 것이라 어떻게든 맞추어 살아보려고 애를 쓴다.

TV는 최소한의 채널을 선택했고 인터넷, 전화도 가장 싼 것으로, 전기와 물은 아끼라고 쫓아다니며 잔소리하고, YMCA는 당분간 끊었다. 가스를 아끼려 가능한 학교 버스를 이용하고, 책도 싼 것을 찾아서 사거나 빌려 사용한다.

어쩔 수 없이 해야 하는 치과 치료비는 몇 달에 걸쳐 나누어 냈고, 단 것을 못 먹게 조치도 취했다. 나는 눈이 침침해 책을 볼 수 없어 드디어 5년 반 만에, 아이들은 2년 만에 안과 진료를 받고 안경을 바꾸었다. 그것도 싸게 하는 곳이 생겨서 한 사람의 비용으로 세 사람이 할 수 있었다.

식비는 가능한 모든 것을 만들어 먹어서 줄인다. 봄, 여름에는 밭에 채소를 심어서 먹고 또 장아찌를 만들어 놓았다가 먹기도 한다. 필요한 물건들은 야드 세일yard sale, 개인 주택의 마당에서 사용하던 물건을 파는 것이나 그라지 세일garage sale, 자기 집 차고에서 하는 중고 물품 세일을 이용하고 옷은 클리어런스 세일Clarence sale을 이용해 산다. 한국 장이 멀어서 장을 볼 때 한번에 몇 달치를 보게 되는데, 다음 장을 보기 전까지 구석에 있는 것까지 다 꺼내어 먹는다. 창고, 냉동고, 냉장고를 뒤져 할 수 있는 음식을 다 만들어 먹는다. 가끔 한국에서 친정엄마가 보내주는 건어물과 양념들은 어려운 살림에 얼마나 보탬이 되는지 모른다.

그래도 큰아들은 장학금을 받고 저렴하게 대학을 다니고 나머지 두 아이는 공립학교에 다니기 때문에 특별히 드는 돈이 별로 없다. 급식도 무료로 혹은 한끼에 $.40에 먹고 큰 아이는 가능한 집에서 먹고 다녀서 절약하고 있다. 나도 커피 사먹는 값이 아까워 집에서 타서 들고 다니고 점심도 싸가지고 다닌다. 게다가 아이들이 부모 상황을 잘 이해해 주어 돈을 함부로 쓰는 법이 없다. 외식을 못해도, 세일에 세일을 해야 옷을 사주어도, 여행을 못 가도, 가스가 든다고 움직임을 제한해도 잘 따라주어 고맙지만 늘 미안한 마음이 있다.

* **우리가족의 생활비 내역** (이것은 대략적인 평균 비용을 계산한 것이다)

- 공과금: 전기 $80~220(계절에 따라), 물 $75, 인터넷 $47.20, 렌트 $725, TV $47.24, 집 전화 $24.99, 핸드폰 $116, 보험 $125, YMCA $72(현재 그만두었음) = $1,382.43
- 학교: 내 학비 $600, 책값 $300, 피아노 레슨비 $50, 밴드 비용 $15, (큰아들 학비는 별도) = $965
- 생활비: 큰아들 용돈 $200, 가스 $200, 자동차 관련 $50, 의료(약 등) $20, 의류 $50, 식비 $500 = $1,020
- 기타 비용(1년 기준): 치과 $1,800, 세금 $200, 안경 $210, 학교 입학관련 비용 $1,000, 캠프 혹은 행사 $300, 기타 개인 비용 $70, 자동차 타이어 교체 같은 큰 비용 $600 등

TIP!

　지갑에 자꾸 동전이 쌓인다. 계산을 하고 받은 거스름돈을 주는대로 받아서는 지갑에 고스란히 넣은채 다니기 때문이다. 다음 물건 살 때 동전을 내면 되겠지만 도대체 계산이 안 되어 그러지도 못한다. 지폐는 $1, $5, $10, $20, $100까지 감이 잡히는데, 동전은 크기도 안 맞고 알 수도 없다.

　1cent, 5cent, 10cent, 25cent의 동전이 금액에 따라 크기가 순서대로 되어 있지 않다. 1cent는 구리에다가 작고, 25cent는 제일 크고, 그 다음 5cent와 10cent가 영 구별이 안 된다. 왜 5cent가 10cent보다 더 크고, 왜 10cent가 가장 작은지 모르겠다. 무슨 중요한 이유가 있는지는 모르겠지만 계산을 하려면 한참 따져 보아야 한다. 뒤에서 사람이라도 기다리면 또 지폐만 낸다. 그래서 동전이 쌓이고 또 쌓여서 도저히 무거워 들고 다닐 수가 없을 정도가 되면 따로 통에 담아 놓았다.

🛒 돈의 감각 익히기

나는 한동안 잔돈을 쓰지 못하고 열심히 모으기만 했다. 미국에 온 초창기에 돈에 대한 감각이 없어 생긴 일이다. 어떤 사람은 잔돈을 손바닥에 올려놓고 점원cashier에게 펼쳐 보이고는 알아서 가져가라고 했다고 한다.

시간이 지나면서 잔돈별로 모아서 조금씩 쓰기 시작했다. 제일 먼저 사용하기 시작한 것은 쿼터quarter였다. 25cent를 쿼터라 하는데 4개를 모으면 $1이 되어 계산하기가 쉬웠다. 자판기를 이용할 때나 상가에서 돈을 낼 때 쿼터만 조금씩 가져가서 쓰기 시작했다. 그러다 보니 쿼터에 대한 감각이 생겼다. 그다음은 10cent dime를 모아서 쓰기 시작했고 익숙해지자 또 5cent nickel를 사용했다. 1cent penny는 무겁기도 하고 한참을 세야 해서 사용하는데 좀 오래 걸렸다.

시간이 지나니 나중에는 잔돈이 섞여 있어도 잘 구별해서 지불할 수 있게 되었다. 지금은 학교 자판기를 이용할 때 잔돈을 다 긁어서 사용하고, 또 카페에서 커피나 음료수를 사야 할 일이 있을 때 줄이 길어도 잔돈 있는 것 다 꺼내어 계산할 수도 있게 되었다.

지폐는 사용하기가 훨씬 수월하다. 한눈에 금액의 차이를 구별할 수 있기 때문이다. 지폐는 가볍고 크기도 같지만 인물과 금액만 다르게 쓰여있다. 한국처럼 색이나 크기로 구별하는 것보다는 덜 쉽지만 돈의 액수를 보면 구별하기가 그리 어렵지 않다. 다만 너무 가볍다 보니 돈이 붙어 있는 경우가 많아서 하나씩 잘 세어야 한다. 그래서인지 상가의 점원들이 천천히 돈을 세는 모습을 많이 볼 수 있다.

미국의 동전. 왼쪽부터 1센트penny, 5센트nickel, 10센트dime, 25센트quater

🛒 계산하기

　상가에서 물건을 사면 나가는 입구에 설치된 계산대에서 값을 치르면 된다. 한국의 마트에서 하는 방식과 같기 때문에 어려울 것은 없다. 물건의 바코드를 다 찍으면 내가 지불할 금액이 뜬다. 카드로 하려면 카드기에서 순서대로 카드를 긁고 선택하라는 것을 누르면 된다.

　예를 들어 내가 마켓에서 수박을 사려면 먼저 계산대로 가서 수박을 올려 놓는다. 점원이 바코드를 찍으면 내야할 금액이 화면에 뜬다. 점원이 멤버십 카드가 있는지 묻는데 이 멤버십 카드가 있으면 할인이 많이 된다. 보통 멤버십 카드는 무료로 발급해 준다. 그리고는 데빗카드 혹은 크레딧카드로 결제할 것인지 묻는다. 데빗이라고 하면 카드를 긁으라 한다. 카드기에 카드를 긁으면 캐쉬백^{Cash back}을 할건지 묻는다. 그러면 선택을 하고 O.K를 누르면 끝. 크레딧카드로 결제할 경우는 카드기에 사인을 한다.

　미국 상가에 가면 점원들이 계산을 잘 못하는걸 보고 놀라게 된다. 계산대를 통해 계산하는 것은 자동으로 하니 문제가 없는데 가끔 계산이 잘못되어 직접 계산하는 일이 생기면 점원들 대부분이 암산을 하지 못한다. 우리는 벌써 머리에서 계산이 다 되어 있는데도 점원은 일일이 적어가며 계산하고 있는 일이 많다. 그래서 돈을 더 주기도 하고 덜 주기도 하는 일이 생긴다.

　식품 위주의 마켓들은 영수증에 사인을 요구하지 않지만 의류나 기타 다른 물건을 파는 상가는 영수증에 사인을 요구하는 편이다. 또한 어떤 상가는 카드와 함께 운전 면허증 같은 ID를 요구하기도 한다.

　마켓을 이용할 때 몇 가지 한국과 다른 것은 첫째가 잔돈이 저절로 나오는 기계다. 모든 상가에 설치되어 있는 것은 아니고 식품 위주의 마켓에 있는 경우가 많다. 나는 점원이 잔돈을 안 주기에 내가 계산을 잘못 한 줄 알고 그냥 간 적도 있었다. 그런데 나중에 보니 옆에있는 기계에서 잔돈이 나와 있었던 것을 모르고 간 것이었다.

두 번째는 자신이 스스로 계산하는 계산대다. 24시간 하는 마켓에서 저녁 늦은 시간에 사용하는 방식이거나 또는 일반 마켓에서 기다리는 시간을 줄이려고 이 계산대를 이용하곤 한다. 기계에서 지시하는 대로 따라서 하면 계산할 수 있는데 처음하게 되면 익숙지 않아 힘들 수도 있다. 처음 이용할 때는 적은 수의 물건만 가지고 사용해 보면 금세 감각을 익힐 수 있게 될 것이다. 계산하다가 문제가 생기면 직원이 항상 가까이에 대기하고 있기 때문에 도움을 받을 수 있다.

세 번째로는 서비스 센터 service center가 매장마다 있다. 문제가 있다거나 도움이 필요할 때 언제든 도움을 받을 수 있다. 이 센터에서는 머니오더 money order를 끊을 수도 있고 물건을 반품할 수도 있다.

미국에서 물건을 사고 영수증만 있으면 언제든 환불이나 교환이 가능하다. 계산이 잘못 되어도 그것에 대해 보상을 한다. 그러므로 물건을 살 때에는 꼭 영수증을 확인해서 잘못된 것이 없나 살피고, 또한 필요할듯 싶으면 영수증을 잘 보관하는 것이 좋다.

이것들은 내가 미국에 와서 본 새로운 것들인데, 요즘은 한국의 대형마트도 비슷하다고 한다.

🛒 미국에는 어떤 상가들이 있을까?

식품과 잡화

미국에 있는 상가들은 식품과 잡화를 파는 마켓grocery이 주를 이룬다. 주로 주택 근처에 상가도 있고 변화한 지역에 크게 상권을 형성하기도 한다. 주에 따라 주류를 이루는 마켓도 있고 전 주에 걸쳐 고르게 있는 마켓도 있다.

예를 들면 노스캐롤라이나에서는 해리스티터 Harris Teeter가 가까운 곳에 있었고 린치버그는 크로거 Kroger가 근처에 있다. 이 마켓은 식품과 웬만한 물건들을 고루 갖추어 놓고 있다. 일본 음식인 스시나 한국 음식과 같은 간단한 아시안 식품도 갖추어 놓고 있다. 가을에는 한국배를 99cent에 살 수도 있었다.

이런 마켓은 채소가 신선하고 적은 양을 수시로 구입할 수 있다는 장점이 있지만 대량으로 파는 곳보다 값은 조금 더 비싸다. 인터넷으로 쿠폰을 출력해 가거나 세일할 때 이용하면 저렴하게 좋은 물건을 구입할 수도 있다.

　미국 전체에 고루 분포하면서 대량으로 혹은 소량으로도 물건을 싸게 공급하는 마켓으로는 샘스Sams와 월마트WAL-MART가 있다. 이 두 마켓은 같은 회사에서 운영하는 것으로 샘스는 개인 사업을 하는 사람들이 대량으로 물건을 구입해 사용할 수 있는 한국의 도매점과 비슷한 곳이다. 일반인에게도 멤버십비(년 $40)를 내면 이용할 수 있는데 물건을 대량으로 팔기 때문에 가족이 많지 않으면 먹지 않고 버리는 것이 생길 수도 있다. 공산품이나 행사가 있을 때 이용하면 많이 절약된다. 멤버십도 학생이면 $15을 기프트카드gift card로 돌려주기 때문에 $25만 내면 된다. 코스트코와 비슷한 상가다.

월마트, 미국 어디에나 있는 대중적인 마켓이다. 식품에서 약국까지 모든 것이 있다.

　나는 이곳에서 공산품이나 고기류를 구입하는데, 고기류는 한번 먹을 만큼 나누어 냉동고에 보관해 놓고 오랫동안 먹는다. 미국에서 필수품으로 꼽히는 냉동고는 한국의 김치 냉장고크기와 비슷한데 식품을 냉동하는 기능만 있는 전자제품이

샘스, 도매값에 대량의 물건을 파는 곳이다.

다. 주로 한국에서 공수해온 양념이나 건어물들을 오래 보관하기 위해 냉동고에 보관해서 먹고 있다. 한국 장이 멀어서 한번 장을 본 후에도 냉동고에 보관해 먹기 때문에 미국 생활에서 냉동고는 정말 요긴한 제품이다.

마트앞에 설치된 DVD 자판기

월마트는 샘스와 비슷한데 적은 양을 살 수 있는 소매점 같은 곳이다. 그냥 월마트는 식품이 없고 잡화만 있으나 슈퍼 월마트는 식품까지 갖추어 놓고 있다. 우리 지역은 슈퍼 월마트가 있어서 대학생들이 필요한 것들을 사는 중요한 장소로 이용되고 있다. 신학기가 되면 학교생활에 필요한 물건들을 고루 갖추어 놓으며 세일도 많이 하기 때문에 발 디딜 틈이 없을 정도다. 월마트에서 사진을 찍거나 인화할 수도 있고 처방전으로 약을 살 수 있는 약국도 있으며, 안경점, 비디오를 빌릴 수 있는 자판기, 정원에 필요한 물건들을 살 수 있는 코너도 마련되어 있다.

그 외에 타겟Target이라는 마켓, 거의 24시간 하는 월그린Walgreen, CVS 등이 있다.

의류, 신발 상가

위에 말한 마켓들도 의류를 취급하긴 하지만 전문적으로 갖추지는 않는다. 주로 의류는 백화점 같은 몰, 밀을 이용한다. 그 외에는 T.J.Max나 Ross, Burlington을 많이 이용한다. 이런 곳은 백화점보다 싼 값으로 물건을 살 수 있는 한국의 아울렛 매장과 비슷하다. 의류, 신발, 잡화를 싸게 구입할 수 있다. 독립된 매장을 가지고 운영하는 의류 매장들도 있는데, Talbot, J. Crew, J.A.Bank 같은 곳이다. 신발은 Rack room shoes, Payless, Foot Locker 같은 매장이 있다.

가전제품, 문구

가전제품은 주로 샘스, 월마트에서 싼값으로 구입하기도 하고 전문 매장인 베스트바이BEST BUY를 이용하기도 한다. 젊은 층에선 인터넷으로 구입하는 경우도 많지만 먼저 매장에 가서 둘러보고 사는 경우가 많다.

월풀이 가전제품으로 가장 유명한 미국회사지만 요즘 한국 제품의 디자인과 편리성이 알려지면서 아주 많이 팔리고 있다. 특히 냉장고, 세탁기, 핸드폰은 아주 인기가 많다.

문구를 살 때도 샘스, 월마트를 많이 이용하지만 전문 매장인 Staples, Office Depot을 이용하기도 한다. 값은 더 비싸지만 질이 더 좋고 튼튼하기 때문이다. 참고로 미국의 문구 디자인은 참으로 단순하다. 한국의 예쁜 디자인이나 다양성은 어디에서도 찾아볼 수가 없다. 얼마 전까지만 해도 연필은 노란색에 분홍색 지우개 달린 것만 볼 수 있었다. 공책도 다른 문구도 단순한 디자인의 물건들뿐이다. 그러나 장점은 굉장히 실용적이라는 것이다. 공책도 잘라서 쓸 수 있게 되어 있고 학교에서도 대부분 바인더에 속지를 끼워 쓰도록 하기 때문에 싼 속지만 구입하면 충분하게 되어 있다. 디자인 때문에 문구를 구입할 수 있는 기회란 사실상 없다. 실용성과 편리함이 미국 문구의 특징이라고 할 수 있다.

서점과 장난감 가게

미국의 서점은 책을 사는 것 이상의 개념이다. 대학마다 서점이 들어가 있고 동네마다 대형 서점이 있다. 이 서점들은 카페를 함께 갖추고 있어서 커피도 마시고, 간식도 먹고, 앉아서 담소하거나 책을 읽을 수도 있다. 책뿐만 아니라 비디오, CD, 소품도 함께 갖추고 있다. 어린이 코너는 아이들의 흥미를 끌도록 동화 속 세상처럼 꾸미기도 하고, 앉아서 활동할 공간도 갖추고 있다.

이런 서점으로는 Bones & Noble, Books Million, Borders, Christian

서점 내 어린이 코너. 다양한 책을 구비해놓아 앉아서 읽을 수 있고, 인형극을 할 수 있는 코너도 있다.

store 등이 있다. 서점들은 자체 멤버십 카드를 이용해 할인을 해주거나 메일을 보내 정보를 보내주기도 한다. 멤버십은 무료도 있고 비용을 부담하는 곳도 있다.

어린이 장난감을 살 수 있는 상가로는 샘스, 월마트, 타겟 외에 토이저러스 Toysrus, 디즈니스토어 Disney Store 등이 있다.

주택관리를 위한 상가

미국 사람들은 집의 외부를 멋있게 꾸미는것 보다는 내부를 꾸민다. 정원을 크게 돋보이게 하기보다는 마당을 소박하게 꾸미기를 좋아한다. 주말마다 손수 하는 것을 즐기다보니 공구, 용구, 책 등을 모아 놓고 파는 상가가 잘 발달 되어 있다.

지금 우리도 많은 책을 정리하기 위해 집 근처에 있는 Lowe's라는 곳에서 남편이 벽돌과 합판을 사다가 손수 책장을 만들었다. 그곳은 마당을 꾸밀 수 있는 꽃, 씨앗, 공구들, 비료까지 모든 것을 갖추고 있고 또한 내부를 꾸밀 수 있는 온갖 도구들이 크기대로 종류대로 구비되어 있다.

세면대, 변기, 수도꼭지를 바꾸고 싶다면 그 곳에서 구입할 수 있고 그 외에도 필요한 재료들을 다 구입할 수 있다. 페인트도 종류대로 구비해 놓고 컴퓨터로 확인하며 살 수 있도록 하고 있다.

그 외에 Home Depot라는 곳에서는 집에 관련해 필요한 것을 거의 다 살 수 있다.

Lowe's, 집과 정원을 위한 모든 것을 파는 매장

Lowe's에서 구입한 나무와 벽돌로 남편이 책장을 만들어 주었다. 책이 늘어날 때마다 재료를 더 구입해 늘리고 있다.

🛒 한인마켓

웬만한 지역에는 작게라도 한인마켓이 들어와 있다. 도시의 대형 마켓에서는 한국보다도 더 싸게 한국 물건을 구입할 수 있는 기회가 많지만 소도시에서는 한인마켓이 있는 것만으로도 감지덕지다.

요즘은 미국 내에서 직접 농사를 짓는 한인들이 많아져서 쌀, 배추, 무 같은 작물들은 이곳 현지에서 조달할 수 있게 되었다. 배추가 12통 들어 있는 한 박스를 $10-20 이하로 구입할 수 있다. 아주 비쌀 때는 $20이 넘었던 적도 있었지만 할인할 때는 $1로도 살 수가 있다. 한국 음식을 만드는데 필요한 모든 물건들을 마켓에서 구입할 수 있다.

도시에 있는 대형 마켓 주변에는 한인상가들이 밀집해 있어서 떡집, 빵집, 음식점들을 이용할 수 있다. 우리도 워싱턴에 세미나를 하러 가거나 일이 있어 갈 때 여러 달 먹을 양의 장을 보아 가지고 온다. 그때 근처에 있는 음식점에서 먹는 순두부찌개는 얼마나 맛있는지 모른다. 가능하면 떡이나 빵을 사와서 냉동실에 나누어 보관했다가 오래 두고 먹기도 한다.

쌀은 보통 40파운드짜리(18.14kg)가 $30 안팎이고 세일할 때는 $19까지도 살 수 있다. 이것은 한국에서 파는 20kg짜리의 쌀과 비교하면 아주 싼 가격이다. 예전에는 여기서 파는 한국 물건들이 한국보다 비교적 비싸다고 했었는데 최근에 한국에 들어간 사람들에 의하면 별 차이가 없는 것 같다고 한다. 어떤 것은 미국이 더 싸다고 한다. 그만큼 한국의 물가가 올랐다는 말이다. 게다가 한국 식품이 한국에서 오는 것보다 미국 현지에서 자체 수급하는 방식으로 바뀐 것도 한몫하는 것 같다. LA에는 한국 식품을 자체 보급하는 '아씨' 같은 공장들이 있고 한국 농작물을 현지에서 직접 농사하는 기업들도 있다.

한인마켓 내부

🛒 미국의 문화공간인 몰^{Mall}과 밀^{Mill}

미국에서 한국의 백화점 역할을 하는 것이 몰이라는 곳이다. 이곳에는 많은 상가가 밀집해 있어서 한 번에 다양한 물건들을 쇼핑할 수 있다. 서점이나 음식점들도 있으며 영화관, 어린이를 위한 놀이코너들도 갖추는 경우가 많다. 그러다 보니 특별히 갈 곳이 없는 미국 사람들에게 몰은 문화공간이 되고 있다. 쇼핑이 목적이라기보다는 만남의 장소로, 여가를 보내기 위해 몰을 찾기도 한다.

몰 안에 있는 극장 입구. 몰은 쇼핑뿐 아니라 문화공간으로써의 기능도 하기 때문에 극장, 식당 등을 갖추고 있다.

몰^{Mall}은 여러 상가가 양쪽으로 줄을 지어 연결된 곳이라는 의미고 밀^{Mill}은 공장 직거래 상가들이라는 의미로 볼 수 있다. 그래서 몰보다는 밀의 물건 값이 더 싸다.

한국의 백화점이 좁은 면적의 여러 층으로 된 구조라면 미국의 몰은 일 층 혹은 이 층으로 넓게 이루어진다. 주차장도 앞 뒤로 길고 넓게 만들어져 있다. 한국의 수도권 주변에 있는 아울렛과 비슷한 구조다.

엘리베이터나 에스컬레이터도 있다. 그러나 이것은 일 층에서 이 층으로 올라가는 용도이므로 길게 늘어서 있는 구조의 몰을 다니려면 편안한 신발과 가벼운 짐이 필수다.

몰 안에 있는 Belk 앞

몰의 규모는 지역에 따라 많이 다르다. 노스캐롤라이나는 대규모의 몰이 여러 개 있었는데 이른바 명품을 취급하는 고급스러운 몰, 일반적인 몰, 값이 싼 밀이 있었다. 버지니아에도 여러 군데의 고급스러운 몰들과 일반적인 몰이 있다. 그러나 우리 지역은 작은 소도시라 몰의 규모가 작아서 잠깐 돌면 끝이 보이는 곳이다. 보통의 몰들은 다 다니려면 오래 걸리는 대규모다.

몰에는 어린이를 위한 의류 매장들, 청소년들을 위한 매장들, 어른들을 위한 매장들이 특색에 따라 다양하게 모여있다.

아이들을 위한 매장들은 Disney Store, Limited Too, Gap, Polo, Justice 등이 있다. 청소년들이 좋아하는 매장들에는 American Eagle, Aerie, Victoria Secret, Pink, Abercrombie, Abercrombie Fitch, Hollister, Express, Forever 21, Aeropostale 등이 있다.

스포츠 전문 매장에는 Dicks가 있는데 이곳에서 스포츠 관련 물품을 구입할 수 있고 Columbia나 North Face 같은 의류를 구입할 수 있다.

어른을 위한 매장들은 Loft, Polo, J. Crew, Brooks Brothers, Calvin Klein, Ann Taylor, New York Company 같은 매장들이 있고 몰 안에 Dillard, Belk, Macy's, J.C. Penny, Sears 같은 백화점이 포함되어 있다.

또한 신발 매장, 장난감 매장, 컴퓨터, 소녀들이 열광하는 Claire's 같은 액세서리와 소품 매장도 있다. 가방, 화장품에서부터 웬만한 잡화들이 그곳에 다 모여 있다.

🛒 물건 싸게 사기

'미국에서는 제값 다 주고 물건 사면 바보다'라는 말이 있을 정도로 매장마다 세일을 자주 한다. 클리어런스 세일clearance sale, 텍스프리tax free, 홀리데이 세일holiday sale, 블랙프라이데이 세일black friday sale 등 온갖 세일이 수시로 있다. 워낙 물건값도 비싼 편이 아닌데다가 계속되는 세일로 소비자를 유혹하고 있다. 미국이란 나라가 소비를 중심으로 경제가 움직이는 나라기 때문에 있을 수 있는 현상인 것 같다.

클리어런스 세일clearance sale은 계절이 바뀔 때 혹은 물건이 몇 개의 치수만 있어 처리하려고 할 때 하는 세일이다. 그러다 보니 아주 싼 값에 물건을 살 수 있다. 평소에도 매장에 가면 맨 뒷부분 쪽에는 거의 항상 클리어런스 상품이 진열되어 있다. 더구나 계절이 바뀌는 시점에는 말이 안 되는 가격에 물건을 살 수도 있다. 겨울옷은 1월에, 여름옷은 8월에 사면 거의 10%만 주고도 살 수 있는 경우가 많다.

나와 아이들의 옷은 이때 주로 구입한다. 그리고는 놔두었다가 다음 계절이 올 때 입는다. 미국이란 곳이 워낙 자기 개성대로 옷을 입기 때문에 유행도 거의 없고 설사 유행이 있더라도 누가 무엇을 입든 상관하지 않기 때문에 문제가 되지 않는다. 여름에도 예쁘지도 않은 긴 장화를 학교에 신고 오고 겨울에 누구는 부츄를 신는데 누구는 플립플랍^{Flip-flop}, 쪼리라고 하는 샌들을 신을 수 있는 곳이 미국이다.

클리어런스 세일 60%나 깍아준다.

나는 폴로^{Polo}옷을 몇 개 가지고 있는데, 스커트를 $9에, 반바지를 $3에, 정장 바지를 $12에 구입했다. 딸 아이 파카 잠바도 이번에 $9 주고 사주었다. 한번은 로프트^{Loft}에서 계절이 지나갈 때 바지를 $6 주고 샀는데 내 다리가 짧아 길이를 줄여야 했다. 그런데 단을 줄이는 값이 바지값보다 비싼 $10이었다. 그래서 미국에서는 대부분 재봉틀을 집에 두고 직접 줄여 입는 경우가 많다. 아니면 그냥 접어 입는다.

세일 텍스프리^{Sale Tax-free}는 여름학기가 시작되기 전 학생들이 물건을 싼 값에 구입할 수 있도록 배려한 세일 기간이다. 소소한 것은 큰 도움이 안 되지만 컴퓨터 같은 전자 제품은 아주 차이가 많이 난다.

미국의 모든 물건에 붙은 가격은 제 가격이 아니라고 보면 된다. 거기에 텍스^{Tax}, 세금가 따로 붙는데, 주마다 다르긴 하지만 보통 5-10%가 붙는다. 그래서 물건을 구입할 때는 물건값과 세금까지 고려해서 생각해야 한다.

홀리데이 세일^{Holiday Sale}은 각종 국경일이나 크리스마스, 부활절 같은 날에 하는 세일을 말한다. 50-70%까지도 세일을 한다. 그래서 원하는 물건이 있으면 세일을 할 때까지 조금만 기다렸다가 사면 아주 싼 값에 살 수 있다.

블랙프라이데이 세일Black Friday Sale은 위의 세일 중 하나인데 이날은 특별히 대폭 세일을 하는 날이다. 11월 4째 주 목요일이 추수감사절로 그날 밤 12시부터 대대적인 세일을 하기 때문에 붙여진 이름이다. 저녁 9시경부터 이불 등을 들고 문 앞에서 물건을 사기 위해 진을 치고 기다리는 수많은 사람들을 볼 수 있다. 특히 전자제품을 아주 싸게 살 수 있기 때문에 전자제품 매장이 가장 경쟁이 치열한 곳이다. 12시에 문을 열자마자 수많은 사람들이 뛰어들어가다가 다치는 사람이 생기기도 한다.

크리스마스나 추수감사절 같은 휴일은 모든 매장들이 문을 닫는다. 그래서 크리스마스 날 거리에 나가 보면 온 도시가 비어있는 것처럼 느껴질 만큼 적막이 흐른다. 대부분 멀리 사는 가족들이 방문해 함께 모여 즐거운 시간을 가지거나, 집에서 보내거나, 다른 가족이 있는 곳으로 여행을 떠나기 때문이다. 미국 사람들은 가족 모임을 위해 며칠 전부터 장을 보고 미리 필요한 것을 준비해 놓는다. 그래서 각 상점들마다 며칠 전부터 매우 붐빈다. 마치 한국의 명절 분위기를 느낄 수 있는 시기다.

벼룩시장과 쿠폰 사용

한국에서라면 남이 쓰던 물건을 쓰는 것을 약간 꺼리는 분위기지만 이곳 미국 유학 생활에서 중고 거래는 굉장히 요긴한 생활의 방법이다.

야드 세일Yard Sale은 집의 마당에 쓰지 않는 물건을 내다 놓고 파는 것을 말한다. 매주 토요일 오전 7-12사이에 열리는데 온갖 물건들이 다 나와 있다. 값도 아주 저렴해서 의류는 $1-2 선 혹은 비싸야 $5-10이면 살 수 있다. 주방용품, 가구, 정원용품들이 있고 아이들 의류나 장난감은 아주 쉽게 구할 수 있다. 토요일 아침 야드 세일을 찾아 이곳저곳 다니는 자동차들을 많이 만날 수 있다. 나도 딸아이 자전거를 계속 사주지 못하다가 한 곳에

야드세일, 나는 물건을 많이 팔지 못했다.

서 기어까지 있는 거의 새 자전거를 $20에 살 수 있었다. 큰아들 것도 $5에 샀었다.

야드 세일은 미국의 한 문화 풍속이다. 내게 필요 없어진 물건을 나누어 사용한다는 점에서 긍정적인 부분이 많다. 때로 어떻게 저런 물건을 팔까 싶은 것도 있지만 잘만 찾아다니면 좋은 물건을 싸게 살 수 있다.

그라지 세일Garage Sale도 야드 세일과 비슷한데 이것은 자신의 창고에서 물건을 팔기 때문에 다르게 붙여진 이름이다. 미국 주택들은 대부분 차고 겸 창고를 가지고 있는데 오래 지나다 보면 계속 물건이 그곳에 쌓이게 마련이다. 그래서 가끔 한 번씩 창고를 열어 쓰지않고 묵혀둔 물건을 정리한다. 이 세일도 값은 야드 세일과 비슷하며 물건도 아주 다양하게 있다.

미국의 기부문화의 장-Goodwill

우리 학교의 원우회에서는 두 가지 방법으로 서로 물건을 통용하고 있다. 하나는 사이트를 운영해 그곳에 벼룩시장을 열어 언제든 서로 물건을 사고팔도록 하고 있다. 유학생들인지라 머무는 기간이 짧기 때문에 비싸고 좋은 새로운 물건을 사는 편이 아니다. 그래서 이 사이트를 통해 싼 값에 서로 물건을 주고받아서 사용하고 있다.

새로 들어오는 사람은 싸게 물건을 살 수 있어서 좋고 떠나는 사람은 조금이라도 경비에 보탤 수 있으니 서로 좋은 것이다.

또 다른 하나는 한 학기에 한 번 교회 마당에서 야드 세일을 한다. 서로 필요한 것들도 나누고 필요 없는 것을 팔아 살림에 보태기도 한다.

굿윌Goodwill은 전문 중고 매장이다. 이 매장은 자신에게 필요 없는 물건을 이곳에 도네이션donation,기부 하면 그것을 잘 손보고 전시해 싼 값에 팔아 어려운 사람들을 돕는 곳이다. 내가 아는 분도 미국을 떠나면서 자신의 집에 있던 물건들을 이곳에 거의 다 기부하고 갔다. 우리 학교 원우회에서 하는 야드 세일이 끝난 뒤에도 나머지 물건들을 이곳에 기증하러 가는 분들을 자주 보았다. 아주 좋은 기증 문화인 것 같다. 또 물건이 필요한 사람들은 이곳에서 다양한 물건들을 아주 싸게 살 수 있다. 나는 초기에 이곳에서 스탠드를 $1에, TV탁자를 $5에 사서 지금까지 쓰고 있다.

쿠폰은 미국인들이 물건을 살 때 일반적으로 사용하는 방식이다. 미국인들은 각 상가의 홈페이지나 이메일로 오는 쿠폰, 혹은 광고지에 끼어 오는 쿠폰까지 잘 모아서 활용한다. 물건을 사러 마켓에 가면 쿠폰을 따로 모은 쿠폰 바인더를 들고 와서 자신이 산 물건의 쿠폰을 일일이 찾아 값을 지불하는 사람들을 자주 볼 수 있다.

백화점 카드를 가지고 있으면 정기적으로 쿠폰을 보내 주는데 세일 기간에 쿠폰까지 더해서 물건을 사면 정말 싼 값에 살 수가 있다.

내가 아는 사람은 공산품이나 오래 두고 먹을 수 있는 식품들은 쿠폰이 있을 때 무조건 사둔다고 한다. 공산품은 오래 두고 써도 되고 식품은 산 것을 위주로 요리하면 된다는 것이다. 특히 그녀는 'buy one get one우리가 아는 1+1과 같이 물건을 하나 사면 하나 더 주는 것'이나 'buy one get half 물건을 두 개 사면 하나는 제 값으로, 나머지 하나는 반값으로 살 수 있는 것'를 이용하는데 그러다 보니 식탁 메뉴는 세일 품목이 무엇이냐에 따라서 결정된다. 그날 스테이크가 세일한다면 그날 저녁 그녀의 식탁엔 스테이크가 올라간다. 세일품목이 새우나 연어라면 혹은 스파게티라면 그것이 그날의 식탁 메뉴가 된다. 돈을 버는 것 이상으로 돈을 잘 사용하는 것도 매우 지혜로운 절약 방법인 것 같다.

🛒 인터넷 이용해 물건 사기

요즘은 인터넷을 잘 활용하면 아주 좋은 물건을 싸게 살 수 있는 길이 많이 있다. 한국에서와 마찬가지로 미국도 인터넷 판매가 활성화되어 있다. 나는 주로 책을 사는데 이용하지만 주변 분들을 보면 아주 다양한 물건들을 구입하고 있다.

아마존 www.amazon.com 은 학생 할인이 있고 무료 배송도 가능해서 학생들이 많이 이용하는 곳이다. 학생 Prime으로 구입하면 2일 내에 물건이 배달되어 온다. 모든 종류의 물건이 있으며 신품, 중고 물건도 찾을 수 있다.

이베이 www.ebay.com 는 잘 찾으면 싸게 살 수 있는 기회가 많으며 한국의 옥션과 비슷하다고 보면 된다. 미국 내 뿐만 아니라 해외 배송이 많은데 사기를 조심해야 하며 배송이 오래 걸릴 수도 있는 단점이 있다. 나는 전공 서적을 이베이에서 샀는데 값이 다른곳에 비해 반값도 안 되서 잘 됐다 하고 구입했다. 그런데 이 책이 수업을 시작하고 페이퍼를 내야 하는 순간까지도 도착하지 않는 것이었다. 발송지가 영국이라 그리 오래 걸리지 않을 거라고 생각했는데 싱가포르나 말레이시아에서 산 책보다도 훨씬 늦게 도착했다.

결제 시스템은 페이팔 PayPal, 인터넷을 이용한 결제 서비스을 통해 하게 되어 있다.

크레이그리스트 www.craigslist.com 는 중고거래가 많이 이루어지고 잘 활성화된 사이트다. 각 지역별로 나누어 있고 다양한 물품이 나와 있어서 아주 요긴하게 이용할 수 있다.

월마트 www.walmart.com 도 인터넷 매장이 있어 이용할 수 있고 좋은 점은 인터넷에서 구입해서 매장에서 받을 수도 있다는 것이다.

그밖에 미국에는 전공도서를 어느 웹사이트에서 사는 게 가장 싼 지 비교해주는 www.bigwords.com, 교과서와 그 외 책, 음반, 영화 게임 등을 살 수 있는 www.half.com 등이 있다.

한국 사이트인 알라딘에서는 한국 책을 구입할 수 있고 빅월즈는 책 제목과 ISBN 번호를 넣으면 각종 사이트에서 싸게 파는 책의 리스트가 나온다.

한국 물건을 구입할 수 있는 인터넷 매장으로는 H마트 www.hmart.com 가 있다. 멀어서 가기가 어려운 사람에게 도움이 되나 오프라인보다 값이 비싸다.

그리고 미국에 있는 한국 아줌마들이 좋아하고 잘 이용하는 미시유에스에이 www.missyusa.com가 있다. 다양한 물건을 싸게 잘 살 수도 있고 쿠폰도 구할 수 있고 쇼핑에 관한 따끈따끈한 정보가 많아 인기 있는 사이트다.

웬만한 한국 물건은 다 구입할 수 있는 H마트

🛒 팁-미국의 독특한 문화

우리나라는 음식점에 가서 직원에게 별도의 값을 지불하지 않는다. 당연히 음식점에서 서비스를 제공하는 것으로 생각한다. 그러나 미국에서 팁은 아주 중요하다. 팁은 직원의 주 수입원이기 때문에 팁을 주는 것이 당연하게 여긴다. 직원들은 기본급만 주인에게서 받고 나머지는 팁이 보수가 된다고 한다. 그러다 보니 당연히 직원들의 서비스는 좋을 수밖에 없다.

자주 와서 물과 음료수를 따라주고 친절하게 음식에 대해 묻는데 때로 귀찮게 여겨질 정도다. 고급스러운 레스토랑일수록 서비스는 더 좋은 경우가 많다. 웨이터가 와서 무릎을 꿇고 주문을 받는 경우를 종종 볼 수 있다. 이렇게 서비스를 받고 팁을 안 주기는 쉽지 않다.

가끔 팁을 주고 싶지 않은 경우도 있다. 불친절하고 음료수가 떨어져도 오지 않고 불러도 한참만에 오면 자연히 팁의 액수가 작아질 수밖에 없다. 어떤 사람은 너무 불쾌하게 해서 팁으로 1cent를 놓아두고 왔다고 한다. 1cent를 놓아두었다는 것은 매우 불친절한 서비스였다는 표시다. 그러나 이런 극단적인 일은 자주 일어나지 않는다.

팁은 법적인 개념이 아니라 문화고 관습이다. 그래서 안 준다고 해서 잡혀가거나 고소 당하지는 않는다. 그러나 서비스를 받고 팁을 주는 것이 관례기 때문에 팁을 주지 않는 건 이해할 수 없는 일이다. 한국 사람 중에는 이 팁이 익숙지 않아서 모르고 그냥 나오는 경우도 있다. 그러면 이 행동이 아주 무례한 일로 받아들여진다.

한 식당에서 있었던 일이다. 한국인 가족이 음식점에서 식사를 하고 팁을 놓지 않고 나왔단다. 모르고 그랬는지 일부러 그랬는지는 모르겠다. 하여간 그 가족이 나가자 직원이 그 음식점에 있던 다른 한국인 가족에게 갔다고 한다. 화난 얼굴로 와서는 "저 사람이 팁을 주지 않았다. 당신이 가서 말해달라." 자기가 가서 말해도 되는 일을 왜 다른 한국인에게 말했는지 정말 이해 안 되지만 하여간 그 사람이 문제가 될 것 같으니 밖으로 나가 상황을 설명하고 팁을 내도록 했단다.

이 이야기가 한인 사회에 퍼지면서 한동안 그 음식점에 사람이 줄어들었다. 미국인 직원이라면 속으로는 욕해도 이런 일이 일어 나지는 않았을 것이다. 중국인 직원이라는 특성도 작용했을 것이지만 팁을 받으려는 직원들의 마음을 보여준 한 일화라 하겠다.

팁에 관한 다른 예화도 있다. 어떤 미국 목사님이 음식점에 갔다. 그런데 직원이 화난 얼굴로 불친절하게 서비스를 했다. 음식을 다 먹도록 기분 나쁘게 서비스를 해서 같이 간 사람들의 불평이 심했다고 한다. 그 목사님은 계산을 하고 테이블에 $100을 팁으로 놓고 나왔더니 직원이 따라나왔다고 한다.

"왜 팁을 이렇게 많이 놓고 가죠? 내 서비스가 엉망이었는데…… 당신이 아마도 돈을 잘못 계산한 것 같군요."

"아니요. 맞습니다. 당신에게 힘든 일이 있었을지도 몰라 힘내라고 놓았습니다."

그러자 그 직원은 그만 눈물을 흘리며 사과를 하더란다.

"오늘 내 남편이 나를 버리고 딴 여자에게로 갔어요. 나는 죽고 싶어요."

그 목사님은 직원과 함께 앉아 이야기도 들어 주고 기도도 해주며 용기를 주었단다. 그 직원에게는 세상을 다시 살아갈 따뜻한 희망이 되었을 것이다.

팁을 주어야 할 일이 있을 때 아까운 생각이 드는 것이 사실이다. 무언가 더 내는 기분이 든다. 그러나 이 이야기를 듣고는 팁을 낼 때마다 고마운 마음으로 힘이 되길 바라는 마음으로 내려고 노력하게 되었다. 더 많이 주진 못해도 덜 주지는 말아야겠다고 생각한다.

팁은 주로 낮에는 10-15% 선에서 저녁에는 15-20% 선에서 계산해 주면 된다. 물론 서비스가 마음에 들면 더 주어도 된다. 음식이 $4-5선이라면 $1 정도 내면 된다. 잔돈으로는 팁을 내지는 않는다. 그리고 현금이 없다면 팁을 음식값에 계산해서 카드로 함께 끊어도 된다. 고급 레스토랑이라면 좀 더 많은 팁을 내야 한다. 패스트 푸드나 셀프 서비스 식당에서는 팁을 내지 않아도 된다.

팁은 아주 사소한 것이라도 누군가의 서비스를 받는 비용으로 여기면 된다. 음식점뿐 아니라 모든 곳에서 팁을 염두에 두는 것이 편리할 것이다.

🛒 맛있는 음식점은 어딜까?

사실 우리 가족은 외식을 많이 하지는 않는다. 유학생의 살림이라는 것이 늘 빠듯한지라 대부분은 모임이나 행사가 있는 특별한 날에나 가게 된다. 그래서 음식점에 대해 많이 알지 못하지만 아는 곳을 중심으로 정리해 본다.

어떤 음식점이 있을까?

미국식 뷔페로 유명한 곳은 골든코랠 Golden Coral이 있는데 다양한 미국식 음식을 먹을 수 있는 곳이다. 값도 싸서 스테이크가 없는 평일에는 1인에 약 $7-8이고 스테이크와 갈비를 먹을 수 있는 주말에는 약 $10-11 정도다. 물론 여기에 팁이 별도로 추가된다. 요즘 각 지역에 많이 들어선 히바치라는 음식점은 미국 문화를 잘 보여 주는 음식점이다. 골든코렐이 미국 전통 음식 위주라면 히바치는 각 나라의 음식점의 모음이라고 보면 된다. 미국식, 유럽식, 한국식, 일본식, 중국식, 멕시코 음식을 고루 먹을 수 있는 뷔페식당이다. 값도 골든코렐과 비슷하다. 값도 싸고 스시에 김치도 있어서 한국 사람들에게 인기가 있다. 씨씨피자CiCi's pizza라는 피자 뷔페도 있다.

패스트푸드점은 한국에도 있는 맥도널드, 웬디스, 버거킹, 하디스가 있는데 값이 싸진 않다. 콤보로 먹으려면 $5-6 정도 필요하다. 물론 $1 버거도 있다. 아이들이 가끔 햄버거를 먹고 싶어 하는데 4식구가 먹으려면 배도 부르지 않는데 쌀 40lb 값을 주어야 해서 나는 재료를 사다가 집에서 만들어 준다. 그런데도 상황이 먹을 수 밖에 없게 되면 $1 버거를 사준다. 아니면 쿠폰을 가지고 가서 이용한다. 파이브가이즈Five Guys같은 곳은 고급스럽고 신선한 햄버거를 먹을 수 있는 곳이다.

골든 코렐, 가족적인 분위기에 미국식 뷔페 식당

각 나라의 음식을 맛 볼 수 있는 뷔페 식당

레스토랑으로는 찰리스Charley's Grilled Subs, 아이홉I Hop, 애플비Apple Bee와 시프드 레스토랑인 레드랍스터Red Lobster, 이탈리아 음식 전문점인 올리브가든Olive Garden, 멕시코 음식 전문점인 라카레타La Carreta, 스테이크 전문점 아웃백OUTBACK 등이 있다.

피자를 파는 곳으로는 피자헛, 도미노 피자 등이 있고, 치킨 집은 보쟁글Bojangles, K.F.C, 와플 전문점인 와플하우스Waffle House, 다양한 채소와 맛있는 빵으로 만든 샌드위치 전문점 서브웨이Subway 등 다양한 음식점이 있다.

한국과 다른 점 중 하나는 미국의 고속도로나 국도 주변에 음식점이 없다는 것이다. 보통 동네에 음식점들이 위치해 있고 도로가에 음식점이 없다. 그래서 고속도로를 오래 달릴 때 식사를 하려면 출구로 나가서 주유소에 딸린 편의점에서 간단히 허기를 때우거나 아니면 음식점을 찾아 동네로 들어가야 한다.

한국 음식을 먹고 싶을 때

내가 미국에 와서 처음으로 한국 교회에 예배드리러 갔을 때였다. 예배가 끝난 후 점심을 먹으려고 줄을 섰는데 나는 깜짝 놀랄 수밖에 없었다. 미국식의 식단일 거라는 나의 예상과 다르게 완전 한국식, 그것도 예전에 시골 할머니 댁에서 먹던 그 식단이 내 앞에 펼쳐져 있었다. 밭에서 키웠다는 풋고추, 한국 상추, 한국 오이, 한국식 된장, 거기에 밭에서 길러서 담근 정말 맛있는 열무김치. 나는 한국에서도 그렇게 싱싱한 채소를 먹을 수는 없었다. 그날 나는 아주 맛있게 그 밥을 먹었다. 그리고 그 맛있는 식탁을 여름 내내 만날 수 있었다.

그때는 이민 교회기에 가능한 식단이었고 지금 유학생 교회는 그렇게 먹지 못한다. 인원이 너무 많아서 조달하기도 힘들다. 가끔 각자 자신들이 길러서 혹은 서로 나누어 먹고 있다.

아이들이야 며칠씩 미국 음식만 먹어도 질리지 않고 잘 먹지만 나는 두 끼만 미국식으로 먹으면 속이 불

짜장면을 먹을 수 있는 중국집

편하고 느글거린다. 그래서 집에서는 한국 음식을 해 먹는다. 예전에는 재료를 구하기가 힘들어 양배추로 김치를 하얗게 담가 먹고는 했다지만 지금은 다행히도 웬만한 재료를 다 구할 수가 있어서 얼마든지 음식을 해 먹을

수 있다. 오히려 한국에서보다 더 음식을 잘 만들어 먹는 것 같다. 한국처럼 먹고 싶을 때 얼마든지 맛있는 음식을 사 먹을 수 없기 때문이기도 하다.

우선 온갖 종류의 김치를 담가 먹는다. 나는 이번 겨울에 배추 한 박스로 배추김치를, 아는 사람이 가져다준 무 한 상자로 동치미, 석박지, 깍두기를 담갔다. 김치 냉장고가 없어 바로 냉장고에 넣기도 하고 바깥에 두기도 하고 안에서 익히기도 해서 열심히 먹었다. 김치만 있어도 마음이 놓이고 기분이 좋다. 그래서 요즘은 김치찌개, 부대찌개, 김치부침개, 김치볶음밥, 두부김치까지 실컷 해 먹고 있다. 나는 잘 안 하지만 만두를 많이 만들어 냉장고에 두고 오래 먹는 집도 많이 있다.

동네에서 볼 수 있는 농장 직거래 야채들

봄에는 열무김치와 오이소박이도 담근다. 한국 오이를 구하면 한국 오이로, 안되면 미국 오이로 담그는데 미국 오이는 쉽게 물러서 맛도 덜하고 보관도 어렵다. 그래서 봄에 하는 또 하나 중요한 일은 밭을 일구고 씨앗을 뿌려 채소를 기르는 일이다.

미나리를 심었더니 잘 자라고 있다.

아파트를 제외하고 타운하우스나 싱글하우스는 한쪽을 밭으로 일구어 한국 씨앗을 구해다가 심는다. 한국 마켓에 가면 씨앗이나 모종을 구할 수 있고 미국 마켓에서도 토마토, 맥시칸 고추 등 여러 종류의 채소 모종과 씨앗을 판다. 나는 상추, 고추, 호박, 오이, 토마토, 깻잎을 기른다. 이 채소들은 봄부터 여름까지 우리 식탁의 중요한 부분을 차지한다.

또한 여름에는 장아찌를 담그는 것이 중요한 일이다. 깻잎, 마늘, 고추 장아찌를 담그고 오이지도 담근다. 오이지를 제외한 다른 장아찌들은 다음해까지 두고두고 먹을 수 있어서 아주 좋다.

가끔 내가 맡고 있는 유학 온 고등학생들을 집으로 불러 밥을 해주는데 이 장아찌를 주면 아주 좋아한다.

나는 지난번 딸아이 콘서트 때 부모들이 음식을 나누어 하기로 해서 묵을 쑤고 샐러드를 했었다. 남편이 보고 미국에서 묵을 쑤어 먹는 것을 신기해했다. 한국에서라면 안 했을 일이었다. 그때 먹은 음식이 묵, 치킨, 샐러드, 김치, 떡볶이, 쟁반국수였다. 물론 모두 직접 만든 것이었다.

딸의 콘서트 때 파티를 가졌다. 각자 음식을 해왔는데, 치킨, 묵, 모밀국수, 떡볶이 등 한국 음식을 먹을 수 있었다.

우리 아이들은 내가 만들어 주는 양념 통닭을 아주 좋아한다. 한국식처럼은 안 되지만 그래도 비슷하게 맛이 난다고 한다. 닭을 튀겨서 소스를 만들어 묻혀서 먹는다.

고구마튀김이나 오징어튀김 같은 튀김 종류들도 가끔 해먹는 음식이다. 탕수육이나 닭갈비, 감자탕, 보쌈, 게다가 인절미, 시루떡, 약식까지도 만들어 먹는다 식혜나 수정과도 역시 만들어 먹는다. 마치 옛날로 돌아가 다시 일일이 음식을 만들어 먹는 느낌이다. 사 먹을 수 없으니 열심히 만들어 먹고 있다.

우리가 온갖 음식을 만들어 먹는 것을 보면서 한국 사람은 사막에 가서도 선인장으로 김치 만들어 먹을 민족이라고 생각한다.

미국에서 살아가는데
비자 문제만큼 큰 이슈가 되는 것도 드물다.

한국에서 살 때에야 그냥 한국인으로서 당연히 살아가면 되지만

미국인이 아닌 우리가 이 미국에서 살아가는 데는 많은 장애가 있기 마련이다.

그 중에 가장 큰 것이 비자다.

불법체류자로 사는 사람들은 어렵고 힘든 일을 할 수 밖에 없게 된다.

조사 나올까 봐, 걸릴까 봐 가슴을 졸이며 살아가고 있다.

비자를 가지고 있는 사람들도 조건이 사라지면 비자가 만료되기 때문에

비자를 유지하려고 애를 쓴다.

영주권이나 시민권이 없는 한 늘 조심스럽다.

미국에서의 삶이 파리 목숨 같다고 우리끼리 말하곤 한다.

비자 종류

탐이 나를 부른다. 얼굴이 밝은 것을 보니 좋은 일인가 보다. 서류 봉투를 건넨다. 열어 보니 비자 신청 영수증이 들어 있다. 정식 비자가 아니지만 이것이 있으면 수업 받는 것이 허락된다고 한다. 남의 일을 자신의 일보다 더 기뻐해 주는 탐. 정말 천사란 별명이 어울린다.

나는 미국에 관광비자로 들어왔다. 나이가 너무 많고 아이가 셋이나 있어서 학생 비자가 거부될 수 있다 하고, 또 관광 비자에서 학생 비자로 바꾸는 것이 합법적이라고 해서 그렇게 했다.

2006년 8월에 들어와 11월에 학생 비자를 신청하고 1월에 학교를 시작했다. 아직 비자가 허락된 것은 아니지만 수업을 시작할 수 있도록 학교에서 배려해 주었다. 비자 신청 영수증이 도착했으니 사실상 학생 비자 허가가 떨어진 거나 마찬가지라고 한다.

그리고 얼마 후 공부하는 기간은 얼마든지 체류해도 된다는 무기한 학생 비자를 정식으로 받았다.

미국에서 살아가는데 비자 문제만큼 큰 이슈가 되는 것도 드물 것이다. 한국에서 살 때야 그냥 한국인으로서 당연히 살아가면 되지만 미국인이 아닌 우리가 미국에서 살아가는데 많은 장애가 있다. 그중에 가장 큰 문제가 비자다. 한국도 동남아시아 노동자들이나 조선족들에게 한국에서 살도록 그들에게 쉽게 비자를 내줄 수 없는 이유가 있는 것처럼 미국도 나름 그들의 이유가 있을 것이다. 그러다 보니 많은 사람이 불법체류자로 살면서 어렵고 힘든 일을 할 수밖에 없다. 조사 나올까 봐, 걸릴까 봐 가슴을 졸이며 살아가고 있다.

현재 비자가 있다 해도 조건이 사라지면 비자도 만료되기 때문에 비자를 유지하려고 애를 쓰고 있다. 영주권이나 시민권이 없는 한 늘 조심스럽다. 미국에서 삶이 마치 파리 목숨 같다고 우리끼리 말하곤 한다.

비 이민 비자 종류

B1 비즈니스 비자, B2 관광 비자

B1 비자는 비즈니스를 목적으로 방문할 때 발행되는 비자고 B2는 미국에서 관광이나 레저를 즐기려는 목적으로 미국을 방문하는 외국인에게 발행하는 비자다. 전에는 비자 인터뷰를 거쳐 비자를 얻었고 보통 공항에서 6개월 체류기간을 받을 수 있었다. 6개월 후에 6개월을 더 연장해서 최대 1년간 체류할 수 있었다. 그래서 관광 비자로 왔다가 다른 비자로 바꿀 수도 있었다. 그러나 이런 경우 한국에 갔다가 미국에 재입국할 때 입국 심사대에서 문제를 제기할 수도 있다.

최근에 한국인이 비자 없이 미국에 올 수 있게 되면서 이 모든 것을 할 수 없게 되었다. 물론 비자 없이 미국 입국이 쉬워졌지만 90일 이내에 한국으로 돌아가야 한다. 만약 6개월 이상을 체류하고 싶다면 주한 미대사관에서 따로 비자를 받아야 한다. 그러나 비자 연장이나 다른 비자로 바꿀 수는 없다. 이 비자로도 자녀가 공립학교에 무료로 다닐 수 있다.

F1학생 비자, F2동반 비자

F1 비자는 미국에 공부를 목적으로 와 학교에 입학하려는 정규학생 full-time student에게 주어지는 비자다. 이 비자를 가진 학생은 학교 밖에서 일할 수 없다. F2 비자는 F1 비자를 받은 학생의 가족에게 주어지는 비자로 자녀라면 무료로 공립학교에 다닐 수 있다. 그러나 배우자라면 일할 수 없으며 학교에 가려면 배우자도 F1 비자를 받아야만 한다. F1과 F2 비자는 F1 비자를 받은 사람의 공부가 끝나면 2개월 안에 미국을 떠나야만 한다. 보통 비자 기간은 5년이 주어진다. 만약 공부를 계속해야 해서 비자를 연장하려면 한국에서 다시 절차를 밟아야 한다. 연장하지 않고 미국에 거주할 수는 있지만 나중에 미국에 재입국할 때 문제가 될 수도 있다.

학교에 다니는 중에 성적에 문제가 있거나 결석이 잦으면 학교에 머물지 못하게 조치가 내려지기도 한다. 내가 아는 학생 중에도 잦은 결석 때문에 학교에서 출국하라는 명령을 받기도 했고 어떤 학생은 성적이 계속 C, D가 나오자 공부할 능력이 없다고 판단되어 출국 명령을 받기도 했다.

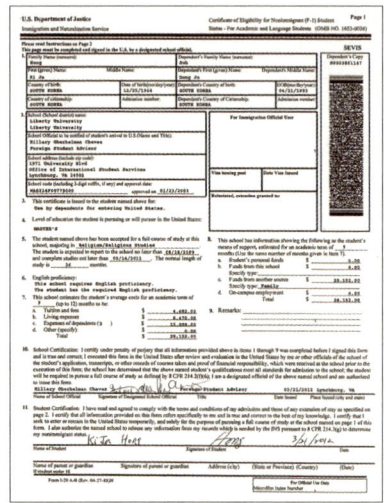

입학허가서

시간제 학생 part-time student은 이 비자가 나오지 않는다. 매 학기 정규학생으로 수강신청이 이루어져야 한다. 여름 학기를 제외하고 수강신청이 끝나면 학교가 미국 이민국에 그 상황을 보고하게 되어 있다.

F1 비자 소지자는 SEVIS Student and Exchange Visitor Information System, 미국 유학생 및 방문자 관리 기관에 의해 관리, 감독을 받게 되어 있다. 주를 떠나 여행을 할 때 여권, I-20을 소지해야 하며, 외국으로 나갈 때는 학교에 신고하고 I-20에 사인을 받아 가져가야 한다.

J1교환 방문 비자, J2문화교류 비자

이 비자는 USIA United States Information Agency, 미국 국외 정보국에서 승인한 프로그램에 포함된 교환 방문자들을 위한 것이다. 1년간 미국에 체류한 사람들은 2년 안에 재입국할 수 없다. 동반 자녀가 무료로 공립학교에 다닐 수 있다.

H1B 취업 비자

이 H1B 비자는 자기가 일하려는 분야와 관련된 학사학위나 그에 준하는 학위를 보유해야 하며 3년 일하고 한 번 더 연장할 수 있다. 이 비자는 취업 이민으로 연결될 수 있다. 취업 비자의 가장 중요한 조건은 스폰서의 사업체 규모와 재정, 왜 고용하려고 하는지에 대한 설명이 있어야 한다. 전문직이어야 가능하다. 취업 비자는 매해 4월 1일에 접수를 시작해 보통 8월 안에 결과가 통보되고 10월부터 미국으로 출국할 수 있다.

전에는 취업 비자의 문이 좁아 접수를 시작하자마자 끝나기도 했지만 요즘은 꽤 긴 시간 동안 신청을 받는다. 이는 미국의 실업난이 가중되면서 스폰서를 구하기 어렵게 되었기 때문이다. 스폰서의 규모나 재정이 약하면 비자가 거부되는 경우가 많아 규모가 작거나 충분한 재정이 없으면 이 비자를 신청하지 않기 때문이기도 하다.

E2 투자 비자

이 비자는 미국의 직업 창출과 경제 활성화를 목적으로 외국의 소액 투자자에게 장기적으로 미국에 머물며 경제활동을 하도록 발행하는 비 이민 비자다. E2 비자는 작은 액수라도 투자하여 사업체를 운영하도록 허락하며 배우자와 자녀도 합법적으로 체류하도록 해주는 비자다.

R 종교비자

이 비자는 지난 2년 동안 비영리 종파나 교단에서 종사해온 사람에게 부여하는 것으로 안수 받은 목사나, 종교업무에 전임으로 종사자에 해당된다.

*비이민 비자 신청 서류

학생 신청서
    I-20 4쪽 전부
    이전 학교 성적표와 졸업 증명서
    교육기관에서 요구하는 시험성적
    재정증명
    장학금 증서
    여권
    호적등본 또는 주민등록 등본
    비자용 사진 1매
    각 신청자의 사진이 첨부된 비이민 비자 신청서
    신한은행 비자수수료 영수증(US$100) (자녀도 모두 별도로 납부)
    택배서류
(동반 자녀가 14세 이상이면 인터뷰에 동행해야 한다.)

공통서류: 재정 보증서
    영문 은행 예금 잔고 증명/통장 사본(3000-4000만 원 정도)
    임대 계약서
    등기부 등본
    재산세 과세 증명서
    자동차 등록증 사본
    사업자 등록증

비자 신청 절차 비용 서류에 대해 더 자세히 알고자 하면
주한 미대사관 홈페이지
ww.korean.seoul.usembassy.gov/visas 참고.

🛂 이민 비자

영주권을 받을 수 있는 이민 비자로는 취업 이민, 종교 이민, 투자 이민, 가족 초청 이민이 있다.

취업 이민

취업 이민은 자신의 능력으로 회사나 단체에서 근무하는 조건으로 주는 영주권이다. 취업 이민은 순위가 있는데, 1순위는 뛰어난 능력의 소유자, 교수나 연구원, 다국적 기업의 중역이나 연구자에게 주어진다. 노동 허가 없이도 신청할 수 있다.

2순위는 석사 이상 혹은 5년 이상의 경력자, 우수한 능력 보유자에게 해당하며 노동허가와 고용주가 필요하다. 3순위는 전문직, 숙련공, 비숙련공이며 노동허가와 고용주가 필요하다.

투자 이민

영리 기업에 $500,000-1,000,000을 투자하고 미국 시민권자나 영주권자 10명 이상에게 일자리를 제공할 때 주어지며 영주권을 받는 것이다. 이민국이 지정한 지역 센터 Regional Center에 $500,000을 투자하면 10명 고용조건 없이도 가능하다.

투자자와 그 가족에게 2년 만기의 조건부 영주권이 주어지고 일반 영주권을 얻으려면 조건부 영주권 만기일 90일 전에 신청해야 한다. 일반 영주권을 취득하기 위해서는 실질적으로 투자하고 있으며 계속 그 기업을 운영할 것임을 증명해야 한다.

가족 초청 이민

미국 시민권자나 영주권자가 가족을 초청하는 것을 말한다. 시민권자나 영주권자가 이민 비자 초청장 I-130을 이민국에 제출하면 된다. 자세한 것은 이민국 홈페이지를 참고하면 된다.

종교 이민

미국에 설립된 종교기관에서 전임으로 일하는 사람에게 주어지는 영주권이다. 안수 받은 목사, 종교 기관의 종사원, 수녀, 승려, 종교 교육 교사, 집행하는 전문인 등을 포함한다. 비자 신청 직전 2년 동안 그 분야에서 전임으로 종사했어야 한다.

시민권

시민권은 미국 현지에서 태어났거나 영주권을 소지하고 일정 기간이 지난 후 시험을 거쳐 얻을 수 있다. 요즘은 미국 군대를 지원해 들어가면 바로 시민권을 얻을 수 있다.

미국에 거주하는 많은 한국 사람 중에는 영주권을 가지고 있으면서도 시민권을 취득하지 않는 경우가 많다. 시민권을 얻으려면 한국 국적을 포기해야 하기 때문이다. 또한 시민권 시험 중 인터뷰에서 '미국과 한국의 전쟁이 나면 어느 편에 설 것인가?'라는 질문 때문이기도 하다고 들었다. 요즘은 한국 국적을 포기하지 않을 수도 있는 이중국적법이 추진되고 있어서 어떻게 방향이 바뀔지는 모르겠다.

영주권과 시민권의 차이는 투표권이다. 영주권자는 투표권이 없지만 시민권자는 투표권이 있다. 범죄를 저질렀을 때도 시민권자는 추방당하지 않지만 영주권자는 범죄의 종류에 따라 추방될 수도 있다.

미국에 있다 보면 비자와 관련된 이야기를 많이 듣게 되고 또 경험하기 마련이다. 그만큼 중요한 문제기 때문이다. 다음에 몇 가지 실제 사례를 이야기하며 비자에 관한 이해를 돕고자 한다.

B2 비자에서 F1 비자로 바꾸기

나와 또 다른 학생의 경험이다. 나도 그 여학생도 미국에서 B2관광 비자를 F1학생 비자로 바꾸었다. 아무 문제가 없고 적법한 일이라고 해서 바꾸었다. 그런데 이럴 때 한국을 자유롭게 다닐 수 없다는 것을 아무도 말해주지 않았다. 물론 미국에서만 생활할 때는 아무 문제가 없다. 그러나 한국에 갔다가 미국에 재입국할 때 심사대에서 문제 삼아 돌려보내는 확률이 약 3%가 된다고 한다. 한 번 입국이 거절되면 다시 입국하기는 매우 어려워 위험을 감수하고 출국하지 않는다. 나야 학생 비자가 거부될 수도 있다고 유학원에서 우려했다고 하지만 그 여학생은 아무 문제 없이 미국에 왔다가 그대로 F1 비자로 바꾸어 학교에 입학했다. 그것 때문에 한국에 갈 엄두도 못 내고 지내고 있었다. 린치버그에 이사 와서 만난 내 연령의 아줌마들이 모두 아무 문제 없이 한국에서 학생비자를 받아 온 것을 보고 '나는 왜 한국에서 학생 비자를 받아오지 않았나?'하고 후회했었다. 하여간 그런 이유로 나는 5년 반이 넘도록 한 번도 한국에 가보지 못했다. 그 여학생은 작년에서야 한국에 가서 아무 문제 없이 학생 비자로 바꾸었다. 진작 시도해볼 걸 그랬단다.

미국의 경제 상황이 어려워지면서 돈을 들고 와서 공부하는 학생에게 학생 비자를 수월하게 내주는 것도 쉽게 학생 비자를 받는데 한몫한 것 같다.

이런 경우도 누구에게나 똑같이 적용되는 것은 아니다. 물론 지금은 미국 내에서 비자를 바꿀 수 있는 길이 금지되었기 때문에 더는 이런 문제가 없을 것이다.

🔴 F2 비자에서 F1 비자로 바꾸기

동반 비자로 왔다가 학생 비자로 바꾸는 경우다. 이럴 때 여러 가지 변수가 있는데 어떤 사람은 두 달도 안 되어 비자가 나오고 어떤 사람은 일 년이 넘도록 비자가 안 나오기도 한다. 큰아들은 B2 비자에서 F2 비자로, 대학에 입학하면서 F1 비자로 바꿨다. 이민국에서 거부하기 좋은 상황이지만 변호사와 상의해서 상황을 설명하는 에세이를 서류와 함께 보냈더니 두 달도 안 되어 비자가 나왔다. 학교에서는 비자가 나오지 않으면 입학할 수 없다고 했었는데 생각보다 일찍 비자가 나온 덕분에 별문제 없이 대학에 입학할 수 있었다. 어떤 사람은 비자가 늦어지는 바람에 한 학기를 그냥 보내게 되었다. 늦었지만 비자가 나오긴 해서 다음 학기에 수업을 받을 수 있었.

서류를 잘 준비해서 보내면 비자 바꾸는 것은 그리 어렵지 않다.

🔴 F1 비자에서 R종교 비자로 바꾸기

학생으로 왔다가 교회 관련 기관에서 일하면서 비자를 바꾸는 경우다.

교회에서 청소년을 맡아 가르치던 부교 역자가 종교 비자를 신청하려고 준비했다. 한 사람은 미국에서 또 다른 한 사람은 한국에서 종교 비자를 신청했다. 미국에선 종교 비자에 대한 인식이 나빠지고 있어 예전과 다르게 거부되는 사례가 많아졌다. 그럼에도 한국보다는 미국에서 종교 비자를 더 잘 내주는 편이다. 그런데 한국에서 신청한 사람은 비자를 받았고 미국에서 신청한 사람은 거부당했다. 서류를 보나 스폰서 교회의 규모로 보나 미국에서 신청한 사람의 상황이 훨씬 좋았다. 물론 서류가 기본이지만 그것 외에 다른 요인도 있는 것 같다.

B2^{관광 비자} 에서 E2^{투자 비자}로 바꾸기

한 사람이 관광 비자로 왔다가 투자 비자로 바꾸었다. 투자해서 사업체를 운영한 것으로 미국에서 투자 비자를 받았다. 비자를 신청하고 받는데 그리 큰 어려움이 없었다고 들었다. 그런데 한국에 나갔다가 거기서 다시 투자 비자를 신청했는데 거부당했단다. 아직 투자 이민까지 가지 않았기 때문에 미국에서 비자를 변경한 것은 한국에서 다시 비자를 받아야 했다. 미국에서 별 어려움이 없었으니 한국에서도 별문제가 없을 것으로 생각했던 것이다.

참으로 이해할 수 없는 것은 미국에서 비자를 받든 한국에서 받든 다 미국 이민국에서 주는 것인데, 같은 상황인데 거부하기도 하고 받아 주기도 한다면 미국 법 자체의 모순을 드러내는 것이라고밖에 볼 수 없다. 그런데 그게 현실에서 일어나고 있다.

B2 비자로 와서 한국에 나간 후 미국으로 들어오지 못한 경우

관광 비자로 들어와서 태권도 사범으로 일하다가 취업 비자를 신청한 사람에게 일어난 일이다. 6개월 관광 비자로 있으면서 취업 비자를 신청했다. 취업 비자를 기다리다가 한국에 가서 정리하고 오겠다고 나갔다. 스폰서를 해주는 태권도 관장이 못 들어올 수도 있다고 만류했는데 대수롭지 않게 생각하고 나갔다. 그런데 미국에 다시 돌아오는 공항 심사대에서 문제가 생겼다. 취업 비자를 신청한 기록이 드러나면서 고의성이 보인다고 생각했는지 한국으로 되돌려 보내지고 말았다.

그렇게 한번 돌려 보내지면 그 기록이 남기 때문에 미국에 다시 들어오기는 쉽지 않다. 그러므로 다른 비자가 진행되고 있을 때에는 신청한 비자가 나올 때까지 미국을 떠나지 않는 것이 좋다.

영주권을 받은 경우

취업 비자를 통해 영주권을 받은 사람의 예다. 이 가족은 남편이 먼저 관광 비자로 들어와 일하다가 비자를 유지하지 못해 불법체류자가 되었다. 그러다가 부인과 아이들이 관광 비자로 들어왔다. 부인이 주변 사람의 도움으로 스폰서를 구해 취업 비자를 신청했고 그사이 잠깐 불법체류자 사면이 있을 때 남편은 사면되었다. 그리하여 몇 년에 걸쳐 세금을 내고 드디어 영주권을 받을 수 있게 되었다. 영주권을 얻는데 비용이 꽤 들어가긴 했지만 아이들이 둘 다 주립대에 무료로 다니는 걸 생각하면 그리 큰돈은 아니었다고 한다. 아주 잘 풀린 경우라고 할 수 있겠다.

다른 한 집은 자녀가 영주권자라 부모를 초청한 경우다. 한국에서 부모 초청을 신청해도 몇 년이 걸려야 겨우 나오는데 미국에서 초청하니 두 달 만에 영주권이 나왔다. 미국 현지에서 절차를 밟는 것이 비자가 훨씬 빨리 나오는 것 같다.

시민권을 받은 경우

내가 아는 한 집은 아들이 미국 군대에 가면서 시민권을 얻었다. 그 후에 가족을 초청해 가족들도 영주권을 얻었고 정해진 기간이 지나 시험을 거쳐 시민권을 얻을 수 있었다. 미국 현지에서 태어나 시민권을 얻지 않는 한 부모 혹은 자녀 초청이나 다른 경로로 영주권을 얻은 후에 그 영주권자가 시민권 시험을 거쳐 시민권을 얻을 수밖에 없다.

변호사 선정

비자를 취득하기 위한 절차들이 워낙 복잡해서 스스로 서류를 준비하기는 좀 어렵다. 그러다 보니 대부분은 변호사를 선임하거나 이주공사, 유학원 등을 통해 절차를 맡기게 된다. 미국에 있다면 변호사를 선임하는 것이 상례다. 비자의 종류와 기간에 따라 수임료가 다 다르며 책임 범위도 다르다. 단순히 비자를 바꾸는 일은 약 $1,000 정도의 비용이 들어가지만 영주권 같은 큰일들은 변호사에 따라서 비용 차이가 크게 난다. $4,000에서 몇만 달러까지 책정되기도 한다.

비자가 거부 되어도 변호사 수임료는 돌려받지 못하는 것이 보통 규정이다. 따라서 정직한 변호사를 만나는 일이 아주 중요하다. 가능성이 없는 일은 아예 시작하지 말라는 변호사도 있지만 안 될 걸 알면서도 수임료를 받으려고 일을 시작해서 결국 비자는 거부되고 돈을 날리는 일도 생기곤 한다.

주변의 지인들에게 물어보기도 하고 여러 명의 변호사에게 상황을 들어 볼 필요가 있다. 무조건 사탕발림으로 다 해주겠다고 하는 변호사는 의심해보는 것이 좋다.

미국에 온 지 얼마 안 되었을 때 영주권을 받을 기회가 있었다. 기업에서 스폰서를 해주면 영주권을 받을 수 있는데, 어떤 회사에서 스폰서를 해주겠다고 한 것이다. 변호사에게 문의를 했더니(미국에서는 변호사를 만나려면 혹은 전화로 문의하는데도 무조건 $100을 내야 한다), 나의 상황을 다 들은 그 변호사는 말했다.
"안 돼요. 서류 넣어도 가능성 없어요. 나야 하신다고 하면 수수료를 받아서 좋지만 안 되는 일을 된다고는 못해요."
이건 하지 말라는 말이다. 안 된다는 말에 실망도 되고 좀 가능성이 있다고 말해주지 하는 마음도 있었지만 자신의 수수료를 포기하고 정직하게 말해주어 그 변호사를 더 신뢰할 수밖에 없었다.

그 후로 나는 비자와 관련되어 문의할 일이 있으면 그 변호사에게만 간다. 큰아들이 F2 비자에서 F1 비자로, 한국에서 다시 F1 비자를 받아야 하는 그 모든 과정마다 그 변호사의 조언이 얼마나 도움이 되었는지 모른다.

여권 갱신

여권을 갱신할 때는 영사관에 가서 신청하면 된다. 전에는 우편으로 신청할 수 있었는데 전자 여권으로 바뀐 후에는 무조건 본인이 직접 가서 하게 되어 있다. 물론 아프거나 12세 미만일 때는 가족이 서류를 증명하고 대리로 신청할 수 있다.
홈페이지를 방문해 자세한 내용을 확인하고 가는 것이 좋다. 딸아이의 여권을 갱신할 때 나는 전화로 다시 한 번 더 설명을 듣고 갔었다. 주미 한국 대사관 홈페이지 주소는 www.koreaembassyusa.org다. 자신이 사는 곳이 속해 있는 영사관 홈페이지에서 찾아보고 가면 된다. 노스캐롤라이나에 살았을 때는 애틀랜타 영사관에 속해 있었지만 지금 린치버그는 워싱턴에 속해 있다.

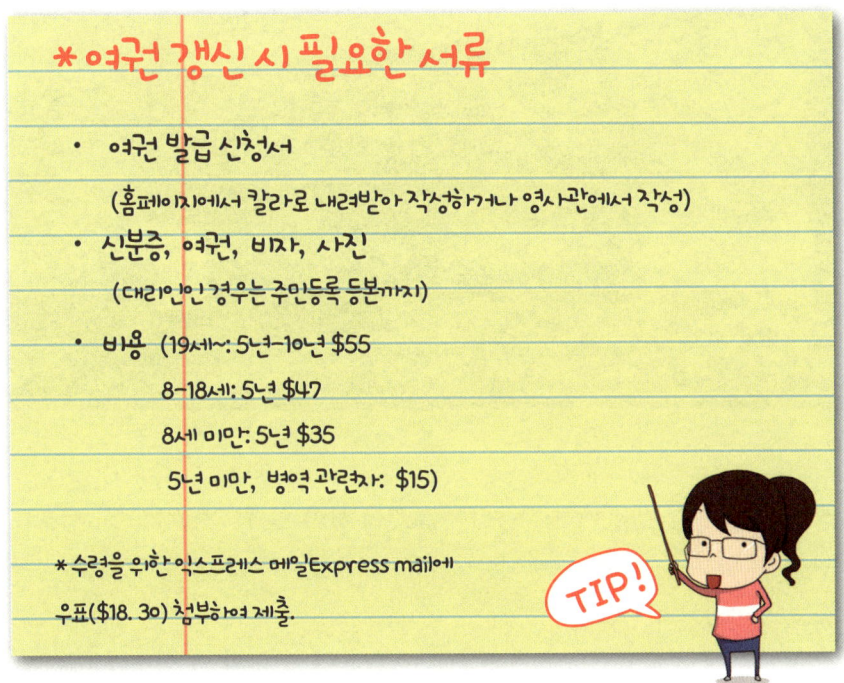

사회 보장 번호와 Tax ID

사회 보장 번호 social security number 는 미국에서 태어난 시민권자, 영주권자, 합법적으로 일하는 사람에게 주어진다. 이 번호는 한국의 주민 번호와 비슷한데 사실상 이 번호 없이는 신용카드도 어떤 계약도 하기 쉽지 않다. 더구나 일할 수 없도록 규정하고 있는 학생인 경우는 이 번호를 얻기가 쉽지 않다. 학교 내에서 일하면 이 번호를 받을 수가 있는데, 그것

사회 보장 번호가 적힌 사회 보장 카드

사회 보장 사무소

도 학교 내에서 일할 때만 사용하는 조건이 붙어 있다. 그럼에도 이 번호를 받을 수 있으면 신용이 보증되는 표시가 되므로 신용도 쌓을 수 있고 여러모로 생활하기가 편해진다.

학교에서 일하게 되면 일을 한다는 증명 서류를 받아 그 지역에 있는 사회 보장 사무소Social Security Office에 가서 신청하면 된다.

세금을 내기 위한 번호를 Tax ID Individual Taxpayer Identification Number라고 한다. 이것은 IRS Internal Revenue Service, 미국 국세청에서 발급받을 수 있는데, 1-800-829-3676에 전화해 알아보거나 혹은 www.irs.gov에서 자세한 정보를 얻을 수 있다.

텍스 리턴Tax Return, 소득 신고은 자신이 낸 세금에 대해 신고를 하는 것으로 세금 공제가 이루어져 남는 금액을 돌려받는 것을 말한다. 매해 4월경에 이루어지는데 사실상 세금을 내지 않는 학생은 해당이 안 되는 것으로 알고 있다. 그런데 몇 해 전부터 회계사들이 오바마 정권에서 학생들이 낸 학비에 대한 세금을 돌려주는 법이 생겼다는 말을 했다. 물론 학교 내에서 일하는 학생들에겐 당연한 일이지만 그렇지 않은 경우에도 해당한다고 말하고 있다. 또 어떤 기사에서는 학생들이 세금을 돌려받는 것은 불법이라고 기사가 나기도 했다. 나는 세금에 관한 법에 문외한이라 무엇이 사실인지 잘 모르겠다.

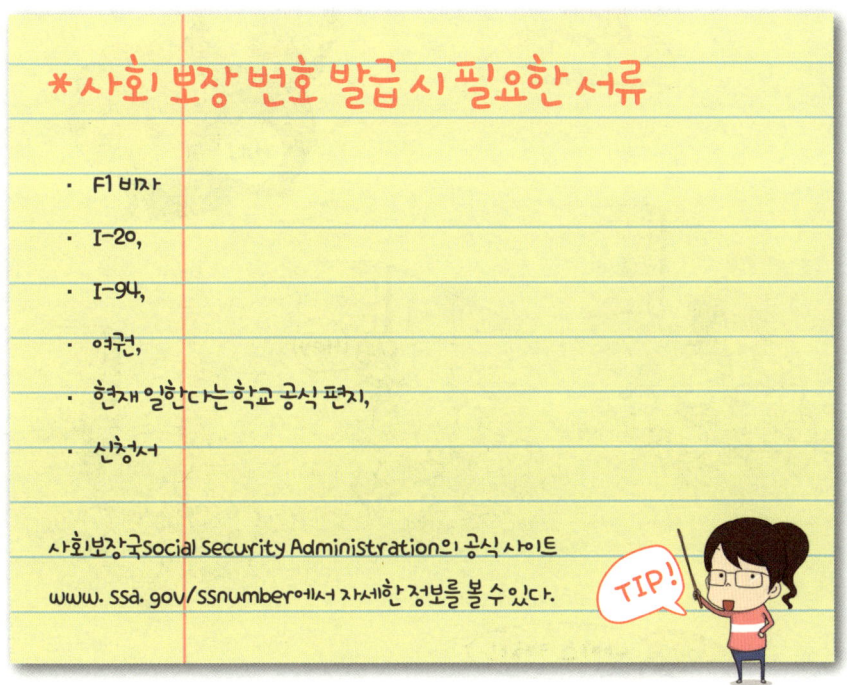

불법체류

불법체류자가 처음부터 불법체류를 하고자 한 것은 아니다. 대부분 적법한 신분을 유지하다가 다음 단계로 잘 넘어가지 못한 경우가 많다. 시기를 놓쳤다든지, 잘못된 정보를 가졌다든지, 못된 변호사를 만났다든지, 사기를 당해서 불법체류자가 되는 일도 많다. 가끔 불법체류자 구제가 있긴 하지만 최근 몇 년 동안 미국의 경기가 계속 나빠지는 바람에 이 구제 법안이 시행되지 못하고 있다.

수업시간에 한참 강의하시다 말고 마커를 찾는 교수님들을 종종 본다.
"누가 마커 좀 갖다 줄래?"하고 물으시면 한 명이 밖으로 나간다.
잠시 후 나갔던 학생이 들어와서는 교수님을 향해 "hey!"하면서 마커를 휙 집어던진다.
교수님은 그것을 멋지게 받고는 회심의 미소를 지어 보인다.
순진한 한국학생들은 당황함과 황당함 사이에서 갈등하는 표정이다.
한국에서는 병장이 이등병에게 수통을 던지라고 해도 절대 안 던진다.
던지는 속도로 뛰어간다.
마찬가지로 학교에서 교수님이 뭘 던지라고 해도 앞으로 전달했으면 했지 던지지는 않을 것이다.
마커 던지는 녀석들.
하지만 그렇다고 교수님을 무시하는 것은 아니다. 학문적으로 깍듯이 예의를 지킨다.

이런 상황이 당황스러운 것은 그냥 문화의 차이 때문이다.

아버지와 자식, 스승과 제자의 관계도 겉모습은 격의 없어 보이지만

존경하는 것은 진심이고 오히려 우리보다 더 깊다고 느껴지기도 한다.

🍴 마커 던지는 녀석들

한참 강의하시다 말고 마커를 찾는 교수님들을 종종 본다. 한국에서는 조교들이 항상 수업 전에 챙겨두었던 것 같은데······.
여튼 여기서는 찾을 때마다 없는 경우가 많다.
"누가 마커 좀 갖다 줄래?"
하고 물으시면 한 명이 밖으로 나간다.
잠시 후 나갔던 학생이 들어와서는 교수님을 향해
"hey!"
하면서 마커를 휙 집어던진다.
교수님은 그것을 멋지게 받으며 회심의 미소를 지어 보인다.
순진한 한국학생은 당황함과 황당함 사이에서 갈등하는 표정이다.

얼마 전 수업에서 있었던 일이다.

아무런 강의안도 없이 목소리와 표정으로만 수업을 하시는 교수님의 수업이다.

한참 말로 설명하시다가 답답하셨는지…….

"누구 마커 없냐?"

하고 물으셨다.

제일 뒤쪽에서 누군가가 자기가 있다고 말했다.

나는 제일 앞자리에 앉아 있었는데 약간 불길한 느낌이 들더니 마커가 내 뒤통수에 '딱!' 하고 명중했다. 무안해 할까 봐 누군지 뒤돌아보지 않았다.

한국에서는 병장이 이등병에게 수통을 던지라고 해도 절대 안 던진다. 던지는 속도로 뛰어간다. 마찬가지로 학교에서 교수님이 뭘 던지라고 해도 앞으로 전달했으면 했지 던지지는 않을 것이다.

하지만 그렇다고 교수님을 무시하는 것은 아니다. 학문적으로 깍듯이 예의를 지킨다. 이런 상황이 당황스러운 것은 그냥 문화의 차이 때문이다. 아버지와 자식, 스승과 제자의 관계도 겉모습은 격의 없어 보이지만 존경하는 것은 진심이고 오히려 그 마음이 우리보다 더 깊다고 느껴지기도 한다.

우리는 겉으로만 예의를 차린다. 속으로 구시렁거리는 경우가 얼마나 많은지…….

―학교 사이트에서 발췌―

🍴 미국에 와서 놀란 것들

미국에 와서 살다 보면 당황하게 되고 이해가 안 되는 일이 종종 일어난다. 한국이라는 문화 안에서 자랐으니 당연히 생기는 문화적 충격일 것이다. 상대적인 시각으로도, '왜 저러나' 하는 선입견을 가진 시선으로도, 미국 문화를 이해할 수 없다. 단지 우리와 다른 문화적 차이라고 생각하면 미국을 이해하는데 한 발자국 더 다가갈 수 있을 것이다. 그러나 열린 마음과 시간이 좀 필요하다.

강의 시간에 한 교수님이 문화적 차이에 대해 한 이야기가 생각난다. 각 나라의 다른 문화에 대한 이야기를 하고 서로 비교했다. 한국 학생도 여럿 있었기에 한국의 특성에 대해 묻고 답하며 문화를 이해하는 과정도 가졌었다. 한국은 집 안에서 신발을 벗지만 미국인들은 신발을 신고 실내로 들어온다. 가끔 미국에 있다 보면 집에 수리하러 온 미국인이 신발에 흙을 묻히고 집 안으로 저벅저벅 들어오는 일이 있다. 그런 경험을 한 한국 학생이 신발을 신고 실내에 들어오는 것에 대해 약간의 비난조로 말을 했다. 그랬더니 그 교수님은 이야기했다.

"그것은 무례함이 아니라 차이일 뿐이다. 서로 다른 문화를 이해하고 존중할 때 교차점이 생긴다. 마음을 열고 받아들이는 자세가 필요하다."

요즘은 수리하러 오는 사람들이 덧버선을 가져오거나 신발을 벗기 원하느냐고 묻는다. 이미 그들이 한국문화를 이해하고 수용하기 시작한 것이다. 미국인 스스로가 이런 차이를 받아들이는 것이 미국에서 각 나라의 인종, 음식과 같은 다양함이 존재할 수 있겠다고 생각했다. 인상적인 경험이었다.

미국은 엄격하게 스톱사인을 지킨다. 한국에서처럼 신호를 대충 보고 가면 경찰이 따라 온다.

다음은 한국과 미국의 차이에 대해 쓴 글을 인용해 정리한 것이다.

미국에 와서 놀란 것은?
1. 예배 시간에 슬리퍼를 신고 가는 것
2. 성경책을 땅바닥에 내려놓는 것
3. 주머니에 손을 넣고 기도하거나 설교하는 것
4. 자유로운 자세로 예배드리는 것
   (옆 사람 어깨에 손을 올린다거나 다리를 꼬고 앉는 것)

5. 욕실에 하수구가 없는 것
6. 수업시간에 식사하는 것
7. 선생님과 친구처럼 지내는 것
8. 도로 중간에서 어느 방향에서든 정차할 수 있다는 것
9. 운전면허를 취득할 때 돈이 많이 들지 않는다는 것
10. 어린애들이 아니더라도 차 뒷좌석에 앉아서 안전띠를 한다는 것
11. 어딜 가든 업무 처리가 엄청 느리고, 일단은 오래 기다려야 한다는 것
12. 그럼에도 점심시간, 퇴근시간은 칼같이 지킨다는 것
13. 아무 곳에나 잘 눕는다는 것
14. 비만한 사람이 너무 많다는 것
15. 집안에서는 신발을 신고 가까운 거리를 갈 때는 맨발로 다니는 것
16. 여자들도 자연스럽게 담배를 피운다는 것
17. 수도세가 비싸다는 것 (물먹는 하마도 아닌데)
18. 신발 신고 실내에 들어가서 신발은 옷장에 두는 것
19. 모르는 사람에게도 웃으면서 인사 잘 건네는 것
20. 의자에 등 기대고 책상 위에 다리 올려놓고 교수님과 대화하는 것

(학교 사이트에서 발췌)

🍴 자녀 교육이 달라요

아빠 머리통을 치는 아이들

아무리 세상이 바뀌었다고 해도 한국에는 아직도 유교적인 전통이 남아 있어 예의와 범절을 중요하게 생각한다. 그러다 보니 미국에 와서 아이들이 자기 아버지 머리통을 두드리며 장난치는 모습을 보면 '저런, 버릇없는 놈 같으니라고.'하는 생각이 들게 마련이다. 한국 문화에서는 상하관계를 중시하기 때문에 이런 풍경은 있을 수 없는 일이다. 처음 미국에 와서 내 아이들도 이런 미국 아이들을 보고 충격을 받았다. 아빠란 어려운 존재로만 여겼던

아이들이라 적응하는데 오래 걸렸다. 나중엔 그 아이들이 아빠와 친구처럼 야구하고 장난하고 재미있게 노는 모습을 보고 오히려 부러워하게 되었다.

아이들의 보호

미국은 좀 심하다 싶을 정도로 아이들을 보호한다. 13세 미만의 아이는 혼자 나가 놀 수도 없고 집에 혼자 있어도 안 된다. 늘 보호자가 곁에 있어야만 한다. 자동차에 아이를 혼자 남겨두고 마켓에 잠깐 들어가도 안 된다. 아이 혼자 스쿨버스를 타거나 내려서도 안 된다. 누가 따라다니며 감시하는 것은 아니지만 만약 부모와 있으면서 이런 문제가 생기면 바로 아이를 데려가 버린다. 부모가 아이를 책임지고 보호할 능력이 없다고 여기기 때문이다.

한 한국 사람이 겪은 이야기다. 아이들이 피아노 레슨을 하는 동안 마켓에 다녀오려고 나갔다. 혹시 선생님이 가고 잠깐의 시간이 비면 문 잘 잠그고 있으라고 당부하고 갔다. 약 5분 정도의 시간이 비었다고 한다. 그런데 공교롭게도 그 아파트에서 불이 나고 말았다. 다른 사람들은 경보를 듣고

농장을 개방해 아이들 자연 학습장으로 삼는다.

모두 바깥으로 나왔는데 집에 가만히 있으라는 엄마의 당부를 들은 아이들은 집에서 정말 꼼짝 않고 있었다. 돌아온 엄마가 아파트에 불이 난 것을 보고 아이들을 구하러 집으로 들어가려고 했다. 소방관이 말리자 집에 아이들이 있다고 말했고, 소방관과 함께 집에 들어가 다행히 아이들을 무사히 구할 수 있었다. 문제는 그다음이었다. 모든 것이 정리되자 경찰과 사회복지사가 집으로 와서는 아이들을 데려가겠다고 한 것이다. 엄마가 자녀를 보호할 책임을 다하지 못했다는 것이다. 겨우 상황을 설명하고 피아노 선생님과 전화해서 확인하고 주의를 받은 후에 일이 마무리되었다. 한국에서라면 도저히 있을 법하지 않은 이야기다. 그런데 미국에서는 일어날 수 있는 일이다.

 주차장에서 있었던 일도 있다. 역시 한국 가정의 이야기다. 정말 잠깐 마켓에 들어갔다 오면 되는 일이라 유치원생 아이를 차에 남겨두고 엄마 혼자 마켓에 들어갔다. 얼른 장을 보고 나왔는데 경찰과 사람들이 자신의 차에 몰려 있는 것이었다. 가서 보니 아이를 혼자 남겨둔 것을 옆 차 사람이 보고 경찰에 신고한 것이다. 참고로 미국 시민의 신고정신은 정말 뛰어나다. 보는 사람이 없는 것 같지만 멀리서 다 지켜보고 있다가 문제가 생기면 얼른 신고한다. 특히 이웃에 나이 든 할머니나 혼자 사는 사람이 있다면 특히 주의해야 한다. 하여간 아이를 혼자 차에 남겨 두는 것은 불법이니 경찰은 아이를 데려가겠다고 했고 그 엄마는 미국 온 지 얼마 안 돼 잘 몰랐다고 해명해서 겨우 넘어갈 수 있었다고 한다.

 학교 버스를 타고 내리는 학생들을 보호하는 것이나 집에서, 학교에서, 놀이터에서 아이들을 보호하는 미국의 법은 가히 놀라울 정도다.
 한번은 딸아이가 하도 말을 안 듣기에 매를 들려고 찾는데 없어 옷걸이를 들고 갔다. 그랬더니 딸아이가 말했다.
 "엄마, 나 때리면 경찰에 신고할 거야. 선생님이 신고하랬어. 여기 전화번호도 있어."
 너무 어이가 없어 내가 말했다.
 "신고하면 경찰이 너 데려가. 엄마도 못 봐."

그렇게 말하고 결국 때리지는 못했는데 나중에 자세히 이야기를 들어 보니 학교에서 가정폭력으로부터 아이들을 보호하기 위해 교육하고 전화번호도 주었단다. 그만큼 가정폭력이 많다는 이야기도 될 것이고, 아이들을 폭력으로부터 보호하기 위한 예방 차원도 될 것이다.

몇 년 전에 내가 아는 사람에게 있었던 일이다. 하루는 집에 경찰이 와서 아동학대 죄로 그 사람을 잡아갔다. 내용은 이랬다. 아이가 아침에 학교 가기 싫다는 걸 그냥 보냈는데 그날 따라 피곤했던 아이가 선생님께 집에 가고 싶다고 했단다. 왜 그러느냐는 말에 발바닥이 아프다고 해서 양호실로 가게 되었고, 아이가 어제 아빠에게 맞아서 아프다고 했단다. 그 이야기를 들은 양호 선생님은 바로 경찰과 사회복지사에게 전화한 것이었다.

아이를 때린 것은 사실이었단다. 말을 안 들어 엉덩이와 발바닥을 때렸는데 아이가 다행히 엉덩이 때린 이야기는 안 해서 발바닥만 문제가 된 것이다. 결국 변호사까지 선임하고 법정에까지 가게 되었다. 다행히 동양 문화를 이해하는 판사를 만나고 양호 선생님의 조치가 너무 조급했다는 판단이 나와서 무사히 아이도 되찾고 아빠도 감옥에 가지 않게 되었다.

한국에서라면 자녀 체벌은 있을 수 있는 일이지만 미국에서는 엄연히 범죄 행위다. 그래서 어떤 사람은 꼭 필요해서 종아리나 엉덩이를 때렸을 때 다 나을 때까지 학교에 보내지 않는다고 한다.

실제 가정폭력에 희생되는 아동 수가 너무 많아 지나치다 싶을 정도로 규제하고 있다고 한다. 부모의 체벌로 죽는 아동의 수도 많다고 한다. 폭력과 체벌의 한계가 참으로 애매하다.

공공장소에서의 태도

미국에 온 지 얼마 안 되어 작은아들 학교에 등록하러 갔을 때였다. 사무실에서 순서를 기다리는데 꼬마 흑인 아기가 엄마에게 구석에서 타임아웃timeout, 움직이지 않고 한 곳에 앉아 있는 벌을 받고 있었다. 기어 다니는 아기인데 마음대로 돌아다녔다고 혼나서 한쪽에서 움직이지 못하도록 벌을 받는 중이었다. 너무 놀라웠다. 큰 아이도 아니고 아기가 어릴 때부터 저렇게 철저히 훈련을 받으니 공공장소에서 질서를 잘 지킬 수밖에 없다.

학교에서도 순서와 질서를 지키는 일은 아주 중요하게 배우는 부분이다. 그것은 또한 다른 사람을 배려하는 태도를 배우는 것이기도 하다. 나는 공공장소에서 뛰어다니고 떠드는 한국 아이들을 종종 보게 된다. 예의를 중시하는 우리의 전통 교육에서 어떻게 저런 타인을 배려하지 않는 태도가 나올 수 있는 것인지 이해가 안 될 때가 많다.

미국 아이들도 부모에 따라서 또 요즘 젊은 부모들에게서는 이런 규율이 무너지는 것을 보기도 하지만 대부분은 질서를 정말 잘 지킨다. 남의 집에 가서 함부로 남의 방에 들어가지 않는다든지, 허락받지 않은 물건은 만지지 않는다든지 하는 것들은 아주 기본적인 예절로 여겨진다.

이런 문화적 차이는 미국의 개인주의와 한국의 공동체주의의 차이에서 올 수 있다. 사생활을 침범받지 않으려는 미국인의 생각에서 나온 질서의 개념과 나의 것, 너의 것이 아닌 우리 것이라는 개념으로 공동체 중심의 사고를 하는 한국인의 차이라고도 볼 수 있겠다.

🍴 학교 규율이 엄격해요

미국 학교는 아침에 학생들이 등교할 때 교장이나 카운슬러가 나와서 학생들을 맞이하며 인사를 한다. 버릇없는(?) 학생들은 표정 없이 인사를 받으며 학교로 들어간다. 행사가 있을 때도 한국에서 봐왔던 교장 선생님의 근엄함은 찾아볼 수 없다. 학부모와 교장, 학부모와 선생님이 마치 친구 혹은 이웃같이 스스럼없이 이야기도 나누고 장난도 한다. 아이들도 친근하게 대하기는 마찬가지다.

그러나 학생이 정해진 규율을 어겼을 때는 가차 없이 징계를 내린다. 특

중학교 입구 게시판에 학교 중요 행사를 입구에 적어 부모들도 잘 보이게 한다.

히 폭력은 결코 있을 수 없는 일이다. 한국 사회에서 교사와 학생 간, 친구 간의 폭력은 바깥으로 알려지지 않는 한 어느 정도 묵인되지만 미국에서는 작은 폭력도 절대 용납되지 않는다.

한국 학생 중에 친구끼리의 폭력을 대수롭지 않게 여겼다가 학교에서 제적당하는 학생들이 많이 있다. 한 학생은 친구끼리의 싸움이 커져 교사들까지 알게 되었는데 학교에서 그 학생을 다른 학교로 전학시켜 버리고 말았다. 그래도 그 싸움은 크지 않아서 제적당하지는 않았으나 다른 학생은 친구와 크게 싸움이 나서 폭력을 썼고 그것 때문에 학교에서 제적당했다. 그 학생 부모가 다른 주의 다른 학교로 보내려고 시도했으나 그전 기록이 따라다녀 전학도 할 수 없게 되었다. 아이의 얼굴은 분노로 일그러져 있었다. 세상이 자신을 거부했다고 여기는 것 같았다.

얼마 전에도 친구와의 싸움이 커져 문제가 생긴 학생이 있었다. 별것 아닌 문제로 시비가 붙어 주먹이 오갔고 그만 잘못해서 안경을 낀 학생이 맞는 바람에 얼굴 한 부분이 찢어져 꿰매게 되었다. 양쪽 부모가 선처를 구하고 주변에서도 백방으로 애를 써 보았으나 학교는 봐주지 않았다. 한국에서라면 작은 시비로 여겨 넘어갈 일인데도 미국에서는 중대한 문제로 생각해 결국 학생은 학교를 그만두게 되었다.

🍴 속도, 그 느림의 미학

어느 토요일에 한국으로 우편물을 부치기 위해 우체국에 갔다. 토요일은 1시까지라 서둘러 문 닫기 전에 갔다. 12쯤 도착했는데 줄이 길게 문 앞까지

우체국 건물

있었다. 그런데 뒤에서 아무리 기다려도 줄이 도무지 줄어들지 않았다. 고개를 빼고 쳐다보니 세상에 직원 혼자서 업무를 보고 있었다. 안에 다른 직원들도 있었는데 좀 나와서 창구 하나를 맡아주면 좋겠다고 생각했지만 영 그럴 기미가 안 보였다. 그렇게 1시까지 한 시간 이상을 서서 기다렸는데 줄이 반도 안 갔다. 그러자 직원이 업무 시간이 끝났으니 월요일에 오라는 것이었다. 속이 부글부글 끓었다.

그런데 더 놀라운 것은 미국 사람들이 아무 불평 없이 그냥 돌아서서 나가는 것이 아닌가! 우체국이 가까운 것도 아니고 차를 타고 와 1시간 넘게 줄 서서 기다렸는데 월요일에 다시 오라니 화가 날 상황이 분명한데도 왜 저 사람들은 화를 내지 않는 걸까? 정말 이상했다.

 그 후로도 가는 곳마다 기다리는 일은 계속되었다. 은행이나 학교, 어느 곳에서나 줄을 서서 하염없이 기다렸다. 그뿐만이 아니었다. 일 처리가 너무 느렸다. 서류 하나 내고 답을 기다리는 일, 처리를 기다리는 일, 해결을 기다리는 일이 거의 날마다 일어났다. 하루가 걸리고 혹은 일주일이 걸리기도 한다.

성질 급한 나의 훈련장이라는 생각이 들기 시작했다. 처음엔 화가 나기도 하고 따지기도 해 보다가 점점 조용히 기다리는 나를 발견했다. 아예 여유 있게 시간을 책정하게 되었다. 기다리는 시간을 위해 늘 가방에 책을 넣고 다닌다. 아니면 컴퓨터를 들고 가 작업을 하기도 한다. 기다리는 시간이 버리는 시간이 아니라 다른 것을 보충할 여유 시간이 되었다.

⓫ 장황한 설명, 그러나 not saying sorry?

처음 미국에 오는 비행기에서 자리를 바꾸자는 내 요청에 미국인의 하염없이 긴 대답을 경험한 바 있지만 가는 곳마다 들어야 하는 장황한 설명은 솔직히 좀 짜증이 난다. 간략하게 설명해도 되는 일을 '왜 그리도 길게 설명할까?' 이해가 되지 않았는데 살아가면서 그 이유를 알게 되었다.

미국 문화의 한 축을 이루는 소송sue 문화가 주원인이었다. 아주 사소한 일도 소송에 걸리면 크게 손해를 볼 수 있는 일들이 실제 일어나기 때문이다.

맥도날드에서 있었던 일이다. 한 할머니가 드라이브스루drive through, 차에 타고 음식 등을 주문하는 것를 통해 커피를 샀는데 너무 뜨거워 그만 데고 말았다. 그랬는데 이 할머니가 소송을 건 것이다. 뜨거운 것을 표시하지 않아 데었다는 것이다. 결국 할머니가 이겼고 맥도날드는 거액의 돈을 물어 주게 되었.

그 후 컵에는 경고 문구를 쓰게 되었고 커피 온도는 아주 뜨겁지 않으며 여러 개의 커피를 사면 안전하게 담는 받침도 제공한다.

집 앞의 눈을 치우지 않아 누군가 넘어져 다치면 병원비를 물어주어야 하는 일도 생긴다. 그래서 교회나 커뮤니티, 집주인들이 앞을 지나가지 못하게 푯말을 붙여 놓은 것을 보게 되는 것이다.

또한 물이 젖은 상가 바닥을 지나다 미끄러져 다치는 것을 방지하기 위해 주의를 알리는 삼각대를 세워 놓는다. 그러면 넘어져 다쳐도 본인의 부주의로 다친 것이 되어 소송에 걸리지 않는다.

그러다 보니 모든 물건마다 자세한 설명을 적어 놓고 대화 중엔 자세한 설명도 하게 되고 주의를 기울이게 되는 것이다. 이런 것들이 좀 더 배려하고 또 조심스럽게 만드는 장점도 되지만 사람 사이의 벽을 만들기도 한다.

접촉 사고라도 나게 되면 이런 것을 더 잘 알 수 있다. 평소에는 그렇게 친절하고 다정하게, 모르는 사람에게까지 인사를 건네는 미국인들이 사고가 나면 절대로 미안하단 말을 하지 않는다. 얼굴을 굳히고 외면한다. 일 처리할 때도 자신의 실수가 분명한 일임에도 미안하다거나 다시 처리해주겠다는 말을 입으로 내지 않는다.

소송으로 번질까 봐, 혹시 문제가 커져 일터에서 해고 당할까 봐 조심하는 것이다.

산책을 하면서 개를 데리고 다니는 사람들을 자주 볼 수 있다. 배설물은 봉투에 넣어서 처리해야 한다. 잔디밭에 봉투와 쓰레기통, 안내문이 적혀 있다.

🍴 미국인의 두 얼굴

산책을 하다가 낯선 사람들과 만나게 된다. 조깅하는 사람, 개를 끌고 산책하는 사람들이 수시로 지나간다. 그런데 만나본 적도 없는 사람들이 지나갈 때마다 인사를 한다. 그런데 이런 풍경은 산책로에서뿐만이 아니다. 동네, 상가, 학교 어디서나 마주칠 수 있다.

그들의 언어가 "Excuse me.", "I'm sorry.", "Are you O.K?"가 주류인 것처럼 느껴질 정도로 자주 들을 수 있다. 조금만 부딪혀도, 지나가는 길을 요청할 때도, 다른 사람의 어려움을 볼 때도 그들은 이 말들을 사용한다. 또한 일상적인 인사는 매일 어디서나 들을 수 있는 말이다.

다른 사람의 어려움을 도와주는 일도 그들의 삶에서 늘 있는 일이다. 길에서, 상가에서, 학교에서 늘 그들은 도울 준비가 되어 있는 사람들처럼 다른 사람들을 돕는다. 나도 미국에 와서 많은 도움을 받았다. 어학코스를 하는 동안에 탐으로부터 많은 도움을 받았고, 어스킨대학Erskine College을 다닐 때에는 리안이 수업 노트를 잘 정리해 주어 그 도움으로 학교 공부를 따라갈 수 있었고, 리버티대학교Liberty University에서도 수업 시간마다 교수들과 미국 학생들이 많이 도와주었다. 그 외에도 그들로부터 수없이 도움을 받았다.

그러나 가끔 다른 사람들에게서는 차가운 다른 얼굴을 보게 된다. 일로 만나는 사람들에게서 또는 동네에서 이야기하다가 인사하며 돌아서면 순간적으로 차가운 얼굴을 하고 가는 것을 볼 때가 있다. 어떻게 저렇게 빨리 다른 얼굴로 바뀌는지 신기할 정도다. 개인에 따라 다르겠지만 금방 따뜻하게 웃다가 쉽게 굳을 수 있는 모습이, 얼굴에 여운을 남기지 않는 것이 차갑게 느껴지다 못해 서늘하기도 하다.

한국 사람들은 감정 표현이 서툴긴 해도 오래 마음의 여운을 남기는 민족이다. 그러다 보니 쉽게 감정을 표현하고 또 쉽게 감정이 달라지는 표정에 영 적응이 안 되고 있다.

🍴 여행

미국 사람들은 여름휴가를 가기 위해서 장기 계획을 짜서 준비한다. 경비, 장소, 인원, 호텔을 미리 정하고 오랫동안 준비한다. 평소에도 여행을 좋아해 종종 다니기는 하지만 여름휴가는 더 남다르게 준비해서 떠난다. 얼마나 여행을 좋아하는지 알 수 있는 부분이다. 미국 학교의 긴 여름 방학이 여름휴가를 더 기대하며 준비하게 하는 것 같다. 우리 가족은 3년간 여행을 못하고 여름내 집에서 보냈었는데 긴 여름 동안 도시가 정말 조용했었다. 도로에는 차가 별로 없고 상가도 썰렁하고 동네도 더 한가해졌다. 모두 다 사라진 것 같은 느낌이었다.

미국인들에게 여행은 새로운 삶의 활력을 찾는 방법인 듯싶다. 낯선 곳으로의 여행이 새로운 도전의 의미로 혹은 자신을 돌아보는 시간으로 혹은 가족 간에 친밀감을 나누는 시간으로 사용되는 것 같다.

방문자 센터

여행을 좋아하는 사람들을 위하여 미국 곳곳에는 방문자 센터 visitor center 가 있어서 화장실을 간다거나 지도를 찾거나 휴식을 취하는 장소로 이용되고 있다. 주변에서 간단한 식사를 할 수 있도록 벤치도 마련되어 있다. 그러나 음식을 팔지는 않으며 자판기만 마련되어 있다. 미국 사람들 대부분은 먹을 것을 준비해서 다니기 때문에 동네로 들어가야 식당을 찾을 수 있다. 그러나 고속도로 표지판에 출구 표시와 함께 근처 식당이나 주유소를 표시하기 때문에 어렵지 않게 이용할 수 있다.

또 다른 시설들로는 State Park가 있다. 이곳은 주에서 운영하는 공원에서 야영할 수 있도록 안전하게 마련한 곳이다. 텐트를 칠 수도 있고 통나무집에서 잘 수도 있다. 야영지에는 수도 시설과 전기 시설, 공동 화장실과 샤워실이 준비되어 있다. 비용은 약간씩 다르지만 대략 하룻밤에 $25-30 선이다.

호텔을 싸게 구하는 방법도 많다. 방문자 센터에서 이런 정보들을 모두 구할 수 있고 또 할인 쿠폰도 구할 수 있다.

US Capitol, 여기서 오바마 대통령의 취임식이 있었다.

우리 가족은 많은 곳을 가보지는 못했지만 가 본 곳을 중심으로 간단히 소개하고자 한다. 미국 온 초기에는 여행을 다닐 기회가 많이 있었다.

그러나 공부가 계속될수록 시간 내기도 어렵고 형편도 어려워져서 나중에는 가까운 곳만 다니게 되었다.

가장 인상 깊었던 곳은 워싱턴이었다. 거기에는 스미스소니언 박물관이 있는데, 한 곳이 아니라 한 블록이 전부 박물관이었다. 미술관, 항공우주관, 인디언 전시관, 자연사박물관 등 많은 박물관이 모여 있다. 이곳은 스미스소니언이란 사람의 기증으로 만들어져서 모든 박물관을 무료로 이용할 수 있다. 미국인의 기부문화의 혜택을 우리 가족도 보게 된 것이다.

워싱턴 연필탑

주변에는 백악관, 국회의사당, 링컨 동상이 있는 건물, 맞은편으로 보이는 연필탑이 있는데 아주 인상적이다.

지하철로 조금 가면 동물원도 있는데, 작은아들이 꼭 판다를 보아야 한다고 해서 갔었다. 더운 여름이라 다른 동물뿐 아니라 판다도 자고 있어 조금 심심하긴 했었다. 그래도 가끔 움직이는 판다를 볼 수 있어서 작은아들은 아주 만족해했다.

우리는 워싱턴을 여러 번 갔었다. 처음엔 전체를 둘러보고 다음엔 일주일을 잡아 구석구석 둘러보았다. 미술관에선 마음에 드는 그림이 있으면 한 곳에 앉아 한참을 보다가 가곤 했다. 겉만 보는 여행이 아니라 느끼는 여행을 하고 싶었기 때문이다.

작은아들이 꼭 보고 싶어 했던 동물원의 판다

경비는 별로 들이지 않았다. 햇반, 김, 마른반찬, 라면을 들고 가서 호텔에서 먹었고 가끔 사 먹기도 했다. 아침에 나갈 때 각자 물을 담아, 가지고 다니면서 마셨고 점심을 사 먹을 때 또 물을 담아 왔다. 항상 배낭을 메고 다니며 간단한 간식을 가지고 다녔다. 어떤 사람은 여행하기 전, 반찬을 만들 때마다 조금씩 냉동실에 얼려 두었다가 여행 갈 때 가져간다고 한다. 물론 밥솥과 쌀을 가져가고 과자나 물을 사가는 것은 기본이다. 어느 여행지에서든 모든 것이 비싸기 때문이다.

버지니아에는 윌리엄스버그라는 곳이 있는데 이곳은 민속촌처럼 한 마을을 전통적으로 보존해서 공개하는 곳이다. 책으로만 보던 옛 모습을 직접 보면서 미국 역사를 좀 더 잘 이해할 수 있다는 장점이 있다. 미국 부모들은 여름 방학이 되면 아이들을 데리고 이곳을 찾아와 며칠씩 머물면서 경험하게 하고 느끼게 한다고 한다. 그래야 학교에서 미국 역사를 배울 때 낯설지 않게 배울 수 있다는 것이다. 나는 딸아이가 6학년 사회를 배울 때 힘들어 하는 것을 보면서 이곳에 미리 가볼 걸 그랬다고 후회했었다. 결국 사회를

뮤지컬로 유명한 브로드웨이 거리

다 배우고 난 다음에야 갈 기회가 생겼다. 그래도 르네상스 페스티벌은 여러 번 간 적이 있어서 도움이 되었다.

다음으로 인상적이었던 곳은 찰스턴이었다. 이곳은 미국 초기에 유럽에서 온 사람들이 거주하던 곳이다. 지금과 다르게 집들이 다닥다닥 붙어 있어서 의아했는데, 그것은 서로 의지하며 지냈던 미국 초기에 지어졌기 때문이라고 한다. 찰스턴에서 빼놓을 수 없는 곳은 노예시장이 있던 곳이다. 아프리카 등지에서 데려온 노예들을 이곳에서 남부 농장으로 경매해 팔던 시장이었다. 지금은 일반 시장으로 바뀌어 있지만 벽에는 아직도 그때의 흔적이 남아있어서 마치 노예들의 신음이 들리는 듯했다.

찰스톤 옛건물

뉴욕은 한국의 서울처럼 몹시 복잡하고 정신없는 곳이다. 총알택시도 있고 전광판이 어지럽고 수많은 사람이 얽혀서 사는 곳이다.

우리는 여행사를 끼고 뉴욕을 여행했다. 전체를 한눈에 돌아보기에는 괜찮은 방법이다. 자유의 여신상, 9.11 테러 장소, 엠파이어 스테이트 빌딩, 대학들, 미술인의 거리, 브로드웨이, 쇼핑의 거리, 증권가, 한인타운을 둘러보았다. 저녁에는 우리끼리 브로드웨이에 내려 뮤지컬 '맘마미아'를 보았다. 시골에 살다 온 우리는 정신이 하나도 없었다.

뉴욕의 명물 택시, 무섭도록 빨리 달린다.

2012년 봄 작은아들이 뉴욕에 있는 학교에 가게 되어 다시 가보게 되었다. 이번엔 여행사를 거치지 않고 우리끼리 차를 끌고, 지하철을 타고, 걸어서 거리를 돌아 보았다. 브로드웨이 거리 한 가운데 앉아 수 많은 뮤지컬 공연장과 거리 공연을 보았다. 도시 구석구석을 볼 수 있었다.

이렇게 유명한 곳 외에도 주변에는 가 볼 곳이 아주 많이 있다. 지도를 찾아 돌아보면 여기저기에 볼거리가 많다. 먼 곳으로 못 가는 대신 지난여름 가까운 곳으로 여행을 다녔다. 야영도 하고 호수에 있는 수영장에 가서 수영도 하고 발리볼도 하고 등산하다 벼락도 맞고 잊지 못할 여름을 보냈다. 사실 여행은 어디로 가느냐도 중요하지만 누구와 어떻게 준비하며 가느냐도 중요한 것 같다. 떠나기 전의 설렘, 그 기대 때문에, 함께 가는 사람들로 여행이 더 행복해지는 것이 아닐까?

🍴 미국의 행사들

11월부터 라디오를 틀면 크리스마스 노래가 나오기 시작한다. 상가는 안팎으로 크리스마스 장식을 하고 선물 광고를 해대며 온통 축제 분위기로 바뀐다. 크리스마스뿐만이 아니다. 온갖 기념일마다 떠들썩하게 세일 광고, 행사가 벌어진다. 마치 행사를 하기 위해 사는 사람들 같다는 생각이 들 정도다. 시간이 지나니 이런 분위기가 이해되었다. 미국은 한국과 다르게 참으로 지루한 곳이다. 빠르게 움직이는 것이 아무것도 없다. 정말 너무 조용하다. 지금도 밖에서는 아무 소리도 들리지 않는다. 잡상인도, 떠드는 아이들도, 수다 떠는 이웃집 아줌마도 없다. 냉장고 돌아가는 소리가 너무 크게 들릴 정도다.

성탄절행사에서 학생들이 아카펠라 공연을 하고 있다.

일터와 집을 오가는 미국인들의 삶은 지루할 수밖에 없다. 한국처럼 거리로 나가 돌아다니는 것도 아니고 휘황찬란한 도시의 거리도 없고 술집에서 취하며 노는 것도 아니라 자칫

무미건조해질 수 있는 생활의 연속이다. 그래서 여행이나 각종 행사가 그들 삶에 활력소가 되어 주고 있다.

행사가 시작되면 평소에 도대체 어디에 숨어 있던 사람들인가 싶을 정도로 정말 많은 사람이 쏟아져 나온다. 손에 야외용 의자를 들고 아이스박스와 햇빛 가리개를 들고 나와 자리를 차지하고 앉아 있다. 그들의 모습이 생기 있어 보이는 순간이다.

대표적인 행사나 기념일은 4월의 부활절 Ester day, 7월의 독립기념일 July 4th, 여름 휴가, 추수감사절 Thanksgiving, 할로윈데이 Halloween day, 크리스마스가 있다.

부활절

부활절은 예수님의 부활을 기념하는 날로 상징이 되는 달걀로 여러 가지 행사가 열린다. 그 중에 많이 행해지는 것이 에그헌터 egg hunter라는 것인데 플라스틱으로 만든 크고 작은 달걀 모양 속에 아이들이 좋아하는 사탕, 초콜릿, 장난감, 예쁜 모양을 넣고 잔디밭에 뿌려두거나 숨겨두면 아이들이 보물찾기하듯 달걀을 찾는 것이다. 이때 아이들은 예쁜 모양의 바구니를 들고 다니며 자신이 찾은 달걀을 담아둔다. 이것과 더불어 다양하고 재미있는 게임들을 하며 부활을 기뻐하는 즐거운 시간을 보낸다.

독립기념일

독립기념일은 각종 행사가 열리는 축제다. 도시에서는 퍼레이드와 함께 불꽃놀이를 한다. 한국에서는 수시로 불꽃놀이를 볼 수 있고 또 할 수도 있지만 미국은 숲이 많은 곳이라 불꽃놀이가 금지되어 있다. 폭죽도 함부로 팔지 못하게 되어 있다. 다만 새해나 독립기념일, 디즈니랜드 같

워싱턴 독립기념일 축제

은 곳에서는 불꽃놀이가 허용된다. 그리고 독립기념일에는 마음대로 폭죽을 사서 터트릴 수 있고 나라 전체적으로도 대대적인 불꽃축제가 열린다. 그러니 모든 국민이 이 축제를 즐기러 밖으로 나올 수밖에 없다.

워싱턴이나 뉴욕 같은 대도시의 불꽃놀이는 음악회와 함께 열려서 낮에 퍼레이드를 구경한 시민들이 광장에 모여 신나게 구경할 수 있다. 그래서 이 시기에 여행도 하고 불꽃놀이도 보려고 많은 시민이 도시에 모이게 된다. 우리 가족도 이때에 맞추어 워싱턴으로 여행했었다. 아들의 법률 세미나가 그곳에서 열렸기 때문에 입국한 남편과 아이들과 함께 그곳에서 퍼레이드도 보고 박물관도 둘러보았다. 불꽃놀이도 나가서 보고 싶었으나 컨디션이 안 좋아서 호텔에서 구경했다.

2011년에는 학교에서 주민을 위한 린치버그의 행사로 불꽃놀이를 가까이서 볼 수 있었다. 수많은 주민이 나와서 아름다운 축제를 즐길 수 있었다. 나와 두 아이는 경기장 계단에서 바로 위로 쏘아 올라가는 불꽃을 보았는데 너무나 아름다웠다. 자신을 버려 아름답게 비추는 불꽃의 헌신에 딸아이는 눈물이 났다고 말했다.

할로윈 데이와 추수감사절

10월 31일의 할로윈 데이는 북유럽의 풍속이 전해져 재미로 이루어지는 행사다. 귀신을 달래는 의미와 저주를 피하려 귀신 분장을 하고 돌아다니는 날이다. 그러나 요즘 할로윈 데이에 사고가 자주 나서 꺼리는 사람이 많이 있다. 샬롯에서도 캔디를 얻으러 다른 집 마당으로 들어간 가족을 총으로 쏴 두 명이 숨지는 사고가 있었다.

린치버그도 아이들이 캔디를 얻으러 집집마다 돌아다니기도 하지만 나는 우리 아이들을 교회에서 하는 축제에 보낸다. 그곳에서 할로윈과 비슷하게 캔디와 초콜릿을 주고 다양한 게임을 준비해 안전하게 놀도록 하기 때문이다. 또한 캔디를 달라고 오는 아이들의 방문을 원하지 않는 집은 표시로 그날 저녁 집 안의 모든 불을 꺼 놓는다.

추수감사절은 11월 4째 주 목요일로 한국의 추석과 비슷하다. 멀리 떨어져 사는 가족들이 모여 하루 종일 칠면조와 음식을 나누어 먹는 날이다. 한 해를 감사하며 가족 간에 서로의 사랑을 나누는 날이다.

크리스마스

크리스마스는 가장 큰 축제인 것 같다. 연말이기도 해서 더 성대하게 이루어진다. 동네마다 크리스마스트리를 하고 물건들이 대폭 세일하며 서로 선물을 주고받는다. 가족 간에 친구 간에 카드나 선물을 준비해 크리스마스트리 아래 놓아두었다가 크리스마스 날 아침에 서로 열어 보며 기뻐한다.

여행도 많이 한다. 가족을 찾아서 혹은 축제를 즐기러 떠난다.

이때 트리 마을은 동네 전체 크리스마스트리를 아름답게 꾸미고 다른 사람들에게 전시한다. 차를 타고 다니며 아름다운 크리스마스트리를 볼 수 있는데 거의 예술 작품에 가까운 크리스마스트리를 볼 수 있다.

크리스마스 개인주택 거실풍경

르네상스 페스티발과 에어쇼

르네상스 페스티발은 미국 전통 의상을 입고 전통 음식, 문화를 체험하는 행사다. 10월에 열리는데 미국의 옛 모습을 볼 수 있고 체험해 볼 수 있다. 한국의 민속촌과 비슷하다. 조금 더 흥겹고 신나는 분위기라는 것이 다르기는 하지만.

또 하나 신기하게 본 것은 에어쇼 Air Show였다. 린치버그에서 2011년 여름에 개최되었는데 연습하는 동안 어찌나 소리가 크고 집이 흔들리는지 놀라서 뛰어나왔었다. 개최하는 날은 입장료가 비싸서 공항에는 못 가고 학교 경

르네상스 페스티발

기장 옥상에서 보았다. 어차피 비행기가 하늘을 날아서 하는 것이니 웬만한 곳에서도 잘 보였다. 우리뿐만 아니라 많은 사람이 언덕, 옥상, 높은 곳이라면 어디든지 모여 구경하고 있었다. 소리가 정말 크고 또 쇼가 얼마나 멋있는지 우리는 계속 감탄하며 눈을 떼지 못했다. 그 뜨거운 여름 바깥에서 에어쇼를 보느라 타기도 하고 더위로 고생이었지만 그래도 멋진 쇼를 볼 수 있어서 아주 신이 났다.

다음 날 만난 옆집 식구들은 얼굴과 목이 새빨개져 있었다. 온종일 에어쇼를 보느라 뙤약볕에 있어서 그리 되었다고 했다. 아주 따가울 것 같았다. 우리는 중간마다 경기장 안으로 들어가 쉬기도 하고 또 반나절만 보아서 그런지 그렇게 타지는 않았다. 하여간 속이 후련하도록 신나는 시간이었다.

여름성경학교 Vacation Bible School

기념일 외의 다른 행사들로는 지역 행사들이 있다. 지역에 따라 행사의 내용은 다르다. 그리고 독특한 여름의 풍경 중 하나가 이 기간에 미국 교회에서 열리는 여름성경학교 Vacation Bible School 다. 한국처럼 미국에도 교회가 아주 많다. 이 교회들이 각기 여름성경학교를 여는데 프로그램도 다양하고 아주 재미있어 아이들은 긴 여름 동안 신앙 훈련을 하며 친구와 만난다. 그러다 보니 한 교회의 성경학교만 참가하지 않고 여러 교회에 가서 다양한 체험을 하기도 한다.

미국은 신앙으로 시작한 곳이라 그들의 전통 안에 기독교 정신이 고스란히 살아 지금까지 흘러내려 오고 있다. 그래서 모든 문화 속에서 종교를 빼고는 설명할 수 없는 것이 많이 있다. 이런 여름성경학교를 통해 우리 아이들이 그들의 문화와 정신을 경험할 기회가 되는 것은 분명한 것 같다.

2010년 여름 딸아이가 미국 교회의 여름성경학교에 참가했을 때였다. 이 교회는 미국에서도 아주 유명한 TRBC라는 교회인데 제리포웰이라는 대단한 분이 만든 교회다. 지금은 그 아들이 이끌고 있는데 마지막 날 프로그램에 그가 나와 아이들과 바닥에 앉아 이야기를 나누며 말씀을 전하는 모습은 아주 신선했다. 그리고 질문에 답을 잘 못하면 의자가 튀어 물에 빠지는 장치가 있었는데 그곳에 목사님이 올라가 답을 틀리고 물속에 풍덩 빠지는 순간 아이들은 모두 재미있어하며 신나게 손뼉을 쳤다. 어렵고 무서운 목사님이 아니라 친구 같고 재미있는 친근한 목사님으로 아이들에게 다가가는 모습이었다.

딸아이 여름성경학교에서

우리와는 너무 다른 모습이라 좀 당황스럽기도 하고 그러면서도 존경스러웠다. 그 장면은 미국의 문화의 한 면을 볼 수 있었던 놀라운 경험이었다.

🍴 여가 생활

스포츠에 열광하는 사람들

미국 생활의 단조로움을 벗어나기 위해 행해지는 것 중에 대표적인 것이 스포츠다. 일 년 내내 돌아가면서 스포츠 경기가 있고 또 주변에서 얼마든지 스포츠를 즐길 수 있는 여건이 마련되어 있다.

그중에 풋볼 경기는 미국인들이 가장 좋아하고 열광하는 스포츠다. 나는 아직도 규칙을 정확히 익히지 못해서 경기가 스릴 넘치게 재미있지 않지만 풋볼 경기를 보는 것 때문에 부부싸움이 일어날 정도로 미국 남자들을 열광하게 하는 매력이 있는 것 같다. 주말에 먹을 것을 들고 경기장을 찾거나 아니면 TV로라도 경기를 관람하려고 다른 것을 하지 못할 정도다. 미국에 오래 거주한 한인들도 이 스포츠의 매력에 빠질 수밖에 없다고 한다. 나는 아무리 봐도 위험한 스포츠로 보이는데 말이다. 남자가 아니라서 이해가 안 되는지도 모르겠다. 하여간 조용하고 지루한 삶에 역동성을 부여하는 것만큼은 확실하다.

미국에도 오토바이족이 있다.

그 외에도 농구, 야구, 골프, 테니스, 하키, 축구 등 온갖 경기가 번갈아 가며 쉬지 않고 있어 이 경기를 기다리고 즐기는 것으로 무료한 삶의 낙을 삼는 것 같다. 나의 작은아들은 농구 팬이다. 하는 것도 좋아하고 보는 것도 아주 좋아한다. 얼마 전에는 어떤 사람이 맛있는 것을 준비하고 초대했는데도 NBA농구 경기를 보기 위해 좋아하는 고기와 친구를 거절하고 가지 않았다. 스포츠에 열광하는 나의 아들도 그 농구가 지루한 삶에 활력소가 되어 주는 것 같다.

미국의 아이들은 어릴 때부터 동네에서 스포츠를 하며 자란다. YMCA에서 혹은 동네에 조직된 스포츠팀에서 스포츠를 한다. 매주 토요일은 아이들이 모여 경기를 하는 날이다. 우리 동네에서도 매주 토요일 운동을 하도록 조성된 잔디밭마다 아이들의 경기가 이루어진다. 저 발로 어떻게 뛰려나 하는 어린 아이부터 초등학생까지 이리저리 뛰어다니며 경기를 한다. 아이들의 경기라 그저 자기들끼리 뛰어다니려니 생각한다면 오산이다. 정식 유니폼도 있고, 심판도 있고 부모들이 모두 나와 팀별로 응원도 한다. 어른의 경기 못지 않은 열기도 있다. 잔디밭에서, 농구장에서, 혹은 트랙에서 열심히 뛰

미국인 들은 집의 정원을 꾸미는 것을 좋아한다.

는 아이들은 건강한 몸과 정신을 가진 사람으로 자라게 된다.

또한 학교별로 이루어지는 모임과 경기도 많다. 학교들은 주말을 이용해 아이들이 팀별로 훈련이나 경기를 치르도록 준비한다. 그래서 초, 중, 고등학교 학생들은 학교 팀에서 이루어지는 경기들로 주말이 바쁘다. 대학도 예외는 아니다. 거의 매주 주말이면 각종 경기가 개최된다. 그러다 보니 금요일부터 토요일까지는 경기를 하기 위해, 경기하는 아이들 쫓아다니기 위해, 혹은 경기를 관람하기 위해 바쁘고 신나는 주말을 보내게 되는 것이다.

정원 가꾸기

스포츠를 즐기지 않는 사람들이나 경기가 없어 한가해진 사람들은 집 안을 가꾸며 주말을 보낸다. 미국 사람들은 작은 정원을 가꾸고 손질하는 것을 매우 즐기는 것 같다. 때마다 다른 꽃을 심고 새장을 설치하고 가꾸는 것을 어디서나 쉽게 볼 수 있다. 집 밖뿐만 아니라 집 안을 바꾸고 손질하는 것도 스스로 한다. 인건비가 비싼 탓도 있지만 미국 남자들은 연장 들고 고치는 것을 좋아하고 당연한 것으로 여기는 것 같다. 봄이 되면 페인트칠도 하고 여기저기 손질도 하는 미국인들을 찾아보는 것은 어렵지 않은 일이다.

파티를 좋아해요

미국인의 또 다른 특징 중의 하나가 파티를 즐기는 것이다. 웬만한 집은 거의 다 그릴을 갖추어 놓고 고기를 굽고 음식을 준비해 파티하는 것을 좋아한다. 집 안에서, 날이 따뜻해지면 마당에서, 여름엔 수영장에서, 혹은 동네마다 있는 공원에서 수시로 파티를 한다. 파티라고 해서 거창한 게 아니라 아는 사람들이 모여서 고기를 굽고, 이야기 나누며 스포츠도 하고 게임도 하는 가벼운 파티다.

나는 미국에 와서 몸무게가 많이 늘었다. 살이 안 찌는 체질인 줄 알았는데 미국의 파티 문화에 적응하다 보니 살이 쪄서 이젠 아이들이 저 뱃살 보라며 놀릴 정도다. 수시로 고기를 구워 먹으니 살이 안 찔 수가 없다. 게다가 공부한다고 매일 책상에 앉아 꼼짝도 안 하니 배만 나온다. 미국 사람들은 고기를 먹고 운동을 하는데, 나는 고기만 먹고 앉아 있으니 뱃살 줄 기미가 없다. 남편은 올 때마다 운동하라고 잔소리, 전화할 때마다 운동하라고 잔소리를 하더니 내가 꿈쩍도 안 하자 이젠 아이들한테 나 운동시키라고 잔소리하고 있다. 남편이 와 있는 동안은 매일 끌려나가 동네 산책로를 돌고 와야 한다. 가끔 가기 싫어 침대를 붙잡고 안 가겠다고 떼를 써보다 결국 끌려나간다.

나뿐만 아니라 미국 사람들도 운동 안 하는 사람들은 비만이 엄청나게 많다. 그래도 나는 비만은 아니다.

운동하는 사람들

게으르고 자기 관리가 안 되는 사람 외에 미국 사람들 정말 열심히 운동한다. 아침에도 낮에도 저녁에도, 하물며 비 오는 날도 동네에서 조깅하는 사람들을 쉽게 찾아볼 수 있다. YMCA, 학교 헬스클럽, 아파트 클럽하우스에서도 정말 열심히 운동한다. 운동하는 것도 미국인의 한 문화의 축인 것 같다.

🍴 미국에서 한인교회는 어떤 의미인가?

미국 문화의 특징 중 하나가 다양성을 중시한다는 것이다. 그러다 보니 다양한 나라의 음식을 즐길 수 있는 레스토랑이 있다. 다양한 문화에 대한 선입견이 적고, 또 교류할 기회가 많다. 그중에 하나가 다양한 인종들을 위한 교회들이 곳곳에 설립되어 있다. 한인교회, 베트남교회, 히스패닉교회, 흑인교회, 가톨릭교회, 중국인교회 등이 있어 자유롭게 예배할 수 있으며 아랍인을 위한 성전이나 여러 민족이 함께 모여 예배하는 다민족교회 같은 것도 있다. 또한 교회를 설립하기 어려운 소수민족을 위해 자신의 교회들을 기꺼이 무료로 빌려주는 미국교회들이 많이 있다. 지금 내가 다니는 한인교회도 미국교회가 아무 조건 없이 무료로 빌려주어 사용하고 있다. 그래서 유학생 교회인 우리 교회는 큰 경제적 부담 없이 예배를 드리고 자녀교육을 위한 프로그램도 할 수 있다.

🍴 한인교회는 다리다

미국의 한인교회는 한국의 교회와는 사뭇 다른 개념이다. 미국의 한인교회는 미국에 정착하려는 사람들에게 한국에서 미국으로 연결하는 다리 역할을 하고 미국에 사는 사람들에게는 사람을 만나는, 한국을 이어가는 다리 역할을 한다. 예수님이 하나님과 우리를 연결하는 다리 역할을 한 것처럼 한인교회도 사람과 사람, 문화와 문화, 신과 인간 사이의 다리를 만들어 주고 있다.

미국에 사는 사람들은 뿌리가 없는 부평초처럼 늘 안정되지 못하고 불안한 삶을 살게 된다. 미국인도 아니고 한국인도 아닌 중간지대의 사람이 가지는 불안정함이다. 이것이 거꾸로 두 세계를 잇는 다리가 될 수도 있지만 그러기엔 아직 준비가 덜 되어 있다. 그 한가운데에 있는 한인교회는 자녀에게 한국인의 전통을 전해줄 기회가 되고 전통을 받아들여 미국 내의 한국인으로서 살아갈 정체성을 배우는 곳이다.

처음에 미국에 와서 한인교회의 모습에 적응이 안 되었다. 한국에서 신앙공동체로써의 교회만 접했던 나로서는 커뮤니티 같은 교회가 낯설었다.

샬롯의 한인교회

내가 처음 본 한인교회는 예배보다 밥을 더 중요하게 여기는 듯 보였다. 그러다 우연한 기회에 한 사람의 이야기를 듣고 생각이 바뀌게 되었고 한인교회를 다시 생각해 보게 되었다. 그녀는 한국에서 교회를 다닌 적이 없다고 했다. 미국에 와서도 처음부터 교회를 나온 것이 아니었는데 미국 남편과 살면서 너무나 한국 음식이 먹고 싶고 한국 사람이 그립더라는 것이다. 남편이 싫어할까 봐 한국 음식을 먹지 못하고 살다가 나중에는 남편 출근한 다음 주차장에서 몰래 김치찌개를 끓여 먹곤 했다는 것이다. 한국 음식은 냄새가 강하고 오래가서 집에서 먹으면 쉽게 냄새가 가시지 않기 때문이다. 참 서글펐다고 한다. 그러다가 어떤 사람 소개로 교회에 나오게 되었고 주일마다 마음껏 한국 음식을 먹고 한국 사람들을 만나니 숨 쉬고 살 수 있다고 말했다. 그렇게 한국 음식을 먹으러 교회에 나오다가 영혼을 먹이시는 하나님을 만나게 되었고 지금은 너무 행복하다고 했다.

처음갔던 한인교회 식구들과

그녀의 이야기는 내가 얼마나 편협한 생각을 했었는지 알게 해 주었다. 이야기를 들으며 마음이 아리고 찌릿했다. 그 후로 나는 즐거운 마음으로 부엌에서 밥하게 되었고 밥 먹는 것을 중요하게 여기는 분위기를 충분히 이해하게 되었다. 밥은 그냥 밥이 아니었던 것이다. 한국의 문화, 정신, 정체성을 먹는 것이었다.

🍴 한인교회의 규모와 모임

생각보다 한인교회의 숫자는 아주 많은 편이다. 교회 규모는 큰 것부터 작은 가족적인 규모까지 다양하게 편재되어 있다. LA나 뉴욕, 워싱턴 같은 대도시는 교회 규모가 만 명을 넘는 교회도 많이 있지만 20-30명 안팎의 소

규모 교회도 많이 있다. 웬만한 곳에는 한인교회가 다 있다고 보면 된다. 매 주일 또는 주중에도 몇 번 모임을 하면서 고단한 미국 삶을 위로 받고 교제를 나누고 있다. 모이면 예배와 친교(식사), 찬양, 여러 가지 훈련 프로그램 등이 이루어지며 교회에 따라 상담과 소그룹 모임이 이루어지기도 한다.

뉴욕 한인교회

아동과 청년들을 위해서는 수련회, 성경 학교, 단기 선교, 그룹 활동 등이 행해지고 있다.

교회는 예배와 신앙 훈련의 장으로써뿐만 아니라 정보를 나누는 곳으로써의 역할도 하고 있다. 일하기 바빠 정보를 듣기 어려운 한인들을 위해, 또는 영어를 잘 못해 정보를 얻기 어려운 한인들을 위해 교회가 정보를 나누어 주는 역할도 하고 있다. 교회를 통해 직업을 서로 구하기도 하고 어려운 사람을 돕기도 한다.

🍴 교회의 행사들

교회는 문화와 정보, 언어, 음식 교류의 장으로써 역할이 신앙 부분 못지 않게 중요한 일로 여겨지고 있다. 미국 주류 사회 속으로 편입되기 어려워 소외된 느낌이 있는 어른 세대들의 문화적 욕구를 위해, 그리고 다음 세대에게 한국 문화를 전하기 위한 각종 행사가 교회를 통해 이루어지고 있다.

자녀교육을 위해서는 세미나, 건강 세미나, 선교를 위한 음악회, 초청 음악회, 체육대회, 전통 놀이, 골프대회, 한국 학교, 성경 학교, 수련회, 청소년들을 위한 축구팀 결성, 독서 클럽, 야외 예배, 윷놀이, 추석이나 설날에 전통 음식 나누어 먹기 등을 한다. 그 외에도 기금 마련을 위한 바자회, 세차, 야드 세일 같은 각종 봉사활동이 이루어지며, 깡통 음식 모으기 같은 자선 활동도 교회를 통해 이루어진다.

교회는 한인들의 개인 대소사를 주관하는 장으로도 사용되는데 결혼식, 장례식, 돌잔치 같은 것들이 교회에서 치러진다. 모든 교인들이 서로 도와 행사를 치르는 모습은 아름다운 정경이다.

이곳에서는 이사를 할 때도 서로 힘을 합해 도와주고 집 안에 어려운 일이 닥쳤을 때도 교회 식구들이 서로 도와 잘 해결할 수 있도록 협력한다. 출산을 한 산모를 위해 당번을 정

한인교회에서 하는 야드세일

해서 약 한달 간 미역국을 끓여다 주고 다른 아이가 있으면 돌봐준다. 마치 친정 엄마처럼 호박을 달여다 주기도 한다. 타인의 삶 같은 이민 생활이나 유학생활에 있어서 한인교회는 가족 같은 역할을 하고 있다.

그러나 한인교회가 가지고 있는 어려움 중의 하나가 고단한 삶과 불안정한 삶을 살다 보니 마음의 여유가 없어져 조그만 일에도 갈등이 생기곤 한다는 것이다. 사는 삶의 범위도 한정되어 있고 서로의 삶이 너무 밀착되어 있기 때문이다. 어쩌면 나누고 갈리어 흩어지는 한인교회의 모습은 교회의 문제가 아니라 사람의 문제일지도 모른다.

인간이 모이는 곳 어디에 문제가 없겠는가! 가족관계도 수도 없이 갈등이 붉어져 나오고 문제가 생기는 법인데 서로 다른 남들이 만나서 이룬 공동체가 문제를 안고 가는 것은 당연한 일일 것이다. 마치 안고 싶지만 가시에 찔리고 떨어져 있자니 외로운 고슴도치처럼 한인사회 그리고 한인교회가 그렇게 고민하고 있다. 어쩌면 인간 존재가 갖고 있는 근원적인 문제일지도 모르겠다. 좁은 사회다 보니 그것이 노출되어 선명히 드러나는 것일 것이다.

한국에서 나름 영어를 한다고 생각했던 사람이라도
미국에 와서 영어를 알아듣지 못한다는 사실 때문에 당황하고 놀랄 수밖에 없다.

속도와 상황을 이해해야 알아들을 수 있다.

사람들은 자신이 하고 싶은 대로 계속 말한다.
앞의 말을 조금 들을라치면 벌써 말이 끝나서 대답을 기다린다.
당황함까지 더해지면 더 안 들린다.
현지인을 많이 만나 이야기하다 보면 속도감을 익힐 수 있을 것이다.

단어만 알아도 대화가 가능한 경우가 많다.

어차피 문장 전체를 정확히 알아듣고 말하는 것이 아니기 때문에
중요한 단어를 알아들으면 얼마든지 알아듣고 대화할 수 있다.

영어 정복의 또 하나의 걸림돌은 바로 발음과 억양이다.

높낮이가 아주 중요하다.
영어의 높낮이를 다르게 하면 들을 때 내용이 바뀌기도 하고 못 알아듣는 일이 생기기도 한다.

왜 영어를 정복할 수 없는가?

미국에 오던 날 비행기 안에서 옆에 앉은 외국인에게 자신있게 자리 좀 바꿔줄 수 있느냐고 물었다. 〈yes or no〉가 아닌 하염없이 긴 대답에 머리가 띵해졌고 그 충격은 그 후로도 내 머리를 쉽게 떠나지 않았다. 전에는 영어에 대해 그렇게 두려워하지 않았는데 그 후로부터 영어만 들리면 머리가 하얘졌다. 영어에 대한 공포가 생기기 시작한 것이다. 특히 리스닝에 있어서 그랬다. 학교에 입학하기 전 무료 ESL에 다닐 때도 리스닝에 문제를 보였다. 처음엔 나이 때문인가 보다 생각했었다. 우리 세대의 학교 영어 수업은 귀로 듣는 것이 아닌 책으로만 영어를 배웠다. 오직 문법 설명과 책 읽기, 단어 시험이 수업 방식이었다. 미국인 교사도 한국 사람들이 그렇게 문법을 잘하는데 듣고 말하기가 안 되는 것이 정말 이해가 안 된다고 했다. 12세 이후에 다른 언어를 배워도 결코 원어민처럼 그 언어를 할 수 없다는 것이 언어학의 이론이다. 내가 중학교에 가서야 알파벳을 배우기 시작했으니 그럴 수밖에 없다고 위안도 했다.

두려움 때문인가 생각도 했다. UNCC에서 어학코스를 할 때 나이 많은 리스닝 선생님은 너무 긴장해서 그렇다고도 했다. 다른 사람이 말하면 알아듣겠는데, 내 순서만 되면 머리가 하얘지고 아무 소리도 안 들리곤 했으니 말이다. 그러나 시간이 흐르고, 리스닝 때문에 엄청나게 고생하고 나서 알게 된 것은 비행기 안에서의 첫 경험이 트라우마가 되어 큰 방해 요인으로 작용했던 것을 깨닫게 되었다. 위의 다른 요소에다 그날의 경험이 보태어져서 리스닝 정복의 걸림돌이 되었던 것이다.

속도와 상황 이해 (문화의 이해)

한국에서 나름 영어를 한다고 생각했던 사람이라도 미국에 와서 영어를 알아듣지 못한다는 사실 때문에 당황하고 놀랄 수밖에 없다. 그 이유는 속도와 상황이 이해가 안 되기 때문이다.

한국에서 영어 학원에 다니면서 원어민과 대화할 때의 속도와 미국에서 현지인과 대화할 때의 속도는 크게 차이가 난다. 한국에 있는 원어민들은 우리를 위해 아주 천천히 말해준다. 그러나 이곳 현지인들은 우리를 그렇게 배려해 주지 않는다. 자신이 하고 싶은 대로 길게 말해 버린다. 앞의 말을 조금 들을라치면 벌써 말이 끝나고 대답을 기다린다. 당황함까지 더해지면 더 안 들린다.

그 속도를 따라가는 것은 개인의 노력에 따라 시간이 단축되지만 사실 시간이 어느 정도 지나면 해결될 문제다. 현지인을 많이 만나서 이야기를 하고 시간이 지나면 그 속도감을 익힐 수 있다.

상황을 이해해야 더 잘 알아들을 수 있다. 그 말인즉슨 미국 문화와 상황을 이해해야 들을 수 있다는 것이다. 내가 가정통신문의 문장과 단어를 다 알아도 무슨 뜻인지 이해 못 했을 때처럼 '그래서 어떻다는 거지'라는 생각이 드는 경우가 많이 있다. 상황을 몰랐기 때문에 생기는 것이다. 이것도 시간이 지나 미국 생활을 익히고 배워가야 알 수 있는 부분이다. 어떤 경우엔 상황만 잘 알면 말을 잘 알아듣지 못했어도 유추해서 이해하고 판단할 수 있는 경우도 많다.

단어가 관건이다

내가 미국 오기 전 어떤 분이 단어를 많이 외우는 게 도움이 된다고 말했었다. 그때는 무슨 말인지 정확히 몰랐었다. 그런데 미국 와서 지내보니 단어만 알아도 대화를 할 수 있음을 알게 되었다. 어차피 문장 전체를 정확히 알아듣고 말하는 것이 아니기 때문에 중요한 단어를 알아들으면 얼마든지 알아듣고 대화할 수 있다. 아는 만큼 보이는 것처럼 아는 단어만큼 영어를 할 수 있는 것 같다.

내가 아는 사람 하나는 영어를 잘 못했다. 문법도 잘 모르고 문장 전체로 말하지도 못했지만 물건을 사러 가서 말하는 데는 아무 문제가 없었다. 그냥 단어로만 말해도 알아들었다. 오히려 문법에 맞추어 한국식 문장으로 말하는 나의 영어는 잘 못 알아들었다. 물론 중요한 일을 처리할 때는 단어만으로 안 되겠지만 생활하는데는 그리 큰 문제가 되지 않았다. 장기적으로는 문제가 되겠지만 특히 미국에 막 왔을 때는 단어를 아는 것이 도움이 많이 된다.

가끔은 아는 단어가 생각이 안 나는 경우가 더 문제다. 이것은 연습이 안 돼서 그런 것인데 실수하고 창피를 당하면 영어는 금방 늘게 된다. 이상하게도 아무리 외워도 자꾸 까먹는 단어는 고생하거나 창피를 당하면 절대로 안 까먹게 된다.

한번은 샘스에 갔다가 아는 사람을 만났었다. 그 사람은 온 지 얼마 안 되었는데 나를 보더니 반갑게 건전지 충전기가 영어로 뭐냐고 물었다. 순간 생각이 나지 않았다. 아무리 생각해도 모르겠는 거였다. 할 수 없이 모르겠다고 했다. 헤어져 나오면서 되게 창피했다. 나중에서야 생각이 났는데 건전지만 보면 그 생각이 나면서 절대 그 단어는 잊을 수가 없었다.

열심히 외운 단어를 생활에서 활용해 말하면서 내 것으로 만들 때 영어 실력이 확 느는 것 같다.

억양과 발음

영어 정복의 또 하나의 걸림돌은 바로 발음과 억양이다. 내가 학교 다닐 때는 억양 시험이 있었다. 물론 말로 하는 것이 아니라 표시를 해서 시험 보는 거였지만 말이다. 말로 연습하고 배웠으면 얼마나 좋았을까? 그 때는 그게 왜 필요한가 했더니 영어란 놈이 이 억양에 따라 달라지는 거였다.

우리말은 높낮이가 별로 없는데 영어는 높낮이가 아주 중요하다. 말을 들을 때 실제로는 높이 올라가는 단어를 듣고 문장을 이해하는 것이다. 우리말도 실제로는 다 듣고 이해하는 것이 아니라 주어와 동사로 기본 뼈대로 삼아 단어를 붙여 듣는다. 그러니 영어를 말할 때 높낮이를 다르게 하면, 들을 때 내용이 바뀌기도 하고 못 알아듣는 일이 생기기도 한다. 예를 들면, 〈apple〉이라는 단어를 〈**a**pple〉, 〈a**pp**le〉, 〈app**le**〉 중 어디를 높이느냐에 따라 알아들을 수도 있고 못 알아들을 수도 있다. 잘못 높이면 상대는 무슨 말을 하려는 건지 빨리 알아들을 수가 없다.

미국에 사는 한인들이 억양 때문에 가장 많이 경험하는 것은 〈v〉와 〈b〉 발음의 차이다.

스타벅스에 가서 커피를 살 때였다. 어떤 맛 커피를 원하느냐고 해서 바닐라로 달라고 했는데 내 말을 못 알아듣는 것이었다. 〈vanilla〉라는 말이 뭐 그리 어려운 단어라고. 물론 '바닐라'라고 또박또박 한국식으로 말하지 않았다. 나는 억양을 바꾸어 다시 말했다. 〈**va**nilla〉 〈va**ni**lla〉 〈vani**lla**〉, 억양을 바꾸어 가며 말했지만 그래도 모르길래 〈v〉, 〈a〉 발음도 바꾸어 다시 말했다. 그 직원 모르겠다는 얼굴로 나만 쳐다보고 있었다. 결국 나는 종이를 달라고 해서 써 주었다.

• 9살에 미국에 온 딸아이는 미국에서 태어났냐는 소리를 들을 정도로 유창한 영어로 친구들과도 잘 어울린다.

그랬더니 "아!" 하면서 발음을 하는데 글쎄, 별 차이 없구만. 이 경험을 한 사람이 많은 걸로 보아서 이 발음과 억양이 한국 사람에겐 잘 안 되는가 보다.

억양이 쉽게 연습해서 느는 것이 아니라는 게 문제다. 어릴 때부터 일찍 영어와 접해서 자연스럽게 터득해야 하는데 나 같이 늦은 나이에 하려니 도무지 엉뚱하게 높낮이를 하는 일이 일어나는 것이다. 가끔 집에서 가족끼리 영어로 말하다가 아이들이 배를 잡고 웃는 일이 생기곤 한다. 다름 아닌 내 영어 발음과 억양 때문에 생기는 해프닝이다.

영어를 늦게 했음에도 아주 잘하는 사람의 조언으로는 영어를 들을 때 높은 부분을 듣고 말할 때 그 부분만 말해보라고 한다. 나도 TV를 볼 때 그렇게 들으려고 노력하면서 보는데 효과가 있는 것 같다.

발음도 중요한 관건이 되는 부분이다. 우리 세대는 파닉스Phonics, 단어가 가진 소리, 발음을 배우는 교수법. 영어권에서 아이에게 읽는 법을 가르치기 위한 교육 방법으로 이용되고 있다를 따라 비슷하게 발음했던 세대다. 차라리 영국식 영어는 강한 발음인데 미국식 영어는 연음이 많고 부드럽게 발음하는 편이다. 그러다 보니 분명히 문장은 맞는데 미국인은 하나도 못 알아듣는 일이 자주 일어난다. 우리말에 없는 〈r〉과 〈l〉, 〈f〉와 〈v〉, 〈th〉 같은 발음은 머리로는 아는데 실제 말하면 모두 한 가지 발음으로만 나온다.

현지인의 발음을 듣고 그 차이를 알아야 정확히 발음할 수 있다. 미국에 와서 현지인들과 교류하며 현지 발음을 듣는 훈련이 되면 말하는 것도 어렵지 않게 할 수 있으리라 본다.

나는 미국에 온 지 5년 반이 되었다. 처음 올 때 그나마 영어로 소통할 수 있었던 건 식구 중 나밖에 없었는데 지금은 내가 영어를 제일 못한다. 알파벳만 떼고 온 나의 딸아이는 미국인들이 미국에서 태어났느냐고 묻는데 나는 아직도 제자리에 있는 것만 같다. 나이 탓이라고 하기엔 좀 비겁해 보인다.

언어, 그놈 참······.

🔒 '사지절단'이라는 고사성어

린치버그 한국학교에서의 일이다. 교사회의가 시작되었다. 교사들이 모여 오늘 일을 이야기하고 있었다. 그날은 학부모 참관 수업이 있는 날이었다. 이야깃거리가 많이 있었다. 우리반은 교실에서 학부모들과 몇 가지 민속놀이를 했다. 구슬치기, 공기놀이, 딱지치기를 했다. 다른 교사들도 여러 활동을 하며 의미 있는 수업을 진행했다고 했다. 교사들이 서로 자신의 반 이야기를 나누느라 여념이 없을 때였다.

한 교사가 말했다. "오늘 우리 반은 골든벨을 했어요. 그동안 배운 고사성어를 가지고 했는데 정말 재미있고 유익한 시간이었어요. 그런데 정말 재미있는 일이 하나 일어났어요. 자, 제가 문제를 하나 낼 테니 선생님들도 한번 맞추어 보세요. 앞뒤 다 잘라 먹고 본론만 말하는 것을 뭐라고 하는지 아세요?" 약간의 시간이 흐른 후 한 선생님이 답을 말했다.

"맞아요. 답이 '거두절미'예요. 그런데요. 한 아이가 답을 '사지절단'이라고 한 거예요. 얼마나 어이가 없던지 모두 배를 잡고 웃었어요." 나는 사지절단이 더 어렵겠다고 하면서 너무 재미있는 아이라며 웃었다. 선생님들은 그 아이가 누구냐고 물었지만 그 선생님은 끝내 대답을 안 했다.

나는 나중에야 그 아이가 바로 나의 딸아이라는 것을 알게 되었다. 내가 교사인지라 딸 반에 들어가지 못해 상황을 몰랐던 것이다. 그렇게 어이 없는 – 다른 사람들은 재치 있다고 하지만 – 일이 종종 일어났다.

한번은 '철면피'를 '칠면조'라고도 했다. 이 일을 어쩌나.

한국학교에서 개구장이들과 함께

또 다른 일화가 있다. 우리가 미국에 온 지 얼마 안 되었을 때의 일이다. 작은아들이 학교에 갔다 오더니 편지를 내밀었다. 여자아이한테 받았다고 했다. 우리는 너무 호기심이 나서 모두 편지로 모여들었다. 작은아들이 받은 첫 연애편지가 아닌가! 그런데 편지를 읽던 우리는 고개를 갸우뚱하다가 나중에는 배를 잡고 마구 웃기 시작했다. 눈물이 다 나왔다.

이 여자아이는 미국에서 태어난 한국 아이였다. 한국어를 이제 막 배우기 시작했는지 글을 이해하기가 매우 어려웠다. 하여간 이야기인즉슨 자기가 작은아들을 좋아하는데 어떻게 생각하는지 연락을 달라는 내용이었다. 그런데 그 마지막에 '답장해줘'가 아니라 '정답해저'라고 쓰여 있어 그만 웃음이 터져 버린 것이었다.

그때는 이 아이가 이 글을 쓰기 위해 얼마나 오래 고심했는지 헤아릴 수가 없었다. 한국인이 한국어를 하는 것이 당연하게 여겨졌을 때니 말이다.

🔴 한국학교가 꼭 필요하다.

'미국에서 웬 한국어?'라고 의아해하겠지만 한국에서 영어로 고민하는 것처럼 미국에서는 한국어 때문에 고민한다. 미국에서 태어난 한국인 2세들에게 한국어를 전수하려는 노력은 한국에서 영어를 배우려는 노력만큼 치열하다. 또한 미국에 유학 온 또는 이민 온 자녀는 우리가 생각한 것보다 너무나 쉽게 영어를 배우고 또 너무나 쉽게 한국어를 까먹는다.

나는 샬롯에서 한국학교를 시작하고 정립시키는 일을 했고 이곳 린치버그에 와서도 교사로, 교감으로 한국학교에서 일했다. 국문학을 전공했다는 것 때문에 이 일을 하게 되었지만 더 중요한 계기는 나의 딸아이가 한국어를 까먹기 시작하면서부터였다.

한국학교에서 태권도를 가르치고 있다.

"엄마, 이것 좀 봐."

작은아들이 부른다. 무슨 일이 있나 하며 갔더니 딸아이 방 앞에 서서 문을 가리킨다.

'주위. 들어오지 마시오.'

딸아이가 써놓은 문구다. 이런. 이제 미국에 온 지 1년 반밖에 안 되었는데 아이가 한국어를 헷갈렸다. 3세가 되어 한글을 배우기 시작해 5세에

한국학교에서 절하는 법을 가르치고 있다.

는 매일 아빠에게 편지를 쓰고 온 집을 낙서로 채우던 아이가 아닌가! 저녁때 모여서 이야기를 하며 유심히 보니 아이가 한국어보다 영어를 더 많이 쓴다. 게다가 쓰는 한국어 표현도 뜻이 다른 곳에 사용한다.

큰일 났다.

이렇게 고민이 시작되었고 집에서 한국어를 쓰도록 했다. 영어책이 더 재미있다는 아이를 설득해 한글로 된 책을 읽도록 시키기 시작했다. 그러던 중에 교회 교육부장님이 한국학교를 시작하고 싶다며 도와달라고 했다. 나도 고민 중이었던 것이라 기꺼이 그 일을 맡았다.

애틀랜타 영사관에 가서 한국학교를 시작하는 방법들과 한국학교 연합회 연락처를 받아 왔다. 그렇게 시작한 한국학교는 학부모들의 적극적인 지원을 받아 잘 운영되었다. 한국어에 대한 고민은 모든 학부모들이 가지고 있었기 때문에 필요한 학용품들이 넘치게 들어왔고 적극적인 후원을 해 주었다. 문제는 좋은 한국어 교육 자료를 구하는 일이었다. 한국어 자모표 같은 전시물 하나도 이곳에선 구하기 어려웠기에 한국에 놔두고 온 자료들이 너무 아쉬웠다. 다행히 좋은 사이트들을 찾을 수 있어 복사해 사용했고 때로 한국에서 책을 공수해 왔다.

미국에서 사용하고있는 한국학교 교재들이다.

미국에는 한국학교들이 한국 대사관의 후원으로 잘 운영되고 있다. 한국학교 연합회가 있어서 필요한 자료들을 나누고 교사들이 서로 모여 정보를 나누고 있다. 교재는 대사관에서 일 년에 한 번 무료로 공급해 주며 필요한 재정적 지원도 해주고 있다. 또한 현재 미국 대학의 입학시험인 SAT의 과목 시험에 제2외국어로 한국어가 포함되어 있다. 내가 가르치는 학생들에게 예비시험을 치게 해 보았는데 생각보다 점수가 잘 안 나왔다. 연습과 훈련이 필요하다. 한국학교에서 이 시험을 잘 보도록 도와주는 일도 하고 있다. 이런 노력은 학생들에게 더 한국어를 배우고자 하는 열의를 심어 주기 위한 것이다.

❓ 한국어를 배우는 일이 왜 중요한가?

'미국에 와서 사는데 영어만 잘하면 되지 왜 한국어를 배워야 하는가?'라는 의문을 제기할 사람도 있을 것이다.

언어는 소통의 도구다. 사람과 사람, 현재와 과거, 문화와 역사를 소통시키는 도구다. 자녀는 언어를 통해 부모로부터 그 집안의 문화와 역사를 전수받는다. 그 언어를 함께 씀으로써 공동체라는 일체감도 가진다. 자신이 어디에 속해있는지 정체성도 그 언어를 통해 갖게 된다.

미국에 태어난 아이들은 가끔 말하곤 한다.

"우리는 한국인이 아니에요. 미국인이라고요."

한국학교에서 설날 행사를 하고있다

그러면서 한국어를 배우지 않는다. 그러나 그 아이들은 미국의 시민권을 가졌을 뿐이지 미국인은 아니다. 아이들이 그것을 깨닫는데 그리 오래 걸리지 않는다. 문제는 자신이 어쩔 수 없이 한국인으로 분류되는 것을 거부하는 데에 있다. 그러면서 미국인도 아닌 한국인도 아닌 중간 지대로 자신을 몰아내면서 정체성을 잃어버린다. 겉모습은 분명 한국인인데 미국식 사고를 하고 한국어도 못하고 한국 음식도 먹지 않는다. 그러니 한국인도 아니다. 갈 곳이 없다. 그래서 방황한다.

이렇게 아이들이 자라면서 정체성에 혼란을 겪지 않으려면 한국어도 배워야 하고 한국 음식도 먹어야 하고 한국 문화도 알아야 한다. 무엇보다 부모로부터 정신을 배워야 한다. 유대인의 교육은 전통을 가르치는 것을 주된 교육의 정신으로 삼고 있다. 우리도 가족의 정신, 신앙의 전통을 물려주어야 한다. 그것이 집안에서부터 이루어져야 하는데 부모 세대는 영어가 자유롭지 않다. 기본적인 생활은 하지만 마음을 나누고 생각을 나누기에는 부모 세대에게 영어는 부담스럽다. 그런데 아이들이 한국어를 못하면 이 소통이 막힐 수밖에 없다. 부모로부터 신앙도, 전통도, 역사도, 문화도 배울 수가 없다. 그래서 한국어는 꼭 배워야만 한다. 한국어가 문화를, 역사를, 신앙을, 전통을 다음 세대에게 흐르게 할 수 있다.

내가 아는 사람 중에 나이가 들어 한국어의 중요성을 알고 한국어를 배우려고 애쓰는 사람이 여럿 있다. 몇 사람은 한국에 가서 직접 거주하며 한국어를 배워왔다. 거기에서 영어를 가르치며 본인은 한국어를 배운 것이다. 역시 직접 가서 열심히 하니 빨리 배울 수 있었다. 그러나 한국어를 배우기 위해 2년에서 4년이라는 시간이 별도로 필요했다.

한국학교 수업

한국으로 갈 형편이 안 되는 사람 중에는 혼자서 배우기도 하고 한국학교에 오기도 한다. 나이가 많음에도 어린아이들과 함께 한국어를 하나하나 배우고 있다. 어릴 때 배우거나 배웠던 것을 잊어버리지 않았다면 지금 이렇게 고생하며 배우지 않았을 것을 하며 후회한다.

🔴 한국어 배우기의 어려움

그러나 한국어를 배우는 일이 그리 녹록지 않다. 영어를 배우기도 힘들지만 한국어는 더 힘들다고 한다. 영어와 한국어의 어순이 다르기도 하고 우리말에는 표현법이 아주 다양하기 때문이기도 하다. 한국어를 가르치다 보면 우리말이 얼마나 다양하고 아름다운지 더 알게 된다. 존댓말이라든가 다양한 상황표현들은 한국어를 배우려는 미국인들이 곧잘 어려움을 토로하는 부분이다.

2010년 여름, 전에 다니던 교회에서 여름성경학교를 도와주러 갔을 때의 일이다. 행사가 진행되는 중이었는데 내 옆에 앉아 있던 아이가 나를 보고 말했다.

"보고 싶어."

그러자 앞에 앉아 있던 아이가 휙 뒤를 돌아보더니,

"나도. 너 보고 싶어."

한국학교에서 민속놀이인 구슬치기를 했다.

너무 귀여워 웃음이 나왔다.

주변에 있던 어른들이 존칭을 쓰라고 말하며 무안해 했지만 아이들은 '왜 그러지?'하는 표정이었다. 영어는 'you' 하나로 상대방을 표현한다. 그러니 상대방을 가리키는 친구에게 '너'라고 말하니 모든 대상은 '너'가 되는 것이다. 나야 충분히 이해도 되고 나를 그리워한 그 느낌이 전해져 감동했지만 다른 분들은 무안해하고 미안해했다.

그러니 아이들 입장에선 이놈의 한국어가 너무나 어려운 언어인 셈이다.

🔴 이중 언어, 이중 문화가 가능하게 키워라

하버드대학에서 교수로 있는 김명화 씨의 강연을 들은 적이 있다. 그녀는 미국에서 자랐음에도 이중 언어가 가능해 미국에 사는 학부모들에게 큰 본보기가 되었다. 그녀는 미국에서 자라는 아이들을 이중 언어, 이중 문화를 아는 사람으로 키울 것을 강조했다. 미국에서 자라기에 가질 수 있는 유익이기도 하다.

한국어도 능숙하게, 영어도 능숙하게 구사할 수 있고, 한국 문화도 잘 이해하고, 미국 문화도 잘 이해하는 사람으로 키운다면 나라를 위해 또 다른 사람들을 위해 크게 도움이 되는 사람으로 살아 갈수 있을 것이다. 이 일은 미국 땅에 사는 우리 어른들에게 주어진 책임이라고 생각한다.

부록 appendix

자주 묻는 질문 Q&A

참고 사이트

미국 유학을 생각하는 사람들이 자주 하는 질문을 모아 보았다. 대부분의 내용은 본문을 요약 정리한 것이다. 2006년부터 유학을 시작한 내 경험을 주로 이야기하는 것이므로, 지역이나 여건에 따라 다를 수도 있다.

Q. 유학의 시기는 언제가 적절한가?

A. 유학 목적에 따라 다르겠지만, 명문대를 목표로 한다면 중학교 정도에 와서 적응을 하는 것이 좋다. 고등학교부터는 성적관리도 필요하기 때문에 그 전에 생활 환경이나 영어에 어느 정도 익숙해지는 것이 좋다. 그러나 무엇보다 유학을 가고자 하는 학생이 진심으로 준비가 됐을 때가 적당한 시기다.

Q. 미국 유학을 준비하고 있는데 비용은 얼마나 드는가?

A. 어디를 어떻게 가느냐에 따라 천차만별이다.
뉴욕이나 LA에 가면 홈스테이나 집 값, 생활비가 작은 도시보다 많이 든다. 공립고등학교로 갈 수 있다면 학비는 무료다. 사립고등학교라면 보통 학비가 $5,000에서 $ 12,000 정도 잡으면 된다.
대학교는 주립이 보통 $27,000~$52,000 (기숙사 포함). 사립이 $32,000~$55,000 (기숙사 포함) 정도다.
홈스테이 비용은, 한달에 $600(미국 집-드문 경우다)~$2,500까지 한다. 보통은 한국 집 기준으로 $1,500 선이다. 그 외에 밥 값이나 용돈은 별도다.
혼자 유학하는 대학생의 생활비는, 친구들과 산다면 $1,000 안으로 살 수 있지만 가족이 함께 온다면 $3,000 이상 잡아야 한다.

Q. 어떤 도시로 가는 게 좋을까?

A. 큰 도시는 복잡하고 물가가 비싸 체류비가 많이 든다. 그러나 사람이 많은 만큼 교통이나 문화 시설이 잘 되어 있다. 중소도시는 교통이 불편하고 따분할 수 있지만 대도시보다 여유롭다. 자기의 스타일에 맞게 선택하면 될 것이다. 개인적으로 말한다면 공부하기에는 중소 도시가 낫다

Q. 출발 시기와 준비기간은?

A. 보통 미국은 8월 20-25일 경에 학기가 시작한다. 거기에 맞춰 준비하는 것이 좋지만, 1월에 편입도 가능하다. 준비기간도 개인마다 차이가 있다. 내 경우엔 관광비자로 입국했기 때문에 두 달만에 준비하고 네 식구가 함께 미국에 와서 입학하고 학생비자로 바꿨다.

Q. 자녀와 함께 유학 가려고 하는데 학교는 어떻게 알아볼 수 있나?

A. 인터넷 사이트 www.greatschools.net에 들어가서 가고자 하는 곳의 정보를 넣으면 그 지역의 학교 등급과 학생 대 교사 비율, 교사 수, 학생 수, 학부모들의 평가, 인종비율 등을 알 수 있다. 학교 등급은 10점 만점에 몇 점으로 되어 있으며 자세한 정보를 알 수 있다. 공립, 사립의 프리스쿨부터 칼리지까지 찾아볼 수 있다. 예를 들면, 사이트에 가서 우리 집의 우편번호 24502$^{zip\ code}$를, 오른쪽에 있는 우편번호란에 입력하면 주변의 모든 학교가 자세히 나온다.

Q. 미국 유학 준비는 어떻게 해야 하나?

A. 먼저 어느 정도의 재정이 되는지 확인하고 유학시기와 기간을 정한다. 지역이나 교육 환경, 예산을 고려해 나에게 맞는 학교를 선정하고 지원 조건을 알아본 후 시험을 준비한다. 별도로 영어회화나 미국 생활을 공부하는 것도 좋다. 입학 지원 조건이 되면 입학 신청을 하고 결과가 나오면 비자 서류와 인터뷰 준비를 해서 수속을 밟는다. 비자가 통과되면 항공권을 구매하고 유학생 보험에도 가입하는 것이 좋다. 마지막으로 필요한 짐을 싸서 보낼 시기를 결정한다.

미국에 도착해 기숙사나 홈스테이 등 거처가 정해지지 않았다면 집을 먼저 구해야 한다. 학교 등록을 하고 은행구좌를 개설한다. 대도시인 경우가 아니면 미국은 넓어서 보통 자동차도 사야 할 것이다. 미리 사이트에서 시세를 알고 가는 것도 도움 된다.

Q. 유학 시 준비해야 하는 영어시험은?

A. 이전에는 중고등학교로 유학을 간다면 SLEP시험을 준비했었는데, 2012년 7월 1일부터 TOEFL Junior Test 시험으로 대체 되었다.

보통 사립고등학교 입학시에는 SSAT^{Secondary School Admission Test}나 ISEE^{Independent School's Entrance Exam}를 요구한다

보통 미국의 학생들은 대입 준비를 위해 SAT^{Scholastic Aptitude Test}나 ACT^{American College Test}를 준비한다. TOEFL^{Test of English as a Foreign Language}은 대학과 대학원 진학 시 기본으로 필요하다. 대학원으로 진학 한다면 전공에 따라 GRE^{Graduate Record Examination 미국 대학원 입학 능력시험}, LSAT^{Law School Admission Tes 미국 법학 대학원 입학시험}, GMAT^{Graduate Management Admission Test 경영대학원 입학시험}이 필요하다.

Q. 지금 현재 학교 성적이 중요한가?

A. 먼저 학생비자를 신청할 때 성적을 체크하는데, 그 이유는 학생이 성실하게 학업을 하는가 그렇지 않은가를 보기 위해서다. 학업 능력이 떨어지면 도피 유학 등으로 간주하고 미국에서도 불법체류자가 될 가능성이 높다고 의심한다. 그러므로 어느 정도의 성적 관리는 필요하다고 본다.

특히 미국은 성적이 낮은 학생은 비자 인터뷰에서 문제가 된다. 설사 인터뷰를 통과했다고 하더라도 학업을 따라가기 힘든 경우가 많다. 보통은 한국에서 공부를 열심히 한 학생이 미국에 가서도 열심히 공부한다.

Q. 미국은 병원비가 비싸다던데 의료혜택은 어떤가?

A. 미국은 한국처럼 전 국민이 건강보험료를 내고 전부 혜택받는 의료보험 제도가 없다. 부유한 사람들은 개인적으로 보험을 들고 응급 때는 아주 가난한 사람들을 위해서만 의료 혜택이 있다. 아니면 보건소에서 진료를 받을 수는 있다. 아이들은 보건소에서 예방접종 및 간단한 진료도 해준다.
유학생은 의무적으로 학교 보험이든 다른 보험이든 들어야 한다. 문제는 가족인데, 배우자나 아이들은 학교 보험 혜택이 되지 않기 때문에 한국에서 유학생 보험을 들어오는 게 좋다.
미국은 병원비가 엄청나게 비싸기로 잘 알려졌다. 맹장 수술하는데 한국 돈으로 이천만 원 정도 한다. 치과 치료비는 상상 이상이다. 그래서 어떤 유학생은 치과 치료받으러 한국에 가기도 한다. 선진국 미국의 치명적인 약점이 의료혜택이다.

Q. 컴퓨터는 한국에서 가져가는 것이 나은가?

A. 컴퓨터를 잘 아는 사람들은 한국보다 미국에서 사는 것이 더 낫다고 한다. 제품 구입 후 손쉬운 교환, AS의 편리함 때문이다. 미국에서 사더라도 한국어 프로그램 사용이나 한글 사용에 문제가 없다. 가장 중요한 이유는 미국이 훨씬 싸다.

Q. 한국에서 쓰던 아이폰을 미국에서도 쓸 수 있나요?

A. 사용할 수 있다고 한다. 물론 미국에서 쓰던 아이폰을 한국에서도 쓸 수 있다. A.T.&T, Sprint, Verizon은 미국 휴대전화 회사다. 한국 통신회사에 문의해서 이 회사로 연결 가능한지 알아보고 방법도 자세히 알아 두면 좋다.

Sprint 회사로 사용한다고 예를 들어 몇 가지를 설명해 본다.
(학교 커뮤니티 참고)

<u>한국에서 Sprint 회사에서 개통하고 아이폰을 한국에서 받아서 올 수 있는가?</u>
한국에서 떠나시기 전 www.sprintkorea.co.k에서 아이폰을 신청할 수 있다. 이때 디포짓deposit, 보증금이 대당 $50~100 정도(린치버그에서 하시면 대당 $250) 내면 아이폰을 한국에서 받아서 올 수 있다. (물론 물량이 있어야 한다) 다음 봄학기에 오는 사람이 문의했더니 11월까지는 신청을 해야 가능할 것 같다고 한다. 아니면 미국으로 바로 배송해준단다.

<u>나중에 한국에서 사용할 수 있는가?(Lock을 풀어주는가?)</u>
일정 기간(약 3~6개월) 사용하면 약정기간이 남아있어도 Lock을 해제해준단다. 그럼 방학이나 나중에 한국에서도 개통할 수 있다.

<u>한국에서 개통은 어느 회사 가능한가?</u>
아이폰 4S부터는 GSM/CDMA 듀얼방식이기 때문에 SK 또는 KT에서 모두 개통 가능하단다.

<u>단점은?</u>
미국 Sprint 회사의 경우(Verizon도 동일) CDMA 방식이기 때문에 전화 통화를 하면서 3G를 사용할 수 없다. (AT&T는 가능) 예를 들어 전화하면서 이메일의 내용을 체크해서 알려줘야 할 경우 잠시 전화를 끊어야 한다.

Q. 짐을 어떻게 보내야 하나?

A. 배로 보내거나 우체국으로 보내는 방법이 있다. 배는 해운 회사를 통해 보낼 수 있는데, 짐이 많다면 이용한다. 그러나 짐이 많지 않다면 우체국에서 붙이는 것이 낫다. 직접 가져가는 수고로움이 있지만 많이 싸다. 짐을 보낸 주소로 가져다주는데 박스당 이천 원 정도의 보험을 포함해도 10박스에 50만 원 정도 한다. 단 튼튼하게 포장해야 하고 무게 제한(박스당 20kg 이내)이 있다.

유학 기간을 오래 잡고 있다거나 가족이 와서 짐이 많고, 중요한 물건들을 모두 가져오려면 해운 회사를 통해 보내는 것이 더 낫다. 보낼 짐을 가늠해 보고 비교하면 된다. 만약 혼자 유학 온다면 이민 가방에 들고 오는 것이 나을 수도 있다.

Q. 출국 전 챙길 것은?

A. 여권, 항공권, 유학생 보험, 현금, 여행자 수표와 해외에서 사용 가능한 카드도 챙겨가는 것이 만일을 대비해 좋다. 국제 운전면허증, 여권, I-20^{입학허가서} 등 서류는 복사본을 챙겨간다.

체제 지역의 날씨를 고려해서 의류를 챙기고, 당장 필요한 위생용품도 챙긴다. 필요한 책은 되도록 많이 가져가는 것이 좋다.

미국은 이, 미용실 가격이 비싸 가능하면 머리도 손질하고 오는 것이 좋겠다. 입국 심사 때 방문 목적이나 체류 기간에 대해 질문하는데, 영어가 서툴다면 답을 미리 준비한다.

Q. 미국에서 친구들을 사귀려면?

A. 초, 중, 고등학생이라면, 우리는 한국인이기 때문에 자연스럽게 가까이 사귀기는 힘들다. 그래서 학교에서 낯익은 얼굴을 찾아야 한다. 주로 같은 반이나 같은 수업을 듣는 애들과 친해지면 된다. 친구 한 명을 만들면 그 친구의 친구들과 친해져서 쉽게 그룹에 낄 수 있다.

아이들은 당당하고 자신 있는 아이를 친구 삼고 싶어하지만 시끄럽고 요란한 아이들을 좋아하지는 않는다. 그리고 항상 고개를 들고 웃고 다니면서 친구 하고 싶다는 의사표시를 하는 것도 편리하고 쉽게 친구를 사귈 수 있는 방법이다. 어떤 애가 말을 걸면 친절하게 대답해주고 거기서 그 아이한테 질문이나 말을 시키면 대화가 계속 지속될 수 있다.

권하고 싶은 방법은 방과 후 활동을 열심히 하라는 것이다. 특히 스포츠는 친구 사귀기 좋은 방법이다. 대학생이라면 클럽활동하기, 외국 친구들과 어울리기, 스터디 그룹하기, 기숙사에서 생활하기 등이 있다. 미국 교회에서 적극적으로 활동하는 것도 한 방법이다.

Q. 유학을 오는 사람에게 당부한다면……

A. 목표를 확실하게 하고 오라고 권한다. 생각보다 훨씬 어렵고 힘들다. 언어도 그렇게 쉽게 극복되지 않는다. 플랜을 잘 세우고 정말 공부하려는 각오로 와야 한다. 그래도 중간중간 포기하려는 마음이 든다. 그나마 목표가 확실해야 이겨나갈 수 있다.

미국에는 유혹도 많다. 혼자 지내다 보면 술, 이성교제, 마약에 쉽게 노출되고 우울증이 찾아오기도 한다. 자신을 잘 통제하는 훈련을 해야 한다. 교회에 다니는 것도 자신을 잘 지키는 방법 중 하나다.

항공권
www.cheapairlineticket.com
www.expedia.com
www.priceline.com

집 구하기
www.rent.com
www.forrent.com
www.apartmentfinder.com
www.craigslist.com

이사
U pack
www.Upack.com
Penske
www.pensketruckrental.com
Budget
www.budgettryck.com
U-Haul
www.uhaul.com

인터넷으로 물건사기
www.amazon.com
www.ebay.com
www.aladin.co.kr
www.bigwords.com
www.half.com
www.craigslist.com
www.walmart.com
한국물건
www.hmart.com

자동차 관련

매물 조회
www.autotrader.com
www.craiglist.com
www.motors.ebay.com

차가격 조회
www.kbb.com

차량 이력 조회
www.carfax.com
www.autocheck.com

렌터카 회사
www.enterprise.com

운전면허(DMV)
www.dmv.state.va.us

길안내
www.mapquest.com

학교

학교 검색
www.greatschools.org

대학검색
www.collegeboard.com

공통 원서
www.commonapp.org

ACT 시험
www.actstudent.org

TOEFL 시험
www.ets.org

무료 영어 성경공부
www.justforwomen.org
www.hbclynchburg.org
www.chbclunchburg.org

보험

www.isoa.org
www.chartis.co.kr
www.nationwide.com
www.progress.com

전화 회사

www.verizon.com
www.sprint.com

체류관련

주한 미대사관 홈페이지
www.korean.seoul.usembassy.gov/visas

사회보장국
www.ssa.gov

미국 국세청
www.irs.gov

미국정보 커뮤니티

www.missyusa.com